本书获得国家社科基金重大项目《特色农业赋能增收长效机制构建研究》（编号：21&ZD091）、国家自然科学基金项目《中国淘宝村形成机理及其"三农"影响效应研究》（批准号：71673244）资助。

E-commerce and the Development of
China's Three Rural Issues

电子商务与
中国三农发展

郭红东　李晓康　陈东石　著

ZHEJIANG UNIVERSITY PRESS
浙江大学出版社
·杭州·

图书在版编目（CIP）数据

电子商务与中国三农发展 / 郭红东，李晓康，陈东
石著. —杭州：浙江大学出版社，2024.4
ISBN 978-7-308-24819-8

Ⅰ.①电… Ⅱ.①郭… ②李… ③陈… Ⅲ.①电子商
务—影响—三农问题—研究—中国 Ⅳ.①F713.36
②F32

中国国家版本馆 CIP 数据核字（2024）第 074589 号

电子商务与中国三农发展

DIANZI SHANGWU YU ZHONGGUO SANNONG FAZHAN

郭红东　李晓康　陈东石　著

策划编辑	陈佩钰
责任编辑	葛　超
责任校对	金　璐
封面设计	雷建军
出版发行	浙江大学出版社
	（杭州市天目山路 148 号　邮政编码 310007）
	（网址：http://www.zjupress.com）
排　　版	杭州青翊图文设计有限公司
印　　刷	浙江新华数码印务有限公司
开　　本	710mm×1000mm　1/16
印　　张	29.5
字　　数	530 千
版 印 次	2024 年 4 月第 1 版　2024 年 4 月第 1 次印刷
书　　号	ISBN 978-7-308-24819-8
定　　价	138.00 元

序

  最近几十年的人类社会经济创新发展速度胜过以往数千年,真正可谓日新月异。数千年封建社会、数百年资本主义社会中似乎亘古不变的经济形态在最近几十年中发生了翻天覆地的变化。今天的经济与传统的经济相比,至少有三点是极其不同的。一是对生产要素的认可,传统经济通常认可土地、资本、劳动三大生产要素,有人把管理从劳动中分离出来视作一种独立的生产要素,也有人把技术从劳动中分离出来视作一种独立的生产要素。今天在互联网技术条件下人们开始把数据视作一种独立的生产要素,并且正得到越来越广泛的认可。二是业态发生场所的变化,传统业态活动都是线下发生的,但今天在互联网技术条件和数据支持下,线上业态活动已成为一种常态,比如产品的展示、交易等,各方活动主体可以在互不见面的情况下完成全过程的交易活动。三是虚拟经济展示出了前所未有的重要性和规模,甚至可以对实体经济产生强烈的冲击。这三大革命性的变化大大丰富了今日经济活动的形态,同时对社会经济发展产生了巨大的直接影响或催化剂作用。

  电子商务就属于上述的第二种变化,是充分利用互联网时代的新技术、新理念和图文数据信息创造出来的一种全新的产业业态和商业模式,打破了传统的层级商业模式,突破了传统商业交易的地域和时间局限,降低了单体商业经营的沉淀成本,甚至使线下经营举步维艰、节节败退,不是被迫退出了经营,就是不得不融合电子商务形式。电子商务的发展还对传统商业理论提出了挑战,传统商业教科书上的库存理论、竞争理论、商客关系等不得不被重新审视并加以完善。

  电子商务如此巨大和深远的实践作用在其初生之时是人们难以预料到的,我个人对电子商务的认识也是逐渐深化的。2018 年 5 月,我作为中央统战部党外知识分子建言献策专家组的一员随组去甘肃省成县进行农村电商扶贫的考察调研。那时,电商不在我的关注视线之中,所以我抱着了解和学习的心态去的成县,但成县农村电商的考察调研结果大大震撼了当时的我。如果说农村电商仅仅是能够帮助农民增收,说实话,震撼不到我,因为这基本上在理论分析和实务经验的预测范围内。但在成县,一个原本的贫困村镇的电商考察调研,让我看到了一个缺乏电商技术、缺乏人才、缺乏物流配套,农产品缺乏竞争力的传统贫困村镇如何通过电商扶贫快速走向现代市场、现代产业,甚至现代农村经济的演变过程,实现了农业经济学家、发展经济学家和政策制定者一直苦思冥想、孜孜以求而不可得的结果,这下真是震撼到我了。因而,也促使我认真地从学术视角和政策视角去关注和考察农村电商对农业生产经营、乡村产业融合、乡村居民增收、乡村居民生活、乡村人才扎根、乡村综合发展的影响。在此,我借成县考察调研的事例来谈谈我对农村电商与"三农"转型发展的认识过程。

该村镇在响应上级号召、起步开展农村电商时,没有电商人才、电商设备,最初只能号召大学生村官兼任电商经营者角色,利用扶贫资金帮助解决电脑和网络费等起步资金问题。开始销售的农产品是传统小农生产的原始状态的农产品,用的包装材料是传统的简易纸箱甚至编织袋。该村镇离县城有 15 公里左右,没有快递业,村官主动联系快递业的人,也没有愿意来的,最后约定,村官把要快递的农产品积累到一定数量时,快递员上门来取一趟。为了适应电商要求,村官让农民将待售农产品进行初步的整理和分类。随着电商业务的逐渐开展,艰难的开头渐渐过去了,一切都顺利起来。在此过程中,村民们的现代商品和市场经济意识逐渐增强,村官也及时将适销对路农产品市场信息反馈给村民,从而使农产品生产种类开始根据市场需求进行调整。随着农商规模的扩大和产品深度的加深,农产品种类、质量、分级、包装、商标等越来越接近商品经济的要求,村民们甚至开始对农产品进行简易加工,电商产品从农产品形态向常见加工食品形态发展。我们去考察调研的时候,农民的生活状态已经有了明显的改善,多数农民已经脱贫,村镇上出现了不少农民新建的房屋。多数房屋的格局是底层门面开小店,摆放着自家生产的农产品和加工的食品,猛一看像个简单的乡村小卖部;底层后部搞加工,楼上住人。这样的房屋格局集聚在一起,形成了一定规模的小商业。我特意走了几家,拿起他们自己生产的瓶装、罐装、塑封等的加工食品仔细观察,各种商品包装看上去也是有名、有图、有色彩的,还标注了生产加工地点,除了商品标签和食品成分标注,整体外观看上去与一般企业加工生产的商品似乎差不多。从生产和销售原始农产品到生产和销售加工食品,从没有现代商品和市场意识到具有现代商品和市场意识,这对于贫困地区的农民来说无疑是一个巨大的飞跃,其发展结果自然是有效提高了农民收入。

电子商务发展到这时,不仅带动了农业产业的发展,而且促进了农产品加工业的发展,第一产业和第二产业融合发展了。与此同时,也催生了一些新的配套服务行业,比如小镇上已经有好几家快递公司在那里扎根并形成了竞争,围绕着电子商务需要的印刷、广告、设计、包装材料等配套商务活动也发展了起来。我担心这些配套行业因业务量不足而持续不下去,业主告诉我说"还行",他们以小镇为基地,到周边各村去揽业务,每月也有 3000 元左右的收入。

改造小农经济、融入现代市场是全球农业经济学家、发展经济学家和政策制定者百年来一直为之努力的目标,但在循旧经营思维、传统技术方式和市场发展模式下,始终难尽如人意。成县农村电商的出现和发展,让我看到了快速实现这一目标的巨大希望。电商创新了农村的商品流、信息流和资金流,从农业经营角度看,突出表现为农产品拓展了销售渠道、扩大了销售半径、提高了产品售价,同时,为农业生产反馈了产品需求信息,使当地生产对接了遥远的市场需求,从而促进了农业生产结构的优化调整,提高了农产品供给的有效性,最终必然增加农民收入。

农村衰落是工业化进程中社会经济发展的一般现象,无论是发展中国家还是发达国家都面临这一世界性难题。乡村产业兴旺是乡村振兴、保持乡村活力的基本前提和核心内容。乡村产业兴旺不单是指第一产业的农业兴旺,而是乡村地区的一、二、三产兴旺,让适合乡村的产业尤其是能与农业很好融合的非农产业(比如靠近主产区的食品加工业),在县域内落地生根并开花结果,形成兴旺的县域经济、镇域经济。农村电商不仅使农业大获裨益,也使农村产业突破了农业局限,大大加深了农民和农村的"三产"融合。过去农产品加工业仿佛是城市产业的天生功能和专利,今天在电商发展得较好的村庄,人们不难看到其普遍经历了从出售原始形态的农产品到出售加工形态的农产品的"一、二产业"融合发展。农村电商的发展破除了这一障碍,农民和农村终于分享到了产业链延长、产品增值的红利,围绕着农村电子商务,农村地区还迅速发展起了以快递业为代表的第三产业及其基础设施和配套产业,这些产业发展与变化为乡村地区添注了生机活力,农村变得繁荣兴旺起来。成县实践呈现的就是这样一条乡村产业融合发展轨迹。

乡村之所以衰落,根本原因是落后的乡村留不住人,尤其是留不住人才;

乡村产业振兴更是因为留不住人才而成瓶颈难题。在成县考察调研中,我发现农村电商对留住甚至吸引人才具有很好的促进作用。我们去考察调研时,那里的村镇已经有不少从事电商和配套行业的年轻人,年龄基本在 25—40 岁,主要是被吸引回乡创业的当地人,年轻、有知识、会经营是这个群体的基本特征。电商从业者的净收入以 2500—4000 元/月的居多,少数不到 2000 元/月,个别超过 6000 元/月,第一个兼任电商经营者的"大学生村官"就在这个最高净收入档。我们去调研的时候,作为大学生村官的他名义上已经不做电商了,改为他媳妇做,但他依然是背后的实际主事人。农村电商的一般收入水平已经不输于他们在外打工的收入了,实际收入更是大大高于他们在外打工扣除生活成本后的剩余额,关键是还能够兼顾家庭并且有自己当老板的感觉,能兼顾在家带娃、照顾老人和做电商。乡村无论是经济发展还是社会生活,因有这些年轻人而充满活力。未来我国城镇化率即使达到了 70%,仍将有 4 亿多人口生活在乡村地区,意味着还有 2 亿多劳动力要在乡村地区就业,所以,发展乡村地区非农产业来满足就业需求是必然的出路,农村电商的发展为这种国家宏观视角的战略选择和产业布局作出了很重要的贡献。2017 年全国农村实现网络零售额 1.24 万亿元,农村网店数量达到 985.6 万家;2021 年全国农村实现网络零售额 2.1 万亿元,农村网店数量达到 1632 万家。随着农村电子商务的进一步深化发展和区域扩张,其对带动就业和乡村振兴的贡献无疑会更大。

　　农村电商发展对乡村居民走向现代生活也有着重要的作用,乡村居民通过电商在较短时间内和广阔空间上获得所需的商品和服务,大大缩小了乡村居民与城市居民的生活差距,换句话说,农村电商正在加快乡村居民追赶城市居民现代化生活的步伐。从更远一步的战略意义看,城乡现代生活条件差距的缩小将推动城乡生活的一体化,有利于促进城乡之间各种要素的流动。

　　电商扶贫是我们在成县电商考察调研的主要内容,所以,我们专门了解了农村电商为当地贫困人群提供线上代买、代卖、代缴费等电商服务的情况。通过对电商经营者和贫困农户两方面的分别调研,我们看到了电商帮助缺文化、缺现代科技知识、缺现代市场知识的贫困户和老弱病残者改善生产经营状况和提升现代生活能力,使这些现代科技和现代经济下的弱势群体共享电商的间接好处,即农村电商对弱势群体具有很好的正向外溢性。

　　当农业经营发展了、农村产业兴旺了、农民收入提高了、农村居民生活更多地有了现代生活元素,农村的面貌就随之得到了逐渐改善。通过农村电商,我国乡村正发生着更新农民观念、改造传统产业、改善乡村生活、改良乡村环境等新时代巨变。

成县考察调研使我个人在农村电商的定性认识和理论解读方面有了很大的收获,但我同时也为缺乏进一步的系统的理论探索和定量的学术分析而遗憾。成县之行后,农村电商成了我比较感兴趣的话题,所以我会关注一些农村电商的情况反映和研究成果,但感觉所阅读的大部分农村电商研究报告流于浅层研究,甚至只是现象阐述或隔靴搔痒的说理论道,既缺乏学术深度和系统性,也缺乏客观可靠的计量分析。这次读到郭红东研究团队的新作,我眼前一亮,该研究不仅真正深入农村电商进行实践调研和解剖,而且将之提炼和上升到学术层面,展开了深刻的探讨;不仅在理论方面作出了较好的阐述,而且在定量分析方面对农村电商的三农影响作了较翔实的分析刻画,读之如久渴饮甘露,原先的理性认识之"体"变得有血有肉、丰满鲜活了。

郭红东研究团队在2016年出版过一本关于农村电商的研究专著《农产品淘宝村集群的形成及对农户收入的影响研究——以江苏沭阳为例》,与之相比较,可以清晰地看出郭红东研究团队大跨越的学术进步,这本《电子商务与中国三农发展》具有更高的学术价值和政策参考价值。本书在农村电商的研究视野、实践认识、理论解读、方法处理等方面得到了明显的升华,尤其值得称赞的是他们突破了以前侧重微观分析的局限,将微观样本分析与宏观指导意义紧密地联系在一起思考和分析,因而大大提升了该研究成果的学术价值和政策参考价值。在此,我一方面祝贺郭红东研究团队再次取得了优秀研究成果,另一方面重复我曾说的期望之语:在学术之路上,只有具有咬定青山不放松的精神,方能收久久为功之效。农村电商方兴未艾,它改变农民、农业和农村的故事还会更加丰富多样和精彩动人。希望郭红东研究团队再接再厉,优秀成果源源不断。我更希望中国农业经济学界能远躁浮而行慎实、戒矫饰而铸锐文。

何秀荣
2023年梅月于绿苑

目　　录

1 绪 论

1.1 研究背景

农业农村农民问题是关系我国国计民生的根本问题。党的二十大报告指出,"全面建设社会主义现代化国家,最艰巨最繁重的任务仍然在农村"。要加快农业农村现代化,必须加快推进乡村建设,全面推进乡村振兴。然而,目前我国仍存在"大国小农"的基本国情农情,使我国农业现代化发展受到诸多限制。根据第三次农业普查数据,我国小农户数量占到农业经营主体的98%以上,经营耕地面积10亩以下的农户有2.1亿户。人均一亩三分地,户均不过十亩田,小农户与大市场对接的效率仍有较大改进空间。一方面,小规模生产经营的农户往往囿于严重的信息不对称,只能接触有限的供应端市场,议价能力相对较弱,在农产品的流通环节中面临多环节的大量交易成本,不利于农户从生产经营活动中获益(聂召英等,2021;罗必良,2020;杜鹰,2018;何宇鹏等,2019;郭庆海,2018);另一方面,大量的小规模农户限制了农业的组织化和集约化发展,不利于市场需求及价格机制的及时传导,导致了农产品阶段性供过于求和供给不足并存、农民适应生产力发展和市场竞争的能力不足等诸多问题,农业供给质量亟待提高(Baumüller,2018;Cui et al.,2018;World Bank Group,2017;Zhang et al.,2020)。在此国情下,如何使小农户充分、有效对接大市场以更好地实现农业现代化发展,是亟待解决的问题。

近年来,以互联网为代表的信息通信技术(information & communication technologies),在推进乡村振兴和加快农业农村现代化的过程中发挥了重要作用。研究显示,信息通信技术在农业农村上的综合应用有助于联结小农户与大市场,提升农业生产力,优化城乡与区域要素流动和配置,缩小城乡差距,推进农业高质高效发展,促进农业农村现代化(Aker et al.,2016;Cardona et al.,2013;Leng et al.,2020;Niebel,2018;Salemink et al.,2017)。信息通信技术作为基础设施建设的重要组成部分,其覆盖范围也逐渐扩展至全国农村地区。截至 2022 年底,全国所有建制村已经全部实现"村村通宽带";全国农村宽带用户总数达 1.76 亿户,全年净增 1862 万户,比上年增长 11.8%,增速较城市宽带用户高出 2.5 个百分点;我国农村网民规模为 3.08 亿人,较 2021 年 12 月增长 2371 万人,占网民整体的 28.9%;农村地区互联网普及率为 61.9%,同比增长 4.3 个百分点,城乡地区互联网普及率差异较 2021 年 12 月缩小 2.5 个百分点(中国互联网络信息中心,2023)。完善的信息通信基础设施建设和不断增长的农村网民规模为我国农业现代化发展提供了坚实的基础。

电子商务作为信息通信技术在商业上的具体应用,是解决传统农业市场流通问题的有效途径。对农户而言,电子商务采纳能够拓展销售渠道,通过线上市场直接匹配买卖双方,一方面发掘了潜在市场与客户(曾亿武等,2019;彭小珈等,2018;张正荣等,2019);另一方面减少了传统分销渠道的流通环节,降低了交易成本,增加了经营收入(Guo et al.,2020;Li et al.,2021;Lin,2019;Liu et al.,2021;Wang et al.,2021;Zeng et al.,2017)。此外,电子商务采纳能够产生各种即时市场供需信息和交易记录,在一定程度上解决了传统农产品供应链中供需信息获取及传递困难的问题,有助于农户及时调整生产策略(Leong et al.,2016;Lin,2019;Liu et al.,2015,2021)。因此,电子商务的发展,在一定程度上可以改善我国农业目前存在的市场流通问题,促进农户小生产与大市场的有效联结,有利于我国农业现代化的发展。

近年来,随着我国农村基础设施建设的不断完善,我国农村电子商务蓬勃发展。2022 年全国农村网络零售额达 2.17 万亿元,同比增长 3.6%。其中,农村实物商品网络零售额 1.99 万亿元,同比增长 4.9%。全国农产品网络零售额 5313.8 亿元,同比增长 9.2%,增速较 2021 年提升 6.4 个百分点(商务部,2023)。在高速增长的数据背后,是大量农村电子商务集群的兴起。以阿里研究院统计的"淘宝村"为例[①],2013—2021 年 9 年间,淘宝村数量从最

---

　　① 淘宝村,指电商聚集经营的行政村,满足(1)该行政村在阿里平台电子商务年销售额达到 1000 万元,且(2)该行政村活跃网店数量达到 100 家,或活跃网店数量达到家庭户数的 10%(阿里研究院,2020)。

初的 20 个增至 7023 个,增量再创新高,广泛分布在 27 个省(区、市)。淘宝镇数量达到 1756 个①,覆盖全国 5.8% 的乡镇,成为农民工返乡创业的沃土。2020 年,逾 119 个淘宝村分布于 10 个省份的 41 个国家级贫困县,比 2019 年增加 56 个,增长 89%,年电商交易总额超过 48 亿元(阿里研究院,2020)。农村电子商务正以一种近似普适性的实践形态在中国农村迅速发展,并在推动农产品高效流通、促进农民创业就业、减少农村贫困、支持农业现代化发展方面发挥日益重要的作用。也因此,从 2015 年起,连续多年的中央一号文件均提出要大力发展农村电子商务。2022 年中央一号文件也特别强调要"重点发展农村电商等产业""实施'数商兴农'工程,推进电子商务进乡村",等等。

农村电商是互联网与农业、农村与农民有机复合而成的新生事物,它在我国农村的蓬勃发展对我国农产品流通市场建设和农业农村现代化产生了积极作用。在农村电商迅猛发展的表象之下,学界需要关心和思考这样的问题:在我国"大国小农"的背景下,电子商务为我国的农业、农村、农民带来了具体怎样的变化? 细化而言又可分为以下几点:(1)我国农村电子商务是如何发展的,其现状又如何? (2)电子商务对农业是否存在一个普适的影响机制,具有不同要素禀赋的农村地区应该采取怎样的电商发展路径? (3)具备何种特性的农户能够采纳电子商务? (4)电子商务采纳对农户的农业生产有何影响,是否会促使农户的劳动力和土地等关键生产要素配置改变? (5)电子商务采纳对农户收入有何影响,是否会促进农户收入提升,缩小农户间的收入差距? (6)电子商务采纳对农户的生活有何影响,是否会促进农户消费升级,又是否会提升农民的幸福感? (7)电子商务采纳对农民社区参与情况又会产生怎样的影响?

我国农村电商近年来的高速发展已经引发了不少国内外学者的关注。然而,由于数据积累不足等原因,目前学界关于电子商务对农户农业生产影响的研究在数量和质量上仍存在一定的改进空间。更好地发展农村电商,客观上要求学术界加强相关研究,为实践深化与政策制定提供稳健的经验证据

① 淘宝镇,指电商聚集经营的乡镇,满足(1)该乡镇所辖行政村中,淘宝村数量大于或等于(3)个;或(2)该乡镇阿里平台电商年销售额超过 3000 万元、活跃网店超过 300 个(阿里研究院,2020)。

和科学的理论指导。只有对农户电子商务采纳的影响效应进行全面的理论分析与量化研究,才能形成对农户电商采纳的逻辑、效果和意义的正确认识,并为我国农村电子商务的健康发展提供切实合理的建议。本书期望在理论与经验相结合的基础上,以三个典型地区为例,结合案例研究与对调查数据的定量研究,全面分析电子商务采纳对我国农业、农村、农民问题的影响机制,增加对该新兴现象的认知,并为其他发展中国家的农村电商化发展提供经验参考和政策启示。

1.2　研究目标与内容

1.2.1　研究目标

本书的总体研究目标是探寻电子商务对中国农村、农业和农民发展的影响。这个目标是宏大的,为此本书对总体目标从宏观、中观和微观三个维度进行拆分,力求全面深入地分析电子商务对中国三农发展的影响。具体研究目标如下:

首先,在宏观维度,本书对现有关于农村电子商务的相关研究进行梳理和总结,在宏观层面勾勒中国农村电子商务的发展脉络和现状图景,以使读者对当前中国农村电子商务发展情况和面临的挑战有一个清晰的认知。

其次,在中观层面,本书分析电子商务采纳对农村发展的影响机制与效应,特别是通过案例研究法,总结三个典型地区(江苏沭阳、山东曹县和浙江临安)的农村电商发展模式,探寻农村电商发展对区域经济和社会的影响效应。

最后,在微观层面,本书将结合理论和实证分析,探讨农户采纳电子商务的决策机制,并进一步估计电商采纳对农户生产生活多方面的影响效应,这些方面主要包括农业生产、农户收入、农户消费、农民幸福感和农民社区参与等。

1.2.2 研究内容

围绕上述研究目标,本书将重点研究以下五个方面的内容:

第一,梳理中国农村电子商务发展历程与现状。本书系统回顾了相关理论和已有研究文献,梳理出我国农村电子商务的发展脉络和历程,从宏观维度勾勒出当前我国农村电子商务发展的总体情况。

第二,探索电子商务对农村发展的影响。本书从中观维度溯源农村电子商务在三个典型地区(江苏沭阳、山东曹县、浙江临安)的发展历程,分析了农村电子商务对县域及农村发展的影响机制,探讨电子商务对农村发展的影响效应。

第三,研究农户采纳电商的决策机制。本书从微观维度对农户采纳电子商务的决策逻辑和理论机制进行了分析,实证检验影响农户采纳电子商务决策的综合因素。

第四,分析农户采纳电商的微观影响效应。本书探讨农户采纳电商的微观效应时,主要分析农户采纳电商对其生产生活的影响,这些生产生活的方面包括农业生产、农户收入、农户消费、农民幸福感和农民社区参与。

第五,研究启示与对策建议。本书基于研究结论,为综合利用电子商务促进农户对接大市场、实现农业农村现代化发展提供相关对策建议,以期为相关政策提供经验证据和参考。

1.3 研究思路与方法

1.3.1 研究思路与章节安排

本书研究思路见图 1.1。

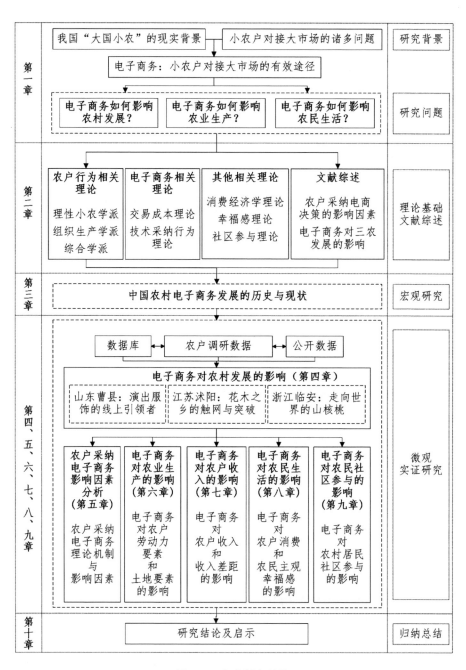

图 1.1　本书研究思路

在第一章中,立足我国"大国小农"的基本国情农情和农村电子商务快速发展的现实背景,从如何对接小农户与大市场的需求出发,提出关键问题:电子商务如何影响我国的三农发展?

在第二章中,对与研究主题息息相关的农户行为理论、交易费用理论、技术采纳行为理论等进行了回顾,并对相关文献进行梳理和综述,分析已有文献的不足,提出未来研究的改进方向。

在第三章中,系统回顾了中国农村电子商务的发展历史,梳理了中国农村电子商务的发展现状。

在第四章中,以山东曹县、江苏沭阳、浙江临安三个农村电商发展的典型县域为案例,分析了电子商务对农村发展的影响。

在第五章中,聚焦农户采纳电子商务决策的理论机制,构建了农户视角下电子商务采纳及其影响效应的实证分析框架。在此基础上,系统分析了影响农户采纳电子商务决策的综合因素,使用农户调研数据,基于 Logit 模型进行实证分析。

在第六章中,聚焦电子商务对农业生产的影响,以农业生产的两大类关键投入要素劳动力和土地为对象,分别系统分析了电子商务采纳对农户劳动力要素和土地要素的影响机制,并使用农户调研数据,基于计量方法分析了电子商务采纳对农户劳动时长、劳动参与率、土地经营规模、土地流转决策的影响效应。

在第七章中,聚焦电子商务对农户收入的影响,分析电子商务对农户收入和户间收入差距的影响,分别系统分析了电子商务采纳对农户家庭人均收入和农户不同来源的收入,以及户间收入差距的影响机制,并采用农户调研数据,基于相应的计量分析方法,估计电子商务采纳对农户收入和收入差距的影响效应。

在第八章中,聚焦电子商务对农民生活的影响,系统分析了电子商务对农户消费和主观幸福感的影响机制,并使用农户调研数据,基于计量方法分析了电子商务采纳对农户消费水平、消费结构和主观幸福感的影响效应。

在第九章中,聚焦电子商务对农民社区参与的影响,探讨社区认同和利益关联在电子商务和农民社区参与之间的中介机制,并使用农户调研数据,基于计量方法估计影响效应。

最后在第十章中,系统总结了本书的研究结论,提出相关启示并对未来研究作出展望。

1.3.2　研究方法

根据研究的内容和需要,本书综合运用了社会调查法、理论分析法和计量分析法等研究方法,具体如下:

第一,社会调查法。从农户视角入手,实证研究电子商务对三农发展的影响,需要大量微观数据支撑。由于电子商务发展迅速,已有的公开数据库相关变量不足,历史数据积淀较少,无法支撑稳健的研究。因此,为获得研究所需相关农户微观数据,加强对现实世界中农户采纳电商综合情况的认知,研究团队依托国家自然科学基金项目,实地开展了多次调研:①预调研。研究团队成员在项目前期广泛阅读相关文献、形成初步认知的基础上,综合设计了针对电商采纳农户、普通农户、村干部的三类调查问卷,并抽取部分村进行现场入户访谈。根据调研情况、农户反馈对问卷进行结构、内容、信度和效度的多方面完善。②正式调研。问卷定稿后,研究团队组建具有农业经济管理专业背景的研究生形成调研团队,在完成多次相关培训的基础上,于 2018 年 4—7 月,在浙江临安、江苏沭阳和山东曹县三个主要电商聚集区域进行了千户问卷调研,并获取研究所需的相关政府内部资料。③补充调研。在正式调研的基础上,针对数据清洗过程中的部分遗漏和缺失资料,进行补充和回访调研。调研最终覆盖 51 个样本村,包括 26 个淘宝村(处理组),25 个非淘宝村(对照组),收集农户有效问卷 1030 份和村干部有效问卷 51 份。

第二,理论分析法。理论是识别现实世界运行规律的基本工具,理论分析法则是综合运用理性思维、逻辑推理、抽象建构和解构进而认识事物本质、辨析客观规律的方法。具体而言,则是综合运用农户和电商采纳的相关理论,构建实证分析框架。对农户而言,是否采纳电子商务是一种行为决策,既涉及对新技术的采纳,又涉及产业链中从线下交易到线上交易的全过程改变,其决策逻辑的本质是实现农户家庭利润最大化。因此,本书以农户行为理论作为分析基准,借鉴技术采纳行为的相关理论,以交易费用理论为依托进行成本与收益的抽象对比,辅以消费、主观幸福感和社会参与等相关理论,逐步推演出农户采纳电子商务的内在决策理论机制以及电子商务对农业发展、农村生产和农民生活的影响机理,为后文的实证研究打下基础。

第三,计量分析法。计量分析法是依据统计学相关原理,基于数据进行相关研究假设的验证,进而识别变量之间的因果关系的分析方法。研究依托田野调查累积了千户微观数据,在此基础上,根据实证分析框架估计电子商务采纳对三农发展的影响效应。针对不同的研究对象,本研究应用了不同的计量方法,包括并不限于多元 Logit 回归模型、倾向匹配得分法、双重差分法、处理效应模型、中介效应模型、选择误差纠正的随机生产前沿模型等。

1.4 数据来源

本书研究主要使用宏观统计数据和微观调研数据。以下对数据来源进行说明。

1.4.1 宏观统计数据

本书使用的宏观统计数据来源主要包括:历年统计年鉴(包括并不限于《中国统计年鉴》《中国劳动统计年鉴》《中国农业年鉴》《中国农村统计年鉴》,以及各调研地区所在省级和县级的地方统计年鉴等)、公开的研究报告(包括但不限于中国互联网络信息中心、中国国际电子商务中心、阿里研究院等相关报告)和各调研地区相关产业和政府有关部门的内部文件和资料汇编等。

1.4.2 微观调研数据

本书使用的微观调研数据来自浙江大学农村电商中心于 2018 年开展的千户问卷调研。该次调研以"电子商务与三农发展"为主题,选取农村电商发展聚集程度较高的重点地区进行农户调研,共收集 51 个行政村的 1030 户有效农户样本数据。以下分别对调研地区概况、问卷调研情况进行说明。

(1)调研地区概况

本次调研区域的选择以省域及县域的淘宝村数量排行为标准,筛选出的山东省菏泽市曹县、江苏省宿迁市沭阳县和浙江省杭州市临安区均为农村电商聚集程度较高的典型地区,有各具特色的产业特征、颇具规模的发展水平。

其中,江苏省沭阳县以花卉苗木产业为主;山东省曹县以演出服饰和木制品加工为主;浙江省临安区以山核桃等坚果产业为主。如图 1.2 所示,三个县域的经济发展情况具有较为明显的差异。临安区人均国内生产总值最高,沭阳县人均国内生产总值与全国平均线基本持平,而曹县作为全国贫困县,其人均国内生产总值最低。不同的经济发展状况代表了不同的社会发展水平,增强了样本代表性。以下对三个地区的基本情况进行说明。

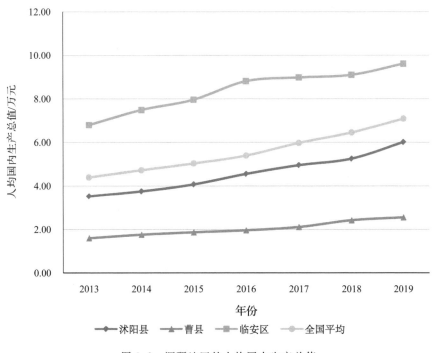

图 1.2   调研地区的人均国内生产总值

沭阳县,隶属宿迁市,地处江苏省北部。该县为全国花木主产区之一,其花木产业拥有悠久的历史,是该县的传统优势产业。2013 年以来,沭阳县依托农村电子商务带来的机遇,广泛通过各类电商平台销售花木产品,逐步形成了具有完善电商生态的花木电商特色产业集群,"互联网+农业"蓬勃发展,已经建成县、乡、村三级电子商务服务平台,包括县层面的农村淘宝沭阳县服务中心和淘宝特色馆、乡层面的电子商务服务中心、村层面的淘宝服务站。截至 2022 年底,沭阳县共有 2 个省级电子商务示范基地、4 个省级农村电子商务示范镇、10 个省级农村电子商务示范村、2 个省级数字商务企业、104 个淘宝村、16 个淘宝镇,共有互联网企业、活跃网店 5 万余家,其中农村电商 3.7 万家,从业人员达 35 万人,吸引 1.4 万名沭阳籍人员、2.1 万名非沭阳籍人员集聚沭阳创业就业,花木电商年销售额超240亿元。

曹县,隶属菏泽市,位于山东省西南部。该县是山东省传统上的欠发达地区,资源稀缺,基础薄弱,社会经济发展长期相对滞后。自2013年起,曹县依托演出服饰等产业,大力发展农村电子商务,逐步形成完善的电子商务生态及特色产业集群。2022年,曹县电子商务销售额超4亿元,新增淘宝镇2个,新增淘宝村8个,其中淘宝村净增数占全市净增数量的1/3,占山东省净增数量的1/8,净增数量位居全省各县区第一名。曹县淘宝镇达到21个、淘宝村176个,分别占全省的1/10和1/5,淘宝镇数量位居国内县域第一。曹县被国务院等授予"全国十大电商发展典型激励县""国家级电子商务进农村综合示范县""全国全网销售百强县"等称号,是全国十大淘宝村集群之一、中国最大的演出服装产业集群。截至2022年底,曹县电商企业发展到6008家、网店7.1万余个。

临安区,隶属杭州市,位于浙江省西北部。临安是全国最大的山核桃产区,其种植面积和产量均占全国60%以上。自2013年起,临安政府大力发展山核桃电子商务,实现了一品一带一生态的农村电商生态体系:以特色地标农产品即山核桃电子商务为龙头,形成种植、生产、加工、流通、运营、营销一体化发展的坚果炒货特色电商产业带,通过政府、电商协会、服务商、农户等各类经营主体联动形成三产协同、可持续发展的农村电商生态体系。截至2018年,临安全域拥有淘宝村22个、淘宝镇6个,行政村农村电商覆盖率超过90%,各类网店3000余家,电子商务销售额64.6亿元,是阿里零售平台上农产品成交县域第二位,带动就业创业3万余人。2021年,全区实现网络零售额109亿元,同比增长10.6%。

(2)问卷调研情况

根据研究需要,参考已有文献及相关公开数据库的变量选取,研究团队设计了"电子商务与三农发展农户调查问卷"(见附录2)和"电子商务与三农发展村干部调查问卷"(见附录3)。农户问卷收集的信息包括:农户家庭基本信息、农户电子商务经营情况、农户农业生产情况、农户家庭成员非农就业情况、农户家庭收入与消费情况、农民主观幸福感情况和农户社区参与情况等。村干部问卷收集的信息为村级层面的基础信息,包括村级人口及劳动力情况,村级土地及住房情况,村级经济社会基本情况,村级电子商务发展情况,村级通信、交通、医疗等基础设施和社会服务相关情况。为保证问卷质量,研究团队于2018年3月在浙江临安进行预调研,并根据调研实际反馈对问卷内容进行修改和定稿。

正式调研安排在 2018 年的 4—7 月。研究团队首先按照 2017 年的当地淘宝村名单,在三个区县内分别随机抽取了 26 个淘宝村,其中沭阳 9 个、曹县 8 个、临安 9 个。同时,研究团队在熟悉当地情况的地方政府干部的帮助下,每个地区随机抽取相近数量的与淘宝村生产产品类似、经济社会发展条件接近,但与受访淘宝村有一定距离的非淘宝村作为对照以降低溢出效应的影响。实际抽取 25 个非淘宝村:沭阳 8 个,曹县 8 个,临安 9 个。调研样本村名单详见附录 1。

在正式调研中,研究团队在每个行政村对一名村主要干部(村主任或村支部书记)进行村干部问卷调查,获取村级层面数据。同时,研究团队在每个样本村依据当地村民名单,随机抽取农户 20—21 户。淘宝村内随机抽取 10—11 户电商户(通过互联网销售产品的农户)和 10—11 户普通农户,即非电商户;非淘宝村内则完全随机抽取 20—21 户农户样本。完成样本抽取后,研究团队对农户进行入户访谈以获取相关信息。团队成员在入户调研前,均系统性完成了农户访谈的相关培训,以确保数据收集质量,确保对受访农户的数据隐私保护符合相关道德规范。

最终调研收集有效村问卷 51 份,有效农户问卷 1030 份,其中包含电商户样本 406 户,非电商户样本 624 户。沭阳样本共计 345 户,包含电商户 134 户、非电商户 211 户;曹县样本共计 323 户,包含电商户 122 户、非电商户 201 户;临安样本共计 362 户,包含电商户 150 户、非电商户 212 户。

1.5　研究的创新点

本书的创新主要体现在如下三个方面。

第一,本书的选题视角具有创新性。农村电子商务的发展为农户提供了新的与市场对接的途径,在促进工业品下行和农产品上行、改变传统农村农业上发挥着越来越重要的作用。然而,目前学界基于微观农户视角研究农村电子商务采纳的系统性研究数量仍然较少。在我国农村电子商务快速发展的大背景下,仍然很少有文献关注到电子商务采纳对农户生产要素、农业生产技术效率和农民社区参与等方面的影响。有鉴于此,本书拓展了电子商务采纳对农户影响的研究视角,从宏观、中观和微观三个维度,探索了电子商务采纳对农村发展、农业生产和农民生活多方面的影响效应,对农村电子商务领域定量研究中从农户微观视角出发的相关研究进行了补充,具有科学性和现实意义,为政府制定电子商务相关政策提供决策依据。

第二,本书的实证框架具有综合性。已有研究主要聚焦探索电子商务采纳某一方面的单独效应,具有一定的局限性。而本书综合应用农户行为理论、交易费用理论以及技术采纳行为理论,并以调研中了解到的现实情况为依据,提出了一个整体性的电子商务采纳及其影响效应的实证分析框架,综合探讨了电子商务影响三农的逻辑以及导致差异性的机理,特别是在微观层面评估电子商务采纳对农户生产、收入、生活和社区参与等多方面的影响效应,以及各部分之间的联动效应,突破了已有文献主要从单一视角研究农村电子商务影响的局限性,为相关实证研究以及未来发展中国家小农的数字红利问题提供来自中国农村地区、农业产业以及电子商务发展视角的经验证据。

第三,本书的研究数据和研究方法弥补了已有文献的不足。早期对于农村电子商务的研究以定性分析和案例研究为主,近年来陆续有学者开展电子商务对农户经济效应影响的相关研究,但是这些研究以宏观和中观研究为主,从农户视角出发的研究较少,且相关实证研究中所采用的数据多为截面数据,具有一定的局限性。本书采用调研获得的两期面板数据,对电子商务采纳的影响效应进行了更为严谨的估计,并对影响机制进行了一定的探讨,为现有的相关研究文献补充了实证证据。

2　理论基础与文献综述

在对全书有一个总括性的介绍后,本研究的具体内容将从本章开始逐步展开。本章是全书的理论原点和研究基石。已有相关研究对农村电子商务进行了广泛的探讨,通过对这些研究成果进行全面的梳理和综述,本书将展现当前学界对电子商务与中国三农发展的前沿研究成果,为后续研究的开展打下坚实的基础,以期在研究的系统性、研究视角和研究方法等多方面有所突破。

2.1　理论基础

2.1.1　电子商务相关理论

与电子商务相关的理论很多,在这里本书对与研究关联最为紧密的两个理论进行简要回顾:一个是交易成本理论,另一个是技术采纳理论。

首先是交易成本理论。

Coase(1937)最早提出了交易成本的思想,即市场价格机制的使用是以交易成本为代价的,随后,他(1960)进一步提出交易成本包括在发现交易对象、谈判、达成协议、签订契约和监管契约的执行等一系列交易过程中发生的费用。这一思想后来发展成为交易成本理论,成为新制度经济学与新古典经济学的最根本区别。

Arrow(1969)将交易成本其定义为"市场机制运行的成本"。随后,Williamson(1985)进一步在微观层面发展交易成本理论,将交易成本分为事前和事后两个部分:前者包括契约签订、谈判和履约费用,后者则指当契约出现问题时,商讨、改变契约条款到终止契约所花费的成本或为兑现承诺而引起的约束成本。Williamson(1985)将影响交易成本的因素分为两类:人的因素和交易特性,前者主要指人的有限理性和机会主义倾向,后者包含三个维度:资产专用性、不确定性和交易频率。其中,资产专用性是指一类资产(包括场地、物质资产、人力资产和专项资产四种类型)只能用于某类特定交易,若挪为他用会降低该资产的价值。不确定性是指交易可能有多种潜在结果,在交易过程中,交易双方要面对外部环境的不确定性和交易双方行为的不确定性。交易频率则是指一段时间内交易发生的次数。

在此基础上,众多学者从不同角度对交易成本进行解释和应用,将这一概念引入各种经济研究中。Eggertsson(1990)和Barzel(1997)从产权的角度分析交易成本。Cheung(1978)认为交易成本包括建立和调整制度的成本、监管成本、信息搜寻成本等。

电子商务采纳作为促进小农户与大市场对接的新途径,可以看作农户与市场中各主体进行交易的行为。交易成本理论为后续实证分析框架的建立提供了重要的理论依据。

其次是技术采纳理论。

由于电子商务依托互联网、电脑、手机等电子信息技术才能实现,是电子信息技术在商务活动中的应用,因此电子商务采纳行为也可以看作是一种采纳新技术的行为。技术采纳行为理论的相关研究十分丰富,经过数十年的发展,形成了许多经典理论模型。

Fishbein和Ajzen于1975年提出了理性行为理论(theory of reasoned action,TRA),该理论基于理性人假设解释人的行为决策过程及机理,认为个体采纳意愿是由个体自身因素和社会因素共同决定的。但是,TRA模型对于个体能完全控制自身行为能力的假设具有局限性,在此基础上,Ajzen(1991)提出了计划行为理论(theory of planned behavior,TPB),增加了感知行为变量。该变量由两个因素共同决定:自我控制信念感和感知便利性。自我控制信念感指个人对其自身禀赋、掌握的资源和拥有的机会是否足以完成某一行为的主观认知,个体的自我控制信念感越强,个体感知行为越容易,采纳该行为的可能性越大。感知便利性是指个人对其采纳该行为所面临的困难的主观认知,个体感知采纳该行为的困难度越高,其感知便利性越低,采纳该行的可能性越小。Davis(1989)随后提出技术接受模型(technology acceptance model,TAM)。TAM 模型以感知有用性和感知易用性为核心变量,二者分别表示个体对技术有用程度和采纳该技术的难易程度的主观感知。

Tornatzky 和 Flescher 于 1990 年提出了"技术—组织—环境"模型(technology-organization-environment,TOE)。TOE 模型从技术、组织和环境三个层面综合分析了组织引进新技术的影响因素。TOE 模型作为一个系统性的研究框架,具有较好的包容性,被应用于组织的技术采纳行为研究,近年来随着电子商务的兴起,一些学者也将 TOE 模型运用到分析电子商务采纳行为的研究中(Zhu et al.,2002;朱镇等,2009;陈晴旖,2015)。

就农户电商采纳行为而言,上述技术采纳理论各有侧重和局限,其解释力也各有差别。因此,本书将综合运用上述理论于实证框架的构建和实证结果的探讨。

2.1.2　农户行为相关理论

农户行为理论是研究农户在生产经营与生活中的各种行为决策的理论。相关研究主要可以分为以下三大学派。

一是理性小农学派。Schultz(1964)认为,小农是追求利润最大化的理性经济人,传统农民并不愚昧,他们同资本主义企业家一样,生产经营行为也符合帕累托最优原则,能够根据价格信号作出理性决策。Popkin(1979)进一步拓展了上述理论,认为小农户根据个人偏好,以追求家庭福利最大化为目标进行资源配置,其行为是理性且有效率的。由于理性小农学派是基于新古典经济学提出理论,其对农户行为的分析建立在新古典经济学中对人"完全理性"且"能够获取完全信息"这两个假设上的,因此该学派的理论具有局限性。

二是组织生产学派。与理性小农学派强调小农户以追求利润最大化为目标不同,该学派认为,小农户生产经营的目标是满足自身家庭消费,追求生产风险的最小化(Chayanov,1986)。小农户集生产者与消费者于一体,相较于资本企业利润至上的原则,当家庭消费需求得到满足后,小农户便不再有扩大生产追逐利润的动力;相反,当家庭消费需求没有得到满足时,即使已经利润最大化,农户也会继续生产,以满足家庭生存的需要。组织生产学派研究对象主要为挣扎于温饱线上的农户,具有一定的历史局限性。

三是历史学派。黄宗智(1986)基于中国小农户的特征,进一步拓展农户行为理论。他认为,中国的小农户既会为满足家庭消费需要生产,也会为市场生产,即在满足生计的同时追求利润最大化;此外,小农户作为阶级社会的成员,被动承担了将剩余产品供应给非农部门的任务。

三大学派事实上均认为农户是理性的,只是在对小农追求目标的分析上有所差异,理性小农学派是从经济角度分析,认为小农是为了追求利润最大化;而组织生产学派则是从生存角度分析,认为小农是为了满足家庭消费生存需求;历史学派综合了二者的观点,但其对农户所处的受剥削阶级的论述主要描述的是 1949 年以前的中国小农特征,具有局限性。基于现实情况,本书认为农户是有限理性的,由于外部环境条件和农户自身禀赋限制,农户基于能获取到的有限信息进行利润最大化的决策。

2.1.3　家庭消费经济学理论

家庭消费经济学理论主要研究在一定条件的制约下,家庭通过调整消费结构实现家庭效用最大化的问题。边际效用理论和消费函数理论是家庭消费经济学中最重要的两个理论,是分析家庭消费需求、消费水平和消费结构以及家庭消费与收入之间关系重要的基础性理论。

边际效用理论最早由 Gossen(1854)提出,该理论以消费者偏好和理性选择为基础,研究消费者为实现自身效用最大化,在给定消费预算和商品价格时的对最优商品组合的选择行为,并阐明了边际效用递减的规律。随后,Samuelson(1983)提出理性消费者遵循等边际原则和显示偏好理论,他认为商品价格是由供求关系决定的,其变化又产生收入效应与替代效应。

消费函数理论起源于 20 世纪 30 年代,最初的研究重点是现期消费与收入的关系。最先指出收入与消费之间关系的是 Keynes(1937),他提出了绝对收入假说,认为消费水平取决于绝对收入,二者之间具有稳定的函数关系,边际消费倾向是递减的。Kuznets(1952)对凯恩斯理论进行了修正,提出在长期消费中,消费与收入之间的关系相对稳定,约等于平均消费倾向。

随后,Duesenberry(1949)提出了相对收入假说,认为消费具有"示范效应"和"棘轮效应",所以边际效应不一定递减。示范效应是指个体的消费支出会受到自身收入变化以及自身相较于他人的相对收入变化的影响；棘轮效应是指消费有一定刚性，即使收入下降，由于既往形成的消费需求和消费习惯，现期消费也不一定会下降。

Modigliani(1986)通过提出生命周期理论进一步推动了消费函数理论的发展。生命周期理论认为，人一生的总收入与总消费支出大体相等，人的收入在一生中有规律地波动，其所处的生命周期阶段将在很大程度上影响其储蓄行为，消费者以一生的效用最大化为目标，安排其整个生命周期内的消费和储蓄。

由于所处的时代环境、研究视角以及研究重点的不同，仅仅使用某一种理论无法对现实进行合理的解释，需要根据实际情况，综合运用上述理论，建立电子商务采纳对农户收入与消费的联动效应的分析框架，为实证研究打下基础。

2.1.4　主观幸福感相关理论

主观幸福感的相关理论主要有三个：一是马斯洛的需求层次理论；二是社会比较理论；三是隧道效应理论。下面对上述三个理论逐一进行阐述。

首先是马斯洛需求层次理论。

美国学者 Maslow(1970)提出：人的需求可以由低到高分为五类。金字塔底代表人类最基本的衣食住行的生理需求，越往上需求层次越高，依次分布着安全需求、社交需求、尊重需求和自我实现的需求。

低层次需求与高层次需求的区别在于：第一，只有当低层次需求得到满足时，更高层次需求才得以出现并发挥激励作用；第二，高层次需求对经济、教育、家庭等外部条件的要求更高；第三，在较高层次生活的个体，其身心健康状况更好，从而产生内心幸福感、安宁感等更满意的主观情绪(马斯洛，2003)。

与城市居民相比，我国农村居民的平均收入水平较低，更多面临的是低层次需求(叶静怡等，2017)，收入水平的提升有利于低层次需求的满足，进而产生高层次需求，提升其幸福感。

其次是社会比较理论。

社会比较理论(social comparison theory)最早由美国社会心理学家 Festinger(1954)提出，该理论的核心观点是：每个人都想了解自己的定位，只有通过在"社会的脉络中"与他人比较,发现自己的差距与价值,才能形成对自身的正确认识。在此之后,不断有新的理论观点出现,对其进行补充与修正。

随着社会比较理论的发展,相关研究不再局限于社会心理学范畴。在研究居民的主观幸福感时,经济学家倾向于从相对收入的角度表征社会比较,研究二者间的关系。根据参照对象与衡量标准的不同,社会比较大致可分为两类:纵向社会比较与横向社会比较。第一,纵向的社会比较通常选取自己过去的收入和未来的预期收入为参照标准。如探究当前的经济水平与过去收入状况的对比、对未来一年经济状况改善的预期,自我评定的社会经济地位对幸福感的影响,结果显示这三个变量均显著正向影响主观幸福感。第二,横向的社会比较通常选取他人的平均收入为参照。罗楚亮(2009)、裴志军(2010)以个人实际收入与其所在县/乡镇人均收入的差值作为相对收入,探究其对农村居民幸福感的影响。综观上述成果,本书综合考虑农村居民群体的特殊性及研究的客观准确性,参照罗楚亮的研究构建相对收入变量。

最后是隧道效应理论。

隧道效应是由发展经济学家 Hirschman(1972)最早提出的。假设你开车行驶至一个同向双车道的隧道里,由于遭遇交通堵塞,你与旁边车道的人不得不同时停下来,你可能会因此感觉非常糟糕。设想你处于左车道,此时右边车道的车辆开始缓慢移动起来,那么你的心情会发生怎样的变化呢?事实上,这取决于你所花费的等待本车道同样畅通的时间。具体而言,一开始看到旁边车辆缓慢移动时,尽管自己所占的车道仍拥堵不堪,你却会因为乐观的预期而产生积极的情绪,此时这一机制称为"正面隧道效应";可是时间一长,一旦人们发现旁边车道的情况并不能改变自己拥堵的现状时,那么乐观的情绪就会消失,失望、愤怒等消极情绪就会取而代之,这就是"负面隧道效应"。

不同于相对剥夺理论,Hirschman 认为,收入差距的扩大有时也会通过乐观的预期给人们带来幸福感的提升,正如同"正面隧道效应"。

2.1.5　社区参与相关理论

社会心理学家 Tajfel(1971)最早于 20 世纪 70 年代初引入社会认同的概

念,从而对人们如何在群体间概念化自己进行理论化,即如何"创造并定义个人在社会中的位置"。Tajfel 认为社会认同是指"个体认识到他(或她)属于特定的社会群体,同时也认识到作为群体成员带给他的情感和价值意义",个体对群体的认同是群体行为的基础。Turner(1985)在 Tajfel 社会认同理论的基础上进行了进一步补充,形成相对成熟的社会认同理论。社会认同一般包括社会分类、社会比较和积极区分三个部分。社会认同理论的基本观点认为个体通过社会分类对群体产生认同,在分类时会自动区分内群体和外群体,并通过实现或维持积极的社会认同来提高自尊,而积极的自尊则来源于内群体和外群体的有利比较。当个体在现有群体中无法获取社会认同时,个体可能会选择离开现有群体,加入新群体,以使自己的社会认同得到满足,或者通过能力使现有群体得到更多积极区分。在认同观念的作用下,群体成员会对群体进行不同区分,进而采取不同的行为策略。个体总是处于某个群体关系背景下,该群体相对于其他群体更具有评价性,将个体对群体的认同放在核心位置,有着重要的社会意义(Hogg et al. ,1988)。

理性选择理论建立在"理性人"的经济学假说上,理性是指工具性理性,即个体目标性的行动同其所想要实现的结果之间的联系。20 世纪 90 年代,美国社会学家 Coleman(1990)在各学科研究成果的基础上,对理性选择系统作社会学阐释和分析,就此理性选择理论正式诞生。Coleman 认为任何系统都由行动者和某种事物两个基本元素构成,行动者通过参与或控制这些事物从中获得收益,其理性选择理论框架包括三个组成部分:(1)个人行动结果会影响他人的行动;(2)个人的行动是基于理性收益最大化的有目的的行动,个人为了追求自身利益的最大化而采取行动;(3)用低于系统水平上的倾向性和行动来解释系统行为,即个人行动如何产生宏观水平的结果。Coleman 将个人行为延伸至整个社会现象,研究了"个人行动—制度结构—社会系统行为",实现了微观与宏观的连接。经过一系列的发展补充,现在的理性选择理论由四个理论假设组成:(1)个体追求自身利益最大化;(2)在某一特定情境下存在多个有差异的行为策略供个体选择;(3)不同的行为策略所导致的选择结果不同;(4)个体对不同选择结果有偏好。简单来说,就是理性行动者为实现效用或目标最大化选择最优策略。理性选择理论本身并不必然带有意识形态的烙印,其作为一种方法可以用于不同学科主题的研究中。

20 世纪 50 年代,社会交换理论先驱者 Homans 在古典经济学中"理性经济人"假设、人类学中"互惠"原则、行为心理学中"刺激—反应"原则的基础上,提出了行为主义交换论(Homans,1958),本质上来看,人们间的互动行为其实是一种交换过程,这种交换涉及情感、报酬、资源等方面(闫丁,2016),其基本研究范畴和概念包括价值、最优原则、投资、奖励、代价、公平等。Homans 注意到人的主体性,人的互动行为并非完全如同经典的经济人假设所述,以纯粹经济利益为目的,进而把心理因素纳入个人的行为交换中。如果双方可以在某个具体的社会交往活动中形成互惠互利的关系,长此以往,双方的联系和交往会逐渐加强,反之则会减少直至停止。1964 年,Blau 认识到 Homans 式理论只适用于解释小群体内成员的互动,Blau 在原有的社会交换理论的基础上,从个体日常交往关系的简单过程中推导出支配社区和社会复杂结构的社会过程,提出了理性原理(rational principle)、互惠原理(reciprocity principle)、公正原理(justice principle)、边际效用原理(marginal utility theory)和不平等原理(inequality principle)五个社会交换的基本命题,进一步修正和丰富了 Homans 的社会交换理论(Blau,1964)。Blau 的社会交换理论核心思想为社会交换本质上是某种利益与回报的交换,并将社会交换细分为外在性报酬社会交换、内在性报酬社会交换和混合形式社会交换三类。

社会交换理论在很大程度上认同理性选择理论的前提,从经济学投入与产出关系的视角揭示了互惠是社会交往行为的出发点,人们希望能从社会交往中获得回报。这里的成本可以是时间成本、机会成本等,回报也不仅仅局限于物质上的报酬,还包括精神上的满足、自我实现等。居民的社区参与行为也适用于该理论,当居民在社区中由于共同兴趣相互吸引,行动一方感到有利可图时,会更倾向于紧密联系,从而加强其社区参与积极性和行为。

2.2 文献综述

近些年,随着我国农村电子商务的快速发展,学术界的相关研究逐渐增多,且研究方法也从以案例研究为主发展至案例和定量实证并重。本节将对相关研究进行梳理,并对与本研究联系最紧密的四个主要方面的文献进行综述:一是农户采纳电子商务决策的影响因素;二是电子商务对农村发展的影响;三是电子商务对农业生产的影响效应;四是电子商务对农民生活的影响。通过对已有文献的回顾和梳理,本节总结了现阶段农村电子商务的相关研究,并基于此提出了现有文献的不足和对未来研究的展望。

2.2.1　农户采纳电子商务决策的影响因素

农户是农村电子商务发展的微观主体。要探究农村电子商务发展的客观规律,有必要对农户采纳电子商务决策的影响因素进行深入分析。近年来,随着农村电子商务的发展,许多学者对农户采纳电子商务的决策行为进行了分析和探讨。学术界涌现了一批对农户采纳电子商务决策的影响因素的定性和定量研究,以下对上述文献进行综述。

综合而言,学者对影响农户采纳电子商务决策的因素各持观点,但基本上能够以是否属于农户家庭范畴内的相关因素为区分标准,归类为内部因素和外部因素两大类。其中,内部因素包括农户户主及各家庭成员的相关特征因素、主观认知及经验因素、家庭资产和社会资本因素等;外部因素则包括农户所在农村社区的基础设施建设、电商发展环境等相关因素。大多数的研究都同时纳入上述两类主要因素,但在应用数据集、实证方法、具体特征变量的选择及结果大小及显著性水平上呈现一定的差异。

几乎相关研究都考虑了农户家庭内部的特征因素,包括农户户主及家庭主要成员的年龄、性别、受教育程度等。例如,唐立强和周静(2018)使用2017年辽宁省480户农户的调研数据实证发现,农户户主越年轻、受教育程度越高、身体越健康,其家庭采纳电商的概率越大;Luo和Niu(2019)使用2017年的淘宝村调研数据实证发现,农户户主年龄与采纳电商概率成反比,户主受教育程度与采纳电商概率成正比;Li等(2021)使用2013年和2017年两年短面板农户调研数据实证发现,农户户主年龄、受教育程度、健康程度与其家庭采纳电商的概率显著相关;Liu等(2021)使用中国三个省份480户农户的调研数据实证发现,农户户主及主要家庭成员越年轻、教育背景越好、非农就业的经历越丰富,其家庭采纳电商的可能性越高,采纳后的效益也越好。与以上研究类似的结论广泛出现在相关研究中(唐立强,2017;白懿玮等,2016;王方妍等,2018;林海英等,2019;李晓静等,2019)。但也有部分研究发现某些特征变量,如户主年龄和受教育程度等,在样本量较小且受访农户同质性较高的前提下,并未对农户采纳电商决策产生显著影响(张益丰,2016;周静等,2018)。

主观认知和经验也是影响农户电商采纳决策的重要因素。例如,Patel等(2016)使用印度北部省份310户农户的数据实证发现,农户采纳电商的决策与户主对电商的有用性认知、家庭成员的信息技术综合运用熟练程度显著正向相关;张益丰(2016)使用2015年对241位樱桃种植户的调研数据实证发现,户主接受电商培训经历、先前网购经验有助于提升农户参与电商销售的意愿;曾亿武等(2018)使用沭阳县895个花木农户调查数据实证发现,农户的先前创业经历和先前电商培训经历显著促进了农户的电子商务采纳;周静等(2018)使用辽宁省402户草莓种植户的调研数据实证发现,农户采纳电商的决策受到其对电商态度、主观规范和知觉行为控制的共同作用,当农户认为电商用处大、对电商政策了解多,其采纳电商的可能性也相应越大。综合而言,多数研究都认同农户的主观认知和先前经验会对其采纳电商决策产生显著影响(Han et al.,2020;Ma et al.,2020;Qi et al.,2019a;张益丰,2016)。

资本,包括家庭资产和社会资本,也是影响农户采纳电商决策的重要因素。许多文献关注可能促进农户采纳电商的家庭资产因素,包括并不限于互联网(Liu,2020;Ma et al.,2020;林海英等,2019)、手机(Ashokkumar et al.,2019;Lin,2019;李晓静等,2019)、电脑(Leng et al.,2020;张益丰,2016)、家庭土地经营规模(Li et al.,2021;王方妍等,2018)、种植规模(Chen et al.,2022;Zheng et al.,2021;Zhu et al.,2021;李晓静等,2020)等。通常来说,互联网、手机、电脑等信息通信技术的可得性会显著正向影响农户的电商采纳概率(Ma et al.,2020;Zheng et al.,2021;曾亿武等,2018),而其他家庭资产则有一定的异质性。例如,对经营农产品电商的农户而言,更大的家庭土地经营规模往往会增加其采纳电商的概率(Chen et al.,2022;Liu et al.,2021;白懿玮等,2016;张益丰,2016)。相对地,若不对农户电商经营的产品品类进行区分,则家庭土地经营规模对农户采纳电商决策的影响则可能并不显著(Li et al.,2021)。

社会资本也是影响农户采纳电商决策的重要因素。例如,王方妍等(2018)基于宁夏的352户农户调查数据实证发现,户主为村干部的农户采纳电商的概率更大;周静等(2018)研究发现,结识电商先行示范户对农户采纳电商有显著的正向影响;林海英等(2019)研究发现,社会或邻里示范、家中是否有村干部等因素均对农牧户参与电子商务意愿具有显著影响。还有许多研究得出了类似结论(Ashokkumar et al.,2019;Jin et al.,2020;Li et al.,2021;Liu et al.,2021;Song et al.,2021)。综合而言,社会资本可以拓展农户获取信息的来源和渠道,增加农户对农产品电商的认知水平,降低农产品电商销售的风险,并最终促使更多农户采纳电商(唐立强等,2018)。

除了家庭内部因素,许多研究也考虑了外部因素对农户采纳电商决策的影响,比如农户所在地区的快递物流、宽带服务等基础设施的建设情况。例如,唐立强(2017)使用辽宁省12个村的农户调查数据实证发现,农户家庭距离快递物流网点越远,其采纳电商的可能性越低;Ma等(2020)使用2018年3省份、820户农户的调研数据实证发现,互联网接入使农民采纳电子商务的概率提高了约20%;Lyu等(2022)使用2018年湖北省637户农户的调研数据实证发现,价格更低廉、服务更完善的快递物流网络能够显著提升农户采纳电商的概率。还有不少研究以案例的形式说明了网络及物流设施的缺失对当地农户电商经营的负面影响,如Jamaluddin(2013)以印度农户为例,指出网络及物流网络的限制是制约当地农民电商采纳的重要因素;Okoli等(2010)以南美小农户为例,指出互联网接入成本高限制了当地电商产业的发展。总体来说,已有研究均肯定了完善的基础设施建设对农户采纳电商的积极作用。

另一个影响农户采纳电商决策的重要外部因素是当地电商发展环境。一般来说,农户所在地区电商产业越发达,电商经营者越多,则农户采纳电商的可能性也越大。Leong等(2016)通过观察淘宝村个案,提出农村电商发展带动了当地以电商为基础的商业生态的形成,营造了当地电商氛围,进一步促进当地农户电商化经营;邱泽奇和黄诗曼(2021)运用仿真实验方法,提出并模拟检验了农村电商发展的"熟人社会—线上市场—能人触发"模式,论证了本地电商带头人对农村电商发展的重要作用;Zhou等(2021)通过研究我国农村电商发展进程,指出电子商务促进了传统农村社会对新的信息通信技术的采纳和应用,而信息化后的农村社会又激励了更多本地农户的电商化经营。此外还有不少研究也探讨或论证了电商发展环境对农户采纳电商决策的显著促进作用(Liu et al.,2020;Wang et al.,2021;林海英等,2019;张益丰,2016;周冬等,2019)。

2.2.2　电子商务对农村发展的影响

随着近年来电子商务向农村地区辐射,农村电子商务兴起并迅速发展,引发了学界广泛的关注。已有文献对农村电子商务对农村经济和社会发展的促进作用作出了充分的肯定,并对农村电子商务的作用、发展的模式和农村电商发展面临的问题进行了分析和探索。

电子商务依托现代信息技术和互联网,快捷高效的信息传递能够有效降低市场信息不对称,帮助农户及时有效地获取有关生产经营的各类信息,如政策信息、市场供求和价格信息、消费者反馈信息等,从而科学安排生产运营(查金祥等,2006;周正平等,2013)。依托现代交通和物流体系,电子商务还可以帮助农户突破地域限制,对接更为广阔的市场(郑亚琴等,2007)。汪向东(2011)认为,农村电子商务通过直接使供需双方对接,打破时空界限,减少了中间流通环节,改善了农户在传统渠道中的信息弱势情况,帮助农户与大市场对接。邱淑英等(2012)从产业发展的角度上看,认为农村电子商务的发展能够极大地促进我国农业产业化。电子商务为发展中国家农户提供了一个获取国内和国际市场准入的新途径(Jamaluddin,2013;Ma et al.,2020;Okoli et al.,2010;Rahayu et al.,2017;Yu et al.,2019)。

近年来众多学者对一些农村电子商务发展较好的典型县域的发展模式进行了探索,归纳总结出了许多典型发展模式,如遂昌模式、成县模式、武功模式、沭阳模式等(夏守慧等,2012;陈亮,2015;曾亿武,2016),并分析了农村电子商务发展的要素和条件(樊西峰,2013;阿里研究院,2020;Leong et al.,2016;Zeng et al.,2019)。丁文云(2015)以产品与网商为核心,辅助以服务、劳动、科技、基础设施和政府共计六个维度,构建了县域电商发展模型。一些学者研究了在农村电子商务的发展中,创业、供应网络、社会创新以及互联网使用等因素的作用(Cui et al.,2017;Ma et al.,2020;Wan,2015;Wei et al.;2019;Zou et al.,2015)。此外,还有学者从企业层面对涉农电子商务企业进行了案例研究,如天安农业公司、菜管家等(赵苹等,2011;桂学文等,2013;王珂等,2014)。

农村电子商务快速发展的同时,也面临着许多问题和挑战,一些学者对这些问题进行了梳理和归纳,主要包括:产品特性的限制,如产品的易腐性增加仓储和运输成本,缩小产品销售范围,又如产品同质化严重,降低了卖家的议价能力等(杨静等,2008;孟晓明,2009;梁文卓等,2012);基础设施和配套条件不健全(赵俊杰,2005;郭海霞,2010);电子商务市场竞争日益激烈,农户和企业采纳电商的成本不断提高(苑金凤等,2014;张鸣峰等,2015;王胜等,2015);电商专业人才缺乏等(查金祥等,2006;杨静等,2008)。

上述对于农村电子商务的研究多为定性描述和案例研究,且多是从县域层面或者企业层面出发,分析电子商务的作用、农村电商的发展模式和条件,以及农村电商发展面临的问题,在研究视角和研究方法上具有一定的局限性。

2.2.3　电子商务对农业生产的影响

近年来,电子商务在农村地区广泛辐射,为传统农业带来了新的发展机遇,引发了学界的广泛关注。总的来说,已有文献对电子商务促进农业生产及农村经济、社会发展的积极作用表示了充分的肯定,并从不同研究视角和研究对象入手探索和分析了农村电子商务的影响效应、发展模式及作用机制。不少学者站在宏观视角,探讨了电子商务对农业产业、农村市场发展、农产品供应链的影响;有学者站在中观的角度,研究了电子商务对淘宝村、县域发展、涉农企业的作用效应;还有学者从微观农户的视角入手,分析了电子商务对减贫、农户收入、劳动、生产等多个方面的影响。此外,学界也正视了农村电商发展的局限性和有限性,并对其目前面临的问题和挑战进行了归纳总结。

许多学者从宏观角度入手,就电子商务对农业产业、农村市场、农产品供应链等的影响机制和影响效应进行了研究。早在 2001 年即有学者关注到电子商务在农村地区的辐射效应,并研究了电商对农村创业的激励作用及对农业产业化发展的促进作用(Mueller,2001;张磊等,2001);之后,越来越多的学者开始关注农村电商的发展及其宏观影响效应。例如,有学者从电商的交易方式入手,关注了农产品线上交易与传统线下交易的异同,提出农村电商的发展开创了农业流通方式的新业态(Burt et al. ,2003;Carpio et al. ,2013;Haley,2002;Liu et al. ,2015;崔凯等,2018;李想,2017;关海玲等,2010;王胜等,2015);有学者对农村电商的去中介化特性进行研究,总结出电商能够促进农村市场信息的高效流通,降低市场主体的交易成本,进而有效提升农产品供应链的效率(Aker et al. ,2016;Karine,2021;Mor et al. ,2015;Wang et al. ,2021;赵大伟等,2019;梅燕等,2020;张正荣等,2019;顾焕章,2021);还有学者在总结上述影响效应的基础上,提出农村电商的发展有助于我国农业产业化发展和现代化转型(Li,2017;Qi et al. ,2019b;Zeng et al. ,2017;Zhang et al. ,2020;王瑞峰,2020;张树沁等,2022;刘伟,2018;黄雨婷等,2022)。

也有许多学者聚焦中观视角,探讨了电子商务对淘宝村、县域、涉农企业等主体的影响效应。有不少学者重点关注我国淘宝村的快速发展,研究了产业集群、网商服务、创新激励机制以及社会网络等因素在淘宝村发展进程中所起的重要作用(Leong et al. ,2016;Lin et al. ,2016;Liu et al. ,2020;Qi et al. ,2019b;Wang et al. ,2021;朱邦耀等,2016;崔丽丽等,2014;曾亿武等,2016;郭承龙,2015;梁强等,2016);有学者对一批优秀的农村电子商务发展典型县域进行重点关注,并归纳、总结了许多典型的县域农村电商发展模式,如沭阳模式、遂昌模式、沙集模式、军埔模式等。通过比较分析不同县域模式的发展及作用方式,学者们总结了基础设施、政策扶持、配套科技、产业基础等多种县域电商发展的影响要素(Guihang et al. ,2014;Tim et al. ,2021;陈永富等,2018;董坤祥等,2016;陈旭堂等,2018;郁晓等,2016;谢乔等,2019);还有一些学者从企业视角入手,探讨了电子商务改造传统涉农企业的方式或电商企业对本地农村农业发展的影响效应(Carpio et al. ,2013;Dubé et al. ,2020;雒翠萍等,2019;王邵军等,2021;汪旭晖等,2016)。

综合而言,学者们对农村电商发展在宏观和中观层面上起到的积极作用予以充分肯定,但也有一些学者关注到农村电子商务发展面临着的诸多问题和挑战。例如电商经营农产品的季节性和易腐性限制(洪勇,2016;黄仁同,2021;刘建鑫等,2016)、产品同质化严重导致竞争激烈、利润下降(朱品文,2016;李剑,2018)网络及物流等基础配套设施成本较高(谢天成等,2016;侯振兴,2018;武晓钊,2016)、专业人才缺乏且流失度高(聂召英等,2021)等。此外,也有学者关注到电商的发展可能带来城乡差异与不平等的扩大化(张磊等,2017;邱泽奇等,2021)、冲击线下涉农企业运营和传统农村经济生态(Tang et al. ,2020)等问题,显示出电商发展具有一定的局限性,需要辩证看待。

农户是农村电子商务的重要微观采纳主体。随着农村电子商务的高速发展,越来越多的学者从微观视角入手,关注农村电商发展对农户的影响效应。多数文献关注电子商务对农户的增收及减贫效应。由于数据积淀不足等,许多文献以定性研究为主。例如,Liu 等(2015)通过分析江苏淘宝村的案例,提出电子商务的发展有助于农户拓展销售渠道、降低销售成本,因而获得收入的增长;Zeng 等(2017)通过研究涉农电子商务的相关文献发现,电子商务的应用减少了农产品供应链的流通环节和交易成本,因此有助于农户增收;收入增长为农户减贫提供了可行性,汪向东和王昕天(2015)总结了"沙集模式"中农村电商发展对当地农户收入增长的积极作用,提出互联网时代下我国以电子商务助力农村扶贫工作的新型扶贫方式;王胜等(2021)总结了重庆秦巴山区、武陵山区国家级贫困区县电商扶贫的做法,并根据实际归纳总结出贫困山区产品培育型、主体改造型、服务改善型、利益联结型四类电商扶贫模式。值得注意的是,电商减贫并非我国独有的现象,它在许多发展中国家同样存在。如 Jha 等(2016)以印度本土电商平台 eKutir 为例,探讨了本地电商生态建设对当地农民减贫的积极作用;Mapeshoane 等(2016)以坦桑尼亚的农村旅游产业为例,肯定了电子商务等信息通信技术的发展对当地农民的减贫效应。总的来说,学界以大量定性研究肯定了电商对农户的增收和减贫作用,也为更多的实证研究打下了基础。

近年来,随着相关数据的逐步累积,越来越多的学者实证检验了电子商务采纳对农户减贫和增收的影响效应。曾亿武等(2018)使用江苏沭阳县的1009 户农户调研数据实证发现,电子商务采纳促进了农户利润率和销量的提升,进而显著提高了农户农业收入;王瑜(2019)使用全国 6242 户农户数据实证发现,电子商务采纳显著提升了农户的经济获得感;林海英等(2020)使用内蒙古 626 户农户的调研数据实证发现,电子商务采纳有助于贫困户收入增长、支出降低,因而有助于农户脱贫;Li 等(2021)使用 3 省 1030 户农户的调研数据发现,电子商务采纳能够显著提升农户的家庭经营性收入;秦芳等(2022)基于中国家庭金融调查数据实证发现,农村电商的发展能够提升农民创业水平、增加农户收入,且具有较好的包容性。还有不少研究也得出类似的结论(Luo et al.,2019;Qin et al.,2019;Tang et al.,2022;张京京等,2022;邱子迅等,2021;唐跃桓等,2020;李琪等,2019)。但需要注意的是,有一些学者对此持不同看法。例如,Couture 等(2021)与阿里巴巴集团合作的随机自然实验发现,起码短期而言,电子商务采纳未显著增加农户收入;聂召英和王伊欢(2021)通过调查发现,农村电商的转型可能导致产业要素配置效率失衡、农村营商环境受限、互联网市场游戏规则驯化,使得电商村出现大批量小农户退出互联网市场和农村资源流失的现象。总体来说,关注电子商务对农户收入和减贫影响的定量研究数量较多,多数结论显示了显著的正向作用,但研究的结果也具有一定的异质性。

其他从农户视角入手的农村电商研究主要关注农户就业和消费。吕丹(2015)通过分析农村电商创造本地就业岗位的发展特性,提出未来农村电商将成为中国农村剩余劳动力的安置路径之一;钟燕琼(2016)提出农村电商的发展同时促进了工业品下行和农产品上行,并且增加农村就业机会,提高了农民消费能力;Qi 等(2019)发现淘宝村的发展为农民本地就业提供了新的岗位,因而促进了农民的返乡回流;Dubé 等(2020)提出涉农企业的电商化发展提升了本地农村居民蔬菜和水果的消费质量;Huang 等(2020)指出农村电商的发展促进了农民劳动技能和就业水平提升;杨瑞等(2021)发现农村电商发展通过农村人力资本提升和农业技术进步两个间接途径显著促进了非农就业;张硕等(2022)通过回顾电子商务应用于农村扶贫与乡村振兴的相关研究,阐述了农村电商对乡村人才培养与就业创业、消费市场下沉和农村消费的综合影响。

直接关注电子商务对农户农业生产影响的文献以案例等定性研究为主。如查金祥和黎东升(2006)提出电子商务采纳有助于农户获取市场信息、降低交易成本、打造农产品品牌、开拓新市场、积极管理客户关系;郑亚琴和郑文生(2007)提出电子商务采纳可以促使农户的生产资源更有效配置、降低市场风险,产生低投入高产出效应;其他研究也大都认为电子商务能够直接匹配交易双方,减少流通环节和交易成本,帮助小农户对接大市场,及时有效获取生产经营信息并据此科学安排生产运营,进而提升农业经营效益(Jamaluddin,2013;Patel et al.,2016;Yang et al.,2021;张树沁等,2022;邱泽奇等,2021;唐红涛等,2020;曾亿武等,2020)。虽然这些定性研究阐释了电子商务对农户农业生产的重要性,但要识别二者的因果关系仍需要定量的实证研究。然而目前该类研究数量较少。已有研究包括秦芳等(2022)基于2017 年中国家庭金融调查数据进行实证,发现农村电商发展能够增加农户土地流转的概率;李晓静等(2020)基于两省 686 户猕猴桃种植户的调研数据实证发现,电商采纳能够显著促进农户使用绿色生产技术;程欣炜和林乐芬(2020)基于三省2744户林果种植户的调研数据发现,电商采纳对小农户有机衔接现代农业发展的综合效率具有积极提升作用。综合而言,目前学界有关电商采纳对农户农业生产的研究以定性为主,定量的实证研究数量较少。

为弥补已有文献的不足,本章致力于从理性农户的视角出发,从成本收益的角度入手,基于已有的相关理论,结合实际情况,对农户采纳电子商务的决策进行理论机制的阐释,并在此基础上构建一个综合性的实证分析框架,探讨农户电子商务采纳决策的影响因素及其对农户农业生产的影响效应,为后文的实证分析提供理论依据和框架。

2.2.4　电子商务对农民生活的影响

该部分将从农民收入、消费、主观幸福感和社区参与四个主要方面展开。

就电子商务对农民收入的影响而言,早期研究电子商务对农户收入影响的文献以定性分析居多(Guo et al.,2014;Zeng et al.,2017;Zhang et al.,2022)。Tumibay et al.(2016)通过分析农户采纳电子商务的经营模式,认为电子商务将农户与消费者直接对接起来,减少了中间流通环节,有助于增加农产品的价值。基于案例研究的证据表明,农村电子商务对社区治理(Liou,2017)、社会发展和妇女权益(Oreglia et al.,2016;Xu,2016;Yu et al.,2019)、区域就业(Qi et al.,2019),和家庭收入(Cho et al.,2010;Zapata et al.,2016)等具有重要影响。虽然这些案例研究可以说明农村电子商务对农村社区和农村家庭的重要性,但这些研究的结果很难概括,也很难从这些研究中识别出电子商务采纳对农户家庭生计影响的因果关系。也有少量的定量文献研究了农村电子商务采纳与农户收入之间的关系。这部分的早期文献主要通过描述性统计分析电子商务采纳对农户收入的影响效应,如一些文献以美国MarketMaker平台为例,分析使用该平台进行电子商务的农户的收入变化情况,Cho等(2010)的描述统计分析结果显示电子商务采纳使农户增收10%—25%;Zapata等2011至2016年3篇文献中的研究更为具体,描述统计发现电子商务的开展有助于农户开发新客户,增加订单量并提升销售额。近年来,由于中国农村电子商务的高速发展,国内外越来越多的学者开始研究电子商务对农户收入的影响。基于对线上销售农产品和通过传统渠道销售农产品这两类农户的调查数据,曾亿武等(2018)发现采纳电子商务的农户的收入相较非电商户显著增加。Luo等(2019)对80个淘宝村调查数据进行分析,结果显示农村电子商务采纳对农户收入有显著的正向影响。王瑜(2019)基于6242户农户数据的实证研究结果显示,参与电子商务显著提升了农户的横向现实经济获得感和纵向预期经济获得感。林海英等(2020)以内蒙古为研究案例,结合微观调研数据,发现参与电子商务有助于农户脱贫。程欣炜和林乐芬(2020)的研究结果表明,农产品电子商务对小农户与现代农业发展有机衔接的综合效率具有积极影响,对组织化程度和社会化服务体系的影响较为显著。李琪等(2019)认为电子商务的发展能够扩大市场需求,增加消费者的黏性,从而促进农户增收;电子商务的发展还具有辐射和溢出效应,电子商务发展程度较高的地区通过增加投入品采购和技术扩散促进周边地区农户收入的增加。尽管多数文献表示电子商务的采纳能够显著促进农户收入的增加,但也有文献对此持不同的态度,认为电子商务采纳的增收效应具有异质性。Couture等(2019)与阿里巴巴集团合作进行了随机自然实验,数据研究结果表明,至少短期来看,电子商务并没有为农户带来显著的收入增长。唐跃桓等(2020)采用全国县级面板数据,通过双重差分倾向匹配得分法分析电子商务示范县政策对农户收入的影响,异质性分析发现,增长效应仅在东部和中部地区显著。

在关于电子商务对农户消费的影响研究方面,多数的文献聚焦在消费者端,分析消费者网购农产品的意愿和行为(温雪等,2019;刘建鑫等,2016;Gao et al.,2020)。特别是在2020年新冠疫情暴发后,有学者分析了疫情背景下电子商务在保障农产品供应中的作用(Borsellino et al.,2020;Guo et al.,2020)。但是,研究电子商务对农户消费的影响的文献相对较少。农户除了是生产经营者,同时也是消费者,研究电子商务对农户消费的影响对于促进农户消费水平的提高和消费升级,扩大农村内需有着重要的意义。近年来随着农村电子商务的发展,一些学者开始关注农村电子商务发展对农户消费的影响(彭小珈等,2018;张正荣等;2019)。在已有的关于电子商务的发展对农村居民消费的影响的研究中,少量文献基于调研数据,探索了影响农户消费行为的因素。如陈道平等(2019)基于重庆农户调研数据进行实证研究,发现影响农户网购的因素包括产品与服务、区域特征、产品风险感知,其中,产品与服务因素对农村居民网购行为的影响最大。豆志杰等(2020)基于问卷数据研究发现,农户的网购行为受到网购商品价格、感知网购便捷性、商品质量和网购感知风险的影响。在分析电子商务采纳对农户消费的影响的文献中,多数文献为定性研究,分析电子商务发展对农户消费的影响机制(李青,2018;刘根荣,2017;钟燕琼,2016;王晓红,2016;李骏阳,2015)。电子商务拓展了商业发展的空间,提高了交易效率,通过促进工业品下行和农产品上行,增加就业,促进农村居民增收,提高居民消费能力(钟燕琼,2016)。刘根荣(2017)将电子商务对农村居民消费的影响分为直接影响和间接影响,前者指电子商务通过满足农村居民的消费需求,改善农村居民的消费结构,促进消费增长;后者指电子商务的发展改变了传统的流通方式,通过促进商品流通,提高农户的消费水平。也有少量已有文献进行了定量研究,罗建萍等(2018)从宏观层面结合面板数据分析电子商务发展对农村居民消费的影响,研究结果显示电子商务的发展可以促进农村居民的人均消费水平的提升。李连梦等(2020)实证研究发现,2014—2018年中国电子商务的发展扩大了城乡居民消费差距。冯睿和龚丽媛(2017)基于对苏州和宿迁两地居民消费情况的调查,发现电子商务的发展可以优化农村居民的消费结构,对农村居民生产生活方式产生影响。

有关电子商务对农民主观幸福感的影响,整体而言,直接的研究成果有限。幸福感影响因素的研究起步较早,始于20世纪50年代中期,发展至今已涉及心理学、社会学、经济学、哲学、环境学等多学科。综合而言,居民主观幸福感的影响因素大致可分为经济因素和非经济因素两大类。在众多的经济因素中,收入水平是研究重点,从整体上看,收入对幸福感的影响形式多样化,在后来的研究中,学者们进一步细分收入类型,区分绝对收入与相对收入的差异化作用。传统的效用理论认为,财富是幸福的重要来源,收入与幸福感同方向变动。随着研究的不断深入,收入与幸福感之间的关系大致可分为:正相关关系(Hagerty et al.,2003)、负相关关系(Ng,2003)、"倒U形"关系(Easterlin et al.,2010)以及相互作用(Diener et al.,2007)。当研究不再局限于微观个体,涉及宏观层面时,二者间的关系显得更为复杂。例如,1974年在"经济增长可以在多大程度上提升人们的幸福感"一文中,Easterlin(1974)提出了著名的"幸福悖论",即通常在一个国家内,个体收入与幸福感存在显著的正相关关系,然而在跨国比较中,GDP的增长并没有显著提升幸福感,且从较长的时间跨度来看(10年以上),收入与幸福感也无明显相关性。作为对该研究的回应,Veenhoven 等(2006)选取了发达程度不同的国家,研究发现富国居民的整体幸福感高于穷国居民,且在一段时间内,穷国居民幸福感的提升速度远快于富国居民,这一结论证实了收入与幸福感存在"拐点效应",即收入并非线性影响主观幸福感。之后 Easterlin 等(2010)对"幸福悖论"进行了修正,认为只有在一定的范围内(10 年以内),经济增长能促进幸福感的提升,从长期来看,二者间趋向于"倒 U 形"的变化趋势。早期研究中的收入仅包括了绝对收入,随着社会比较理论的发展,引入相对收入是一个重要的突破。Graham 等(2001)按照收入水平将研究对象划分为中、低、高三个阶层,结果表明后两个阶层人群生活满意度与绝对收入正相关。随着研究方法与形式的不断创新,越来越多学者发现,绝对收入为人们幸福生活提供了必要的物质基础,而收入差距对于个体的主观幸福感往往影响更大,且这种影响通常为负向影响(Clark et al.,1996;Ferrer-i-Carbonell,2005;Oshio et al.,2011),看似"负面隧道效应"在学界占据了主导地位。不过,在肯定相对收入作用的前提之下,也有学者质疑其影响方向,如 Kingdon 等(2005)、Senik 等(2002)分别研究了南非及俄罗斯居民的主观幸福感,发现与近邻的收入差距对他们存在积极的心理暗示和激励作用,进而正向提升主观幸福感,为"正面隧道效应"的存在提供了佐证。心理学家和社会学家更加关注财富之外的因素,他们将年龄、受教育水平、健康状况、家庭关系、社会资本等独立于收入的其他影响因素纳入主观幸福感的研究框架中。将其归纳为个人因素、家庭因素、社会因素三大类。一是个人因素,包括性别、年龄、健康状况、受教育水平等人口统计学变量。相较于男性,女性的幸福感通常会更高(Oswald,1997)。受教育水平越高的人往往也有更高的主观幸福感(Frey et al.,1999)。Blanchflower 等(2000)指出,年龄对幸福感的影响独立于婚姻状况、受教育水平、性别等因素,二者间呈现出"U"形关系,"U"的最低点年龄约为 40 岁。Pressman 等(2005)肯定了身心健康对幸福感的重要影响,同时呼吁加入个体特征因素深化研究。二是家庭因素,包括婚姻关系、亲子关系、家庭—工作关系等。Seidlitz 等(1997)通过个人对家庭关系的评价来衡量主观幸福感。相当一部分学者指出,与单身、丧偶、离异人士相比,已婚个体的幸福感最高(Junhong,2001;Borghesi et al.,2012)。三是社会因素,包括社会经济和政治环境、文化背景、社会地位、朋友关系、自然环境等。Hofstede(2001)对欧洲大学生和亚裔大学生的幸福感进行比对,研究发现在这两类人群中,欧洲学生

的幸福感显著高于亚裔大学生,证实了文化背景对主观幸福感的影响。Dolan
等(2008)对前人研究进行了回顾,指出隔离、缺乏社会交流和失业等是对主
观幸福感影响最大的负面因素。Konow 等(2008)阐释了享乐主义悖论,即个
人只有学会慷慨给予他人才会获得真正的幸福。与之类似,部分学者检验了
社交技能与幸福感的关系,结果表明良好的社交关系有利于提高个体幸福感
(Ryff et al. ,2000;Segrin et al. ,2007)。总的来看,国外学界关于主观幸福感
的影响因素的相关研究经历了从理论到实证、从单一到多元的过程,概括而
言有以下几个特点:(1)研究方法以计量分析为主,理论分析、案例研究、描述
性统计为辅;(2)研究视角较开阔,不仅限于本国居民,跨地区、跨文化对比的
研究较普遍;(3)研究对象较广泛,积极探究各类因素对幸福感的影响,同时
兼顾其影响机制。专门针对农村居民群体的相关研究则相对较少。国内关
于农村居民主观幸福感的研究始于 21 世纪初。当前,农村居民仍然占据着我
国近半数人口,在城镇化和工业化进程中,这一群体仍保留自身特征,有别于
城镇居民。2004 年,曾慧超等(2005)提出"中国近 80%的居民感觉生活幸福,
农村居民的幸福感高于城镇居民",这一结论在全社会引起了强烈反响。部
分学者进行城乡居民对比跟进研究,得出了类似的结论,并解释为主要是由
于农村居民对收入的未来预期及渴望较低、满足程度较高所致(尤亮等,
2019;罗楚亮,2006)。徐仲安(2013)等对比了四川省震后灾区农村居民与非
灾区农村居民的主观幸福感,验证了年龄、性别、健康状况、受教育程度、家庭
纯收入对这两类人群的差异化影响。尤亮等(2018)采用 Oaxaca-Blinder 分解
法发现,绝对收入在解释村落间农户差异化主观幸福感中占据主导地位,基
于此形成的上行社会比较作为中介变量具有同化效应,也就是说使经济状况
较差的农村居民看到未来致富希望,产生幸福感。除了个人因素、经济因素
等幸福感共性影响因素,学者们纷纷挖掘对农村居民幸福感解释力强的其他
要素。中国是个典型的人情社会,特别是在农村地区,围绕血缘和地缘形成
的"人脉关系"对农村社会,乃至居民生活发挥着重要的作用。李树等(2012)
采用 CGSS2006 相关数据,验证了"关系"(即社会网络)对农村居民主观幸福
感的重要影响,其贡献程度仅次于地域、健康状况及家庭收入。薛新东等
(2015)发现,不同于城市居民,社会保障体系是对农村居民主观幸福感影响
最大的因素,朋友关系、家人关系也会正向影响其幸福感。进一步来讲,黄秀
女等(2018)运用倾向得分匹配法验证了医保对城乡居民幸福感的正向影响,

平均来看,这一福利总值约等于年收入的 24.6%,且农村居民的提升幅度略高于城镇居民。

就电子商务对农民社区参与的影响而言,相关的直接研究很少。农村电子商务作为中国农村经济转型中的新生事物,其对社区参与的影响在国内外学术领域的研究几乎没有。因此,本研究通过梳理信息技术对社区参与影响的相关文献,发掘相关联系。哈佛大学教授 Fountain(2004)在《构建虚拟政府:信息技术与制度创新》一书中深入探讨了信息处理及其传播技术的重大变化所带来的影响,其试图在信息技术和组织、制度和行动者之间建立一种复杂的平衡关系,通过分析信息技术和政府组织之间的复杂作用机制,建立了一个技术执行的研究框架。Jane 关于信息技术与组织、制度、行动者之间关系的深入分析对理解信息化进程中农村居民社区参与具有一定的基础性理论意义。互联网转化了社区的界限,将具有相同价值观和共同利益的居民聚集起来,打破社区治理的物理性限制,信息技术在社会互动中的隐匿性、广泛性、实时性、跨区域性、平等性等特点,对于调动线下不活跃群体社区参与的积极性更加有效(Rachel et al.,2005;Kim et al.,2013)。Claire 等(2017)在 2012—2014 年间对苏格兰 Peninsula Village 和 Commuter Village 两个农村社区进行实地调查和采访发现,ICT(information and communications technology)正成为农村社会关系中不可分割的组成部分,并在不同的社会文化群体以及不同的社区区位中发挥着不同作用。在 Peninsula Village,ICT 被用来弥合社会分歧,依靠自觉建立起一个具有网络凝聚力的社区;在 Commuter Village,使用 ICT 往往是在私人社交网络和职业中。信息化对社区认同有积极影响也有消极影响,它在压缩时空距离的同时,也会减弱社区内的社交网络。Vidal(2018)对美国社区的研究结果发现,许多外来移民通过互联网获得来自他们祖国的社会支持和信息,这种行为同时也促进了他们积极参与当地的政治活动。Guy 等(2018)研究表明,ICT 作为一种新的技术应用于信息交付平台,允许公民向地方政府官员发送免费和匿名信息,从而有利于降低公共服务成本,提高公共服务效率。Sanjib 等(2019)实证研究了澳大利亚家庭的互联网使用对在农村社区中建立和维护社会资本的作用,研究结果表明,互联网的使用在建立和维护社会资本从而改善农村社区内部的社会联系方面发挥着重要作用。国内学术界肯定了信息技术在激发居民社区参与积极性方面的作用。早有研究表明,"社会主要群体不在场"是造成

"共同体困境"的重要现实原因,也是一直困扰社区工作者的难题。我国城市社区中多数成员的主要社会交往不在社区内,即便他们想在社区内进行社会交往也没有机会(刘少杰,2009)。贺佐成(2010)认为,互联网通过增强社会互动和社会纽带,扩充了社区参与方式。桂勇等(2009)运用定性比较分析法系统地分析了来自上海的15个案例,他们认为小区规模对集体能力的限制随着互联网的发展渐渐削弱,互联网作为动员社区居民的手段存在巨大潜力。孙健(2011)在探究网络化治理作为全新的公共管理模式时,认为其以更为弹性、灵活的特点适应现代社会的复杂性,实现了多元主体合作共治,使得主体参与治理的意愿格外强烈,最终达到公共治理有效性的目的。谭英俊(2009)在理论上梳理了网络治理的内在机理与逻辑,众多特征不一、素质各异的具有决策能力的活性节点构成网络系统的静态结构。网络治理能否成功运行的重点在于,其治理机制能否保证各活性节点(各合作方)有序高效运作,而不是利用信息不对称和不完全契约谋取私利。黄家亮(2014)研究指出,信息化通过优化社区资源配置、激发居民社区参与意识,实现了社区的复合治理和参与式治理。在信息技术的冲击下,信息技术迫使社区结构及社区治理模式重构的态势形成(陈芳芳等,2016b)。袁浩等(2019)对上海都市社区的调查数据进行定量分析,结果表明互联网使用与居民参与社区治理活动呈正相关关系,这种相关关系在非本地户籍的租户群体中更为明显。信息化时代,社区决策方式不再是由政府单向主导的自上而下的执行模式,信息化手段可以高效地实现居民与政府的双向沟通,在双向重构社区内外治理结构的同时,催生协调社区内外沟通的中间治理者。

2.3 总结性评论

随着农村电子商务近年来的高速发展,越来越多的学者开始关注电子商务对农业、农村、农民的影响。已有文献研究视角多元,研究方法和内容多样,对现阶段农村电子商务的发展形势、对农村经济和社会变迁的影响、面临的问题和挑战等进行了丰富的探讨,为本书的分析提供了有益参考。然而总的来说,现阶段农村电子商务的相关研究仍存在以下不足。

第一,已有研究主题分散,缺乏全面系统的综合性研究。已有的关于农村电子商务的研究成果多是以论文形式发表的，囿于成果属性和篇幅限制，这些研究难以全面展现电子商务采纳对中国三农发展整体性的影响。已出版的书籍中也少有从实证角度囊括宏观中观微观三个维度，全面系统地阐述农村电子商务的发展及其对中国农村、农业和农民的影响效应。本研究相较于已有研究成果横向覆盖面更广，纵向剖析更深。

第二，研究方法以定性研究居多，定量研究较少且没有得到高度一致的结论。总体而言，已有的关于农村电子商务研究的文献中，早期的文献以定性分析居多，尽管近年来定量分析文献数量有所增长，但采用计量分析方法的文献数量较少。已有文献分析了电子商务对农村经济发展和产品流通的作用，同时发掘了诸多典型的县域电商发展模式，对现阶段中国农村电子商务的发展形势和面临的问题、瓶颈进行了梳理和总结，为本书的分析提供了有益参考。由于微观数据的缺乏，多数文献从省级或者县域层面分析了电子商务发展的影响因素，以及电子商务发展对农户收入和消费的影响，从农户微观视角出发，研究农户电子商务采纳行为及其经济效应的文献较少，且这些有限的文献的估计结果没能得到高度一致的结论。

第三，农户采纳电商决策的影响因素研究缺少系统性的总结和实证。许多学者就农户采纳电子商务的决策过程进行研究，并分别总结了多类可能的影响因素。由于选取的案例不同或是调研农户的样本选择不同，已有文献的研究结论具有较大的异质性。不同文献的因素总结各有侧重，亦各有遗漏。已有的研究未能得到高度一致的结论。因此，就农户采纳电商决策的影响因素研究而言，目前学界还缺少一个系统性纳入农户户主、家庭及农村社区等多类影响因素的统一的分析框架，以及使用该框架进行的实证检验。

第四，电商对农业生产的影响研究缺少微观农户的切入视角。目前，研究电商对农业生产的影响的文献集中于宏观和中观视角。以农户为研究视角的定量研究主要聚焦于电商对农户的减贫、增收的作用。也有一些文献关注对农户消费和劳动的影响。相对地，以农户视角切入的关注电商采纳对农业生产的研究数量较少，且以定性研究为主。虽然这些定性研究可以说明电子商务对农户农业生产的重要性，但这些研究的结果很难概括，也很难从这些研究中识别出电子商务采纳对农户农业生产影响的因果关系。然而，受限于数据可得性，该问题的规范的定量研究数量非常少，且往往只关注农户农业生产的单独某个结果变量。系统性关注农户农业生产的要素投入及效率的定量实证研究目前仍处于空白状态。

随着全世界信息通信技术相关基础设施和配套条件的不断完善,电子商务在广大发展中国家的全面推广应用是可预期的,电子商务对农户农业生产的影响也将受到越来越多学者的关注,解决上述问题的重要性和紧迫性日益凸显。因此,本书将在综合已有文献研究结果的基础上,进一步拓展电子商务采纳影响效应的研究视角,全面综合地构建农户采纳电子商务决策的影响因素框架,系统性地定量分析电子商务采纳对农户生产生活的影响效应,为未来农村电子商务发展的相关研究提供参考。

3 中国农村电子商务发展的历史与现状

中国农村电子商务相较于发达国家起步较晚，早期因整体社会发展水平落后受到诸多因素的限制，包括基础设施不健全、网络信息发展水平落后、农民思想意识保守等。近年来，随着电子商务的兴起和向农村地区的辐射，在政府引导和企业协同作用下，中国农村电子商务不断突破、创新，取得了巨大进步。本章将梳理中国农村电子商务的发展历程，概述当前农村电商的发展现状，以现实背景为后续研究的展开作铺垫。

3.1 中国农村电子商务的发展历程

中国农村电子商务的发展最早可以追溯到 1995 年，以郑州商品交易所成功实现网上卖粮为开端。放在历史尺度上，二三十年时间转瞬即逝，但中国数字经济的日新月异，使得中国农村电子商务在短短二三十年间迅猛发展。本章将中国农村电子商务的发展历程分为如下四个阶段：第一阶段是 1995—2004 年的萌芽阶段，第二阶段是 2005—2012 年的探索阶段，第三阶段是 2013—2016 年的发展阶段，第四阶段是 2017 年开始的转型阶段。

3.1.1 萌芽阶段(1995—2004 年)

20 世纪 90 年代，我国农业农村向信息化发展迈出步伐。为加快农业农村信息化建设进程，我国于 1994 年 12 月启动"金农工程"。国务院将信息化列入农业发展规划，并先后建立了中国农业信息网和中国农业科技信息化网。随后，地方政府通过出台政策和拨付资金给予支持，围绕电子商务基础设施建设展开农村信息化和农村道路建设工作。农村信息化的建设,为互联网和电子商务在农村的发展奠定了技术基础。"十五"期间,通信网络设施的改善和大规模农村公路建设,使得农村具备了一定的电子商务通信和物流基础,更多农民能够参与到信息交流和线上交易中。我国农村电子商务由此萌芽。

这一阶段的农村电子商务表现为自上而下的模式,由政府主导,农户参与。这一阶段的农业网站大体分成三类:一是各级农业部门建立的农业信息网站,主要是对本地区的农业发展进行宏观指导,提供农业实用技术、市场信息,宣传农业政策法规,介绍农业招商引资项目等信息服务,具有信息权威性、服务综合性、范围地域性等特点。二是农业科研和教育部门建立的农业信息网站,主要提供农业科技相关信息,具有专业权威性的特点。三是农业企业建立的信息网站,这些网站一般是围绕企业经营范围,宣传与推销自身产品及技术服务,开展电子商务活动,具有广告性、服务性的特点,以赢利为最终目标。这些网站包括:传统农业企业建立的网站、一些富裕起来的农户和农村建立的网站、综合性和行业性的网上农产品交易网、专门为农业企业提供电子商务交易平台的网站。

1995年,郑州商品交易所成功实现网上卖粮,标志着中国农村电子商务拉开序幕。1999年中国针对棉花建成网上交易市场,通过该平台实现中央粮棉的采购。2000年中国成立了专注于粮食网上销售的中华粮网,该网站于2005年承担了中央储备粮的销售业务。2000年6月28日,中国农业科学院牵头的中国首家综合性网上农业交易平台——农网,于北京上线,该平台致力于网上农业B2B的交易,从事全方位的综合性农业电子商务交易,为广大农民提供包括农业机械、农业生产资料、农业产品和农村生活资料交易在内的专业有效的网上服务,并由中国农业银行总行提供全面的网上结算支持。全国农业部门依托各自的网站联合共建的"农村供求信息全国联播系统(一站通)"于2002年投入运行,逐步发展成为国内最大、国际上有影响的农产品供求信息网络发布平台。另外,农业部开通的"全国农产品批发市场价格信息网",当年每天可采集412家批发市场、419种农产品的价格信息,汇总后当日向社会公开发布。通过信息网络,农产品批发市场充分发挥了集散商品、形成价格、传递信息的功能,信息在配置资源和农产品跨区域、大规模流通的过程中发挥了重要的导向作用。

农村电商是随着电子商务快速发展自然进入农村经济体系的产物。在中国农村电子商务的萌芽阶段,农民普遍缺乏网络电子化经营意识,且农村互联网覆盖程度低、农民文化程度不高、物流点覆盖面不足导致农村电商发展缓慢。在这个阶段,由于农村电子商务发展基础条件较差,前期基础建设投入成本高、回报缓慢,对民间资本的吸引力不足。这是一个从无到有的启动建设阶段,农村电子商务呈现政府主导、自上而下的特点,由于前期积累较慢,民间自主发展条件不足,农村电子商务处于蓄力状态。在这一阶段,除了由政府主导的大宗交易可以实现在线交易,涉农个体为主的线上交易几乎不存在。

3.1.2 探索阶段(2005—2012 年)

2005 年被广泛认为是中国农产品电子商务发展元年。这一阶段农产品电商逐步发展,从信息服务转为交易服务。在农村电子商务应用整体发展方面,各应用使用率均呈上升趋势。截至 2011 年 12 月,农村地区网络购物用户3159 万人,年增长 650 万人。网络购物在农村网民中的使用率为 23.1%,较2010 年增长 3.1 个百分点;农村网络银行用户规模增加 387 万人,达 2509 万人。网络银行在农村网民中的使用率为 18.5%,较 2010 年增长 1.5 个百分点;农村地区网上支付用户规模为 2587 万人,年增长 489 万人。网络支付在农村网民中的使用率为 19.0%,较 2010 年底增长 2.2 个百分点。在农村网民上网设备方面,手机因为其较低的成本和使用门槛,成为农村网民最主要的上网终端,手机上网用户为 9694 万人,占农村总体网民的 71.3%,比农村台式电脑的使用率高 4.5 个百分点(中国互联网络信息中心,2012)。

(1)发展特点

①国家政策战略支持

从 2004 年起,党中央、国务院每年下发关于农业农村发展的中央一号文件,指引农村现代化发展战略方向。2006 年的中央一号文件和党的十六届六中全会均将推进农业信息化建设和社会主义新农村建设作为党和政府的主要工作目标之一。信息化是农村现代化的重要组成部分,有关部门先后出台了旨在提升农村信息化水平的系列政策并配套资金予以支持,各级农业部门积极推进农业信息化建设,取得了显著成效:一是服务机构逐步健全。截至2005 年 6 月,内地所有省份、97%的地(市)、80%的县级农业部门都设有信息管理和服务机构,58%的农业乡镇设有信息服务站。二是网络建设及延伸步伐加快。建立了具有较强支持服务能力的网络中心;各省份农业行政主管部门均建立了局域网和农业信息网站。农业网站建设发展迅速,约一半的乡镇建立了信息服务站并基本形成县、乡、村三级信息服务体系,建立了农信通等农村综合信息服务平台。此时我国涉农网站累计超过 2 万个。从最高层次的中国农业信息网到省级的农业信息网,再到市、县级的农业信息网的建设已逐步完善。三是信息员队伍不断扩大。2004—2005 年发展可向农民直接传递信息的农村信息员 6 万人,总量达 18 万人。

②农村基础设施建设加快

该阶段农村地区互联网基础设施发展较快,信息化水平进一步提高。农村基础设施建设投入巨大、农民收入不断增长、农村"触网"比例快速提高。2011 年新增通宽带行政村 1.7 万个,通宽带行政村比例从 80% 提高到 84%;新建乡信息服务站 6966 个(中国互联网络信息中心,2012)、村信息服务点75254 个、乡级网上信息库 4184 个、村级网上信息栏目 62755 个。"十一五"重点实现"村村通电话,乡乡能上网"。到"十一五"末,99% 的乡镇和 80% 的行政村已具备宽带接入能力。这些建设为农村地区电子商务的发展提供了良好支撑。

农产品物流体系建设步伐加快。自 2004 年中央一号文件提出改善农产品流通环境,中央各部委发布系列文件,涵盖政策支持、资金支持、降低农产品物流行业税费,全面建设生产—流通—销售的农产品物流体系。我国农产品物流总额 2012 年达到 1.77 万亿元,同比增长 4.5%,农产品物流初具规模。我国的农产品流通体制已经从计划经济模式向市场经济模式转变,并随着我国整体经济体制市场化改革的深入,市场化程度不断提高。

③企业的创新与探索

企业开始涉足农产品电商领域,在单一农作物交易基础上探索更多商品交易形式,创新商业模式,促进农产品网上交易量增长。2005 年,中国第一家农产品网络零售商"易果生鲜"上线,目标市场是城市中高收入家庭,为他们提供进口水果。2008 年生鲜农产品交易队伍逐渐壮大,和乐康、沱沱工社等以生鲜农产品销售商的身份加入其中,农产品电商成为图书、服装、3C 电商之后的新热点。2009 年起,大量资本、企业进入农产品电商行业。2009 年中粮我买网建成,主要从事农产品经营,为农产品网上交易注入了新活力。

农产品线上交易成为农村电子商务的重要组成部分,在帮助农产品走出去的同时,扩大了农村电子商务的经营范围。农产品电商具有独特的优势,即实现了小农户迈向大市场,为农产品流通开辟了新路径,通过助力农产品流通和销售,促进了农业农村的经济发展,加快了农村产业调整步伐,推动农村社会快速发展。2010—2012年,农产品的网上交易额大幅增长,以淘宝网为例,2010年、2011年、2012年分别达到37.35亿元、113.66亿元、198.61亿元。2012年,我国农产品电商实现2.9万亿元的交易量,其中生鲜电商交易量达到35.6亿元,年增长率超过100%(阿里研究中心,2013)。受市场驱动,越来越多的农产品实现线上交易,农村居民感受到了电子商务的优越性,积极主动参与电商活动,形成自下而上发展农村电子商务的模式。这一阶段我国生鲜电商成绩突出,但由于形式单一、缺乏创新、企业间出现激烈的同质化竞争,不少企业因经营困难被迫倒闭,然而农村电子商务仍在不断探索,摸索前进。

(2)典型模式

这一阶段的农村电子商务产生了多种具有时代和环境特点的经营模式,尽管有些模式已经随着技术进步和产业发展被淘汰,但对这些典型模式的回顾有助于梳理农村电子商务模式的历史演化。

①初级电子商务模式

是通过网络发布一些农产品、农用产品的供求信息、价格信息等,交易双方可以通过互联网社交软件来交流一些简单的信息,是广告的网络化。初级电子商务没有专门的平台,往往借助于一些现成的交流平台,比如论坛、博客、微信甚至QQ群,来发布自己的商品、商铺信息或者需求信息,通过这些交流平台联系到消费者或者供应商,为自己的销售或者购买牵线搭桥。

但是这种交流一般仅仅是供需信息的了解,具体供需协议的达成往往在线下进行,线上成交涉及的数量和金额都不高。这是由于平台的开放性与自由性使其内容很难受到法律的保护,而平台经营者则仅仅是把平台当成交流的工具,不对平台上的内容负责。

②非支付型电子商务模式

这一模式又称为"营销网络化",指农产品或者农用品的销售的信息环节,比如产品信息的发布、价格质量等的洽谈、交易意向的达成、契约的签订、信用评价等都通过网络平台来完成,而货物的运输、验收、费用的支付则在线下完成,即信息流和现金流分开,信息流在线上完成,而现金流则在线下完成。这种过渡类型的电子商务模式,在早期农村电子商务中应用得比较广泛。

非支付型电子商务既可以使用专门的农业网站,如地方政府的农业信息门户,也可以使用综合的电子商务网站来实现,其中不少网站除了介绍农业政策、农业新技术等,还开始关注农业市场,提供农产品价格信息、市场趋势分析等来指导农业生产。一些做得好的农业网站,甚至建立了电子商务板块,用于进行农产品的网上交易。如中国供应商网站,有专门的农业板块,提供农产品、农业用品(农资农具等)的供求信息,既可以标价出售或者定价收购,也可以通过网上的竞价平台竞价拍卖或者拍买。但是该平台仅仅提供信息交流平台,并不提供线上的支付渠道。

③委托代理电子商务模式

在农村电子商务发展初期,由于互联网应用存在较高的技术门槛,大量涌现出一批涉农产品网络经销商,以互联网为市场媒介,生产者或者销售者通过代理人与消费者之间产生营销关系,形成了委托代理电商模式。这些网络经销商在综合性电子商务平台上开设店铺,从农户或者农业生产合作社手中收购农副产品作为自己的资源。下面以兰田模式和娄底网上供销社模式对这一类别的过渡型电商模式进行介绍。

兰田模式是以"世纪之村"电子商务平台为基础的运作模式。这种模式主要由平台企业、信息员、销售商和采购商四方参与,兰田集团公司作为最主要的平台企业,负责电子商务平台的构建和运营,负责交易规则的制定和完善,负责代销代购渠道的建立和管理。而信息员则负责买卖信息的发布,促进买卖活动的成功,一般多由拥有上网能力的农产品商人或者农资商人充当,作为农户与平台、消费者与平台、生产商与平台之间联系的桥梁。生产农副产品的农户或者合作社、提供农资的生产商或者经销人作为销售商,通过信息员发布自己的供货消息,农产品商家、需要农资的普通农户或者合作社作为采购商则通过信息员购买所需商品。

娄底网上供销社模式是通过将农村党员远程教育平台与电子商务信息平台相连形成网上供销社,并建立一批站点,用于将农民的小额需求集中起来,统一采购,一方面提高了农民的议价能力,为农民节约了大量开支;另一方面则帮助农民拓宽农产品销售渠道,从而促进农民增收。作为代理人的站点,有专门建立起来的,专项提供信息服务、商品代购等业务的,也有与现存的农村商业超市或者产业基地相结合的。

④平台交易电子商务模式

该模式是指卖家与买家之间直接通过平台进行交易的电子商务模式,如C2C、B2B等。这种模式主要依托第三方电子商务平台实现交易,平台种类包括大型零售网站平台和综合类 B2B 电子商务平台。其中,前者以淘宝网最为耳熟能详,但这种类型的涉农 C2C 起步很晚,直到 2011 年才开始崭露头角。早期较为典型的成功案例沙集模式,是江苏省睢宁县沙集镇出现的一种 C2C 农村电子商务模式。当地村民自发开设网店,在网上销售自己生产的板式拼装家具。在扩大家具销售范围的同时,极大地促进了当地的加工、物流、原材料、电子商务服务等相关产业的发展,形成了一条产业链条,呈现自发式产生、裂变式和包容性增长的特点。

而综合类 B2B 电子商务平台主要开展批发业务,对于大多数时间需要从事农业生产,希望产品可以快速打包出售的农业生产者来说,B2B 更为便捷。比如阿里巴巴网上有专门的农业板块,上面有农副产品、农业工具的销售,买卖双方通过阿里巴巴及阿里旺旺进行供需洽谈,利用支付宝或者其他支付手段完成支付。

从 2008 年开始,商务部坚持通过全国农产品公共信息服务平台夏冬两次组织农产品网上购销对接会。据统计,2010—2013 年,农产品的网上交易额大幅增长,以淘宝网为例,2010 年、2011 年、2012 年分别为 37.35 亿元、113.66 亿元、198.61 亿元(阿里研究中心,2013)。

除大型综合性平台之外,一些思想比较先进并且具有一定计算机水平的农户或农业商人,开始模仿品牌企业,在网上建立自己的销售网站,形成销售平台。他们租用网站空间,购买使用现成的网站软件、论坛组件等建立自己的网站,然后在该网站上销售农产品。这种自建网站的方式,对计算机开发水平要求不高,不需要非常专业的技能,但也不是对计算机什么都不懂的人能够完成的,因而这种平台的使用者大多比较分散。这一时期比较典型的案例是宁波市宁海县,该县通过自建网站销售农副产品。截至 2012 年,该县建立了 146 家网站,其中涉及企业 52 家、农户 2370 户,自建网站的农民 66 户,累计销售农副产品超过 4.5 亿元,实际收入超过 4 亿元(中国互联网络信息中心,2013)。

3.1.3　发展阶段(2013—2016 年)

2013 年,中国电子商务保持了快速发展势头,电子商务交易额突破 10 万亿元大关,达到 10.28 万亿元;网络购物用户规模达到 3.02 亿人,中国网络零售延续了爆发式增长态势,全年网络零售交易额达到 1.85 万亿元,同比增长

41.2％,网络零售交易额跃居全球第一,占全球网络零售额市场份额(1.25万亿美元)的23.9％,中国成为世界上最大的网络零售市场(商务部电子商务和信息化司,2014)。在新技术和模式创新驱动下,电子商务通过各种渠道广泛渗透到国民经济的各个领域,成为国民经济转型发展的新动力。随着各级政府对农村信息化建设的推进和对电子商务发展的大力支持,以及中国农村基础设施建设的逐步完善,中国农村电子商务迎来了厚积薄发的第三发展阶段。这一阶段的农村电商发展概况和特点如下。

(1)发展概况

①农村电子商务销售额高速增长

2016年,中国农村网民规模突破2亿人,达到2.01亿,农村网民占比为27.4％,农村网络零售额接近9000亿元,达到8945亿元(见图3.1),约占全国网络零售额的17.4％,其中实物型网络零售额5792.4亿元,服务型网络零售额3153.0亿元。农村网店超过800万家,占全网的25.8％,带动就业人数超过2000万人。全年农村网络零售额季度环比增速均高于城市。东部地区农村产业基础好,电商渗透率高,网络零售额达5660.8亿元,占全国的63.3％。中西部地区发展迅速,网络零售额达3284.6亿元,平均季度增幅达16.6％,高出东部地区3.2个百分点(商务部电子商务和信息化司,2017)。

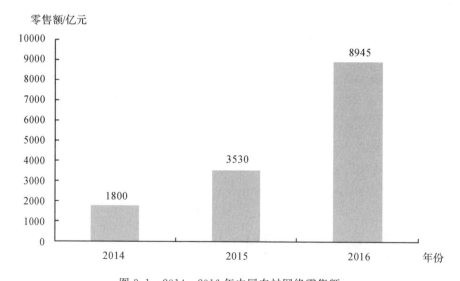

图3.1　2014—2016年中国农村网络零售额

数据来源:商务部电子商务和信息化司《中国电子商务报告(2016)》。

2016 年,全国农产品网络零售交易总额达 1589 亿元。这一阶段,我国农产品电子商务进入高速增长阶段,年均增长率达到 50%。农产品网络零售商增加,交易种类日益丰富。2016 年我国各类农产品电商园区 200 家,占各类电商园区的 12%,呈现出快速增长的趋势(商务部电子商务和信息化司,2017)。2016 年全国淘宝村达到 1311 个,淘宝镇达到 135 个,年销售额达到 100 万元的淘宝村网店达到 11000 个(阿里研究院等,2016)。

②电商相关基础设施进一步改善

2013 年,各级政府对于涉农电子商务给予特别的重视,把握农产品电子商务制高点成为新农村建设的重点,农村电子商务发展的基础条件显著改善,广播电视网络覆盖范围进一步扩大,全国实现了村村通;电话网络继续快速向农村延伸覆盖,100%的村已经通了电话;农村互联网发展极为迅速,截至2013 年 12 月,农村网民达到 1.77 亿人,占全部网民的 28.6%;"三网融合"以及物联网技术在农村得到一定程度的推广(中国互联网络信息中心,2014)。

农村物流配送体系不断发展。2013 年,商务部启动第四批肉菜流通追溯体系试点,范围覆盖 50 个城市。2013 年以来,菜鸟网络的出现促进了电商物流资源整合,如整合多家冷链物流公司,配送范围覆盖 42 个城市,其中有部分线路全程冷链,其他则是半冷链。此外,生鲜电商探索了多种物流模式,顺丰自建全程冷链物流,覆盖全国 11 个城市。1 号店在北京和上海自营生鲜品类,与第三方冷链物流公司合作。京东在开放平台运营生鲜频道,开始探索自营生鲜,与第三方冷链物流公司合作。一些垂直生鲜电商在北京、上海地区自建冷链物流,但在其他城市仍需采用第三方物流。天猫则采取预售模式。

农村电子支付业务快速增长。在中国人民银行的指导和中国银联支持下,银联商务在农村打造出了"面"(助农便民缴费点)、"线"(助农取款)、"点"(移动支付)多位一体的"服务三农"新平台。截至 2013 年 10 月底,银联商务各地分支机构共在 20 个省(自治区、直辖市)建设了"全民付"助农取款便民缴费点 1.7 万个,在农村地区共计布放和维护 POS 终端 18.9 万台,占整个公司市场终端总数的 7.4%(中国互联网络信息中心,2014)。中国农业银行积极推进"金穗惠农通"工程建设,在广大农村地区建立"三农"金融服务站,加大电子机具布放力度,着力打通农村金融服务"最后一公里"。农行山东省分行已在代理新农保、新农合业务的 31828 个行政村安装了"智付通""农商通"等设备,农村电子支付机具覆盖率已达到 79%。邮储银行先后推出了"绿卡通""福农卡""邮乐卡"等多元化支付卡品种,不断增强银行卡服务功能,进一步拓宽服务领域,为农村居民提供多层次、多元化零售金融服务的能力持续提升。2013 年全年,邮储银行全国绿卡交易量超过 59 亿笔,交易金额超过 21 万亿元(中国互联网络信息中心,2014)。此外,为把握农村地区手机普及率迅速上升的发展趋势,邮储银行于 2012 年 7 月开通了专门针对农村用户的"汇易达"手机支付业务。

③涉农网站发展迅速

2013 年国内有各类涉农网站 3.1 万个,其中电子商务网站 3000 多家,初步形成了涉农政府信息网、涉农交易网等多层次性的电子商务网络体系。这些网站大致可以分为四种类型:

农产品网上期货交易。2013 年我国农产品期货品种达到 16 个,交易额达 31.53 万亿元;但也有一些品种交易清淡,如大连商品交易所的豆二,郑州商品交易所的普麦、甲醇、菜籽等成交量都不大(商务部电子商务和信息化司,2014)。2014 年,我国农产品网上期货有 17 个品种,成交量达 21.86 亿元(商务部电子商务和信息化司,2015)。粮食网上交易十分活跃。根据全国粮食行业协会统计,2013 年原国家粮食局系统有粮食市场 60 多家(国家粮食交易中心 25 家,其他各类粮食交易市场有 40 多家),网上交易额接近 2000 亿元,其中,中华粮网交易粮食近 500 亿元,郑州粮食批发市场交易量达 1193 万吨,比上年增长 106%,2013 年黑龙江粮食交易市场网上粮食成交数量达 187 万吨(其中小麦 20 万吨,大豆 167 万吨),交易金额 72.4 亿元(商务部电子商务和信息化司,2014)。中国网上粮食市场的主要模式是政府抛售或者政府采购,具体包括网上竞价交易、撮合交易、招投标交易等。2014 年,中华粮网、黑龙江粮食交易市场的网上粮食交易十分活跃,但也有网上交易市场"遇冷"。例如,至 2014 年 11 月初,通过南昌粮食网交易的粮食总量为 2 万吨左右,仅为往年的一半不到。其主要原因,一是 2014 年粮食价格走低;二是部分商户习惯了传统的粮食现场交易方式,对于网上交易一时还难以适应。

商务部夏冬两季农产品网上购销对接会。2013 年政府部门组织农产品网上购销对接会,交易额达到 840.54 亿元。据统计,2013 年夏季农产品网上购销对接会,截至 2013 年 9 月,农村商务信息服务累计帮助农户销售农副产品 2200 多万吨,成交额达 820 亿元;2013 年冬季农产品网上购销对接会,截至 2014 年 1 月 11 日 8 时,参加商户数 9.1894 万家,提供供应信息 71.1241 万条,求购信息 10.1095 万条,实际成交额 19.33 亿元,意向成交额 16.99 亿元。各地也积极组织农产品网上交易活动。2013 年 8 月,上饶市粮食局、衢州市粮食局、温州市粮食局、台州市粮食局和绍兴县粮食局共同主办了中国网上粮食市场早稻交易会,在为期 7 天的交易中,共成交早稻 4.25 万吨,成交金额 1.21 亿元。此外,还组织线下现场订货洽谈会,成交量达 4.76 万吨,成交额达到 1.33 亿元(商务部电子商务和信息化司,2014)。

大宗商品交易市场。据中物联大宗商品流通分会统计,2013 年中国大宗商品电子商务交易市场有 538 家,其中涉农产品交易市场占有较大比例(见图 3.2)。截至 2013 年,全国农产品大宗商品交易市场共 161 家、林木(含纸浆)17 家、酒类 17 家、纺织 11 家(商务部电子商务和信息化司,2014)。到 2014 年底,我国大宗商品电子类交易市场共 739 家。其中,涉农交易市场有 300 家:农产品交易市场 219 家、畜禽产品交易市场 27 家、酒类产品交易市场 22 家、林木交易市场 18 家,渔产品交易市场 14 家。具有特色的大宗农产品网上交易市场有广西糖网、全国棉花交易市场、四川白酒交易中心、中农网、沁坤农产品交易中心等。2014 年,长春市农产品电子商务交易平台正式上线运行,打造与"汽车城""电影城"相并列的"白金城"(长春松花江大米)。湖南宁乡引进湖南现代农商信息有限公司,86077.com 平台自 2014 年 5 月上线以来,交易总额达到 1.3 亿元,日交易额突破 200 万元。长沙沁坤大宗农产品现货电子交易市场采取交易集成创新模式,涵盖了 B2C 平台、B2B 平台、竞价平台、区域服务基站平台、电商产业园平台等,2014 年交易额达 10.5 亿元(商务部电子商务和信息化司,2015)。

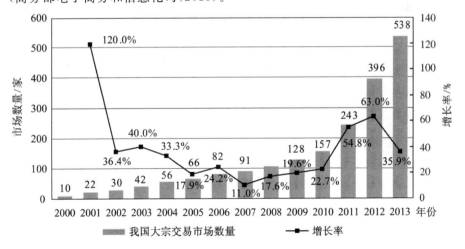

图 3.2　2000—2013 年我国大宗交易市场情况

数据来源:商务部电子商务和信息化司《中国电子商务报告(2013)》。

各类农产品网络零售网站。2013 年,各类农产品网络零售网站交易活跃。2013 年阿里平台上经营农产品的卖家数量为 39.40 万个;其中淘宝网(含天猫)卖家为 37.79 万个,B2B 平台上商户约为 1.6 万个(商务部电子商务和信息化司,2014)。京东、1 号店、我买网、沱沱工社、顺丰优选、中国地理标志产品商城、龙宝溯源商城、全农汇、菜管家、本来生活网等生鲜农产品交易额达到 250 多亿元。

④农资电子商务快速发展

2013 年底,我国有各类生产资料电子商务网站上百家,其中具有代表性的农资网站有:三农网、新农之家、上农网、中国 365 农资网、中越农资网、中国农药第一网、中国农资交易网、农业电子商务网、中国化肥网、农家福等。2013 年,在新网工程基础上的农资电子商务蓬勃发展。新网工程(新农村现代流通服务网络工程)起源于 2006 年,涉及农业生产资料现代经营服务网络、农副产品市场销售网络、日用消费品现代经营网络、再生资源回收利用网络。经过七年的建设,涌现出多种效益显著的营销模式。

农资企业间的 B2B 平台模式。农资 B2B 平台是农资企业间的电子商务交易平台。2013 年 4 月重新改版上线的上海农资电子商务平台"上农网"就是这种模式的典型。该网站于 2010 年 12 月上线运行。

农资商品交易所模式。南宁 NCCE(中国—东盟商品交易所)是国内专门从事化肥产品交易的交易所。NCCE 化肥网上交易模式实现了原料供应商与生产企业、生产企业与基层经销商之间的网上直接交易,减少了流通环节和中间成本。中远期交易还对价格发现、规避风险以及规划运输产生了良好的影响。

农资 O2O 模式。2013 年 4 月 14 日,上农网第三方电子商务平台上线,这是一个将农资、农产品交易和农业金融及咨询技术服务一体化整合的第三方 O2O 电子商务新平台,所提供的农资直供可让农民的农资成本降低 5%—10%,种植成本降低 3%—5%。

农资 C2B(团购)模式。2013 年,网络团购农资成为时尚。北京延庆村帮助农民团购农资,改变传统的分散购买农资的方式;吉林省白山市万良镇、山东沂南、湖北巴东、甘肃山丹、山东冠县朱王芦村等,都兴起网上团购风。2013 年 12 月 30 日,中国农资导报网"农资线上团购活动"开启仅 15 分钟,团购首单 60 吨鲁西集团"鲁银"牌复合肥即被订出。整个活动吸引鲁西集团、山西阳煤丰喜集团、河北根力多、广西田园北方农资等 12 家企业参与供货,确定

25 款农资供合作社、种田大户、经销商下单团购(商务部电子商务和信息化司,2014)。

⑤制度环境不成熟

这一时期,中国电子商务服务业还在成长期,平台企业营利模式较为单一,线上产品同质化现象严重,价格战异常激烈,网络营销成本急剧上升,假冒伪劣、侵犯知识产权、恶意欺诈、虚假促销、售后服务差、用户信息盗用滥用等问题日益凸显;电子商务还缺乏必要的行业自律机制,恶性竞争时有出现,大型电子商务平台有垄断发展的倾向,行业领先者滥用市场支配地位,损害其他竞争对手、产业链上下游和消费者利益的现象时有发生。

(2)发展特点

这一时期农村电子商务的快速发展,离不开政策支持、基础设施改善和经济社会发展需求,下面将对该阶段农村电商发展的主要宏观因素和发展特点进行简要概述。

①农村电子商务政策体系加速形成

2013 年 4 月,国家发改委、财政部、农业部、商务部等部门联合发布《关于进一步促进电子商务健康快速发展有关工作的通知》,提出了加快完善支持电子商务创新发展的法规政策环境建设的 14 项措施,其中提到促进农业电子商务发展,各地区加快支持电子商务发展的环境建设。

2013 年 7 月,国家工商总局提出了《关于加快促进流通产业发展的若干意见》,积极支持农业龙头企业、农产品批发市场建立农产品网上交易市场,开展农产品网上集中交易活动,实现传统市场升级转型,并鼓励网络商品交易平台向农村延伸、发展,提高农村市场流通效率,方便农民群众生活。

2013 年 8 月,国务院公布了《关于促进信息消费扩大内需的若干意见》,提出了信息消费的主要目标:"到 2015 年,信息消费规模超过 3.2 万亿元,年均增长 20％以上,带动相关行业新增产出超过 1.2 万亿元,其中基于互联网的新型信息消费规模达到 2.4 万亿元,年均增长 30％以上。"该意见明确提出了"拓宽电子商务发展空间"的工作部署,以进一步发挥电子商务在扩内需、促转型和惠民生等方面的积极作用。

2013 年 10 月,商务部发布了《促进电子商务应用的实施意见》,明确提出要结合商务领域应用需求,大力推进项目试点,开展政策先行先试。国家电子商务示范基地要发挥电子商务产业集聚优势,创新公共服务模式,建设和完善面向电子商务企业的公共服务平台,搭建完整的电子商务产业链条,提高区域经济核心竞争力。要培育一批网络购物平台、行业电子商务平台和电子商务应用骨干企业,发挥其在模式创新、资源整合、产业链延伸等方面的引导作用;要结合电子商务统计、监测、信用体系建设推进电子商务示范企业建设。

2014 年,农村电子商务迎来新的发展机遇。这一年,农村电子商务首次出现在中央一号文件中,文件提出从加快农产品仓储、冷链物流建设,完善农村物流服务体系,加强农产品电子商务平台建设三个方面促进农村电子商务发展。2014 年商务部首次发起了电子商务进农村示范县项目。2015 年中央一号文件首次提出要开展电子商务进农村综合示范项目,电子商务扶贫成为国家精准扶贫十大工程之一。2016 年,《"十三五"脱贫攻坚规划》中指出,农村电子商务承载着精准扶贫的重要使命,对现阶段扶贫工作至关重要。2014—2015 年,商务部、财政部在 256 个县开展电子商务进农村综合示范,累计安排中央财政资金 48 亿元,带动社会投资约 800 亿元,带动一大批电商企业加快布局农村市场,覆盖 1000 多个县近 25 万个村点。2015 年,农业部确定在已开展试点的 10 个省份中新增试点县(市、区)51 个,同时新增天津等 16 个试点省份,43 个试点县(市、区),共计新增试点县(市、区)94 个,作为第二批开展信息进村入户工作的试点县。

针对前文所述电子商务纠纷调处机制尚不健全的情况,完善相关立法迫在眉睫。2013 年 12 月 27 日,全国人大财经委召开电子商务法起草组成立暨第一次全体会议,确定中国电子商务立法时间表,要求到 2016 年 6 月完成电子商务法律草案起草。这一举措对于我国利用法律手段规范电子商务市场秩序,保障电子商务健康发展具有极为重要的现实意义。

表 3.1 中列出了这一阶段较为重要的农村电子商务发展相关政策。从时间上不难看出,这一阶段政策发布密集,农村电商政策体系加速形成。

表 3.1　2013—2016 年中国农村电子商务发展相关政策

发布时间	发布机构	文件名
2013 年 4 月	国家发改委、财政部、农业部、商务部等	《关于进一步促进电子商务健康快速发展有关工作的通知》
2013 年 7 月	国家工商总局	《关于加快促进流通产业发展的若干意见》

发布时间	发布机构	文件名
2013 年 8 月	国务院	《关于促进信息消费扩大内需的若干意见》
2013 年 10 月	商务部	《关于促进电子商务应用的实施意见》
2014 年 1 月	中共中央、国务院	《关于全面深化农村改革加快推进农业现代化的若干意见》
2014 年 7 月	财政部、商务部	《关于开展电子商务进农村综合示范的通知》
2014 年 9 月	国务院	《物流业发展中长期规划（2014—2020 年）》
2015 年 8 月	商务部等	《关于加快发展农村电子商务的意见》
2015 年 10 月	国务院	《关于促进农村电子商务加快发展的指导意见》
2016 年 1 月	国务院	《关于落实发展新理念加快农业现代化实现全面小康目标的若干意见》
2016 年 5 月	国家发改委等	《"互联网＋"现代农业三年行动实施方案》
2016 年 10 月	中央网信办、国家发改委、国务院扶贫办	《网络扶贫行动计划》
2016 年 11 月	国务院扶贫办等中央 16 部委	《关于促进电商精准扶贫的指导意见》

②农村电子商务市场多元化发展格局初步显现

京东、苏宁、阿里巴巴等电商企业先后就农村电子商务发起融资。2014 年 10 月，阿里巴巴的"千县万村"发展计划在农村地区广泛铺开；京东紧随其后，也于同年 11 月在农村地区开展电子商务计划，2013 年京东农产品销售达到八大类 15 万种，销售额超过 100 亿元（商务部电子商务和信息化司，2014）。

2015年1月,苏宁物流集团成立,物流云服务全面对外开放,"物流云"项目将物流环节作为主要完善目标,坚持自建物流的发展理念,通过改善农村地区物流配送条件,扩大农村市场规模。同年9月,综合性电商平台供销e家开始经营,为消费者提供农业生产资料,也从生产者手中收购农副产品,将消费品供给与消费者需求有效对接,涉及B2B、B2C、O2O等交易方式。2013年1号店实现交易额105.4亿元(其中包括日用品、其他类目)。一系列涉农项目的推进,改善了农村发展电子商务的基础环境,满足了农村居民的消费需求,加快了农村电子商务的发展。

这一阶段,生鲜电商发展迅速,成为电商平台业务拓展的热点领域,农产品特别是生鲜食品成为继图书、3C电子产品、服装之后的第四大类网上热销产品。生鲜电商初步形成了以淘宝(包含天猫)和京东为代表的平台类的生鲜电商群体和顺丰优选、中粮我买网等为代表的垂直生鲜电商群体。生鲜电商在B2C模式的基础上,发展衍生出来F2C(factory to customer,农场直供)、C2B(customer to business,消费者定制)、C2F(customer to factory,订单农业)、O2O和CSA(community support agriculture,社区支持农业)等新模式。1号店、我买网、顺丰优选、龙宝溯源商城、中国地理标志产品商城、电子菜箱、菜管家、优果网、本来生活、全农汇等都已涉及生鲜食品网络零售。2013年在淘宝网(含天猫)平台上,生鲜相关类目保持了最快的增长率,同比增长194.58%,枣类为销量最大单品,支付宝交易额超过了13亿元。2010年至2014年,阿里平台农产品销售额的年均增速为112.15%,农产品销售额2014年突破1000亿元。2014年淘宝网生鲜产品(包括水产、肉类和水果)的增速达194.58%;2014年,沱沱工社日交易超过1万单;我买网、本来生活生鲜农产品年交易额双双超过3亿元;菜管家在食品质量管控、供应链一体化建设、智能冷链配送等方面探索出新模式;中国地理标志产品商城加大特色农产品网站的建设;龙宝溯源商城打造中国第一安全食品网站(商务部电子商务和信息化司,2015)。2013年全国生鲜电商交易规模达130亿元,同比增长221%(阿里研究中心,2013)。

这一阶段,各地针对农产品网络销售开发了多种新模式。京东商城、沱沱工社、1号店、我买网、顺丰优选、菜管家、优菜网等广泛采用"产地+平台+消费者"的模式(B2B2C),电商平台与农村合作组织(或者其他经济组织)形成合作关系,直接将农产品销售给消费者或者用户。淘宝网上开设了多个地方特色农产品馆,如遂昌馆、高淳馆、芜湖馆等,形成了地方农产品销售的窗口。"电商＋冷链快递物流＋智能终端取货"的模式在武汉、扬州等地开始推行。县域农产品电子商务集群模式涌现出多个典型,如江苏睢宁县的沙集模式、福建南安的世纪之村模式、浙江义乌模式、浙江遂昌模式、吉林通榆模式、甘肃成县模式等。手机农产品销售平台,如"中国农产品"手机平台,已经开始上线运营。

2013年微博、微信用户数大幅增长,这两个平台作为农产品的新型宣传方式和便利支付方式服务于农村电子商务交易,比较有代表性的是甘肃成县核桃的成名之路,政府工作人员带头宣传,使成县核桃进入网民视野,进而实现热销。生鲜食品成为新的交易热点。

③农村电商产业集聚式蓬勃发展

2013年初,阿里巴巴集团淘宝网的工作人员在数据后台发现一个特殊的现象,即中国部分县域和农村的电商销售数据增长迅速,并形成了一定的规模。因此,阿里研究院开始了农村电商的专题研究。同年8月,阿里研究院发布了淘宝村研究微报告,首次提出了"淘宝村"的概念,即在一个行政村,每年的成交额超过1000万元,或有10％以上的家庭从事电子商务的农村,报告对于中国农村电子商务的发展进行了初步的研究和分析,引起了国家相关部门和业界的关注。

淘宝村在农村电子商务的发展中发挥着极强的示范效应,得到了政府的引导和支持,2009年首次出现3个淘宝村,2013年全国仅有20个淘宝村,2015年中国淘宝村的数量达到780个,并且出现了第1批共25个淘宝村集群,在浙江义乌、山东曹县等地区,淘宝村连片发展。此后淘宝村集群化增长、裂变式扩散的特征逐年增强。淘宝镇的出现意义深远。第一,淘宝镇具备更加显著的规模效应。如果说单个淘宝村的力量还比较薄弱,当一个乡镇辖区内出现3个以上淘宝村的时候,意味着当地已经形成了一个中等规模的产业集群。由于乡镇从事工商业的人口更多,服务体系更加完善,分工更加细化,因而更有利于当地网销产业的壮大。第二,创业氛围和产业辐射更强。淘宝村连片发展,相当于在一个较大半径的区域内,形成浓厚的电子商务创业氛围,对于农村创业和就业都形成强大的拉力。同时,电子商务对当地传统产业的渗透率和改造能力也更强。第三，从政府治理的角度看，淘宝镇的出现，也更加有利于政府扶持农村电子商务。单个行政村，受限于空间和土地政策，农民网商往往面临发展空间受阻的困境，而乡镇大多有单独的工业用地，有利于网商产业园的规划。同时，淘宝镇的规模效应，也会推动政府加快出台电子商务扶持政策。

与此同时，农村电子商务形成县域发展模式，以整县推进范式开辟新路径，丰富发展模式，提升发展速度，受到极大重视。2013 年县域网购消费额同比增速比城市快 13.6 个百分点。2012 年县域人均网购 54 次，超过一、二线城市的人均网购 39 次。相应地，县域人均网购金额也超过一、二线城市。这一阶段，县域电商逐步发展并形成区域特色，县域电子商务的蓬勃发展使农村电子商务呈现燎原之势。全国涌现出一批以农产品为特色的县域电子商务典型，如依托网店协会成功开展农产品电子商务的浙江遂昌，大力发展核桃电子商务的甘肃成县，打造本地五谷杂粮品牌的吉林通榆，通过多种渠道发展农村电子商务的浙江象山等。农村电子商务趋于品质化发展，开始追求品牌化、专业化和规模化。

3.1.4　转型阶段(2017 年起)

随着数字乡村建设、电子商务进农村综合示范、电商扶贫等工作深入推进，中国农村电商继续保持良好发展态势，农村网络零售和农产品上行规模不断扩大，农村消费市场潜力进一步释放，农村电商模式不断创新，电商扶贫实现国家级贫困县全覆盖，电子商务积极助力农业供给侧改革，为乡村振兴提供新动能。中国农村电商经历了前期市场培育，在迅速增长的同时加快转型升级，逐步走向高质量发展的新阶段。

(1)发展概况

①农村网民规模继续扩大

农村网民数量增长迅速。中国互联网络信息中心(CNNIC)数据显示，截至 2020 年 12 月，我国农村网民规模为 3.09 亿人，占网民整体的 31.3%，较 2020 年 3 月增长 5471 万(见图 3.3);城镇网民规模为 6.8 亿人，占网民整体的 68.7%，较 2020 年 3 月增长 3069 万。

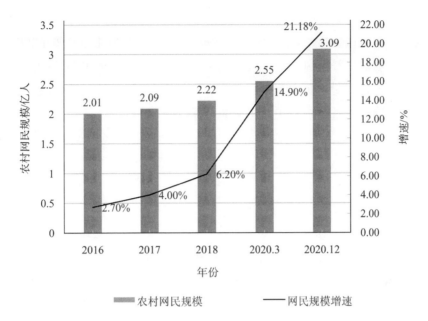

图 3.3　2016—2020 年中国农村网民规模及增速

数据来源:商务部电子商务和信息化司《中国电子商务报告(2020)》。

②基础设施不断完善

近年来,中国大力推动农村互联网建设,已初步建成融合、泛在、安全、绿色的宽带网络环境,基本实现"农村宽带进乡入村"。2019 年,中国已建成全球最大规模光纤和移动通信网络,行政村通光纤和 4G 比例均超过 98%。

阿里巴巴在云南、广西、四川、山东、陕西建成五大数字化产地仓,覆盖 18 个省份,在 25 个省份落地 900 多个菜鸟县域共配中心;京东升级"京心助农"战略,计划建设 10 万个农产品直播基地;拼多多启动"消费扶贫百县直播行动",发挥平台农产品上行优势,选取 100 个贫困县开展消费扶贫活动;苏宁深入乡村市场以及国家级贫困县开设了苏宁扶贫实训店、苏宁易购零售云等8000 余家,共覆盖了 388 个国家级贫困县;中国邮政在邮乐平台开通扶贫地方馆 875 个,实现了全国 832 个国家级贫困县的全覆盖(商务部电子商务和信息化司,2021)。

截至 2020 年 12 月,我国城镇地区互联网普及率为 79.8%,较 2020 年 3月提升 3.3 个百分点,农村地区互联网普及率 55.9%,较 2020 年 3 月提升9.7 个百分点(见图 3.4)。城乡地区互联网普及率差异较 2020 年 3 月缩小

6.4个百分点。截至2020年末,电信普遍服务试点累计支持超过13万个行政村光纤网络通达和数万个4G基站建设,其中约1/3的任务部署在贫困村,全国贫困村通光纤比例从"十三五"初期的不足70%提升至98%,深度贫困地区贫困村通宽带比例从25%提升到98%,提前超额完成"十三五"规划纲要要求的宽带网络覆盖90%以上贫困村的目标。

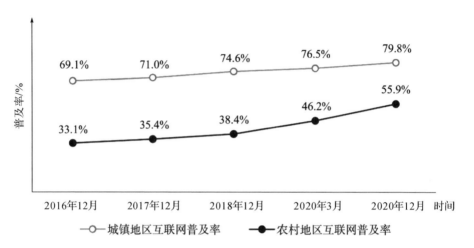

图3.4　2016—2020年城乡地区互联网普及率

数据来源:商务部电子商务和信息化司《中国电子商务报告(2020)》。

2020年,全国共建成县级电商公共服务中心和物流配送中心2120个,村级电商服务站点13.7万个。我国在基本实现快递网点乡镇全覆盖的基础上,将快递直投到村比例提升至超过50%。农村地区揽收和投递快递包裹量超过300亿件。农村地区邮政快递业务量比重达36%,比2019年提高12个百分点。

2020年,我国农村电商物流业务量指数保持增长态势,全年均高于电商物流指数。受到新冠疫情影响,2月份农村电商物流总业务量指数101.9点,比1月回落22.4个点。全年其他时间环比均上涨,且12月份业务量126.8点,比11月上升0.4个百分点,为2020年全年最高水平(见图3.5)。

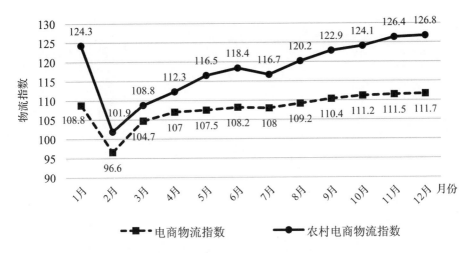

图 3.5　2020 年电商物流指数和农村电商物流指数

数据来源:商务部电子商务和信息化司《中国电子商务报告(2020)》。

③农村电商规模稳步提升

2017 年全国农村网络零售首次突破亿元大关,实现 12448.8 亿元零售额,2018 年,这一数额达到 13679.4 亿元(见图 3.6),占全国网上零售额的 15.5%,增速较全国水平高出 4.3%。从经营主体来看,截至 2017 年底,农村网店累计 985.6 万家,同比增长 20.7%,创造就业岗位超过 2800 万个,切实助力精准扶贫政策的实施;从区域分布来看,东部农村网络零售额在全国农村网络零售额中占比达 63.5%,仍然具备电子商务的先行优势(商务部电子商务和信息化司,2018)。

2018 年中国电子商务交易规模为 31.63 万亿元,全国农村网络零售额达到 13679.4 万亿元,同比增长 30.4%,全国农产品网络零售额达到 2305 亿元,同比增长 33.8%,农村电商迅猛发展(商务部电子商务和信息化司,2019)。

电子商务加速赋能农业产业化、数字化发展,有力推动脱贫攻坚和乡村振兴。2020 年全国农村网络零售额达 1.79 万亿元,同比增长 8.9%,是 2015 年的 5.1 倍(见图 3.6)。其中,农村实物商品网络零售额为 1.63 万亿元,占全国农村网络零售额的 90.93%,同比增长 10.5%。

图 3.6　2016—2020 年农村网络零售额

数据来源:商务部电子商务和信息化司《中国电子商务报告(2020)》。

　　分品类看,零售额前三位的品类分别为服装鞋帽针纺织品、日用品和家具,分别占农村实物商品网络零售额的 28.36％、17.70％和 8.88％。增速前三位的品类分别是中西药品、烟酒和通信器材,同比增速分别为 139.1％、47.2％和 38.9％(见图 3.7)。

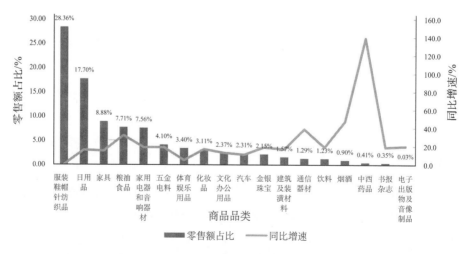

图 3.7　2020 年全国农村网络零售市场各品类零售额占比及同比增速

数据来源:商务部电子商务和信息化司《中国电子商务报告(2020)》。

分区域看,东部地区农村网络零售额占比最高,接近78%,而东北地区农村网络零售额占比的同比增速最快,达到21.5%(见图3.8)。分省份看,浙江、江苏、福建、河北和山东农村网络零售额排名前五,合计占全国农村网络零售额比重为73.8%,零售额前十位省份合计占比为90.35%(见图3.9)。

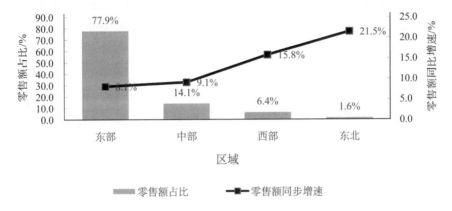

图 3.8 2020 年全国各区域农村网络零售额占比及同比增速

数据来源:商务部电子商务和信息化司《中国电子商务报告(2020)》。

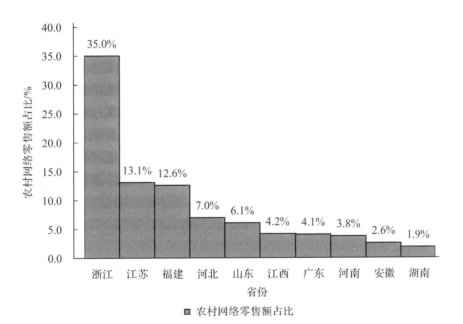

图 3.9 2020 年全国农村网络零售额排名前十位省份占比

数据来源:商务部电子商务和信息化司《中国电子商务报告(2020)》。

④农产品电商保持快速增长

2020 年全国农产品网络零售额 4158.9 亿元,同比增长 26.2%。休闲食品、粮油和滋补食品网络零售额排名前三,占比分别为 19.8%、14.6% 和 11.3%;粮油、肉禽蛋、奶类、蔬菜和豆制品五品类同比增速超过 30.0%(见图 3.10)。东部、中部、西部和东北地区农产品网络零售额占全国农村网络零售额比重分别为 62.46%、16.87%、14.75% 和 5.92%,同比增速分别为 27.9%、14.4%、27.3% 和 44.0%。

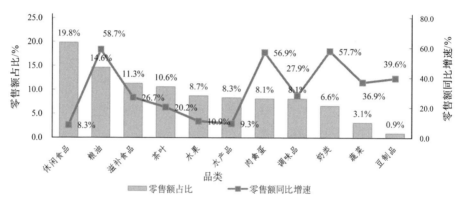

图 3.10　2020 年全国各类农产品网络零售额占比与同比增速

数据来源:商务部电子商务和信息化司《中国电子商务报告(2020)》。

分省份看,浙江、广东、上海、北京和山东农产品网络零售额排名前五,合计占全国农产品网络零售额比重为 46.94%,零售额前十位省份合计占全国农产品网络零售额比重为 72.7%。从增速来看,黑龙江、北京、辽宁、宁夏和内蒙古同比增速位列前五位,增速在 40% 以上。

(2)发展特点

①农村电商政策体系趋于完善

这一阶段,中国农村电商政策保持了较好的连续性和稳定性,总体导向是以实施乡村振兴战略为总抓手,深化农业供给侧结构性改革,坚决打赢脱贫攻坚战。表 3.2 中列举了 2017 年 1 月至 2020 年 5 月农村电商相关政策。

表 3.2　2017 年 1 月至 2020 年 5 月中国农村电子商务发展相关政策

发布时间	发布机构	文件名
2017 年 1 月	中共中央、国务院	《关于深入推进农业供给侧结构性改革加快培育农业农村发展新动能的若干意见》

续表

发布时间	发布机构	文件名
2017 年 1 月	国务院	《关于印发"十三五"促进就业规划的通知》
2017 年 1 月	商务部	《商贸物流发展"十三五"规划》
2017 年 5 月	财政部、商务部、国务院扶贫办	《关于开展 2017 年电子商务进农村综合示范工作的通知》
2017 年 8 月	商务部、农业部	《关于深化农商协作大力发展农产品电子商务的通知》
2018 年 1 月	国务院办公厅	《关于推进电子商务与快递物流协同发展的意见》
2018 年 5 月	财政部、商务部、国务院扶贫办	《关于开展 2018 年电子商务进农村综合示范工作的通知》
2018 年 8 月	第十三届全国人民代表大会、全国人大常委会	《电子商务法》
2019 年 2 月	国务院	《关于促进小农户和现代农业发展有机衔接的意见》
2019 年 4 月	财政部、商务部、国务院扶贫办	《关于开展 2019 年电子商务进农村综合示范工作的通知》
2019 年 5 月	中共中央、国务院	《数字乡村发展战略纲要》
2019 年 6 月	国务院	《关于促进乡村产业振兴的指导意见》
2019 年 8 月	交通运输部、国家邮政局、中国邮政集团公司	《关于深化交通运输与邮政快递融合推进农村物流高质量发展的意见》
2019 年 9 月	国家发改委、中央网信办、农业农村部、中国农业发展银行	《关于支持推进网络扶贫项目的通知》
2019 年 12 月	农业农村部、国家发改委、财政部、商务部	《关于实施"互联网＋"农产品出村进城工程的指导意见》
2019 年 12 月	农业农村部、中央网信办	《数字农业农村发展规划(2019—2025 年)》

续表

发布时间	发布机构	文件名
2020 年 4 月	农业农村部	《关于加快农产品仓储保鲜冷链设施建设的实施意见》
2020 年 5 月	农业农村部	《关于开展"互联网＋"农产品出村进城工程试点工作的通知》
2020 年 5 月	财政部、商务部、国务院扶贫办	《关于做好 2020 年电子商务进农村综合示范工作的通知》

2014—2019 年,连续六年的中央一号文件均明确提出发展农村电商。2017 年中央一号文件《关于深入推进农业供给侧结构性改革加快培育农业农村发展新动能的若干意见》中首设"推进农村电商发展"专节,提出两个国家级专项工作:"深入实施电子商务进农村综合示范"和"推进'互联网＋'现代农业行动";鼓励地方规范发展电商产业园。2018 年中央一号文件《关于实施乡村振兴战略的意见》提出要实施数字乡村战略,大力建设促进农村电子商务发展的基础设施,深入实施电子商务进农村综合示范。2019 年中央一号文件《关于坚持农业农村优先发展做好"三农"工作的若干意见》提出"实施数字乡村战略,继续开展电子商务进农村综合示范,实施'互联网＋'农产品出村进城工程",并将县乡村物流网络和冷链物流体系等作为"村庄基础设施建设"的重要内容予以推动。2019 年 5 月,中共中央办公厅、国务院办公厅印发《数字乡村发展战略纲要》,强调数字乡村是乡村振兴的战略方向,也是建设数字中国的重要内容。为贯彻落实党中央、国务院的重要指示和决策部署,国务院、商务部等部门围绕补短板、强基础,在推进综合示范、快递物流、产销对接、脱贫攻坚、标准体系建设等方面,提出一系列促进农村电商发展的政策措施,农村电商政策体系日趋完善。

在推进综合示范方面,为推动农村电子商务深入发展,进一步完善农村市场体系,促进农村流通现代化,助力脱贫攻坚和乡村振兴,政府持续推进电子商务进农村综合示范工作。2018 年 5 月,财政部、商务部会同国务院扶贫办联合发布了《关于开展 2018 年电子商务进农村综合示范工作的通知》,指出中央财政资金重点支持促进农村产品上行、完善农村公共服务体系及开展农村电子商务培训等方面。2019 年的工作重点为在农村流通、电商扶贫、农业供给侧结构性改革等领域培育一批各具特色、经验可复制推广的示范县,打造综合示范"升级版"。2020年根据形势,综合示范县的评选对工作扎实的贫困县和前期受新冠疫情影响较大地区适度倾斜,并加强对典型县的激励支持。2020年电商进农村新增支持235个示范县,累计支持1338个县,实现了国家级贫困县的全覆盖。2020年国务院将五常、沭阳、义乌等10个发展农村电商成效突出的县市纳入了典型激励范围。

在快递物流方面,为了加快补齐农村邮政快递基础设施短板,提升农村寄递服务水平,2019年4月,国家邮政局联合国家发展改革委、财政部、农业农村部、商务部、文化和旅游部、中华全国供销合作总社出台了《关于推进邮政业服务乡村振兴的意见》,在夯实农村快递物流体系、促进专业化规模化发展、延长农产品产业链、发挥邮政网络优势等方面提出了多项具体措施。2019年8月,交通运输部、国家邮政局等18个部门联合印发《关于认真落实习近平总书记重要指示 推动邮政业高质量发展的实施意见》,提出到2022年,要基本实现邮政"村村直通邮"、快递"乡乡有网点",通过邮政、快递渠道基本实现建制村电商配送服务全覆盖。2020年国家邮政局启动"快递进村"工程,决定在6个省(区)和15个市(州)组织开展"快递进村"试点工作,并制定《"快递进村"三年行动方案(2020—2022年)》,明确到2022年底,符合条件的建制村基本实现"村村通快递"。

在产销对接方面,2018年5月,商务部印发《关于推进农商互联助力乡村振兴的通知》,指出进一步加强产销衔接,发挥农产品流通对促进农业生产和保障居民消费的重要作用,推进农业供给侧结构性改革。2019年5月,商务部会同财政部联合下发《关于推动农商互联完善农产品供应链的通知》,支持采取订单农业、产销一体、股权投资合作经营模式的农产品流通企业或新型农业经营主体结合自身实际情况,重点围绕本地特色优势农产品供应链体系的短板和薄弱环节,不断完善基础设施,创新应用新模式、新技术,推动农商互联互动,提升农产品供应链质量和效率。2019年12月,农业农村部等4部门出台《实施"互联网+"农产品出村进城工程的指导意见》,提出要建立完善适应农产品网络销售的供应链体系、运营服务体系和支撑保障体系,促进农产品产销顺畅衔接、优质优价,带动农业转型升级、提质增效,并计划用2年左右时间,完成100个试点县工程建设任务。2020年农业农村部下发了《关于开展"互联网+"农产品出村进城工程试点工作的通知》,计划优先选择包括贫困地区、特色农产品优势区在内的100个县开展试点,实现农产品出村进城便捷、顺畅、高效。商务部发布的《关于加快数字商务建设服务构建新发展格局的通知》指出,引导电商企业加强物流配送、农产品分拣加工等农村电商基础设施建设;提升农产品可电商化水平,推动电商平台与地方政府、农产品企业深入合作,持续资助可电商化的农产品"三品一标"认证,打造农产品电商优质品牌。

在脱贫攻坚方面,2018年6月,中共中央、国务院发布《关于打赢脱贫攻坚战三年行动的指导意见》,继续就电商扶贫提出要求,国务院办公厅首次专门印发消费扶贫意见。2018年5月,工业和信息化部印发《关于推进网络扶贫的实施方案(2018—2020年)》,指出进一步聚焦深度贫困地区,更好发挥宽带网络优势,助力打好精准脱贫攻坚战,促进产业兴旺、生活富裕。2019年1月,商务部、教育部、交通运输部等10部门联合印发《多渠道拓展贫困地区农产品营销渠道实施方案》,指出要多渠道拓宽农产品营销渠道,动员引导社会各方力量加强农产品产销对接,帮助具备条件的贫困地区农产品销售,推动建立长期稳定的产销关系,促进贫困地区产业发展,助力脱贫攻坚和乡村振兴。2019年5月,国家网信办、国家发展改革委、国务院扶贫办以及工业和信息化部联合印发了《2019年网络扶贫工作要点》,指出要瞄准建档立卡贫困户,推进网络扶贫工程升级版,扎实推进农村电商工程,深化电商扶贫频道建设,打好建制村直接通邮攻坚战,大力推进"快递下乡"工程。

在消费扶贫方面,2020年国务院办公厅发布《关于深入开展消费扶贫助力打赢脱贫攻坚战的指导意见》,明确要动员社会各界扩大贫困地区产品和服务消费,推动各级机关和国有企事业单位等带头参与消费扶贫,推动东西部地区建立消费扶贫协作机制,动员民营企业等社会力量参与消费扶贫。要大力拓宽贫困地区农产品流通和销售渠道,打通供应链条,拓展销售途径,加快流通服务网点建设。要全面提升贫困地区农产品供给水平和质量,加快农产品标准化体系建设,提升农产品规模化供给水平,打造区域性特色农产品品牌。要大力促进贫困地区休闲农业和乡村旅游提质升级,加大基础设施建设力度,提升服务能力,做好规划设计,加强宣传推介。国家发展改革委印发《消费扶贫助力决战决胜脱贫攻坚2020年行动方案》指出,大力发展农村电子商务,研究制定支持贫困地区加强农产品仓储保鲜冷链物流设施建设的政策措施,加快补齐农产品冷链物流"短板",启动"快递进村"工程。国家发展改革委、国务院扶贫办等联合印发《2020年网络扶贫工作要点》,明确提出到2020年底前,电商服务通达所有乡镇,快递服务基本实现乡乡有网点,电商帮扶贫困户增收作用更加明显。

在标准体系建设方面,2018 年 1 月,国务院办公厅发布《关于推进农业高新技术产业示范区建设发展的指导意见》,提出要促进信息技术与农业农村全面深度融合,加快建立健全适应农产品电商发展的标准体系,支持农产品电商平台建设和乡村电商服务示范,推进农业农村信息化建设。2018 年 2月,国家质检总局、工业和信息化部、农业农村部、商务部、林业部、国家邮政局、供销合作总社等七部委联合印发《关于开展农产品电商标准体系建设工作的指导意见》,要求农产品电商标准体系建设工作要围绕积极实施乡村战略,科学构建农产品电商体系。

在新冠疫情防控方面,商务部、财政部发布《关于疫情防控期间进一步做好农商互联完善农产品供应链体系的紧急通知》,指出各地可根据本地实际情况,在 2019—2020 年服务业发展资金支持农商互联工作事项中合理安排一定比例资金用于支持保供工作。

②支撑服务体系进一步完善

2018 年,在政策大力支持和社会各界持续加大投入之下,中国农村地区的宽带网络、快递配送、冷链物流、农产品上行等支撑服务体系进一步完善。

农村互联网覆盖范围进一步扩大。2018 年 1 月,党中央、国务院发布《关于实施乡村振兴战略的意见》,提出要实施数字乡村战略,加快农村地区宽带网络和第四代移动通信网络覆盖步伐,弥合城乡数字鸿沟。工业和信息化部深入实施宽带乡村工程,持续推进农村地区电信普遍服务,农村互联网基础设施条件明显改善。

快递下乡持续深入推进。为推动农产品冷链流通标准化,助力农业供给侧结构性改革和农业现代化,商务部、国家标准化管理委员会开展了农产品冷链流通标准化城市试点和企业试点工作。各试点城市和企业积极推动农产品冷链流通标准推广应用,探索新型农产品冷链流通模式,营造优质优价的市场环境,取得了积极成效,在农产品冷链流通基础设施建设、标准化、信息化、集约化以及构建全程农产品冷链流通链条等方面形成了诸多可复制推广的经验和模式。

服务体系建设进一步加强。2014 年以来,商务部联合多部委开展了电子商务进农村综合示范工作,重点支持电子商务示范县的基层站点、县乡物流、人才培训、电商园区等农产品上行服务体系建设。经过近 5 年的持续推进,电子商务进农村综合示范工作取得较大进展。阿里巴巴、京东商城、苏宁易购等大型平台类电商以及赶集网、乐村淘等专业农村电商平台的乡村网点,加上邮乐购、供销e家、益农信息社等由国企参与建设的服务网点都延伸到了乡村,逐渐将网络销售、信息服务、便民服务、物流服务、农村金融服务等功能融为一体,让农村群众享受到了互联网进村入户带来的便利。

③农村电商模式不断创新

这一阶段,社交、直播、内容电商借助社交平台和内容平台,通过分享、内容制作、分销等方式,实现对传统电商模式的迭代,已成为农村电商市场重要新业态并保持高速增长。社交电商以网络社交平台为载体,以社交关系、社交话题为驱动,有效满足了消费者多层次、多样化的需求,激发了中小城市和农村地区网购消费潜力,成为市场"生力军"。

社交电商、内容电商等新模式加速向农村电商渗透,为农产品上行提供新"通路"。社交电商在流量、运营、渠道、用户及获客成本等方面具有显著优势,在农户和消费者之间架起了直接沟通的桥梁。拼多多以市场为导向完善覆盖产区的产品结构,以技术为支撑打造契合新消费需求的"农货中央处理系统",创新了以农户为颗粒度的"山村直连小区"的农货上行模式。拼多多公布的数据显示,2018年,拼多多平台农产品及农副产品订单总额达653亿元,较2017年的196亿元同比增长233%(商务部电子商务和信息化司,2019)。阿里巴巴、京东、苏宁等大型电商平台纷纷推出自有的社交电商平台,比如京东和苏宁的拼购业务;社交媒体平台也开始进行流量变现,今日头条、抖音、快手均推出了自己的三农类扶持计划,通过培养内容创业者,打通内容供应与产品销售的渠道,让他们众多的粉丝成为现实的农特产品消费者。

2019年,直播带货的风口,从线上刮到了线下,从城市延伸到了乡村。农村的山水草木、生活生产场景和原生态农产品,通过直播和短视频,让消费者在真实的场景产生信任和购买欲望。"嫁接"了直播的电子商务,让农产品销售方式发生变革,成为地方脱贫致富和乡村振兴的助燃剂。淘宝直播数据显示,2019年仅淘宝平台直播农产品成交就突破60亿元,村播已经覆盖全国31个省份的2000多个县域(商务部电子商务和信息化司,2020)。网红直播带货全面向农产品进军。

据中国互联网络信息中心数据,2019年中国网络直播用户规模达5.60亿人,较2018年底增长1.63亿,其中电商直播用户规模为2.65亿人,占网民整体的29.3%(商务部电子商务和信息化司,2020),直播已经成为电商助力农产品上行的有效模式。随着短视频平台的崛起,城乡之间的"信息鸿沟"被进一步填平,智能手机已经成为农民手中的"新农具"。在一些互联网平台上,特别是抖音、快手等短视频平台,涌现出大量与三农题材相关的"三农创作者",他们制作包括农村生活、土特产品等内容的短视频,在平台上发布后受到追捧,将信息转换成了实实在在的经济收入。短视频平台的兴起,在网商和微商之后催生了"抖商",以抖音"山里DOU是好风光"等项目为例,短视频平台依托流量优势和用户黏性,发挥意见领袖带货售货能力,可以将流量变现,为贫困地区创收。

借助直播模式和电商平台的流量扶持,贫困地区农产品打通了上行销路,电商平台刮起了"县长直播潮"。淘宝网专门针对国家级贫困县开通了"脱贫直播频道",帮助当地农民脱贫致富。快手平台开展了一系列乡村扶持计划。2019年6月22日至2020年6月22日,在快手获得收入的用户数达2570万,来自贫困地区的用户数达664万;快手启动"福苗计划",帮助国家贫困地区将优质特产推广到全国各地,截至2020年7月,"福苗计划"已开展6场专场扶贫活动,帮助全国40多个贫困地区销售山货,直接带动18万多建档立卡贫困人口增收(商务部电子商务和信息化司,2020)。字节跳动积极帮扶贫困县。据字节跳动扶贫白皮书统计,2019年11月到2020年11月,字节跳动全平台帮助贫困县销售商品19.99亿元,过去三年,来自554个贫困县的14587个活跃商家通过抖音等平台获得收入,字节跳动全平台帮助465个贫困县商家年销售额突破百万元(商务部电子商务和信息化司,2021)。

与传统电商相比,社交电商拥有体验式购买、用户主动分享、销售场景丰富等独特优势,用户既是购买者,也是推荐者,深受年轻人喜爱。社交电商的发展,在降低企业营销成本的同时,也使消费者得到了更多实惠。作为平台经济的表现形式,社交电商在品牌培育方面优势明显。过去在传统市场培育一个全国性知名品牌需要十几年乃至更长时间,社交电商的兴起则大大加快了这一进程。很多初创品牌、区域品牌通过直播平台等新媒体传播后,短期内便闻名全国。鉴于包括社交电商在内的平台经济在优化资源配置、促进跨界融合发展方面的重要作用,2019年8月,国务院印发《关于促进平台经济规范健康发展的指导意见》,提出要加大政策引导、支持和保障力度,支持包容审慎监管,支持新业态新模式发展,促进平台经济健康成长,用新动能推动新发展。社交电商在促进大众创业万众创新、推动产业升级、拓展消费市场、增加就业等方面的作用不可低估。随着"互联网+创新创业"的推进,5G等新一代信息基础设施加快建设,社交电商产业将迎来茁壮成长的新春天。

④网购激发农村消费市场潜力

这一阶段,中国农村居民的人均可支配收入、人均消费增长均快于城镇,农村地区网购消费增速也明显快于城市。同时,随着互联网覆盖率的提高,农村居民大量触网,农村网购规模持续扩大,成为消费增长的重要因素。电子商务在优化农村商品和服务供给,提升农村居民的消费品质,挖掘农村消费潜力,提供新的就业岗位等方面发挥了积极作用。2019年农村网络销售额占全国网络销售额的16%,还有很大的提升空间。电子商务相关从业人数超过6000万人,比2015年增加2700余万,年均增长13%(商务部电子商务和信息化司,2020)。2020年电子商务在防疫保供、复工复产、消费回补等方面发挥了重要作用,显著提升了广大人民群众的获得感和幸福感。

2019年,各大电商平台加大对下沉市场的开发力度,农村地区对于品质、品牌商品的需求潜力被进一步挖掘,下沉市场的消费结构正在从以低端商品为主的"金字塔"模式向高品质、中高端消费的"橄榄型"形态发展。阿里巴巴通过淘宝村播、淘宝村、聚划算等加强对下沉市场的布局;京东拼购全面升级了招商政策,并通过强化与微信的合作拓展流量入口;苏宁易购上线"快手小店",收购60余家便利店,也开始加速布局下沉市场。基于各大电商平台对下沉市场的耕耘,农村市场对网购的需求得到了拓展,带动了销售额的大幅增长。京东大数据显示,京东平台中县域地区的总消费额呈现出不断增长的趋势,县域地区的消费总额占比已经从2016年不足30%升至2019年的31.4%(京东数字科技研究院,2019)。电商平台通过下沉市场进行有效获客和渗透的同时,持续深耕新零售和本地生活等,不断释放下沉市场消费潜力,满足消费者多样化、品质化的需求,促进消费升级。

2020年3月,淘宝特价版APP正式上线,在强调"低价"的同时,更突出"工厂直购"。淘宝天猫公布"春雷计划"的助农新目标,将再造100个10亿级品牌农业产业带,提升农业产业带的品牌化和数字化水平,从而加速农产品销售线上化。2020年12月,京东成立主攻下沉市场的京喜事业群,该事业群主要包含京喜通事业部、京喜事业部、京喜拼拼、京喜快递等业务部门。京东全面升级"京心助农"计划,将通过整合供应链、物流、人才、流量、直播等全平台、全渠道资源,加深与政府、农民的合作,推动生鲜农产品上行可持续发展。拼多多于2020年12月,推出"原产地直发"农货上行模式,通过加大资金投入、直播扶持、人才培育、供应链优化等综合举措,不断完善原产地直发的农产品上行模式,助力区域公用品牌。美团优选推出"农鲜直采"计划,通过加大源头直采力度,带动农产品冷链物流基础设施发展,培育农村电商带头人等方式,为优质农产品上行提速。

电商平台通过低价拼团、小程序直播等方式改变了下沉消费者的消费理念,降低了尝试门槛。农村居民通过电商接触到外界,更加注重个性化、品牌化、多元化的消费体验,农村市场的消费潜力不断释放,消费品质不断提升。拥有充足闲暇时间和强大购买力的小镇青年成为下沉市场消费潜力最大的人群。小镇青年改变了过去一代保守的消费理念,显示出与都市青年更为接近的消费升级意愿。2020年以来,受新冠疫情的影响,外卖、家政等农村生活服务业正在逐步向线上化转型。礼物的快递数量逐年增加,网购和快递已经成为在外务工青年和农村父母互相关心的方式之一。2020年春节期间,在原地过年的提倡下,大量城市的礼物通过快递寄到农村的父母身边,而大量的农产品特别是特色美食也通过快递寄到城市的儿女身边,形成网上晒年货热潮。

⑤农村电商规模化专业化发展

中国农村电商进入规模化、专业化发展的转型升级阶段,越来越多的“电商县”“电商镇”“电商村”正在全国各地诞生。电子商务对各地产业的直接和间接促进作用愈发明显,并已经形成产业集聚发展态势。浙江义乌的小商品、山东曹县的演出服、浙江永康的健身器材、浙江温岭的鞋、江苏睢宁的家具、浙江慈溪的小家电、浙江乐清的电工电气产品等,电商年销售额达数十亿元甚至上百亿元,有力地促进了企业发展和产业振兴。农村电商在乡村振兴过程中扮演了越来越重要的角色。阿里研究院的数据显示,全国“淘宝村”2018年已快速增至3202个,淘宝村网店年零售额突破2200亿元,占据了中国农村网络销售额的10%以上,其中活跃网店数超过66万个,累计创造超过180万个就业机会。2019年,淘宝村已迅速增长为4310个,广泛分布于25个省、自治区、直辖市。全国淘宝镇网店年销售额超过7000亿元,在全国农村网络零售额中占比超过50%,活跃网店数达到236万个,带动就业机会超过660万个(阿里研究院,2019)。

农村电商发展中,无论是创造本地新兴产业的“无中生有模式”还是推动本地产业提质升级的“产业再造模式”均激活了当地产业活力,使原本已经不具备竞争优势的地区重新获得活力,同时催生了诸多关联产业,当地农村地区收入大幅增长。从淘宝村的销售额前十类产品(2019年前十类为服装、家具、鞋、家电、餐具、灯具、五金工具、玩具、箱包皮具、家装主材)可以看出,电子商务有效推动了农村地区传统轻工业和手工业等产业要素集聚,再造产业竞争优势,从而带动农村地区增收和产业兴旺。

这一阶段,涌现出许多典型的县域电商发展的成功案例。山东曹县 2019 年共有 124 个淘宝村,全县电商销售额达到 198 亿元,由最初的工业基础薄弱、贫困人口数量山东省第一的贫困县发展成为全球最大的木制品跨境电商基地、全国最大的演出服饰产业基地。曹县演出服在淘宝、天猫平台上的销售额比重已超过 70%,形成全国最大的演出服产业集群之一,带动曹县 2020 年新增淘宝村 27 个,达到 151 个。农村电商拓展了新的网络销售渠道,带动一些地方的种植业不断扩大规模。江苏沭阳县的花木产业在电商推动下,种植面积由最初不足 10 万亩扩大到 50 万亩。柳州螺蛳粉已形成原料生产、产品加工、品牌打造、线上销售、周边文创的全产业链,带动了柳州市域范围内螺蛳粉原料的种植养殖生产,截至 2020 年 12 月,袋装柳州螺蛳粉产销突破百亿元,较上年增长 68.8%。浙江义乌市依托电商平台开展小商品在线销售,带动义乌及周边区县形成完善的小商品产业集群,截至 2020 年末,义乌市已有电商村 169 个,成为全国最大的淘宝村集群(商务部电子商务和信息化司,2021)。

电子商务打通了生产者和消费者之间的屏障,拓宽了农产品上行的通道,并在庞大的市场需求下反过来推动农业规模化生产、标准化发展,延长价值链,促进农业产业结构转型升级。越来越多电商企业投入农产品产业化进程中,将业务布局向农业产业供应链前端延伸,利用科学合理的种植技术和经营理念革新农业生产方式,推动形成完整的农业产业链。拼多多与地方政府合作开启"多多农园"项目,以"农货智能处理系统"和"山村直连小区"模式构建了以建档立卡贫困户为生产经营主体,以当地特色农产品为对象的种植、加工、销售一体化产业链条,使当地特色农产品形成了长效稳定的产销通道,解决了贫困地区的农产品标准化规模化生产和销售问题。京东自 2018 年启动京东农场项目,整合京东物流、金融、大数据等能力,通过建立信任、输出标准、输出技术、品牌赋能和销售拉动的"五位一体"业务模式,打造现代化、标准化、智能化新农场,在东北、西北、西南、华东、华南等多地实现了创新落地,合作农产品类型覆盖粮食、果蔬、菌类、食用油等多个领域。

特色农产品电商发展模式逐渐多样。农村电商进一步促进农业标准化、品牌化发展。中国电商扶贫联盟在商务部电商司的指导下,积极培育农产品品牌,截至2020年底,共帮助1229家贫困地区农产品企业开展"三品一标"认证培训,296家通过认证(商务部电子商务和信息化司,2021)。农业农村部出台品牌培育计划,实施品牌提升行动,各地通过创建区域公共品牌、举行农产品节庆、引入龙头企业等方式,培育各具特色的农产品品牌。湖北小龙虾、陕西柞水木耳、广西芒果等地方特色产业投入专项资金,制定地方标准,打造产业集群,通过举办节庆、品牌推荐会等活动开展产销对接,大力发挥电商平台带货作用,引导相关企业建设特色产业电商孵化园,打造地区特色农产品品牌。

随着中国城乡居民收入不断增长,居民消费结构持续升级,对优质、特色农产品消费需求持续增加,对农产品产生了诸如绿色、有机、营养、保健等个性化、多样化的消费需求。农产品电商为顺应消费升级趋势,通过产业化运作将更多优质特色农产品打造为网货,并形成品牌,走向全国乃至全球市场。农产品电商的不断发展又进一步带动了农产品销售领域的分级、包装、预冷、初加工及配送等供应链体系的建设。农村电商通过重塑农产品供应链体系,推动一、二、三产业融合的方式推动现代化农业不断发展,助力乡村振兴,推动农业高质量发展。

⑥电商助力脱贫攻坚

2014年,商务部会同财政部、国务院扶贫办实施电子商务进农村综合示范,支持示范地区建设完善农村电商公共服务、物流配送和人才培养体系,营造良好的市场环境。2019年,电子商务进农村综合示范工作聚焦脱贫攻坚和乡村振兴,取得了阶段性成效,主要表现为"一个全覆盖"和"三个首次":"一个全覆盖"是指政策支持的范围全面覆盖全国832个国家级贫困县,"三个首次"是指首次提出争取推进实施方式,支持西藏自治区以整区推进方式开展综合示范,商务部会同有关部门在市场营销、专家咨询、企业帮扶等方面协调资源;首次提出打造综合示范"升级版",将已经支持过的国家级贫困县再次纳入示范的范围,巩固脱贫成效,促进渠道、产业、服务、主体和机制的升级;首次将国务院督察激励典型县纳入支持的范围,将国务院激励表扬的在发展农村电商、扶贫带贫和产销对接等方面成效突出的10个典型县市直接确定为示范县。

2019年,832个国家级贫困县实现网络零售额1489.9亿元,同比增长18.5%。2020年国家级贫困县农产品网络零售额为406.6亿元,同比增长43.5%,增速较2019年提高14.6个百分点,更多农民将线下农产品转向线上销售。截至 2020 年底,国家级贫困县网商总数达 306.5 万家,较 2019 年增加 36.6 万家,增长 13.7%。2020 年,我国电子商务进农村综合示范实现 832 个国家级贫困县全覆盖,对 102 个县给予第二轮提升性支持,村级电商站点覆盖率达到 70%(商务部电子商务和信息化司,2021)。商务部积极推进"市场化与公益性有机结合"的电商扶贫模式,通过整合社会性公益资源,帮助贫困地区挖掘特色产品。2019 年,示范地区建成农村电商公共服务和物流配送中心 1700 多个,乡村电商服务站点超过 12 万个。阿里巴巴发布的 2020 年脱贫半年报显示,过去两年半,阿里巴巴互联网脱贫模式已覆盖近 1000 万贫困地区人口。自 2017 年 12 月阿里巴巴脱贫基金成立以来,832 个国家级贫困县在阿里巴巴平台网络销售额已超过 2000 亿元(商务部电子商务和信息化司, 2020)。农村电子商务成为发展农村经济、缩小城乡差距、助力扶贫脱贫、实现乡村振兴的重要途径。

全国性电商扶贫行业平台发挥作用。商务部指导中国电商扶贫联盟,以市场化与公益性相结合的模式,持续开展"三品一标"认证帮扶、农产品品牌推介洽谈,帮扶对接等工作,截至 2020 年底,共帮助 1229 家贫困地区农产品企业开展"三品一标"认证培训,资助 296 家通过认证;通过举办农产品品牌推介洽谈活动,引导成员企业开展多种形式产销对接和集中帮扶等,累计帮助对接和销售超过 150 亿元。商务部举办 10 场"全国农产品销售对接扶贫行"活动,完成采购金额 42.2 亿元,电商扶贫频道对接 646 个贫困县。电商扶贫累计带动 771 万农民就地创业就业,带动 619 万贫困人口增收(商务部电子商务和信息化司,2021)。

贫困地区农副产品网络销售平台(简称"832 平台")结合脱贫攻坚工作推进,组织了"52 决战收官""东西协作扶贫系列""三州三区""革命老区"等全面扶贫专区活动,开展了食堂与福利专场、"保供给,防滞销——湖北专区""川渝扶贫月""恩施春茶消费扶贫专区"等重点专题专区活动,贴合采购人需求,与国家扶贫政策相结合,推进采销对接。据"832 平台"统计,截至 2020 年 12 月底,平台累计入驻活跃供应商 8739 家,覆盖 22 个省份 832 个贫困县,累计上架商品 9 万多款。注册采购人账户超过 40 万个,累计成交总额破 80 亿元(商务部电子商务和信息化司,2021)。

在带动贫困地区农民增产增收方面,2020 年阿里巴巴平台上 832 个国家级贫困县网络销售额达到 1102 亿元,在 75 个国家级贫困县,诞生了 119 个淘宝村、106 个淘宝镇;拼多多农业相关商品交易总额超过 2700 亿元;苏宁易购全渠道累计实现农产品销售140亿元(商务部电子商务和信息化司,2021)。

新冠疫情期间,农村电商成为农民销售农副产品、购买生活必需品的好帮手。商务部数据显示,2020年全国832个国家级贫困县网络零售总额达3014.5亿元,同比增长26%。其中,国家级贫困县农产品网络零售额为406.6亿元,同比增长43.5%,增速较2019年提高14.6个百分点。不少在春节假期返乡的农民工、大学生由于疫情影响无法及时复工复学,利用电商实现了就地就近创业就业。截至2020年底,国家级贫困县网商总数达306.5万家,较2019年增加36.6万家,增长13.7%(商务部电子商务和信息化司,2021)。

⑦电商在抗疫助农中发挥重要作用

在新冠疫情影响下,部分地区因购销渠道不畅导致农产品滞销,农村电商在解决农产品"卖难"方面发挥了重要作用。一方面,电商平台开设农产品绿色通道、专区。淘宝推出农产品特卖系列专区,为国家级贫困县专门开设"土货鲜食"一级入口,上线"吃货助农频道";京东开通"全国生鲜产品绿色通道";拼多多上线"抗疫开拼、爱心助农"专区;贫困地区农副产品网络销售平台("832平台")在新冠疫情期间,紧急上线了保供给、防滞销专区,帮助贫困户减少损失,实现了战"疫"和脱贫的同步推进。另一方面,电商平台探索直播助农模式。淘宝帮助涉农商家免费开通淘宝直播;京东发起京东原产地助农直播;拼多多探索"市县长当主播、农民多卖货"的电商消费扶贫模式;苏宁易购上线直播"云开市",在助农开市直播的计划下,深入原产地直播,挖掘各地农特产品,推动农特产品上行。

新冠疫情期间,社区生鲜电商发展加速,社区团购成为竞争热点,阿里巴巴、腾讯、京东、美团、拼多多、滴滴等大型电商平台进入这一领域。2020年6月,滴滴推出"橙心优选"。7月,美团上线美团优选,成立优选事业部。8月,拼多多社区团购项目"多多买菜"上线,首批补贴金额接近10亿元(商务部电子商务和信息化司,2021)。9月,阿里巴巴成立盒马优选事业部。2021年1月1日,京东上线"京喜拼拼"小程序,正式进军社区团购。腾讯通过投资谊品生鲜和食享会等生鲜电商入局社区团购。此外,专门从事社区团购的平台,如十荟团、兴盛优选、源创优品、考拉精选等,以及来自传统行业的企业,如快递行业的顺丰和申通,房地产企业碧桂园和万科,以及传统生鲜超市物美、永辉、美宜佳等都积极加入该领域。社区团购的快速发展,一方面为抗击新冠疫情提供了有力的支撑;另一方面,从客观上促进了农村电子商务的进一步发展。

　　受新冠疫情的影响,农产品的传统线下贸易渠道受阻,发展速度减缓,而跨境电商逆势增长,逐渐成为我国对外贸易发展的新推动力。海关数据显示,受疫情影响最严重的 2020 年上半年,我国货物贸易进出口总值比 2019 年同期下降 4.9%,至第四季度外贸才转负为正。但是,跨境电商却展现了不同的趋势,前三季度海关跨境电商监管平台进出口 1873.9 亿元,大幅增长52.8%,为外贸进出口回稳作出突出贡献。截至 2019 年 7 月,作为全球最大的 B2B 跨境电商平台,阿里巴巴国际站农业行业商品单品数达 111 万个。借助国际站,我国农产品出口连续三年复合增长率超过三位数,销往全球超过100 多个国家和地区。2020 年,阿里巴巴国际站农产品成交额同比增长183%。按成交额排名,农用温室增长 151%,新鲜大蒜增长 495%,菇类增长1335%,农业废弃物增长 441%,竹原料增长 114%,葵花籽仁增长 9174%,养殖笼兜增长 251%,天然植物增长 1658%,核桃增长 73%(商务部电子商务和信息化司,2021)。

3.2　中国农村电子商务的发展现状

　　2021 年是"十四五"开局之年,我国进入了开启全面建设社会主义现代化国家、向第二个百年奋斗目标进军的新征程。电子商务是数字经济中发展规模最大、增长速度最快、覆盖范围最广、创业创新最为活跃的重要组成部分。"十三五"时期,面对复杂严峻的发展环境,特别是新冠疫情等重大风险挑战,在党中央、国务院坚强领导下,商务部、中央网信办、发展改革委等相关部门会同各地方政府加强政策协同,共同推动电子商务实现跨越式发展,《电子商务"十三五"发展规划》主要目标任务顺利完成,在形成强大国内市场、带动创新创业、助力决战脱贫攻坚、提升对外开放水平等方面作出了重要贡献;在提高农民收入,改善农村家庭生活水平,扩大农村的消费内需,提高就业和创业机会,促进外流人才回归,优化农村产业结构,加快城镇化发展,乃至乡村振兴上,都发挥了非常大的作用。

3.2.1　发展概况

随着我国农村基础设施建设的不断完善,我国农村电子商务蓬勃发展。2021 年,我国在电子商务进农村综合示范、电商扶贫等工作的基础上,开展"数商兴农"行动和县域商业体系建设,促进农民收入和农村消费双提升。农村电商联通生产和消费,贯通城市和乡村,与产业深度融合,满足居民对美好生活的需要,吸引国内外优秀人才来农村创业创新,成为创业就业的重要渠道,在推动乡村振兴、共同富裕的过程中发挥了重要作用。

(1)农村电商规模继续扩大

商务大数据监测显示,2021 年全国农村网络零售额达 2.05 万亿元(见图 3.11),占全国网络零售额的 15.66%,同比增长 11.3%,增速加快 2.4%。其中,农村实物网络零售额达 1.86 万亿元,占全国农村网络零售额的90.73%,同比增长 11%。

图 3.11　2016—2021 年农村网络零售额

数据来源:商务部电子商务和信息化司《中国电子商务报告(2021)》。

分品类看,零售额前三位的品类分别为服装鞋帽针纺织品、日用品和家具,分别占农村实物商品网络零售额的 29.41%、18.55%和 7.77%。增速前三位的品类分别是电子出版物及音像制品、中西药品和书报杂志,同比增速分别为 90.3%、62.6%和 42.7%(见图 3.12)。

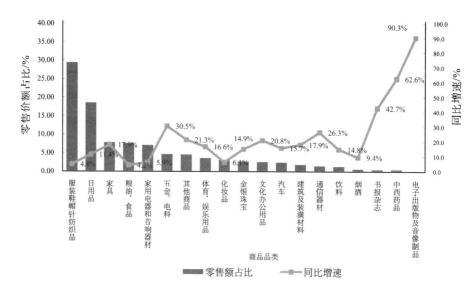

图 3.12 2021 年全国农村网络零售额市场各品类零售额占比及同比增速

数据来源:商务部电子商务和信息化司《中国电子商务报告(2021)》。

分地区看,东部、中部、西部和东北地区农村网络零售额分别占全国农村网络零售额的 78.7%、13.0%、6.5% 和 1.8%,同比增速分别为 10.8%、15.1%、9.4% 和 12.5%(见图 3.13)。

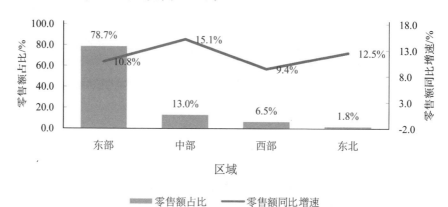

图 3.13 2021 年各地区农村网络零售额占比及同比增速

数据来源:商务部电子商务和信息化司《中国电子商务报告(2021)》。

(2)农产品网络零售增速回落

2021 年全国农产品网络零售额达 4221 亿元,同比增长 2.8%,增速减少

23.4个百分点。2021年农产品网络零售额增速减缓有两个方面的原因：一是新冠疫情期间，线上消费暴增后有所回调。二是部分新平台、新模式未纳入统计范畴。分品类看，零售额前三名的品类分别是休闲食品、粮油和茶叶，分别占农产品网络零售额的20.0%、15.4%和11.5%。增速前三位的品类分别是奶类、茶叶和调味品，同比增速分别为29.9%、11.8%和11.5%（见图3.14）。

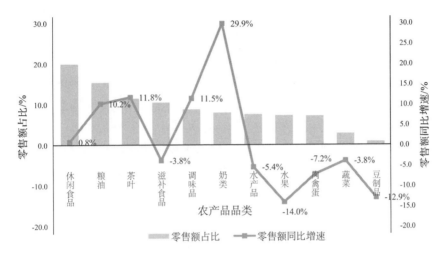

图3.14　2021年全国农产品网络零售额占比及同比增速

数据来源：商务部电子商务和信息化司《中国电子商务报告（2021）》。

分地区看，东部、中部、西部和东北地区农产品网络零售额分别占全国农产品网络零售额的64.7%、15.4%、14.4%和5.5%，同比增速分别为5.7%、—5.5%、1%和—0.7%（见图3.15）。

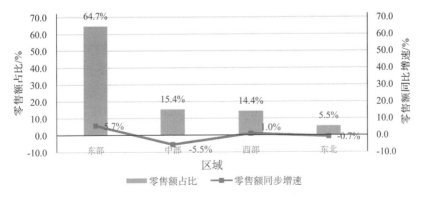

图3.15　2021年各地区农产品网络零售额占比及同比增速

数据来源：商务部电子商务和信息化司《中国电子商务报告（2021）》。

2021 年农产品网络销售额占农产品销售总额的 14.8％。分区域看，东部沿海省份农产品电子商务发展继续走在前列，中部和西部地区紧随其后，东部地区农产品网络销售额占比为 17.7％，中部地区为 15.6％，西部地区为 10.6％。

（3）农村电子商务支撑体系日益完善

农村网络基础设施实现全覆盖，农村通信难问题得到历史性解决。乡村融合基础设施建设积极开展，农村公路、水利、电网、农产品冷链物流等传统基础设施的数字化改造正全方位推进。

第 49 次《中国互联网络发展状况统计》数据显示，2021 年我国农村网民规模 2.84 亿人，农村地区互联网普及率为 57.6％，较 2020 年提升 1.7 个百分点，城乡地区互联网普及率差异较 2020 年缩小 0.2 个百分点。截至 2022 年 6 月，农村网民规模达 2.93 亿人，农村互联网普及率达到 58.8％，是"十三五"初期的两倍，城乡互联网普及率差距缩小近 15 个百分点。农村网络基础设施实现全覆盖，截至 2021 年底，全国行政村通宽带比例达到 100％，通光纤、通 4G 比例均超过 99％，基本实现农村城市"同网同速"。5G 加速向农村延伸，截至 2022 年 8 月，全国已累计建成并开通 5G 基站 196.8 万个，5G 网络覆盖所有地级市城区、县城城区和 96％的乡镇镇区，实现"县县通 5G"。面向农村脱贫户持续给予 5 折以下基础通信服务资费优惠，已惠及农村脱贫户超过 2800 万户，累计让利超过 88 亿元。2021 年农村居民平均每百户接入互联网移动电话 229 部，比上年增长 4.4％。

各地有关部门大力推进农村公路、水利、电网、农产品产地冷链物流基础设施的数字化改造，乡村融合基础设施明显改善。农村公路数字化管理不断完善，2021 年已完成 446.6 万公里农村公路电子地图数据更新工作，并同步制作专项地图，全景、直观展示全国农村公路路网分布情况。农村电商巩固提升工程深入推进，2021 年全国农村地区供电可靠率达到 99.8％。支撑农产品上行的基础设施明显改善，截至 2022 年底，3 年共支持约 3.6 万个家庭农场、农民合作社、农村集体经济组织，建设 6.9 万个产地冷藏保鲜设施，新增库容 1800 万吨以上（商务部电子商务和信息化司，2022）。

农村物流网络日益完善。国家邮政局数据显示，2021 年农村地区收投快递包裹总量 370 亿件，带动农产品出村进城和工业品下乡进村超过 1.85 万亿元。截至 2021 年底，行政村实现快递直投的比例超过 80％，苏浙沪等地基本实现"村村通快递"。商务部高度重视流通领域冷链发展工作，连续支持冷链流通基础设施建设,截至 2021 年底,全国超过 70% 的农产品批发市场建有冷链设施。商务部持续加大物流配送体系工作,累计改造了县级物流配送中心 1212 个,村级电商快递服务站 14.8 万个。电商企业也响应政府号召,积极参与农村电商物流基础设施建设。2021 年,我国农村电商物流指数保持平稳增长态势,全年均高于电商物流指数。10 月农村电商物流指数 129.4 点,比上月回升 0.7 个点,为 2021 年全年最高水平。针对快递"下乡不进村"痛点,2019 年 7 月,菜鸟启动以"快递共配+农货上行"为主的乡村快递物流智慧共配项目,做好产销对接,打通"最后一公里"。截至 2021 年底,菜鸟县域共配中心已经覆盖 1200 多个县域,建设了 4 万多个乡村级服务站,帮助相应区域内的乡村快递成本减少 20%—30%,人员效率提高 30%。全国第一个县级菜鸟产地仓建立在陕西宜君,该产地仓可实现每日最高 3 万件农产品发货量,现已成为西北地区最大的县域中转仓之一(商务部电子商务和信息化司,2022)。

3.2.2 发展特点

(1)农村电商发展环境持续优化

数字乡村建设的政策制度体系不断完善,协同推进的体制机制基本形成,标准体系建设加快推进,试点示范效应日益凸显,数字乡村发展环境持续优化。表 3.3 列举了 2021 年 4 月至 2022 年 5 月农村电商相关的政策。

表 3.3　2021 年 4 月至 2022 年 5 月中国农村电子商务发展相关政策

发布时间	发布机构	文件名
2021 年 4 月	全国人民代表大会常务委员会	《中华人民共和国乡村振兴促进法》
2021 年 4 月	农业农村部、国家发改委、财政部、商务部、文化和旅游部等	《关于推动脱贫地区特色产业可持续发展的指导意见》
2021 年 5 月	财政部、商务部、国家乡村振兴局综合司	《关于开展 2021 年电子商务进农村综合示范工作的通知》
2021 年 5 月	农业农村部	《关于加快农业全产业链培育发展的指导意见》

续表

发布时间	发布机构	文件名
2021 年 6 月	商务部、中央农办、国家发改委等	《关于加强县域商业体系建设促进农村消费的意见》
2021 年 6 月	中国人民银行、银保监会、证监会、财政部、农业农村部、乡村振兴局	《关于金融支持巩固拓展脱贫攻坚成果全面推进乡村振兴的意见》
2021 年 7 月	国务院办公厅	《关于加快农村寄递物流体系建设的意见》
2021 年 9 月	国家发改委	《关于推广支持农民工等人员返乡创业试点经验的通知》
2021 年 10 月	商务部、中央网信办、国家发改委	《关于印发〈"十四五"电子商务发展规划〉的通知》
2021 年 12 月	国务院	《关于印发"十四五"数字经济发展规划的通知》
2022 年 4 月	中央网信办、农业农村部、国家发改委、工信部、国家乡村振兴局	《2022 年数字乡村发展工作要点》
2022 年 4 月	农业农村部、财政部、国家发改委	《关于开展 2022 年农业现代化示范区创建工作的通知》
2022 年 5 月	财政部、商务部、国家乡村振兴局综合司	《关于开展 2022 年电子商务进农村综合示范工作的通知》

党中央、国务院着眼推动新型工业化、信息化、城镇化、农业现代化同步发展,立足实施乡村振兴战略,2021 年以来,从法律、规划、行动计划等多个层面不断强化完善数字乡村政策制度体系。在法律层面,《中华人民共和国乡村振兴促进法》规定,"国家鼓励农业信息化建设""推进数字乡村建设"。在规划层面,《中华人民共和国国民经济和社会发展第十四个五年规划和 2035 年远景目标纲要》《"十四五"国家信息化规划》《"十四五"推进农业农村现代化规划》等,都对数字乡村建设作出进一步部署。在行动计划层面,《乡村建设行动实施方案》提出实施数字乡村建设发展工程,特别是 2021 年和 2022 年

的中央一号文件继续对数字乡村建设作出部署安排。2021 年中央一号文件指出,加快完善县乡村三级农村物流体系,改造提升农村寄递物流基础设施,深入推进电子商务进农村和农产品出村进城,推动城乡生产与消费有效对接。加快实施农产品仓储保鲜冷链物流设施建设工程,推进田头小型仓储保鲜冷链设施、产地低温直销配送中心、国家骨干冷链物流基地建设。完善农村生活性服务业支持政策,发展线上线下相结合的服务网点,推动便利化、精细化、品质化发展,满足农村居民消费升级需要,吸引城市居民下乡消费。2022 年中央一号文件也特别强调要"重点发展农村电商等产业""实施'数商兴农'工程,推进电子商务进乡村"。2021 年,中央网信办、农业农村部会同有关部门先后印发《数字乡村发展行动计划(2022—2025 年)》《"十四五"全国农业农村信息化发展规划》等,对数字乡村建设的目标任务、政策举措作了进一步细化完善。各地相继出台了配套规划和实施方案,推进数字乡村建设的政策制度体系不断完善。

2021 年,中央网信办会同农业农村部、国家发展改革委、工业和信息化部、国家乡村振兴局等 43 个部门(单位),建立了数字乡村发展统筹协调机制,不少地方党委和政府也相应组建了推进机制,形成了较为完善的数字乡村发展工作体系。县级农业农村部门内设信息化机构建设得到显著加强,2021 年全国县级农业农村部门内设信息化机构覆盖率达 92.6%,比上年提升 14.6 个百分点(商务部电子商务和信息化司,2022)。按照充分发挥市场决定性作用、更好发挥政府作用的资源配置原则,各地积极引入社会资本投资建设数字乡村,财政资金"四两拨千斤"的撬动作用得到较好发挥。

数字乡村试点工作稳步推进,首批国家数字乡村试点地区完成两年试点周期建设,试点中期评估工作正有序推进。浙江、江苏、山东、江西、安徽、辽宁、四川、广西等 20 个地区同步开展省级试点示范工作,探索具有区域特色的数字乡村建设新模式、新路径。试点地区充分发挥试点工作领导小组作用,进一步加强部门协同和资源整合,在整体规划设计、制度机制创新、技术融合应用、发展环境营造等方面探索形成了一批可复制、可推广的做法经验。比如,打造出了"透明农场""数字花卉""电商＋网红"等乡村产业数字化发展典型应用场景,开展了数字乡村"一张图"等智治新模式实践探索,推进"互联网＋"医疗、教育、人社向基层和乡村不断延伸,为全面推进数字乡村建设提供有益借鉴。

（2）电商扶贫助力乡村振兴

新发展阶段我国政府对乡村振兴高度重视。2021年，中央一号文件对新发展阶段优先发展农业农村、全面推进乡村振兴作出总体部署。电子商务是助力乡村振兴的重要手段，是促进农产品销售的重要途径。电子商务进农村综合示范年度新增支持206个县，优先支持乡村振兴重点帮扶县，推动脱贫县巩固提升电商扶贫成效。商务部指导中国电商乡村振兴联盟（原中国电商扶贫联盟），持续资助贫困地区农产品"三品一标"认证、开展农产品品牌推介洽谈，累计帮扶对接金额超过240亿元。电商企业纷纷参与乡村振兴，助力农民实现共同富裕。

国家乡村振兴重点帮扶县市巩固拓展脱贫攻坚成果的重中之重，是全面推进乡村振兴必须补齐的区域短板。2021年，国家乡村振兴局会同有关部门确定160个国家乡村振兴重点帮扶县，出台14个方面倾斜支持政策。进入全面实施乡村振兴战略的新发展阶段，为了守住不发生规模性返贫的底线，我国30多项过渡衔接政策相继出台实施，全面建立防止返贫动态监测帮扶机制。2022年上半年，全国65％的易返贫监测对象已消除返贫风险，其余均落实帮扶措施。截至2022年6月底，全国脱贫劳动力务工规模达到3223万人，比上年底多出78万人，超额完成当年目标任务。深入实施脱贫地区特色种养业提升行动，推动将中央财政衔接资金用于产业发展比重提高到55％，支持脱贫地区建设标准化生产基地、农产品加工和仓储保鲜冷链物流设施。农业农村部会同有关部门启动向国家乡村振兴重点帮扶县选派科技特派团工作，按照"一县一团"原则，围绕特色产业精准开展科技服务和人才培养帮带。乡村产业蓬勃发展，累计创建140个优势特色产业集群、250个国家现代农业产业园、1300多个农业产业强镇、3600多个"一村一品"示范村镇；脱贫地区特色产业稳步发展，832个脱贫县每个县已初步培育2—3个优势突出、带动能力强的主导产业（农业农村部信息中心等，2023）。

（3）常态化电商抗疫释放县域市场潜力

2021年，在新冠疫情防控常态化的大背景下，农村电商在助力各县抗疫保供、促销稳价等方面持续发挥作用，电商抗疫从短期应急性举措逐渐走向常态化。在助农促销方面，受疫情催化的助农直播、县长带货、定向采购、线上预售等产销对接渠道日渐地常态化、市场化、本地化，不仅有效地缓解了疫情地区短期的农产品滞销难题，还推动了产销对接体系的优化升级。在电商保供方面，电商平台发挥信息优势和渠道优势，从产业链上游开展货源组织，优化配送模式,及时保障疫情风险地区居民所需生活消费品供应充足、品种丰富、价格平稳,助力经济社会稳定运行。在加速县域微循环方面,面对散点多发的疫情形势,为了保障"菜篮子"稳定供应,不少地方通过电子商务公共服务体系整合县域内农产品供给渠道,推动本地农产品生产基地、合作社、供应商与电商平台精准对接,促进城乡对接、自产自销供应链体系的建立,让本地农产品率先实现县域微循环。同时为了保障生活物资供应通道畅通,不少地方还依托县乡村三级物流配送网络,大力促进县域内的电商共同配送发展,着力推动县域市场主体加速融合,发展从城区社区到乡镇村落全覆盖的"无接触配送"网络,全力保障基本生活物资配送到户,实现了农产品"出村进城"与生活物资供应双向流通、城乡双向消费互动。随着电商抗疫常态化发展,由农村电商所牵引的县域本地市场微循环得以加速贯通,县乡村电子商务公共服务的物流配送体系的服务效能被进一步放大,县域微循环市场潜力得到有效释放。

(4)农村生活服务电商快速发展

发展农村生活服务电商是提高农村生活便利性的必要条件,也是发掘农村消费市场潜力的重要路径。我国农村居民人均可支配收入及消费逐年增加。农村居民通过电商接触到国内丰富、多元的消费大市场,消费理念逐步转变,追求更高的消费品质和体验,激活了新的消费需求。2020年以来,我国农村生活服务在线化加速普及,在线教育、在线问诊、餐饮外卖、在线旅游、在线休闲娱乐等发展迅速。美团为县域特别是脱贫县生活服务业商户提供线上化经营渠道。根据《美团助力脱贫攻坚总结报告》统计,全国脱贫县中已有超过98%的县接入美团,线上活跃商户达48万家。

(5)农村电商促进人才回流

随着农村基础设施建设的完善,一批大学生、企业家、退役军人等人才加速返乡就业创业。人才返乡就业创业有助于缩小城乡差距,为乡村振兴打下长期发展的人才基础,为农村地区提供可持续发展的路径。2019年,各类返乡入乡创新创业人员累计超过850万人,创办农村产业融合项目的占到80%,利用"互联网+"创新创业的超过50%,在乡创业人员超过3100万人(商务部电子商务和信息化司,2020)。农民在从事网络销售的过程中,客观上也推动了农村电子商务生态体系的快速发展,大量生产性、生活性服务业因此兴起,特别是快递物流、电子商务培训、包装印刷等配套产业蓬勃发展,形成了农村经济新的增长点。2021年,我国农村就业创业取得新进展,返乡入乡创业人员达 1120 万人,比 2020 年增长 110 万人,同比增长 10.9%,80%以上创业项目是一、二、三产业融合项目,带动农事体验、电商直播等蓬勃兴起。农民工、大学生、退役军人、科技人员等成为返乡入乡创业主力。电商创业就业的带动效益增强。全国农村网商、网店到 2021 年底达到 1632.5 万家(商务部电子商务和信息化司,2022)。

(6)新业态新模式不断涌现

现代信息技术推动农村经济提质增效,激发乡村旅游、休闲农业、民宿经济等乡村新业态蓬勃兴起,农村电商继续保持乡村数字经济"领头羊"地位,农村数字普惠金融服务可得性、便利性不断提升。

工业品下乡、农产品进城的农村电商双向流通格局得到巩固提升,直播电商、社区电商等新型电商模式不断创新发展,农村电商继续保持乡村数字经济"领头羊"地位,在有效应对新冠疫情影响、更好保障农产品有效供给等方面发挥了不可替代的重要作用。"互联网+"农产品出村进城工程、"数商兴农"工程深入实施,首届"大国农匠"全国农民技能大赛(农村电商人才类)顺利举办,中国农民丰收节金秋消费季、"数商兴农"专场促销活动等扎实推进,有力促进了产销对接和农村电商发展。2022 年全国农村网络零售额达2.17 万亿元,比上年增长 3.6%(农业农村部信息中心等,2023)。农村电商公共服务基础设施建设不断加强,截至 2022 年 7 月,电子商务进农村综合示范项目累计支持 1489 个县,支持建设县级电子商务公共服务中心和物流配送中心超 2600 个。快递服务不断向乡村基层延伸,"快递进村"比例超过 80%,2021 年农村地区收投快递包裹总量达 370 亿件。截至 2021 年底,36.3% 的市级以上重点农业龙头企业通过电商开展销售,利用电商销售的农产品加工企业营业收入比上年增长 10.8%(商务部电子商务和信息化司,2022)。电子商务助力脱贫地区农产品销售,为防止规模性返贫发挥着重要作用。截至 2022 年底,"832 平台"入驻脱贫地区供应商超 2 万家,2022 年交易额超过 136.5 亿元,同比增长 20%(农业农村部信息中心等,2023)。

2021 年,在数字技术驱动下,电商交易覆盖的内容更加多元、场景愈加丰富,直播电商、内容电商、社区团购等新业态新模式不断创新发展。同时,不少地区联合电商平台积极探索以农带旅、以旅促农的电商发展新模式,推进农村电商与乡村旅游融合发展。2021 年,县域直播和短视频电商发展持续火热,手机加速成为新农具,直播加速成为新农活,农民加速成为新网红。县域

直播市场规模不断扩大。2021 年全国县域直播电商网络零售额达 10388.5
亿元,占全国县域网络零售额的 23.7%;县域网络直播店铺数量为 4.6 万个,
主播数量为 4.9 万人,全年累计直播场次为 539.0 万次,累计观看人次为
660.6 亿次。2021 年抖音上粉丝量过万的三农创作者已超 4 万名,其中,排名
前 20 的乡村博主有一半都开通了直播带货功能。在快手平台上,平均每 2.2
秒就有一场三农直播,直播日均观看时长超过 300 小时(商务部电子商务和信
息化司,2022)。直播和短视频电商本地化趋势明显。随着新业态快速发展,
地方政府、电商企业等多方力量加大对农村直播电商培训的投入支持力度,
各地农产品直播营销中对知名网红、明星和地方官员的依赖越来越少。

　　由于卖家,特别是为数众多的小卖家很难获得满意的买家访问流量,农
产品电商买家开始通过线上和线下相结合的方式化解农产品流量难题。卖
家力争实现渠道多样化,进驻天猫、淘宝、京东、拼多多、亚马逊等电商平台;
探索与每日优鲜、网易优选、中粮我买网、顺丰优选、本来生活、天天果园等垂
直电商合作;一些农业企业、合作社、农户等借助电商平台开设网店销售农产
品;依托阿里巴巴国际店、亚马逊等跨境电商平台,向国际市场销售;与机场、
机关食堂、高校合作,在人流量较多的地方开设实体店,提升顾客的体验度,
并通过网店开展后续服务,满足顾客的多次购买需求。通过微信朋友圈、微
博、抖音、快手以及社区购物群等营销,快递配送或小区集中配送;在美菜网、
一亩田、惠农网、1688 等 B2B 平台批发。

　　随着光纤和 4G 网络在行政村的全覆盖,互联网技术和信息化手段助
力乡村旅游、休闲农业、民宿经济加快发展。截至 2022 年 9 月,农业农村部
通过官方网站发布推介乡村休闲旅游精品景点线路 70 余次,覆盖全国 31
个省(区、市)148 个县(市、区)的 211 条乡村休闲旅游线路;利用"想去乡
游"小程序推介乡村休闲旅游精品线路 681 条,涵盖 2500 多个精品景点等
优质资源。乡村地名信息服务提升行动深入推进,截至 2022 年 8 月,互联
网地图新增乡村地名达 414.2 万条,超 200 万个乡村、超 2 亿人受益。返乡
入乡创业人员达 1120 万人,较上年增长 10.9%,其中一半以上采用了互联
网技术(农业农村部信息中心等,2023)。市场主体数字乡村业务快速拓
展,电信运营商、互联网企业、金融机构、农业服务企业等市场主体积极投身
乡村数字经济,研发相应的平台、系统、产品,推动智慧种养、信息服务、电子
商务的业务在农业农村领域不断拓展。

　　通过现代信息技术的广泛应用,农村普惠金融服务的可得性、便利性不

断提升。移动支付业务加快增长,截至 2020 年 6 月,我国农村地区网络支付用户规模达到 2.27 亿人。2021 年银行金融机构、非银行支付机构处理的农村地区移动支付业务分别达 173.7 亿笔、5765.6 亿笔,同比分别增长 22.2%、23.5%(商务部电子商务和信息化司,2022)。银行保险机构优化传统金融业务运作模式,提供适合互联网场景使用的多元化高效金融服务,增加对广大农户、新型农业经营主体的金融服务供给。"农业经营主体信贷直通车"打造了"主体直报需求、农担公司提供担保、银行信贷支持"的高效农村金融服务新模式,截至 2022 年 4 月,已完成授信 27496 笔,授信金额突破 200 亿元(农业农村部信息中心,2023)。

(7)农村电商赋能农村提质增效

随着数字技术与农村电商的融合不断深化,电子商务向农业生产端渗透进一步加深,订单农业、产地直供等模式进一步发展,电子商务在提升农产品产销对接水平、增强供需精准匹配能力、利用大数据赋能农业生产、倒逼农业转型升级等方面的作用进一步凸显。

农村电商成为助力数字农业创新发展的重要抓手。农村电商积累的数字化产销渠道、数据资源要素和数字技术应用场景等资源,正在成为促进数字农业发展的重要基石。一些县域借助农村电商探索传统农业转型之路,将农村电商融入智慧农业综合信息系统建设,联合农村电商企业建设完善智慧农业大脑、农业大数据中心,以订单农业为基础,以农产品数字化供应链建设优化为重点,推动农业生产流程管控信息化、标准化、精细化发展,加速大数据、物联网、区块链、人工智能等数字技术在农业领域落地应用,带动传统农业全产业链实现数字化转型,促进数字农业发展步伐明显加快。海南海口市秀英区永兴镇、上海浦东新区航头镇等地引入盒马村,依托盒马的数字化供应链,以产供销一体的模式,聚合当地不少农业企业、农民合作社等分散小农户,积极打造产业化联合体,通过输出新标准、新技术、新模式实现订单生产,在销售端可以直联盒马鲜生的线上线下渠道,推动形成更加直接、稳定的销售网络。截至 2022 年 9 月,盒马在全国共建 190 个盒马村,遍布 20 个省份。江苏徐州市丰县、四川眉山市东坡区等地与京东合作建设京东农场,依托基于电子商务的智能供应链服务体系,不断赋能农产品产地数字化发展,通过数字化生产基地建设,导入智能化管理系统,深入种植前端开展生产标准化和规范化管理,逐步搭建基于区块链技术的全程可视化溯源体系,再结合"京品源"自有品牌,完善产销全流程服务体系,有效地促进传统农业在品牌、产品、渠道、营销等方面的数字化转型。截至 2022 年 2 月,京东已在全国对接超过 1000 个农特产地及产业带,直连超过 500 个大型优质蔬菜基地,共建 70 多个现代化、标准化、智能化农场,有力助推农业产业数智化升级(农业农村部信息中心等,2023)。

电子商务分等分级标准促进农产品优质优价。农村电商企业、政府、协会、研究机构等发挥协同效应,聚焦农产品源头分等分级标准,通过标准促进了农产品种植培训模式升级,使农产品品质、农产品商品化能力得以提升,在实现农产品优质优价的同时,还进一步促进了农产品网络销售市场更加规范。随着农村电商数字化迭代升级,以及专业化服务能力不断提升,农村电商赋能农业品牌的着力点,正在由最初的农业品牌网络销售向农业品牌生产管理、品牌运营方向转变,电子商务倒逼农业提质升级作用越发强劲。

地理标志农产品电商走向专业化、精细化。一方面,随着农产品地理标志保护工程持续推进,以及地理标志农产品消费兴起,地标农产品电商不断发展,地标农产品电商的运营更加专业化、精细化;另一方面,政府、企业、协会共同关注地标农产品电商,合力打造基于农村电商的地标农产品专业化、稳定性上行通路,助力地标农产品销售,促进农耕文化传播,提升地标农产品营销力。

农村电商进入品牌化时代。随着居民可支配收入的增长,我国进入消费升级阶段。消费者对商品品质和服务要求逐渐提高,更加青睐有品牌的农产品,电商平台之间的市场竞争越来越激烈,农产品电商进入品质消费时代,品牌成为促进农村电商可持续发展的关键。然而品牌建设是我国农村电商的薄弱环节,我国大部分农村品牌知名度较低。一些电商企业开展区域品牌建设工程,建立产地产品全流程标准,以区块链溯源等技术保障品质供应。各地政府积极探索借助互联网打造农产品品牌,培育形成一批农产品电商区域公共品牌,提升农产品知名度、品牌影响力及产品附加值,以品牌化推动标准化、规模化,带动农村地区产业升级。

3.2.3 面临的挑战

"十四五"时期我国进入新发展阶段,电子商务高质量发展面临的国内外环境发生了深刻复杂变化。世界经济数字化转型加速,新一轮科技革命和产业变革深入发展,由电子商务推动的技术迭代升级和融合应用继续深化。与此同时,我国已转向高质量发展阶段。新型基础设施加快建设,信息技术自主创新能力持续提升,为电子商务创新发展提供强大支撑。新型工业化、信息化、城镇化、农业现代化快速发展,中等收入群体进一步扩大,电子商务提质扩容需求更加旺盛,与相关产业融合创新空间更加广阔。综合看来,中国农村电商在当前环境形势下仍面临诸多挑战。

(1)农村电商发展不平衡不充分仍然突出

虽然我国农村电商规模稳步增长,但仍面临发展不平衡不充分的问题。一方面,我国农村电商地区发展不平衡。分地区看,2021 年东部地区实现农村网络零售额占全国农村网络零售额的 78.7%;中部、西部和东北部占比分别仅为 13%、6.5%和 1.8%。分省份看,零售额前十位省份东部地区占了六位。浙江省农村网络零售总额占全国农村网络零售额的 33.7%(商务部电子商务和信息化司,2022)。另一方面,我国农村普惠应用不足。农村地区年轻人口流出较多,大量留守老人等群体掌握互联网信息技术还存在一定困难。消除数字鸿沟、推动普惠发展的需求日渐增长。

(2)农村电商赋能农业水平有待进一步提升

我国农村电商应用不断普及,然而农村电商赋能农业水平有待进一步提升。一方面,农村电商数据开放共享程度亟待提升。政府各部门之间、电商平台之间、政府和电商平台之间以及生产、仓储、营销、配送、追溯等环节之间还存在数据孤岛现象;另一方面,农村电商数据开发利用水平亟待提升。很多农村电商企业不懂得如何对农产品全产业链进行数据监测、分析和应用,用市场数据信息指导农业生产,开展农产品的网络众筹、预售、领养、定制等产销对接新方式。

(3)农村电商品牌化水平亟待提升

我国农村地区虽然拥有优质的农特产品,但大部分农特产品品牌建设水平不高,过度依赖传统渠道,线上渠道开拓不足,销售范围小,市场溢价低。农户陷入低价营销、恶性竞争的困境。地方政府期望通过打造区域公共品牌,形成品牌效应,提升产品附加值。然而,区域公共品牌的运营和管理能力不强,区域公共品牌的效能不能很好地发挥,品牌价值和影响力较低,得不到消费者的信任。区域公共品牌运营的难点在于三个方面。一是产品标准化体系不健全。应制定针对性的网货标准,使农产品成为合格网货。二是产品包装不精美。没有统一定制具有互联网元素的包装。三是品牌保护力度不够。缺乏应对仿冒产品侵害的手段。

(4)农村电商配套体系亟待完善

农产品电商供应链体系有待完善。一是农产品标准化程度低。不少地方特色农产品依靠家庭作坊式生产,农民品控能力弱,没有形成农产品标准,农产品品质得不到保障。二是供货能力不足。我国农民生产组织化程度低,仍以单一农户经营为主,农产品在生产、加工、运输、销售等方面经营主体规模小、服务能力和市场竞争力不强,一部分农民没有按照电商平台的要求对产品进行分级包装,使得农产品不适合网上销售。三是配送效率仍需提高。近年来农村快递物流体系建设取得长足进步,但在配送及时性、可靠性、服务水平、快递成本等方面,与城市比较仍存在较大差距。四是溯源体系尚需完善。越来越多的消费者开始重视农产品的食品安全问题。为了使得流通环节透明,政府、协会和企业都对溯源体系做了一些尝试,但仅限于部分产品和流通的部分环节。由于农产品的流通环节长,消费者不了解农产品的流通渠道,农产品电商市场上劣币驱逐良币的现象时有发生。同时,农村电商新型基础设施有待完善,包括分级分拣加工设备、冷链物流仓库等。一些地区农村电商新型基础设施亟待完善。部分农产品分级不严、品控不细,达不到网货要求,不能在网上销售。部分农产品没有进行深加工,使得销售范围小,市场溢价低。农产品特别是生鲜农产品受仓储、保鲜、冷链物流等基础设施落后的制约。中物联冷链委的数据显示,我国果蔬、肉类、水产冷链流通率分别只有 22%、34% 和 41%,而欧美在 95% 以上,肉类更是 100%(商务部电子商务和信息化司,2022)。

农村电商服务体系仍需完善。农村电商需要完备的电商交易体系、物流仓储加工配套和健全的产业体系支撑。但在大多数的农村地区,没有形成完整的电商服务体系,农村电商服务业仍然滞后,在软件开发、仓储快递、冷链物流、营销运营、摄影美工、追溯防伪、人才培训、金融支持等产业链环节缺乏优秀的电商服务企业,电商服务商的数量和水平还不能满足快速发展的农村电商需求。农村地区物流服务提供方数量少,提供的服务质量和价格不成正比,降低了农村网购的消费体验度。此外,农村地区电子商务培训、代运营、摄影美工等服务存在一定程度的空白,电商服务的滞后制约了农村电商整体竞争力的提升,亟须建立一个本地化、开放共享、线上线下结合、上行下行贯通的农村电商服务体系。

(5)农村电商人才瓶颈有待突破

农村电商人才培养滞后是制约农村电商发展的重要因素。农村电商在运营推广、美工设计和数据分析等各个岗位、高中低各个层次,都有不同程度的人才缺口,尤其缺少高端复合型人才。乡村基础设施与公共服务不到位,农村电商人才"难培、难引、难留"现象尤为突出。如何调动各方积极性,加大对农村电商人才培养和指导,是实现农村电商健康可持续发展亟待解决的问题。由于农民个体差异较大,当前农村电商培训内容和培训方法针对性有待加强,主要表现在以下两个方面:一是农村电商人才培训形式单一。理论课多,实践课少;现场课多,远程课少;电脑端多,手机端少;上课培训多,跟踪辅导少。二是培训内容有限且不成体系。一些电商培训机构只教开设店铺、撰写文案、上传图片、发布消息和接受订单等基本平台操作知识,对产品策划、运营推广、美工设计、数据分析、客户关系维护、物流仓储等专业型课程没有系统培训。

3.3　本章小结

本章详细梳理了中国农村电子商务的发展历程,将其划分为四个阶段:萌芽阶段、探索阶段、发展阶段和转型阶段,并对各个阶段的关键事件和发展特点进行了归纳和总结,较为清晰地展现了中国农村电子商务的发展脉络。农村电子商务是数字乡村建设重要的组成部分,是数字化应用最活跃、最广泛的部分。农村电商的高速发展促进了数字乡村的发展。互联网、大数据、区块链、云计算、人工智能等现代信息技术在农业领域得到广泛应用,将成为农村数字经济发展的新动能。随着电子商务进农村、"互联网＋"农产品出村进城等工程的推进,农村地区网络基础设施建设显著加强,农村电子商务统计体系逐渐完善,县乡村三级物流体系基本搭建,大数据与农业生产进一步融合,农村电商将成为数字乡村最大的推动力和发展基础。

电商带来的新的生产、销售组织方式,降低了农民的市场进入门槛和市场交易成本,拓展了农民的市场空间,从而增加了农民收入,减少了农村贫困人口,促进了农村转型发展。电子商务促进中国农村转型发展的内在机制究竟是怎样的?农村电商的发展给中国农村居民的生产生活带来了怎样的影响?这是后续章节将要进一步探讨的问题。

4 电子商务对农村发展的影响：来自三个典型县域的案例研究

上一章从宏观视角对中国农村电子商务的发展历程进行了梳理，并总结了本研究开展期间中国农村电子商务的发展状况及特点，为后续研究铺垫了时代背景。这一章，本书将聚焦中观视角，对选取的三个典型县域进行案例研究。这三个县域分别为山东曹县、江苏沭阳和浙江临安。在介绍数据来源时已简要概述了三个县域的基本情况，这三个区县均为农村电商聚集程度较高的典型地区，有各具特色的产业特征、较高的发展水平，具有很强的代表性。通过对这三个典型县域案例的分析，本章得以探讨电子商务对中国农村发展的影响机制和影响效应。

4.1 山东曹县：演出服饰引领者

4.1.1 县域背景情况

山东曹县，素有"商汤开国地、华夏第一都"之称，隶属于中国牡丹之都菏泽，位于山东省西南部，地处鲁豫两省八县交界处。近年来，曹县通过推进电子商务实现了一个跨越式的、赶超式的发展。2022 年，曹县电子商务销售额超 305 亿元，新增淘宝镇 2 个，新增淘宝村 8 个，其中淘宝村净增数占全市净增数量的 1/3，占山东全省净增数量的 1/8，净增数量位居山东省各县区第一名。曹县淘宝镇数量达到 21 个、淘宝村 176 个，分别占全省的 1/10 和 1/5，淘宝镇数量位居国内县域第一。其中安蔡楼镇 37 个建制村全部被评为淘宝村，是全国淘宝村最多的镇，与大集镇共同成为县域淘宝村全覆盖的"双子星"。曹县形成了四大电商产业集群,即"中国原创汉服产业集群"(2021年拼多多平台大数据显示,全国汉服销售排名前2000家网店,就有1200家来自曹县);"中国最大的演出服产业集群"(2021年曹县表演服饰网络销售占淘宝、天猫的70%以上);"木制品产业集群"(2021年曹县木制品网络销售占淘宝、天猫的40%以上,占京东的二分之一,多个类目产品全国排名第一);"曹县农特产品产业集群"(曹县已经形成了以芦笋、黄桃、烧牛肉、荷塘大米等为主要网销系列产品的65个农产品上行产业集群)。在农村电商助力乡村振兴上成为齐鲁样板。图4.1展示了曹县电商的发展情况。

图4.1 2015—2021年曹县电商发展情况

数据来源:曹县电商办统计提供。

值得思考的是,曹县电商的发展并非依托天然优势,相反,在发展之初受种种不利条件制约。曹县是传统的农业大县,属于山东省传统上的欠发达地区,是山东省贫困人口最多、脱贫任务最重的县,在发展上长期受到地理区位、交通设施、人口数量与素质、工业化基础等不利条件的限制,曹县区位偏远,在高铁开通之前,虽有京九铁路贯通,但是铁路运输的整体效率不高。县城距离商丘国家铁路枢纽和菏泽铁路枢纽均为50公里,来往十分不便,不具备电商发展的区位优势。曹县社会经济发展水平相对落后,工业基础薄弱,科技含量高、发展前景好、产业带动作用大的工业项目不多,吸纳劳动力就业的能力十分有限;缺乏主导性产业,在曹县的支柱性产业中,棉纺织、木材加工、食品加工产业均是劳动密集型产业且工资水平低,劳动力外流严重,农村剩余劳动力多选择外出打工;本地高校极少,可以招收本地人才的数量极其有限,大量的人才不得不外出求学,大量人才外流后就不愿意回乡发展,在过去相当长的一段时间里,人才与劳动力流失严重。

自2013年起,曹县政府通过电商兴县,利用电子商务激发农村居民活力带动农村产业振兴,吸引人才返乡创业、通过"支部+电商"探索了电商带头人治理乡村的新模式,带动了农村信息交流开放;实现了传统农业生产方式和居民生活方式的转变,促进了曹县产业、人才、组织、生态和文化振兴,推进了农村产业现代化和乡村全面发展的新模式,为乡村振兴提供了有价值的发展样本。

在电子商务的发展带动下,曹县生产总值逐年攀升(见图4.2),产业结构也有所调整。根据2019年发布的统计数据,曹县2018年的生产总值为390.9亿元,2010—2018年曹县生产总值实现了稳步增长,2016年生产总值增长率为5.2%,2017年和2018年年均生产总值增长速度达到了9.0%。经过近十年的发展,曹县的产业结构实现了调整。对比2010年和2018年的数据发现第一产业比重下降明显,第三产业比重提高近16%(见图4.3)。

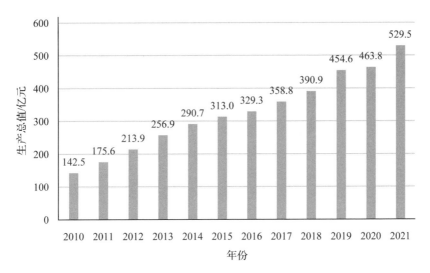

图4.2 2010—2021年曹县生产总值变化

数据来源:曹县电商办统计提供。

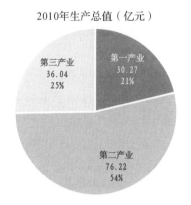

图 4.3   曹县 2010 年与 2018 年产业结构对比

数据来源：曹县电商办统计提供。

　　曹县电子商务的蓬勃发展,推动了以表演服饰、木制品、农副产品为主的三大产业集群的形成。演出服饰产业聚集地在曹县东南部,以大集镇、闫店楼、安才楼、梁堤头等乡镇为主,构成"网店＋工厂＋服务业"的产业链条,32 个村全部都是淘宝村,也成为创业就业、扶贫增收、乡村建设的新样本。曹县西部具有木材生产和家具制造的产业基础,以北部庄寨、普连集、青菏、倪集等地区为主形成木制品产业集群,电商已经成为当地传统企业转型发展、提质增效、产业转型升级的新途径。东部和西部具有传统农业基础的农业生产区也形成了农副产品产业集群,通过电商平台有效摆脱了农产品上行困境。

　　2018 年曹县举办了阿里巴巴"数据赋能新乡村"高峰论坛,被评为"全国全网销售百强县",入选"全国电子商务促进乡村振兴十佳案例";表演服饰销售占淘宝、天猫的 60％ 以上;木制品占淘宝、天猫的 40％ 以上,占京东的二分之一以上;木制品跨境电商销售占全国的 11％,共有电商企业 3850 家,网店 5 万余家,电商带动 20 万人创业就业,其中返乡创业人员 5 万人;发展亿级店铺 4 个、千万级店铺 100 余个,天猫店 500 余个;创建了 1 个省级电商特色小镇、1 个省级众创空间,3 大产业集群、10 个市级双创示范园和 200 个市级双创试点。2021 年,曹县电商企业发展到 6008 余家、网店 7.1 万余个。从事电商行业的人员已经超过 35 万人,平均每 5 个人就有 1 个从事电商行业;淘宝村已经发展到 176 个,每 5 个村就有 1 个淘宝村,电商已由当初星星之火成如今的燎原之势。

2021年曹县实现地区生产总值529.5亿元，同比增长14.2％；金融机构各项存款余额710亿元，较上年年末增长11.8％；贷款余额396亿元，较上年年末增长11.1％；实现了居民人均可支配收入水平的大幅度提高，2011年曹县城镇居民人均可支配收入为13524元，到2021年，城镇居民人均可支配收入增长一倍有余，达到33545元。2021年曹县农村居民人均可支配收入则由2010年的5700元提高到17697元，十年间收入翻了一番。

曹县政府高度重视电商发展，通过电商带动扶贫，让贫困群众通过创业就业实现了脱贫致富，仅仅三年的时间，12个省级贫困村成为中国"淘宝村"，实现了"整村脱贫"，取得了斐然的成绩。通过电商直接带动脱贫2万余人，占全部脱贫人口的20％，走出了一条"电商脱贫致富"的新路径。在发展电商经济的同时，曹县积极探索依托"互联网＋乡村"，创建智慧乡村工程，实现乡村振兴。截至2018年4月，曹县"为村"个数全国第一，全县"为村"发展到810个，实现全覆盖，"为村"个数、活跃度、覆盖率综合排名全国第一。村民借助互联网实现村务管理，实现产品外销，同时还能有效利用互联网这一资源优势，拓展电商发展新渠道，为最终实现乡村振兴奠定了基础。电商的蓬勃发展带动了传统产业的发展与升级，吸纳了大量劳动力与人才回流，完善了全县基础设施建设，改变了乡村面貌。

4.1.2　曹县电子商务发展历程

一、萌芽期（2008—2010年）

一个工业基础薄弱、贫困人口数量居全省第一的农业县，电商是如何在这里萌芽的呢？当时曹县产业不强、经济不发达、工资水平低，迫使大量的农村劳动力外出寻找就业机会。本地有一些零散的小作坊从事影楼的配套布景、装饰品和服饰的生产，基本靠肩挑背扛到外地去推销。年轻人在外地上学毕业后大多数选择继续在外就业，并没有回到家乡。而恰恰也是这些年轻人在外学习工作的过程中接触到了互联网，直接或间接地学习到了电商知识和技能，意识到可以通过互联网来给家乡带来某些改变。就这样，一些年轻人带着新思想、新知识、新技能回到老家开始尝试利用电子商务平台"售卖"家乡的产品,改变由此悄然开始。

中国农民是小农户,抵御风险的能力低决定了他们不敢轻易去尝试新鲜事物,中国的农村也是一个"熟人"社会,人们世居于此,互动频繁,返乡创业者的成果很容易被周边的亲戚、朋友和村民观察接受并形成示范效应。他们开始看到电商发展带来的实际经济效益,意识到这是一个改变贫困现状、提高收入水平的绝佳机会,便纷纷投身电商创业和就业,曹县电商发展由此萌芽。

二、发展期(2010—2015 年)

曹县电子商务的发展在萌芽阶段主要表现为草根创业,由早期成功的电商带头人"以点带面"而形成示范效应,以市场机制为主导;在进入发展期之后,政府的及时介入并实施一系列因地制宜、因势利导的举措,起到了非常关键的作用。

2013 年 3 月份,新一届党委、政府组建后,在进行消防安全检查时,发现了这一新型的农村经济发展增长模式,并经过调研了解到:在大集镇丁楼村这个 20 世纪 90 年代初存在影楼布景和摄影服饰加工产业的小乡村,在 2010 年底,有三户村民尝试着通过淘宝网开设网店销售演出服、摄影服,随后生意火爆,大量的订单纷至沓来,让农民欣喜地看到了此中商机,吸引周边亲友不断加入开网店的热潮,带动影楼服饰的生产规模迅速扩大,新开网店数量急速增加,大集镇淘宝演出服饰迈上了发展的快车道。

但由于是自发经营,没有一家注册公司,管理松散,存在安全隐患,整体经营状况不是很理想。经过充分论证后,镇党委、政府果断提出了"伊尹故里,淘宝兴镇"的发展理念,迅速成立了大集镇淘宝产业发展办公室,提出了"网上开店卖天下,淘宝服饰富万家"的宣传口号,在全镇形成了"人人谈网购,户户开网店,企业做龙头,政府做后盾"的浓厚发展氛围。

在政府的支持推动下,曹县电商进入了快速发展阶段。在 2010—2015 年间,大集镇仍然是曹县电商发展的主要阵地,在大集镇出现了以电商为主的产业的规模化,同时也呈现了销售、加工、服务业等的产业链条。在此期间,曹县电商形成"以点带点,由点触面"的发展趋势,大集镇的电商溢出效应逐步展现,周边村镇的村民们也开始学习和尝试电商创业。

三、扩张期(2015—2017 年)

经过规模化发展的阶段后,2015—2017 年曹县电商迎来了飞速扩张的新阶段。在这个阶段,曹县政府通过培训促动、典型带动、宣传推动、行政配套、政策先行和提供服务等方面,发挥推力激发市场活力、打造发展环境,促进电商发展。

在人才培养和引进方面,曹县政府积极组织电商培训班培养电商人才,2016 年发布"致返乡大学生的一封信"号召大学生返乡就业、创业,举办曹县返乡创业大会吸引博士、海归等优秀人才回乡建设。2017 年返乡创业人数达7750 人,为曹县电商的发展注入了新的力量。将电商与脱贫结合起来,打造"一村一品"上行农产品、组织"一人一岗"贫困户到电商企业工作,调动贫困户的积极性,带动贫困人口脱贫;在组织建设方面,选举电商优秀带头人做村支书、人大代表,通过典型带动的方式带动电商发展,并且配套科级单位电商服务中心、乡镇电商领导小组服务电商发展,培养和引入从电商经营主体到电商服务商等多种社会力量,吸引物流、美工、金融等服务商进入,为电商创业提供好的环境。

曹县政府还在建立产业载体、引入资金支持和完善产业环境中发挥着巨大的作用,大力加强基础设施建设,特别是大力建设公路、网络、快递等基础设施。2017 年完成农村道路改造 1205 公里,其中,为电商村改造道路 186.9公里,占比 15.5%(见图 4.4)。2017 年曹县实现农村电网改造里程 3009.2千米(见图 4.5),网络到村覆盖率突破 91%,极大程度地改善了电商发展的条件(见图 4.6)。在此期间,曹县政府不断健全推进机制,夯实工作基础;打造载体平台,放大聚集效应;完善基础配套,创优服务环境;突出品牌塑造,促进产业升级。曹县经营电商的环境得到了极大的改善。2017 年,全县有大型电商园区 6 家,各类电商企业 3500 多家、网店 4.7 万家,规模以上企业触网达到 70%。全县实现电商交易额 280 亿元、网络零售额 120 亿元,分别增长 61%、80%。

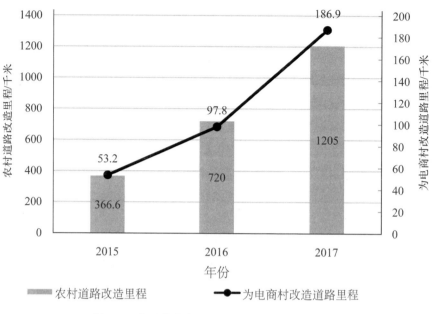

图 4.4　曹县道路建设改造情况(2015—2017 年)

数据来源:曹县电商办统计提供。

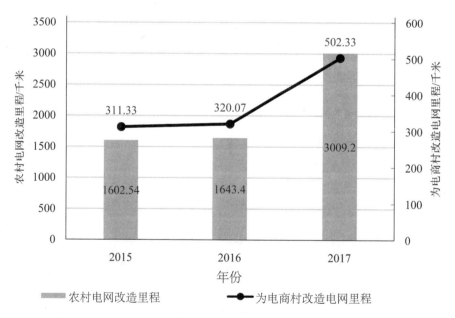

图 4.5　曹县农村电网改造情况(2015—2017 年)

数据来源:曹县电商办统计提供。

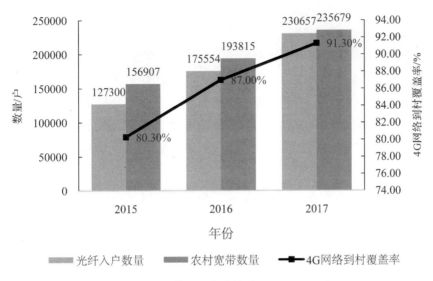

图 4.6 曹县网络设施变化情况（2015—2017 年）

数据来源：山东省菏泽市统计局统计年鉴。

扩张阶段曹县以"草根创业＋服务型政府"为特色，随着工作开展的深入和阶段性成果的获得，曹县的电子商务发展的影响力从山东省扩散到全国，农村电商发展业界开始广泛关注"曹县电商发展模式"，即依托信息技术和网络化的全球市场、曹县服务型政府等两个主导因素，实现了农民创业创新、产业发展和乡村振兴。

四、转型期（2018 年至今）

曹县电子商务的发展，从最初的电商萌芽到快速发展阶段再到飞速扩张，极大程度地带动了当地产业的发展，电商发展已进入多样化时期，但在新形势新环境下，传统企业如何实现转型发展、提质增效和产业突破升级是值得深思的问题，在转型阶段，政府的作用愈发凸显。

为实现加快推进农村电商提档升级、电商与传统产业深度融合、加快数字经济、市场国际化进程，曹县政府一方面大力推进电商产品向品牌化转变，鼓励电商企业强化品牌意识、科学梳理适合网上销售的特色产品。为实现电商产品的规模化，政府加大对优质电商店铺的支持、扶持力度，提供全方位服务，为电商企业营造了良好的发展环境；另一方面着力推动电商产业升级，打造"e 裳小镇"、荷塘小镇、木艺小镇等一批电商特色小镇，在淘宝村集群化发展的基础上,实现园区化、规模化、特色化发展,在发展电商乡村旅游的同时促进三产融合。

为促进电商产品迈向国际化市场,政府有针对性地培养专业电商人才,打造跨境电商园区。支持企业借助已有跨境电商渠道,积极培育国际化企业群体,深度开拓多元化国际市场。鼓励更多的企业涉足和拓展跨境电子商务,引导有实力的外贸企业设立海外仓,直接将产品销给境外消费者或零售终端。同时,大力举办各类跨境电商宣传、培训活动,强化跨境电商企业品牌意识。

在推进转型之路上,政府着力完善基础设施建设、快递物流配送体系,优化电商生态环境,对电商转型意义重大。在具体做法上,支持乡镇政府、农村集体经济组织与社会资本合作共建智能电商物流仓储基地,健全县、乡、村三级农村物流基础设施网络,依托县、乡、村三级电商服务体系,进一步推进县乡基层就业和社会保障服务平台、中小企业公共服务平台、农村基层综合公共服务平台、农村社区公共服务综合信息平台建设,成立了县、镇两级电商行业协会,规范电商经营,进一步提高电商规范化程度,缓解恶性的低成本竞争和同质化竞争,为网商和行业的健康转型升级创造了良好的环境(见图 4.7)。

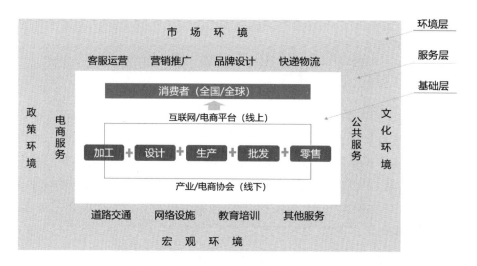

图 4.7　转型期曹县电商发展的总体环境

4.1.3　曹县电子商务发展模式及关键要素

一、曹县电子商务发展模式

曹县在十几年的电商发展过程中形成了特有的"一核两翼"的模式（见图 4.8），即以人为本，电商平台（市场）与服务型政府双向赋能，通过农民的大规模电商创业就业实现乡村振兴。其中"一核"即以农民为核心力量，由农民依托传统而零散的演出服饰、木制品等乡村产业创业和就业，"两翼"一为淘宝为主的电商平台赋能，为农民提供了低门槛创业平台，并辅以能够帮助农民逐步提升能力的各项功能和服务；二为服务型政府，曹县政府因势利导，根据创业者的需要，及时弥补短板，从基础建设、氛围营销、资源整合、资金配套、政策支持等方面，为创业者提供从入门到升级的各种贴心服务，真正做到既雪中送炭又锦上添花。具有内生动力的核心（农民），插上了强而有力的双翼（平台＋政府），原来基础而零散的产业得以品质化、品牌化和全链路地升

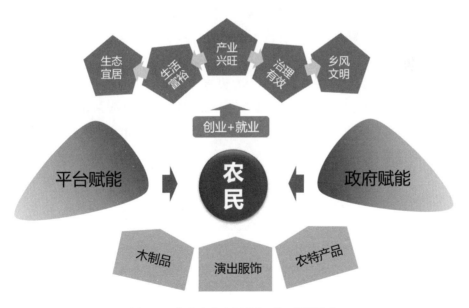

图 4.8　曹县电商发展的"一核两翼"模式

级,农民的收入逐步提升,生活步入小康接近富裕,"支部＋电商"的运营方式带来了高效的乡村治理,从而使得乡村的生态更加宜居,乡风日益文明,成为电子商务促进乡村振兴的优秀典范。

二、曹县模式形成的关键要素

(一)民间能人引领

能人引领是农村产业兴旺进程中不可或缺的助推器,通过激活能人资源,释放能人效应,不仅带来了财富资源,更重要的是逐渐改变了偏远地区群众的传统思想。与此同时,电商平台带来的产业发展契机不断激发贫困群众的内生动力和发展活力,帮助他们实现长期稳定增收、摆脱贫困。回顾曹县电子商务发展的几个阶段,可以发现曹县的电子商务以全民草根创业为主,是一种"自下而上"的县域电商发展模式,起源于农民的草根创业活力和创新精神。随着电子商务经济的井喷式发展,曹县政府从 2013 年开始出台了一系列扶持电商发展的政策,为曹县电子商务提供良好的产业基础和配套设施,各类家庭作坊、传统企业纷纷触网腾飞,走出一条属于曹县特色的电子商务创业之路,推动了曹县传统特色县域经济的转型。

曹县拥有 175 万人的人口基础,"大众创业,万众创新"的创业精神和创新活力发端于普通民众之中。第一部分是没有出去务工过的村民,他们看到了电子商务的发展契机之后抓住了这个发展的契机,他们在发展的过程中,意识到电子商务发展的机会,随后抓住了电子商务发展的市场,这是一种自发性的电商思维,或者说企业家思维形成的过程。农村能人自发性的创业思维带动了整个村庄的创业氛围,在熟人社会里,电商知识和经验的分享引领了曹县农村电商创业的新潮。

电子商务在带动实体经济发展的同时,不光调动起曹县广大人民群众的创业热情,也吸引了大批外出务工人员和曹县籍大学生返乡创业,有效地解决了"空心村""人才外流"等问题。据统计,每年都有过万名曹县籍大中专毕业生、高水平人才外出创业、务工。在曹县的电商热潮下,在各大城市如火如荼的人才争夺战中,一大批优秀人才毅然回到家乡,回到曹县的热土上开创出了自己的一番事业,也为乡村振兴打下了人才基础。返乡的大学生和返乡务工青年为曹县带来了非常强的外部创新思维、更加好的创业想法等。

为了发展电商，亲戚、朋友、邻居便会上门取经，询问开店以及运营店铺的技巧。在日常交流中，有些人甚至会无意间将自己掌握的信息、经验甚至秘诀告诉给周围的亲戚和朋友。返乡青年经营电商的成功经验，最初就是依靠熟人间的社会关系网络在乡村社会中不断地传播、扩散和复制的。中国乡村的"熟人"社会为电商传播铺就了天然的交流网络，使得电商一经传入，就能形成井喷式发展，这便是"淘宝村"发展的社会因素。

（二）电商平台赋能

曹县借势全国电商平台，紧紧抓住山东省委、省政府加快推进电子商务发展的有利时机，通过政策扶持、环境营造、平台搭建、体系建设，推动大众创业、万众创新，初步形成了"点上带动、面上开花、特色鲜明"的良好局面。曹县大部分中小微企业通过阿里巴巴 1688、淘宝、天猫、京东、1 号店等平台在网上销售工艺品、木制杂件、小家具、演出服、表演服、摄影服、舞蹈鞋、道具、食品等。在阿里研究院"2016 年大众电商创业排行榜"上，曹县位居全国最活跃县区第 20 位，成为山东省进入 50 强的两个县区之一。

（三）各级政府赋能

农户创造力的发挥在很大程度上是自发和自主的，在电商经营中会存在着一些农户自身难以解决的问题。要想最大程度地发挥农户创造力的效应——下到整合地方产品的整体优势、提高市场知名度、打造品牌，上到让作为电商发展主体的农户明白自己的创造在大格局中的意义，都离不开政府的引导、推动和支持。

山东省政府有计划推进农村电商发展始于 2014 年底，对接阿里巴巴"千县万村"计划，合作推动农村淘宝试点工作，2016 年还出台了《山东省人民政府关于加快电子商务发展的意见》。全省通过实施电商进村工程，促进工业品下乡和农产品进城双向流通，到 2017 年，全省县域基本实现电子商务体系全覆盖。山东省发展农村电商，打通了信息阻隔，畅通了流通渠道，激活了农村市场和农民的创业活力。公开数据显示，截至 2016 年 6 月，山东省农特产品在线经营企业和商户 10 万多家,阿里零售平台上山东省农产品网商数量列全国第五位。山东省电子商务发展取得了一定的成绩,但与浙江、广东等先进省份相比还存在一定的差距和不足,主要表现在市场主体发育不够成熟、传统企业转型步伐较慢、园区创新发展能力相对较弱、物流配送等基础设施建设滞后、人才缺乏等方面。为此,山东省政府为加快电子商务产业发展出台新政,多措并举,开辟绿色通道,积极营造电子商务产业发展的良好环境。

　　发展电商、实现"弯道超车"是菏泽市近年来经济与社会发展的主要目标,菏泽市政府已多年将"大力发展电子商务""电子商务促转型"等内容写入了《政府工作报告》。在鼓励青年人返乡创业、调动两代人发挥各自的优势和创造力、利用当地电商氛围促进制造和加工业发展、利用产业基础或外贸出口传统带动电商发展等诸多方面,菏泽市各级政府都发挥着十分重要的作用。归纳起来,政府至少扮演着推动引领者、服务提供者与连接整合者等三重角色。2015 年以来,菏泽市委、市政府陆续下发了《关于加快全市农村电子商务发展的意见》《关于印发菏泽市电子商务发展三年行动计划(2015—2017)的通知》《支持电商人才培养和跨境电商园区发展实施方案》等一系列引领和支持地方电子商务发展的政策。此外,菏泽市还通过设立组织机构、加强领导干部队伍建设、改革组织考核等方式,为落实这些政策和制度提供组织上的条件和保障。

　　曹县政府促进电商产业发展的实践,既延续了菏泽市扶持电商发展的总体思想,也发挥了曹县传统产业的基础和自身特色。从 2015 年开始,曹县政府出台了一系列政策措施,鼓励、扶持全县电商产业的健康发展(见表 4.1)。曹县政府建立了多个电商发展的产业园区、载体等,也引入了大量的资金进行支持,同时还完善了产业发展的环境。在电商自发产生的地区,如曹县大集镇,曹县电商办采取鼓励支持的政策措施,强调政府服务职能,在扶持电商创业者成长的同时,充分调动农户的积极性与创造性;在有着较雄厚的传统产业基础、又走上电商转型之路的地区,如曹县庄寨镇,其发展也离不开曹县政府的大力推动。通过开展培训,为传统产业经营者和创业者赋能,为他们自主性创造与合作性创造的发挥提供必要条件。

表 4.1 曹县政府出台的部分电商政策和措施

类 型	时 间	措 施
出台政策	2015 年 3 月 16 日	出台《曹县人民政府关于促进农村电子商务应用发展的若干意见》
	2015 年 11 月 17 日	出台《中共曹县县委、曹县人民政府关于进一步加快全县电子商务发展的意见》
成立领导小组	2015 年 3 月 16 日	成立曹县农村电子商务发展工作领导小组
	2015 年 11 月 17 日	成立电商工作领导小组（政府主要领导任组长，分管领导任副组长，有关部门为成员，落实专职工作人员）

在电子商务的引领和服务型政府的带动作用下，曹县的电子商务走出了自己的一条乡村振兴道路。在这个过程中，政府起到了良好的推动作用，通过基础设施建设，提供大量的服务，打造了优良的发展环境。在曹县电商发展模式中，实际上政府并不是直接去推动、去带给农民什么，而是激发农民自我的活力，促使农民有更强的创业的决心，带动农民自身的发展。同时，曹县政府凭借其信息优势，将电商发展与产业、资源优势相匹配，帮助传统产业在电商转型中找准定位。在这个过程中，曹县电商产业的发展产生了产业链深化、产业集群和产业生态的变化，同时也带来了农村一、二、三产融合的发展状态。

在组织保障措施方面，曹县政府上下一心，从组织领导、宣传推动和考核监督三大工作着手，着力为曹县电商产业服务。

在组织领导的工作上，曹县政府成立了曹县电子商务发展工作领导小组，下设办公室在县电商服务中心，负责日常组织协调工作。各乡镇（街道）成立以党委书记为组长的电商领导小组，下设办公室，明确分管负责人任办公室主任。

在宣传推动的工作上，曹县政府通过电视台、"大美曹县"、曹城时讯、宣传标语等途径和方式，大力宣传曹县电商发展，号召、动员、组织社会各界和广大人民群众积极参与曹县电商发展，营造良好的电商发展氛围。

在考核督导的工作上，曹县政府根据省市对县考核办法，制定考核细则，将各项工作任务列入经济社会发展规划和年度工作任务,并纳入曹县经济社会发展综合考核,由县委督查室、县政府督查室、县电商服务中心定期不定期到各乡镇(街道)督导进展情况。

地方政府连接整合的努力,是落实保障与提供服务能够更好发挥作用的前提。在助力电商发展的过程中,曹县政府始终扮演着"中间人"和推手的角色,一边连接着广大的创业群众,另一边连接着电商平台和其他相关企业,通过连接协调,整合各方资源形成合力,进而满足创业群体的需求。与此同时,政策保障的落实、服务的提供与平台的搭建,都在为农户们创造力的发挥和电商的发展提供着切实的扶持与支撑。

在基础设施建设方面,曹县政府按照"规划引领、龙头带动、园区支撑、环境优化"的发展思路,逐渐完善基础设施,为电商发展提供更多便利。曹县全县形成了光纤与无线相结合的村村互联网宽带的全覆盖。淘宝镇大集镇成为全省第一批宽带光纤改造乡镇之一,光纤入户的户数从 2013 年 4 月的 1314 户上升至 2018 年 11 月的 7000 多户,创山东省之最。

2018 年全县新修改造城区道路 11 条 46.6 千米、县乡道路 10 条 108.7 千米、村村通公路 715 千米,农村道路实现了改造升级。政府斥资 8.6 亿元新修改造农村道路 686 千米,农村主干道路宽度由原来的 4—6 米改造成 6—8 米,有效提高了道路运输的承载能力。

"四通一达"——中通、申通、圆通、百世汇通、韵达 5 家快递物流公司在曹县 27 个乡镇皆设有快递收发点且在每个乡镇各有 2—3 辆快递车,甚至在南部 5 个乡镇(大集镇、安蔡楼镇、阎店楼镇、孙老家镇、梁堤头镇)做到了村村通快递,其中在大集镇四通一达 5 家已占全镇收发货总量的 80%。四通一达 5 家公司,2018 年四月份成立了末端配送公司,已在县城小区设立了 10 个点,2019 年在县城所有小区普及。图 4.9 展示了 2010—2018 年曹县电商快递揽收点数量变化情况。

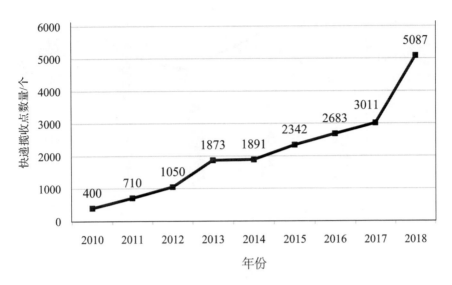

图 4.9 曹县电商快递揽收点发展情况(2010—2018)

数据来源:曹县电商办统计提供。

在人才培训和引进方面,曹县政府组织"千村万人"电商培训,加强对企业经营者现代管理知识的培训,组织企业经营者外出参观学习,完善企业内部管理结构,实现企业从管理体制到运行模式、经营管理、质量品牌的全面转型升级。定期聘请专业讲师进行不同层次、有侧重点的电商培训。此外,为创业人员提供项目风险评估和指导,使他们更好地把握市场机会。定期召开座谈会,淘宝卖家创业论坛、淘宝创业培训讲座等活动,让曹县各电商企业能够互相交流、抱团发展、合作共赢。

2018 年以来,曹县政府已经组织了 150 余期培训,超过 10000 人次,新增店铺超过 3000 个。曹县内部电商培训当地创业者的同时,全县建立了 30 个返乡创业服务站和 2 个招才引智工作站,引进博士生 16 人、硕士生 198 人、专业技术人才 308 人(见图 4.10)。曹县政府通过组织人才培训、吸引外出人才回流储备了大量的人才,为电商产业的健康可持续发展带来了活水和新的动力。

图 4.10　曹县电商人才数量及培训人次(2015—2018)

数据来源:曹县电商办统计提供。

在资金支持方面,曹县 2018 年全年争取上级财政补助资金 37.2 亿元。曹县返乡创业服务中心和 13 个创业孵化基地投入使用,累计发放创业担保贷款 8100 万元;新增返乡创业就业 12176 人,创办各类经济实体 2836 家,县创业孵化产业园被评为"省级现代服务业集聚示范区"。曹县政府与蚂蚁金服、浙商银行、山东省工商行、曹县农商行签订合作协议,向曹县投放电商贷来支持曹县电商发展。

金融助力电商做大做强"淘宝网店＋生产销售"的电商经营模式最初在淘宝大镇——大集镇运行得风生水起,引起了各大金融机构的关注。"家家电商、户户淘宝"也为金融业带来了前所未有的机遇。曹县县域内各大银行支行从 2015 年开始针对电商的信贷资金逐步提高,全力支持电商创业,解决创业初期资金融通问题(见图 4.11 和图 4.12)。曹县各大银行支行积极做好电子商务等新金融扶贫工作,从结算、贷款、电子银行等多方面提升和完善金融服务,助力整个产业走得更长更远。

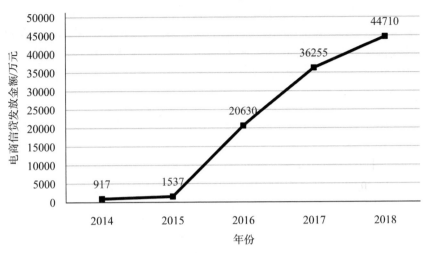

图 4.11　曹县各银行电商信贷 2014—2018 年总计发放金额

数据来源：曹县电商办统计提供。

图 4.12　2014—2018 年曹县各银行支行主要电商信贷产品贷款金额

数据来源：曹县电商办统计提供。

例如，中国农业银行曹县支行成立了淘宝村电子商务服务团队，重点对全国知名网店进行金融支持。他们进村入户，在淘宝村及周边为商户办理银行卡 1 万多张，开通网银、手机银行等 6000 多户，安装智付通 100 多台。淘宝村发展起来以后，金融服务需求变多，也会遇到发展难题，融资担保问题就是一个最大的制约因素。曹县农行一方面通过农户小额贷款、农村生产经营贷款、融资增信担保贷款等特色产品,进一步扩大服务覆盖面,满足淘宝商户的创业需求,支持 170 户淘宝商户创业;另一方面,推出了工薪人员担保、农村富裕农户或淘宝商户担保、钢构厂房认证抵押担保等方式,有效解决了淘宝产销龙头商户贷款担保难的问题。

在线上线下载体建设方面,曹县政府线下大力发展电商园区,线上创建特色馆。一是线下大力发展园区,促进产业集聚发展。鼓励电商企业向园区聚集,重点打造 e 裳小镇创新街区、喜地冷链物流园、大集镇淘宝产业园、智慧家居和家具联盟产业园等,建成一批集网上商品交易、物流配送、融资支持、综合服务、人才培训于一体的电商产业园区。二是创建特色馆产业带。2018年上半年,在京东平台申请"中国特产·曹县馆",助推农产品上行;在阿里巴巴国际站,申请"中国木制品跨境电商产业带";在腾讯平台,筹建 61 个县直部门线上政务大厅,为村民提供便民服务。

曹县政府"完善服务体系建设,营造电商发展环境"的主要措施有:一是积极推进县级电子商务服务中心、镇级电子商务服务站、村级电子商务服务点三级服务体系建设。二是发挥支部＋电商治理功能,淘宝村里的带头人成为村支部成员,发挥引领带头作用,同时,利用电商发展村集体经济,推动产业发展、村民生活富裕。通过全县 807 个"为村",发挥互联网＋支部＋党建的乡村治理功能。三是积极推进互联网普惠金融,2018 年 12 月,县政府与浙江网商银行签署《"数字化普惠金融项目"战略合作协议》,2022 年以来,网商银行在曹县已累计放款 40.62 亿元,累计服务人数 61576 人,最大单个个体电商户贷款额度达 152 万元,为全国最大个体电商户贷款额度。四是不断完善路、电、网、物流等基础设施建设,为电商发展奠定基础。结合人社部门,对从事电商的人员进行创业就业指导和培训,结合金融部门,为创业者提供贷款等,为电商创业就业人员提供全方位服务。

(四)电商生态构建

农村电商的可持续发展需要建立于健康的电商生态体系之上。所谓健康的电商生态,是指一个由网商、供应商、服务商、电子商务协会、公共服务体系及社会环境(包括市场、政策、人文等环境要素)一同构成的共生进化系统,其意义在于各主体间相互促进,由内生动力推动可持续发展,并蕴含无限的创新可能性,具有更强的生命力和竞争力。

从电商生态的核心角色来看，如图 4.13 所示，曹县从草根农民借助电商平台创业开始，网商群体成为电商高速发展的主要动力，网商群体不仅数量庞大，而且类型呈现出多样性，有普通的农民、返乡工人、返乡大学生以及传统企业。电商经营主体结构包括底部的个体网商微商、企业化网商和传统的各类型规模企业转型而来的主体。随着农村电子商务的迅猛发展，围绕电商及相关产业的服务商应运而生，成为生态体系中的重要助力角色，与产业链相关的原材料加工生产、CAD 设计、打版、生产、电商销售、会计、物流等服务商，与电子商务相关的品牌设计、营销策划、客服运营、软件开发、包装快递、人才培训等，这些服务商的专业化服务使得网商的发展获得了充分的资源支撑，全方位地提升了网商的经营能力和产业的发展能力。同时，政府对于电子商务发展的重视程度和坚决推进发展的力度，成为生态体系中各类角色高效协同的主要推力，政府从组织保障、政策制定、基础设施建设、宣传氛围营造、人才培育引进、金融资源整合等维度，对于电子商务的创业创新给予了大力的引导和支持，为生态体系中各类网商、服务商的萌芽、成长、成熟培育了肥沃的土壤。

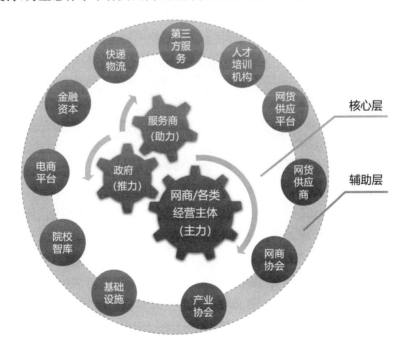

图 4.13 曹县电商生态体系中的核心角色

从线上线下的综合布局来看,曹县已经设置了以农产品为主的京东曹县特色馆、以木制品为主的阿里跨境产业带以及以全民参与乡村治理为目的的腾讯线上政务大厅三大线上平台,建设了 e 裳小镇创新街区、喜地冷链物流园、大集镇淘宝产业园、智慧家居和家具联盟产业园等一批集网上商品交易、物流配送、融资支持、综合服务、人才培训于一体的电商产业园区作为线下的载体。除了硬件设施,在软件支撑方面,既有各类型的行业协会和各级电子商务协会,聚集行业从业者,共享资源、互惠互利,又有县、镇、村三级电商服务体系及"千人万村"培训体系,为农村电商的上行和下行进行服务配套,同时为电子商务的稳步发展孵化源源不断的后续力量。

历经十余年的发展,整个曹县已经形成了网商、政府、服务商核心角色高效联动,各类辅助角色规范有序、彼此协作、共同发力,线上线下载体布局完善,软件硬件相互助力的健康型电商生态体系(见图 4.14),如此自然生长、相互促进的电子商务生态体系,使得曹县的电子商务呈现持续增长的良好势头。

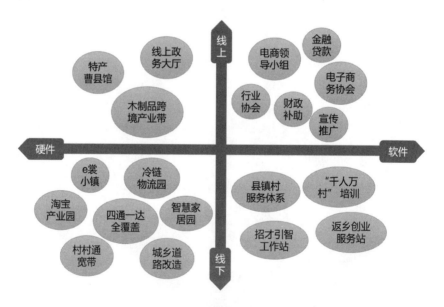

图 4.14 曹县电子商务生态体系综合布局

4.1.4 曹县电子商务发展成效

（一）诸多产业齐头并进

过去的曹县，不仅缺乏优质的矿产等资源，而且未能形成产业集群。农业大县的传统使得该县的人均 GDP 偏低，经济发展处于山东省较低水平。经济社会发展的矛盾和问题主要表现在：经济总量偏小，城乡发展不协调，乡镇经济发展滞后；主导产业不强，科技含量高、发展前景好、产业带动作用大的工业项目不够多；受资金、土地、能源、环境等瓶颈因素制约强。

最早的草根农民借助淘宝等电商平台创业，随着逐年的发展，参与电商创业的人群扩大，电子商务销售规模提升，经营意识运营能力提高，从单一分散各自经营的网店形态逐步细化分工，客服、摄影、美工、运营等电商服务类公司在农村应运而生，同时仓储、加工、包装、物流、餐饮、酒店、商品销售、娱乐休闲等行业也得到了共同的发展，形成一个电商产业大集群，成为曹县整体产业结构调整的先驱部队（见图 4.15）。

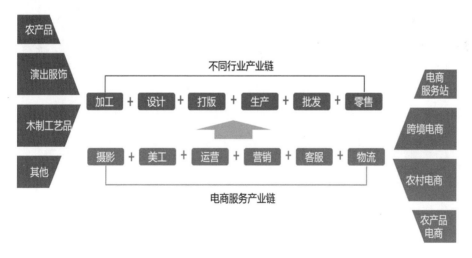

图 4.15 电商产业的繁荣带动其他产业发展

农村电子商务的发展，使得传统而基础的演出服产业对接了全国市场的需求，全国消费者需求的丰富和多样性通过互联网快速地反馈给经营者和生产者,从而催生了配套产业的集群效应(见图4.16)。演出服产业从开始的只生产各类演出服到布匹、辅料、打版、绣花,再到各种定做服装、运动服、校服、特种服饰等。木制品产业从传统板材到家具、木盒、纸箱、雕刻印刷、金属配件等,这些产业的网络销售额在各大电商平台占据很大的比例。演出服饰和木制品网络销售额的增长,为曹县原来比较薄弱的农业产业提供了非常好的效仿榜样,芦笋、山药等特色农产品开始逐步触网,根据网购市场的消费特性,产生了网货化的转变、现代化生产方式的升级和供应链的优化。曹县的巨鑫源集团、同发食品等农产品加工企业成了知名的网络品牌,网购市场的增量给企业的发展带来了新的契机,经由"基地+农户"的模式,也辐射带动企业种植基地村农民普遍增收。

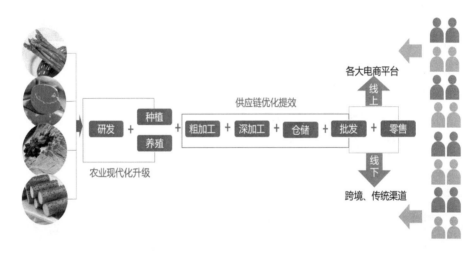

图4.16   网购需求量的增长和需求的多样化倒逼传统产业的升级

在发展过程中,曹县电商及相关产业呈现出"3+1"模型,即三大产业集群加一个跨境电商产业带。一是表演服产业集群,在曹县东南部,以大集、闫店楼、安蔡楼、梁堤头等乡镇为主的表演服饰、影楼服饰类产品在网络平台销售火爆,曹县表演服饰网络销售在淘宝、天猫的占比高;被阿里巴巴公布为"中国最大的演出服产业集群"。二是木制品产业集群,在曹县西北部,以青菏、普连集、倪集、庄寨等乡镇为主的家具、工艺品、板材等产品网上销售齐头并进,曹县木制品占据淘宝、天猫、京东几大电商平台的近半市场,睿帆工艺小家具常年位列天猫销量全国第一。曹县建立了木制品跨境电商产业带,木制品跨境电商销售额占全国木制品跨境电商销售额的 12%,阿里巴巴国际站在曹县设有跨境电商运营中心,截至 2018 年 10 月,曹县与阿里国际交易市场合作的企业已达到 140 家,占国际市场木制品合作工厂的 12%。曹县建设的"中国木制品跨境电商产业带",是中国唯一一个木制品跨境电商产业带。曹县木制品跨境电商案例入选《2015—2018 山东省跨境电商报告》五大案例之一。三是农副产品产业集群,曹县已经着手打造芦笋、黄桃、烧牛肉等为主要网销产品的农产品上行产业集群。图 4.17 为曹县已触网行业年总产值情况。

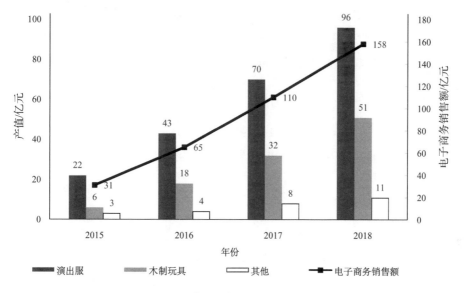

图 4.17 曹县已触网行业年总产值

数据来源:曹县电商办统计提供。

曹县电商产业的发展促进了整个县域经济的转型,主要体现在:一是产业链的延伸带动县域淘宝村范围的扩大。例如表演服饰产业,由大集镇丁楼村延伸到大集镇其他乡村及周边乡镇,再延伸到偏远乡镇。二是产业集聚推动淘宝村产业的成熟发展。在演出服产业的带动下,电商产业延伸到传统的木制工艺品、农副产品等,淘宝村在曹县遍地开花(见图 4.18),县域经济各产业从传统模式向互联网领域深化。

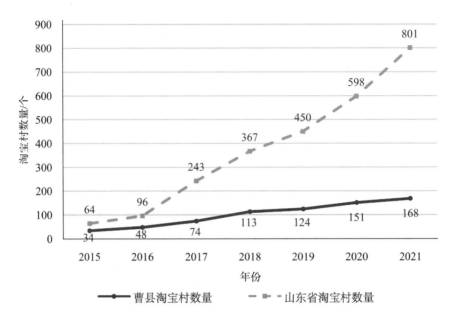

图 4.18　淘宝村数量变化(2015—2021)

资料来源:据阿里研究院历年《淘宝村发展报告》整理所得。

(二)农民幸福指数提升

　　幸福指数是人们幸福感的度量值,是反映民众主观生活质量的核心指标。它作为最重要的非经济因素,是社会运行状况和人民群众生活状态的"晴雨表",同时也是社会发展和民心向背的"风向标"。随着电商产业深耕曹县大小村落,不论是经济收入的提高、基础设施的完备,还是生活服务的多样化,产业兴旺发展给曹县城乡居民带来了实实在在的幸福感。

　　提高收入是关键。收入水平是衡量幸福感的一个基本指标。收入,特别是现金收入,是农民最直接最关心最现实的问题。据官方数据统计,从 2014 年开始,曹县城乡居民可支配收入虽然仍然存在一定的差距,但均稳步上升,表现出良好的增长态势(见图 4.19)。从 2015 年开始,曹县农村居民人均消费支出逐步超过菏泽市农村居民人均消费支出(见图 4.20)。作为一个人口众多的贫困县,曹县通过电商产业的兴旺发展,切实增强了农民增收基础,拓宽了农民增收渠道,建立了农民增收长效机制,让农村居民的生活消费得到提高。

图 4.19　曹县城乡居民人均可支配收入（2014—2018）

数据来源：山东省菏泽市统计局统计年鉴。

图 4.20　菏泽市与曹县农村居民人均消费支出（2014—2018）

数据来源：山东省菏泽市统计局统计年鉴。

　　经济收入的提高从各个方面改善了农村居民的生活条件(见图4.21)。例如,在拥有家庭汽车的数量上,曹县每百户农村家庭拥有汽车数量从8辆提升到了13辆,越来越多的农村家庭拥有自家生活用的小汽车,在一些电商产业集中的乡镇,汽车拥有比例已经超过50％。电商产业发展也将互联网带入乡村的千家万户,2018年的统计数据显示,曹县每百户农村家庭计算机联网已有36户。互联网的普及不仅为村民带来了数字经济红利,也为打造数字乡村奠定了社会基础和硬件条件。

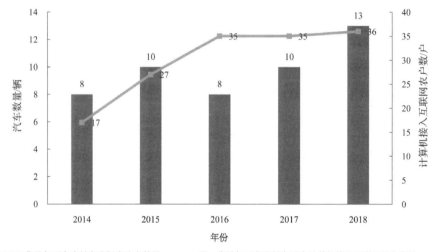

图4.21　曹县农村家庭生活条件变化(2014—2018)

数据来源:山东省菏泽市统计局统计年鉴。

　　安居惠民挂心头,一砖一瓦系民心。近年来,曹县高度重视农村康居工程建设,统筹推进农村危房改造、农村环境整治、新型农村社区和美丽宜居乡村建设,全面改善群众生活居住条件,提升居民幸福指数。截至2019年4月,曹县共建成新型农村社区71个,建成住房4.5万套户、入住群众17.8万人。红砖青瓦间,童叟享天伦。通过美丽乡村建设工作,曹县农村发生了巨大变化。2018年2月,曹县807个行政村已全部实现净化、亮化。夜晚白如昼、垃圾专人收。村民人居环境得到很大提升,满意度和幸福指数随之大幅提升。

　　2018年6月,浙江大学团队针对曹县电商产业调研的村级数据显示,16个样本村都开通了公路,其中通往3个样本村的道路为水泥路,其他均为柏油路。其中,所调研的 8 个淘宝村中,有一半的村通了公交车,而非淘宝村中,只有两个村通了公交车,总体而言,淘宝村的交通较为便利。乡村与城市在硬件设施上连接得更为顺畅,在软件设施上差距也缩小,人民总体幸福感增强。

在 2018 年 6 月对曹县农村的抽样调查中,曹县农户总体幸福感较强,超过八成的农户对目前的生活状态感到满意和幸福(见图 4.22)。在 8 个淘宝村中,有 6 个村设立了幼儿园,其中冯寨设有敬老院。8 个非淘宝村中,有 5 个村设立了幼儿园,没有村设立敬老院。此外,除杨双庙村之外,其余的样本村均设立有图书文化站。所有的村都设立了卫生室并配备了至少一位医疗人员,其中非淘宝村每村平均拥有医疗人员 2.125 人,淘宝村每村平均拥有医疗人员 2.875 人,略优于非淘宝村。电商的集聚效应为曾经偏远落后的村庄铺设了一条致富之路,通过铺路、联网、美丽乡村建设等完善了曹县农村的硬件设施,也通过互联网带去更为开放和活跃的电商思维,提升了农民整体的幸福感。

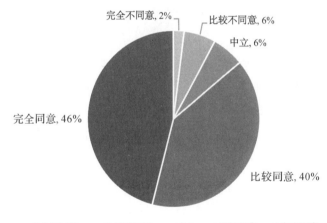

图 4.22　2017 年曹县农户总体幸福感

数据来源:课题组调研数据。

(三)扶贫脱贫成绩斐然

在曹县,"鼠标一点,农产品出山"早不再是星星点点的形态,已成燎原之势。电商扶贫成为帮助贫困地区群众脱贫致富的一种路径与模式。曹县抓住国家推进"大众创业、万众创新"和"互联网＋"行动的重大机遇,制定了一系列措施,设立专项引导资金,大力发展电子商务,有效加快了精准扶贫、精准脱贫进程。电商的引入为曹县的扶贫工作带来了一个很好的契机和转折点,曹县选择利用电子商务进行扶贫,开拓了新的通道,通过电子商务调动了农民和农户的积极性,营造了良好的电商氛围,促使贫困户们能主动参观学习。同时,曹县政府辅之"一村一品"的上行农产品的计划、"一户一案"的电商免费培训以及"一人一岗"的贫困户到电商企业工作的机会。

贫困村纷纷凭借淘宝等电商平台的助力成功突围。曹县一共有 14 万贫困人口,在电商扶贫计划带动下逐步实现了全部脱贫。全县 943 个扶贫车间中有 20％是电商扶贫车间,电商直接带动 2 万余人精准脱贫,占全部脱贫人口的 20％,12 个省级贫困村发展成为淘宝村,实现了整村脱贫。2018 年共完成培训 150 余期,培训 10000 余人,其中贫困人口电商知识和技能培训 2000 人以上,培养农村青年电商专业人才,实现了每个贫困村至少有 1 名电商扶贫专业人才,形成了一支懂信息技术、会电商经营、能带动脱贫的本土电商扶贫队伍。

截至 2018 年 12 月份的数据显示,曹县全域已打造 100 家电商扶贫示范网店,通过贫困农户创业型、能人大户引领型、龙头企业带动型、乡村干部服务型等多种建设模式,完善电商扶贫示范网店与建档立卡贫困户利益联结机制,以保护价优先收购、销售贫困户农特产品,实现了"一店带多户""一店带一村"的网店扶贫模式。

(四)筑巢引凤　人才回归

山东省政府在人才振兴实施方案中提出:坚持把人力资本开发放在首要位置,着力破除束缚人才发展的体制机制障碍,推动各类人才形成合力,让愿意留在乡村、建设家乡的人留得安心,让愿意上山下乡、回报乡村的人更有信心,激励各类人才在农村广阔天地大施所能、大展才华、大显身手,打造一支强大的乡村振兴人才队伍,为打造乡村振兴齐鲁样板提供坚强的人才支撑和智力保障。

曹县在人才的发展过程中,形成了四个转变,一是从农民成为电子商务从业者,原来外出务工和从事农业的农民,借助传统的演出服饰产业,通过在以淘宝为主的平台上开设网店，不断实践和学习，成为专业的电子商务从业者，并且涌现了各类电子商务产业链上包含设计美工、运营、客服、快递等在内的精细化分工人才。二是网络市场的扩大对传统的演出服饰产业和木制品产业提出了新的需求，使得这些传统产业实现了扩张和转型，鼓励了农村闲置劳动力如妇女、残疾人的再就业，并且政府提供了大量的电商培训机会，使这些闲置劳动力通过自己的努力成为电子商务的从业者。三是部分电子商务从业者在互联网的平台上获取大量的信息和优质的学习资源，随着网店的规模扩张和市场需求的变化，增强了知识产权和企业化经营的意识，开始注册企业，不断成长，转化为中小型企业家，完成了从农村带头人到企业家的转变，而且这些企业家也为更多返乡的人群提供了大量的培训和就业机会，形成了主力带动、逐级成长的人才发展良性趋势。四是众多返乡创业的青年成为带动各个行业发展的主力。曹县电子商务的发展，吸引了更多包括退伍军人、大学生等在内的优秀返乡青年加入农村电商的队伍，成为推动乡村人才振兴的重要力量。曹县返乡创业人员已达数万人，主要为农民工、大学生、知识青年和中小企业主。据调查，多数的返乡人员掌握了互联网技术，从事电商已成为很多返乡人才的时髦选择。

不仅人才的数量在逐年递增，人才的结构也具有丰富性和多样性，尤其是中高级人才数量呈现出良好的递升的趋势。曹县有 175 万人口基础，每年都有过万名曹县籍大中专毕业生、高水平人才外出创业、务工。在曹县的电商热潮下，各大城市如火如荼的人才争夺战中的一大批优秀人才毅然回到家乡，如知名大学生夫妇 90 后创业达人、阿里巴巴离职员工返乡，他们在曹县的热土上开创出了自己的一番事业，也为乡村振兴打下了人才基础。

据统计，曹县在 2016 年到 2018 年间，返乡创业人数翻倍，超过了 12000人（见图 4.23）。截至 2018 年底，曹县已经拥有 20 万人的电子商务从业大军，成为推动地方经济发展和乡村振兴的核心力量。截至 2018 年底，曹县建立了 30 个返乡创业服务站和 2 个招才引智工作站，引进博士生 16 人、硕士生198 人、专业技术人才 308 人。

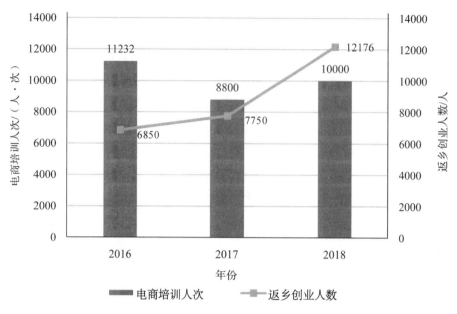

图 4.23　2016—2018 年曹县返乡创业及电商从业人数变化

数据来源:曹县电商办统计提供。

(五)乡风文明　生态宜居

曹县的电子商务成为改善农村精神风貌的有力媒介。农村电商的发展,加强了农民与外界的联系,不仅使农民开阔了眼界、解放了思想,还改变了农民的思维方式、生活方式和生产方式。大批青年返乡创业,解决了留守儿童、留守妇女、空巢老人的问题,一家人欢聚一堂其乐融融的现象越来越多,促进了社会和谐,也为农村带来了美丽与文明。在曹县的淘宝村里,很多年轻人习惯用普通话交流,他们的精神面貌和创业激情从他们的微信"朋友圈"能明显感受到:"六一"前的忙碌,顾不上吃饭、蓬头垢面;"六一"后的放松,外出旅游,各种娱乐活动,充分体现了他们努力认真工作、快乐享受生活的价值观和生活态度。农村电子商务,打通了农副产品"进城"和消费品"下乡"的通道,使农民通过电商获得更多实惠、便捷的消费产品与服务,使农村更加美丽。电子商务也渗透到人们生活的方方面面,订餐上饿了么,订票上携程,就业上58 同城,旅游上途牛,购物上淘宝等,抖音、快手等短视频也丰富着农村文化生活,互联网让他们更多了解其他区域人民的生活状态、文化娱乐和精神追求,从而对自身的文化修养及精神追求有重新的思考和规划。2018年11月3日,大集丁楼村举办了"庆改革开放40周年暨天猫双11十周年时装展",丁楼村的网商们拿出了自己最得意的产品,挑选出了不同年代流行的各种款式服装,征集到了30名网商代表和村民做兼职模特,还有本村的舞蹈队,通过舞蹈表演、模特走秀的方式,借助阿里巴巴媒体、梨视频、斗鱼直播平台等,向大家展示了淘宝村丁楼村的魅力,这次活动取得了圆满的成功。现场观看群众超过300人,在直播平台上,累计观看人数过万人。富裕起来的老百姓创意频出、活力迸发,将生意与娱乐相结合,既达到了很好的传播效果又丰富了村民们的文化生活。

近年来,曹县美丽乡村数量增加,覆盖率提升。扎实开展生态建设和环保执法"百日会战"活动,推进环境治理,生态环境持续改善。"路长制""河长制""创森"顺利开展,青堌集镇荣获"省级绿色生态示范城镇",邵庄镇荣获"省级森林乡镇",朱洪庙乡李庄寨等村荣获"省级森林村居"。农村集体产权制度改革稳步实施。坚持"两新"融合发展,建成农村新型社区多个。打造美丽乡村示范村、示范片区,多个村达到省级美丽乡村标准。扎实开展生态曹县建设,推进环境治理,环境质量持续改善,空气优良天数不断增多,使得"曹县蓝"成为常态。在众多的淘宝村,医疗、教育、环卫、娱乐等设施配套齐全(见图4.24),村容村貌整洁宜居,百姓安居乐业。

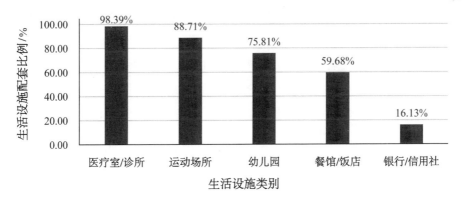

图4.24　2018年曹县淘宝村生活设施配套比例

数据来源:课题组调研所得。

2018年,曹县荣获"国家家居产业示范园区""国家外贸转型升级示范基地""全省医养结合示范先行县""全省农业新六产示范县""全省农产品加工业示范县""省级创业型城市"等称号,黄河故道湿地被命名为"国家湿地公园",增添了一批"国字号"新名片。产业的发展带来生态的振兴,曹县乡村整体呈现出百姓富、乡村美的良好局面。

(六)"三治"融合治理有效

党的十九大报告中提出"加强农村基层基础工作,健全自治、法治、德治相结合的乡村治理体系",2018年1月中央政法委提出"坚持自治、法治、德治相结合,是新时代'枫桥经验'的精髓,也是新时代基层社会治理创新的发展方向"。曹县政府在推动电商发展的过程中,从组织形态上进行了调整和优化,通过"为村"平台引导村民自治,激发了农民的潜能,为曹县农村的发展提供有力保障,从而实现了乡村的有效治理。

首先,曹县的电商办的设置方式与其他县域不同,电商办是政府直属机构,直接向县长汇报,大多数其他县域电商办均隶属于商务局、经信局或农业农村局,调动资源困难,项目执行难以迅速到位,曹县的电商组织机构设置,使得从决策到执行及资源整合,部门协同上全无障碍,充分体现了政府力推电商的决心,也为电子商务的发展提供了有效的组织保障。

其次,曹县率先探索了"支部带动电商""电商带头人治理乡村"的双管齐下新乡村治理模式。在电商发展热潮中,一些村支部看到了发展机会和前景,开始引导村民发展电商。在发展过程中,村支部书记为村民解决用地、用电、培训、资源等各种问题,积极推动产业发展,通过发展电商产业,村班子的凝聚力、号召力得到显著提升,治理水平显著提高。同时,注重对电商带头人引导培养,适时充实到村"两委"班子,全面提升基层组织抓中心、强核心、聚人心的能力。其中大集镇丁楼村村支部书记任庆生是"支部+电商"模式的代表人物,在他的示范带动下,丁楼村不仅实现了整村脱贫,村组织各项工作都在全县名列前茅。电商带头人参与乡村治理,凝聚、激发了网商们的热情。例如,由于演出服的特性,大集镇的网商们自发筹款集资46万元,购置消防车两辆,用于消除消防隐患及平时道路清洁等。孙庄村孙学平、杨双庙村杨玉勇等村支部书记,用电商产业把村民凝聚起来,实现了真正的组织振兴。

最后,曹县还引入了腾讯的"为村"平台,进行村务公开、全民参与乡村治理的新尝试。61个县直部门和金融机构入驻"为村"平台办事大厅,村民可以通过"为村"平台就关心的问题进行提问,节约了时间,提高了效率。各乡镇办事处都成立了"为村"工作小组,及时传达部署有关工作,确保了每名干部都懂"为村"、知"为村"、聊"为村",形成了良好的氛围。印制"为村"管理员手册、宣传册等2000余份,各村建立微信群810个,各乡镇建立"为村"管理员群27个,县级"为村"课堂、"为村"工作群3个,让干部群众积极参与到"为村"建设中来。砖庙十三村的管理员贾付巧,60多岁了,原来用手机只会接打电话,接触"为村"后,天天拍照上传到"村内美景",而且还能熟练操作"为村"的其他功能板块。韩集镇曹楼村充分利用党建平台,多次组织党员干部到鲁西南革命烈士纪念馆进行"三会一课"活动。各村委会积极参与,利用"为村"平台改革乡村治理模式,建立起村委和群众之间沟通的新桥梁。同时,充分调动有条件的村民开通微店并售卖自家产品,对外宣传推广本村特色传统、村庄美景及好货,打造村庄对外名片,调动村民一同参与转发推广,取得了良好成效。魏湾镇的万亩荷塘、莲藕、大米等经过村民的拍摄,吸引大批游客前来参观购买;砖庙镇甜瓜、西瓜等水果采摘通过"为村"平台宣传,销售周期缩短了30%,农民收入增加了10%。

"为村"通过连接情感,放大了人气聚集效应,架起了乡村连接外界的桥梁;通过连接信息,放大了品牌推介效应,盘活了乡村资源;通过连接财富,放大了经济带动效应,充分释放出乡村价值,加快了实现富民强村的目标。2019年,曹县地区拥有全国最大的"为村"集群,上线"为村"810个,实现全县覆盖,"为村"数量位居全国第一位,认证村民数308796人,认证党员13650人。曹县"为村"发展模式是政府主导、企业开发、村民参与的治理创新范本。

为深入贯彻中共中央就实施乡村振兴战略作出的重要指示,针对山东城乡发展不平衡,农村发展不充分的现状,山东省制定了《山东省乡村振兴战略规划(2018—2022年)》和乡村产业、人才、文化、生态、组织振兴等5个工作方案。此次规划对实施乡村振兴战略作出总体设计和阶段谋划,按照"产业兴旺、生态宜居、乡风文明、治理有效、生活富裕"的"20字方针",顺应城乡融合发展新趋势新任务新要求,精准确定山东省乡村产业振兴、人才振兴、文化振兴、生态振兴、组织振兴的重点任务,切实强化制度性供给,着力促进农村生产美、生态美、生活美,确保乡村全面振兴方向更明确、路径更清晰、目标可实现。曹县在五大振兴工作方案实施过程中,以电子商务为抓手,整合各大产业,调动农民、返乡工人等各类人才,调整组织结构、优化治理形态,以经济发展和农民生活水平提高为前提,以产业兴旺为切入点,全方位带动了乡村的振兴。

4.1.5　曹县发展经验的借鉴意义

(一)服务型政府与市场高效协同

经济体制改革的核心问题是处理好政府和市场的关系,使市场在资源配置中起决定性作用和更好发挥政府作用。市场机制通过有效配置资源和激励经济活动主体,是经济增长的必要前提,但是,政府主导的再分配政策是促进社会公平正义、实现共同富裕不可或缺的手段。政府作用和市场作用之间,既要划分出清晰的边界,使之各司其职,又要发挥两者的协同作用,无摩擦地产生协同效应。曹县通过电子商务促进乡村振兴的过程,充分体现了政府与市场的高效协同。

以大集镇的电商发展为例,在发掘和培育电商氛围上,政府从 2013 年发现淘宝村后,迅速成立了淘宝产业发展领导小组,动员和鼓励村民开网店做销售,帮助有条件的线下加工企业为网商提供产品,推进全民创业工程全方位发展。在政策制定和扶持上,政府制定了一系列鼓励电子商务发展的优惠政策,对首次销售额、纳税超过一定金额的,注册天猫的,引进高端管理设计人才的,给予政策优惠及资金奖励,从政策上引导企业扩大经营,迅速发展。成立了淘宝产业商会,定期召开碰头会,加强行业自律,推动淘宝产业商会联合周边技术企业共同建立了一个公共服务平台,为网商和市场提供转型和升级服务。在公共服务配套上,政府定期举办培训班,高薪聘请淘宝大学讲师和专家前来授课,为网商答疑解惑。凡淘宝服饰加工户或网商需要注册有限公司的,所需办理的一切证件手续,均由镇政府出资,派专人办理。同时,针对相对滞后的交通条件,建成淘宝服饰辅料大市场一处,吸引近

30家相关企业及物流公司入驻,为企业提供有力的支持。在规范市场和管理上,政府对所有淘宝企业进行扎口管理,不经淘宝产业发展领导小组批准,任何单位和个人不得对淘宝企业及网店乱检查、乱收费。派出所为企业制作了电子商务重点联系企业标牌,对干扰企业正常生产经营的行为进行重点打击,积极为淘宝企业的发展提供优良的外部环境。同时,结合工商、税务等职能部门,对遇到困难的淘宝经营户加以指导和帮助,提供全方位的服务。

曹县具备了责任化、法治化、效能化的服务型政府的特征,充分把握了电子商务蓬勃发展的契机,顺应本地从草根创业、充分竞争到逐步企业化的市场自然发展机制,因地制宜、因势利导,在基础设施建设、公共服务提供、政策资金支持、创业氛围营销方面都与市场发展的规律保持一致,既不"缺位"也不"越位",让市场无形之手与政府有形之手相互紧扣,协同共进,使得曹县的经济发展和乡村振兴取得了阶段性的成果,其过程中积累的经验也可以成为其他县域在发展中的参照样本。

(二)核心产业带动多产业共荣

在我国经济转向高质量发展阶段,加快建设实体经济、科技创新、现代金融、人力资源协同发展的产业体系不仅是解放和发展社会生产力、推动经济持续健康发展的内在要求,而且是增强综合国力、增进人民福祉的基础支撑和根本保证。

曹县传统的零散型表演服饰产业分布在县域南部的大集镇、孙老家镇和闫店楼镇一带,以家庭作坊为主,起初大集镇的几个农民抓住了电子商务发展的机遇,开始在网络上售卖儿童演出服饰,其他村民纷纷效仿,数以万计的网店在几年间蓬勃兴起,带动了电子商务在农村的快速发展,淘宝村陆续涌现,电子商务产业链日趋成熟,集群效应凸显,网络零售额逐年高速增长。良好的市场反应和网络消费人群需求的细分化,反向带动了表演服饰产业的发展,从单一家庭手工作坊式的生产形态,逐步过渡到原材料供应商聚集、仓储物流服务商汇聚、创新设计人才涌入、加工规模升级、企业化率提升的产业集群化形态。表演服饰产业的产品种类也从儿童演出服饰向影楼服饰、婚庆服饰、古代服饰等其他种类延伸,不仅产品种类多样化,产品质量得以提升,生产覆盖区域也逐步扩展到周边乡镇,而且整体产业从宽广度和纵深度上得到了极大的丰富延展。

　　表演服饰淘宝村的兴起与繁荣、电商产业链的健全和电商生态体系的形成,产生了强大的辐射效应,带动了区域内的人才正向流动,使得位于曹县北部区域的传统木制工艺品行业得以转型升级,焕发出新的活力。曹县的林木产业具备一定的产业基础,规模较大的乡镇有庄寨、桃源的桐木拼板、家具配件,青菏、普连集、古营集、倪集的条柳编,邵庄的弯曲木等。木制品加工业的发展,不仅有效解决了农村剩余劳动力的就业问题,带动了运输业、餐饮业、电业、纸箱厂、制胶厂等相关行业的发展,出现了专门生产、维修木材加工机械的机械厂,已经形成完整的产业链。电子商务与传统以外贸出口的林木产业结合,激发了产业从业人员的创新力,设计生产出更多适合国内网络零售的木制工艺品,一方面为曹县快速增长的网商群体提供了多品种多形态的产品资源;另一方面也使得曹县的这一支柱产业发挥了更大的经济效益和增长潜力。阿里巴巴国际站在曹县设有跨境电商运营中心,为曹县建设的"中国木制品跨境电商产业带",是中国唯一一个木制品跨境电商产业带。

　　曹县的农业产业分布在县域的东西两侧,以芦笋为主的农副产品具有一定的产业基础,种植芦笋有40多年历史,芦笋产业已经实现规模化、标准化、机械化、产业化。早在2003年曹县就被农业部命名为"中国芦笋之乡",2015年曹县芦笋种植面积近20万亩,年产优质芦笋18万吨,约占全国总产量的五分之一。县内芦笋原料供不应求,巨鑫源、中粮大宝等知名企业不断成长壮大,企业产品研发、精深加工世界一流,参与制定国际国内行业标准,芦笋产品出口欧美、日韩等40多个国家和地区。在淘宝村的发展效应辐射下,巨鑫源等一批传统龙头企业率先开始电商化转型,搭建了专业的电商运营团队,进行了全面的网络渠道布局。政府在建设完善的县镇村级电子商务公共服务体系的前提下,开始鼓励网商及电商服务商,整合农村的农特产品资源,围绕芦笋、黄桃、烧牛肉、山药等特色农产品深加工、产品包装等进行网货化升级及农产品网货供应链建设,目标是将东西两侧区域建设成为农特产品的产业集群,为农村电商的发展和乡村振兴夯实产业基础。

　　曹县电商产业的形成带动了表演服饰产业的高速发展,同时促进了传统木制工艺品产业的转型升级,也推动了农副品产业全面触网,实体产业与电

商产业充分交融互动,形成了现代产业体系,带来了曹县的新一轮产业振兴
(见图4.25)。

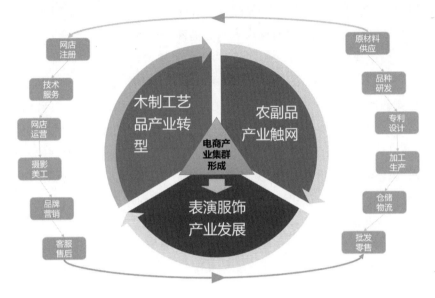

图4.25 曹县主导产业关系

(三)赋能于民,脱贫与发展并进

2015年11月27日至28日,中央扶贫开发工作会议在北京召开。会议
强调,消除贫困、改善民生、逐步实现共同富裕,是社会主义的本质要求,是中
国共产党的重要使命。全面建成小康社会,是中国共产党对中国人民的庄严
承诺。

曹县通过发展电子商务带动脱贫取得了一定的成绩,其特色在于赋能于
民,赋予贫困地区的群体(个人和市场主体)获得信息和运用电子商务的能
力,以此打破信息的壁垒,降低信息的不对称性,让贫困地区优质"资源变现"
(环境资源、产品资源、旅游资源),让"穷人"享受电子商务发展的成果,通过
电子商务的新杠杆来撬动精准脱贫的硬骨头,从而实现全面小康,最终实现
由"输血式"扶贫向"造血式"扶贫转变。

利用电子商务进行扶贫,开拓了新的通道,通过电子商务调动了农民和
农户的积极性,营造了良好的电商氛围,促使贫困户们能主动参观学习。首

先,培训带动创业,通过培训让贫困及偏远地区的农民及创业者都能获得专业的知识、帮扶,并对接资源和平台,让优秀的人才能够留在农村,依托电子商务进行创业。2018年曹县针对贫困人口的电商知识和技能培训达到2000人次以上,实现了每个贫困村至少有1名电商扶贫专业人才,形成了一支懂信息技术、会电商经营、能带动脱贫的本土电商扶贫队伍。其次,帮助农民增收。帮助贫困地区农民获得信息和运用电子商务的能力,拓展了产品上行的渠道,更好地利用电子商务把产品销往全国乃至销往世界各地,打破信息不对称,实现优质优价,助力当地农业农村经济发展,促进农民增收。最后,倒逼产业升级,通过电商扶贫,改变农民的认识和意识,帮助农民建立质量意识、品牌意识,从而倒逼产业转型,实现贫困地区产品优质优价。曹县演出服饰产业集群、木制工艺品产业集群和农副产品产业集群的形成和发展,有赖大量的农民创业者和从业者的整体意识和素质的提升。

曹县12个省级贫困村成为中国"淘宝村",实现了"整村脱贫"。通过电商直接带动2万余人精准脱贫,占全部脱贫人口的20%,走出一条"电商脱贫致富"的新路径,与此同时,淘宝村也成为曹县经济发展的新引擎。

4.1.6 曹县未来发展面临的挑战及建议

(一)培养引进人才确保持续发展

人才匮乏是所有农村电商发展过程中面临的核心问题,曹县也不例外,尽管自2013年以来,政府通过电商普及、分层培训和制定一系列的优惠政策吸引专业的人才,形成了人才回流的良好趋势,然而高端的电商运营人才、跨境电商运营人才、创新型行业管理人才等依然紧缺,人才短缺仍然是曹县电商和产业保持高速发展的瓶颈。

首先,搭建人才培养的平台和机制,与行业内知名院校达成长期合作,组织讲师进行系统化的培训,结合教学和实践,建立针对不同发展阶段所需的人才梯队,培养曹县电子商务发展的主力军。同时,鼓励电子商务企业和广大网商发挥其先发部队优势,开展对内对外的实操性培训,为企业储备相应的人才,为广大基础型网商提供包括技术服务、仓储配送、网络推广、教育培训、视频美工、产品摄影以及售后服务在内的多功能、全方位服务,从而带动曹县的创业者和从业者根据自身不同的基础，得到相应的培训和扶持，逐步升级。

其次，建立高端人才储备库，对接阿里研究院、各知名高校，成立"电商助推乡村振兴专家委员会"，成立曹县电商发展智囊团，定期组织活动整合资源为曹县的电商发展出谋划策。通过政策支持鼓励高端管理型人才返乡创业，整体提升企业的管理水平和运营能力。加强现有众创空间的公共服务供给能力，支持利用工业园区、服务业集聚区及主力商圈等闲置楼宇资源打造电子商务众创空间，为高端人才的创业创新提供全方位的软硬件设施及服务。同时，建设大学生及返乡人员电子商务实习、实训等实践基地，筑巢引凤，吸引更多的优质人才回归。

最后，建立跨区域人才协作机制。运用互联网无边界的特征，打破区域限制，鼓励发展成熟的企业在江浙沪等电商发达地区建立分公司或办公室，就地招聘高端技术及管理人才，使得企业发展与行业节奏保持一致。鼓励发展中的企业进行线上招聘，通过弹性工作方式，与江浙沪地区的高端人才形成"时长＋绩效"的合作方式，为加快企业的发展步伐、培养自身人才梯队助力。

（二）搭建供销平台优化电商生态

在全民创业热情高涨的前提下，虽然曹县的电商公共服务中心组织了部分大型企业为小微创业者提供货源，但真正对接时存在库存量浮动、供货价格浮动、无法实现代发货等问题。现有的分销依赖加工能力较大的大户组织网上供货群，其他网店业主在群内交流货源信息，这种传统而零散的分享模式已经很难满足逐步增长的货源需求。同时，由于电商数据运营能力不足，对于产品消费趋势缺乏判断，电商企业库存积压现象普遍，严重影响现金流状况，甚至诸多中型规模电商企业因为库存积压而难以维持经营，急需搭建分行业的线上供销平台，整合县域内外货源，解决小微创业者的产品供应问题。

首先，进行传统行业的供应链在线化改造，依托优势行业龙头骨干企业和线下专业市场的基础，培育垂直类的电子商务平台，侧重在供应链的整合和数据的积累上，进行全产业链中的各个环节的在线化布局，并将金融资源、仓储物流资源接入平台，形成线上一体化的服务体系。服务体系的建立可以打通供销两端数据，提供价格趋势判断，提升供应链效率。前期侧重于服务的整合提供，后期积累大量的供应链数据之后，可以提供行业预测、投融资等增值服务。

其次,梳理演出服务产业的供应链,以行业协会和电子商务公共服务中心为依托,建立针对大量小微型个体创业者的集大宗交易和零散批发于一体的演出服饰线上供应平台,达成区域内部的高效协同和区域外部的优势资源互补,集中解决小微型创业者拿货难的问题,设计 S2B2B2C(供应商到大众批发到零散批发到零售)的营销链路,将原材料供应、中小型批发、分销(一件代发)等服务整合在一起,为大众的创业创新培育优良的土壤。

最后,借势成熟平台健全农特产品供应链,挖掘和培育一批具有产业优势的农特产品网货品牌,助推芦笋、山药、金银花、莲藕等优势特色农产品触网上行。在全网渠道的建设上,一方面推动与阿里巴巴、京东、腾讯、苏宁等大型电商平台合作,建设一批网上区域性特色产品馆和品牌旗舰店;另一方面搭建农特产品上行的分销渠道网络,与小红书、云集、抖音等微商及内容营销平台进行特色网红农产品合作,组建曹县农特产品供应平台,以电商公共服务中心为服务主体,进行货源收集、质量监管、品牌打造、营销资源提供,通过一件代发的方式,汇集一批吃货网货达人,进行农特产品的全网分销。

此外,曹县电商的转型发展,除了需要政府的大力引导,还需要具有专业技术和先进服务理念的运营商,为电子商务企业和广大网商提供多功能、全方位服务,一方面帮助网商成长;另一方面促进传统企业电商国际化,因此,形成由网商、服务商、供应商、消费者及社会环境共同构成的良性电子商务生态对电商的转型发展显得尤为重要。

(三)分级品牌运营避免同质竞争

曹县整体的电商发展源于在相对薄弱的儿童演出服饰产业基础上的草根创业,随着淘宝村的发展与繁荣,不可避免地出现了产品同质化竞争的普遍局面,不但大部分产品风格雷同,而且价格战逐步升级,即便有一些创新的产品形态,也会被迅速模仿而陷入价格战的困境。这样的现状限制了产业的发展,也一定程度上削弱了民众创业创新的积极性。因此创新产品、创立品牌、进行产品与品牌分层级的发展是当务之急。

曹县电商起源于表演服饰产业并且以其为支撑,应明确其主管部门,成立产业协会,进行规划与管理,整合原材料、设计、生产等供应链资源,规范行业从业准则,优化行业的竞争环境,鼓励独立设计和品牌化经营,对经营自有品牌并在网络上获得一定知名度的网商和企业进行表彰奖励,对恶意竞争行为建立惩罚机制。对于缺乏设计资源的小微型创业者，可以采取政府统一购买设计版型，打造"曹县演出服"集体品牌，提供给规范经营的从业者，建立准入和退出机制，并对运营表现优秀的从业者给予奖励。通过不同的引导方式，逐步建立企业品牌、集体品牌和品牌分销的立体化结构，通过差异化的定位和定价，解决价格竞争问题，优化市场竞争机制，提高表演服饰产业的整体竞争力。

充分发挥曹县农业大县的资源优势，依托农村淘宝项目，探讨利用新零售渠道，加大特色农产品，如芦笋、莲藕、山药、金银花等的推广力度，积极推进农产品网货化、特色化、规模化、标准化、品牌化建设，加大孵化培育扶持力度。同时，建立健全产品质量追溯体系，严把质量关口。聚焦一至两个农产品区域公用品牌，如"曹县芦笋"，培育一批优质的农特产品网货品牌，运用曹县广大的网商基础，帮助曹县特色农产品走向全国市场。

(四)建设双向载体完善产业体系

为推进电子商务的发展，曹县新建了一批产业园区、电商园区和特色小镇，但大部分园区处于初级运营阶段或尚在筹建中，综合优势尚未得到发挥。线上的平台也以阿里巴巴及旗下的电商平台为主，没有形成全面的网络渠道布局。县镇村三级电商公共服务体系的村级电商服务站尚未实现全覆盖。电商发展所依托的表演服饰产业有待统一的组织、管理和规划，木制工艺品产业和农特产品产业也需要在与电商发展的融合中进行更加高效率的转型升级。

首先，优化作为线下载体的电商产业园区在软件和硬件设施上的运营能力，加强电商园区水、电、道路、通信等基础设施建设，加强餐饮、住宿、医疗、娱乐等公共设施建设，加强基础网络、数据中心、仓储物流、技术研发、人才培训等配套设施建设，着力打造适合电商集聚发展的外部环境，增强对电商产业的支撑引领和辐射带动作用。针对聚集在农村的小微型网商，就地建设微型电商园，将有上下游关系的网商和服务商整合在一起，共享资源和服务，降低成本，增强其存活和发展能力。其次，整合阿里巴巴、京东、腾讯等国内知名大型电商平台的师资和课程资源，在帮扶当地传统企业向电商转型、中小微网商提升、电商人才孵化、电商企业孵化、政府电商培训等领域开展合作。逐级培育和孵化专业人才，充分运用园区搭建的平台和资源，助力传统产业集群的互联网化转型。最后，鼓励有意向的网商及创业者或电商公共服务中心，搭建专业化的线上供销平台，通过县镇村三级电商公共服务体系，深入农村,为广大小微创业者提供稳定且有质量保障的货源,使得已经成功转型的传统行业持续焕发活力。

(五)普及"互联网＋"打造数字乡村

2019年国家"一号文件"再提"数字乡村"战略,指出深入推进"互联网＋农业",扩大农业物联网示范应用;推进重要农产品全产业链大数据建设,加强国家数字农业农村系统建设;继续开展电子商务进农村综合示范,实施"互联网＋"农产品出村进城工程;全面推进信息进村入户,依托"互联网＋"推动公共服务向农村延伸;一村一品,一县一业,区域公共品牌打造,推动一、二、三产融合发展,提升农业资源效率与价值。如今,曹县在农村制品电子商务的发展上已经走在全国前列,在"互联网＋乡村治理"上开始了"为村"项目的实践,并取得了阶段性的成果。但在互联网与其他领域的结合以及大数据等方面的布局才刚刚启动,与江浙沿海地区的数字乡村发展存在较大的差距。

接下来,曹县将在巩固"为村"实践获得的经验基础上,进一步加强与阿里巴巴、京东等各大平台的合作,推进互联网金融、互联网医疗、互联网教育及大数据领域的合作与应用,鼓励大型企业尝试新零售的模式,整合线上线下资源,建立数据库,提高服务效率;提升各层级网商及行业的数据运营能力,以三大产业为核心,逐步改造和升级传统的产业链路,与互联网技术相结合,推动产业链的全面数字化。同时,加快农村电商网点的覆盖,将农民的生产生活充分与互联网相结合,让农民享受到数字化带来的便利与高效,让传统农村与数字经济相结合,持续推动乡村振兴向更深更广的领域推进。

4.2　江苏沭阳:花木之乡的突破

4.2.1　县域背景情况

一、沭阳县经济社会发展情况

沭阳县域面积2298平方公里,辖24个乡镇、6个街道、1个国家级经济技术开发区,户籍人口 197.56 万人(2022 年末),是江苏省陆域面积最大、人口最多的县份,也是全国文明城市、国家卫生城市、中国书法之乡、中国花木之乡,先后入榜综合实力、绿色发展等 10 个"全国百强县",成功获批全国首批电子商务综合示范县之一、全国休闲农业与乡村旅游示范县。沭阳全县上下深入贯彻中央精神和省、市各项决策部署,从更高的层面推动思想解放,从更广的领域深化改革开放,全县综合实力在应对挑战中实现了新跨越,产业质态在转型升级中呈现了新提升,城乡发展在协调共进中展示了新变化,社会事业在为民惠民中取得了新成效,全面小康在稳步推进中踏上了新征程,县域活力在改革创新中得到了新释放。如图 4.26 所示,沭阳经济发展呈现连年增长的良好势头,从 2013 年以来,GDP 年均增长 9.5%,2021 年实现地区生产总值 1162.1 亿元。居民收入实现连年快速增长,2021 年城镇居民、农村居民人均可支配收入分别达到 34604 元、21828 元。

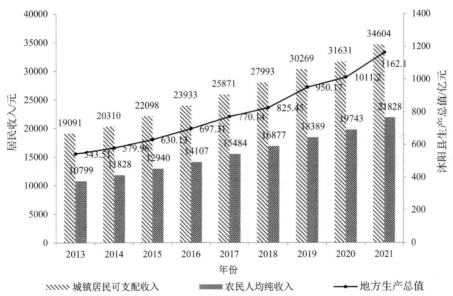

图 4.26　沭阳县 2013—2021 年生产总值与城乡居民收入
资料来源:《中国统计年鉴》(国家统计局)。

　　沭阳经济发展再上新台阶,呈现稳中有进、进中向好的良好态势。连续多年跻身县域经济与县域基本竞争力"全国百强县"和工信部"全国工业百强县"行列,其中木材产业在 2012 年成功获批"江苏省唯一木材特色产业集群";2013 年所辖经济技术开发区获批"国家级经济技术开发区",稳居省级以上园区综合考评第一方阵;2018 年入选全国农村一、二、三产业融合发展先导区创建示范县。如图 4.27 所示,沭阳第一产业在 2013—2021 年保持稳定小增,二、三产业产值快速增长,2021 年三次产业结构的比例为 9.5%、42.3%、48.2%,产业结构不断优化,经济健康稳定发展。

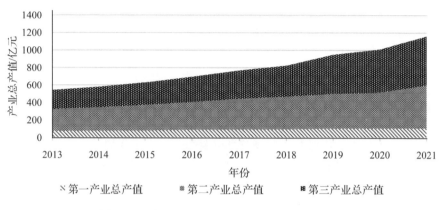

图 4.27　沭阳县 2013—2021 年一、二、三产业产值

资料来源:《中国统计年鉴》(国家统计局)。

二、沭阳县花木产业

花乡沭阳地处北纬 34°,位于我国南北气候过渡地带,适合多种花木生长,是南花北移、北木南迁的理想中转站。沭阳花木栽培历史悠久,起于明清,全县共有花木从业人员 30 万人,约 3 万名专业花木经纪人长期活跃在全国各地,将沭阳花木源源不断地销往全国各地。

为发展花木特色产业推动农业高质量发展,沭阳县大力实施"124"战略,积极培育以精品花木为主的县域"一主多辅"农业特色产业体系。"1"是将全县花木种植面积拓植到 100 万亩,其中新河、颜集等 10 个乡镇为花木重点区域。"2"是沿 245 省道、324 省道建设产业廊道,沿淮沭河、新沂河建设永久生态廊道。"4"是加快推进"四个转型",推动花木产业由苗木向鲜花、种植向园艺、绿色向彩色、卖产品向卖风景转型。现在已形成"一带、两园、三基地"的发展格局:"一带"是指沿 245 省道规划建设的花木产业集聚发展带,"两园"是加工物流园和现代农业科创园,"三基地"就是建设精品花卉生产示范基地、多肉花卉生产示范基地、花卉苗木标准化生产基地。

沭阳花木依托交通规划布局集中发展,全县花木种植面积由 20 世纪 90

年代初的 0.3 万亩，增长到 2001 年的 4 万亩，2018 年沭阳花木种植面积达 55 万亩（见图 4.28）。花木销售额由 20 世纪 90 年代初的 100 余万元发展到 2015 年底的 85 亿元，2018 年底已达 150 多亿元。沭阳成为江苏省面积最大的花木生产县、全国花木主产区之一，花木产业已成为沭阳县的优势品牌产业和农业主导产业。

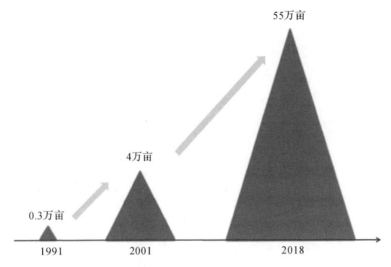

图 4.28　沭阳县花木种植面积的快速增长

资料来源：沭阳县商务局。

　　沭阳县种植的花木有 3000 余品种，产业结构由原来单一的工程绿化苗木为主向彩叶苗木、树桩盆景、干花、鲜切花、多肉种植等多元化方向发展，花木产业向"名、特、优、稀"方向发展，花木档次不断提高，"桑墟榆叶梅"获批国家农产品地理标志登记产品，"沭阳月季""沭阳地柏"顺利通过国家地理标志商标认定，创办"新苑"知名商标、"农友"著名商标，涌现出一大批优秀的花木产业龙头企业，全县有众多的国家级园林绿化资质企业，中高级园艺师，花木专业市场，形成了一个高质量、高梯队、高水平的集花木产业规模、产品企业资源、花木专业人才及健康花木市场于一体的特色产业集群，"花乡沭阳"已成为沭阳对外品牌的一张金名片。

三、沭阳县电商产业

　　作为全国最大的农产品淘宝村集群，沭阳县农村电商发展总体水平进入

全国第一方阵,位居江苏省前列。截至 2022 年底,沭阳县共有 2 个省级电子
商务示范基地、4 个省级农村电子商务示范镇、10 个省级农村电子商务示范
村、2 个省级数字商务企业、104 个淘宝村、16 个淘宝镇(见图 4.29),共有互联
网企业、活跃网店 5 万余家,其中农村电商 3.7 万家,从业人员达 35 万人,吸
引 1.4 万沭阳籍人员、2.1 万非沭阳籍人员集聚沭阳创业就业。沭阳县先后
获得"全国首批电子商务进农村综合示范县""全国返乡创业试点电商合作示
范县""电商示范百佳县""电子商务促进乡村振兴十佳县域""江苏省电子商
务十强县"等荣誉称号。2021 年沭阳县荣登"中国县域电商竞争力百强榜"第
七位,"农产品电商百强县名单"第一名。2022 年沭阳县在"全国农产品数字
化百强县"名单中位列第二,新河花木电商产业集聚区被江苏省商务厅认定
为江苏省首批县域电商产业集聚区之一。

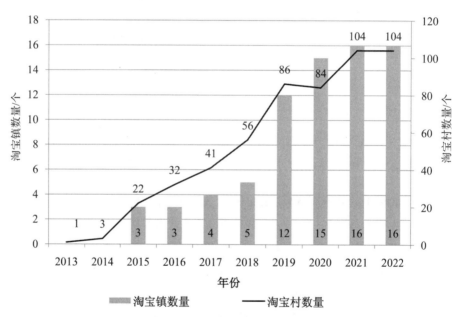

图 4.29　沭阳县淘宝镇和淘宝村数量变化(2013—2022)
资料来源:阿里研究院公开数据。

沭阳花木电商产业的发展过程可分为四个阶段:

第一个阶段:2001—2006 年,萌芽期。沭阳县花木产业区在通信网络设
施建设方面起步较早,自 2001 年开始建设 ADSL(非对称数字用户线路)宽带
接入网。也就在这个时候,沭阳县一些农民就开始利用论坛在网上展示、推

销自己庄稼地里的花卉苗木。这是最原始的电子商务形式，只有信息发布和信息获取功能，因此对沭阳花木交易的实质性帮助还十分有限。但是，在互联网还没有被广泛商业应用的这段萌芽期，沭阳县农户对接互联网的积极尝试是值得称赞的。

第二个阶段：2007—2012 年，突破期。2007 年，沭阳县实现了宽带村村通。也恰恰自 2007 年起，一些苗木农户又开始积极探索使用淘宝、天猫、1688 等第三方电商平台开展线上营销，由此掀开了沭阳县电子商务发展的新篇章。早期的农户借助具有多重功能的第三方电商平台，发掘到了一个全新又广阔的线上市场。在偶然尝试获得惊喜的成功之后，农村社会的熟人机制发挥了其天然的知识溢出作用。农户通过互帮、互带、互传，吸引着越来越多的亲朋好友陆续加入电商的创业行列。虽然这段时期，电商创业者的规模还未达到较大的级别，但是一个美好的口子被打开了，沭阳县逐渐靠近电子商务快速发展的起跑线。

第三个阶段：2013—2016 年，飞跃期。2013 年首批中国淘宝村名单揭晓，颜集镇成功入选，这标志着沭阳县电子商务进入了一个新的阶段，一个跨越式发展的飞跃期，一个开始广受外部关注、知名度不断提升的时期。2014 年，周圈村和堰下村入围第二批中国淘宝村，2015 年，新河镇、庙头镇、颜集镇共有 22 个村入围第三批中国淘宝村，并且三个乡镇均入围中国淘宝镇，沭阳县成为全国最大的农产品淘宝村集群。2015 年沭阳县还荣获"国家电子商务进农村综合示范县"称号。2016 年，沭阳县以 31 个淘宝村的数量入选"2016年十大淘宝村集群"，排名第九位，并且成功举办第四届中国淘宝村高峰论坛。自 2014 年起，沭阳连续多年在阿里零售平台农产品交易额的县域排名中稳居前三位。至此，沭阳已形成了一个拥有较大电商发展规模、优质产业基础、完善电商生态、良好发展前景、扎实基层网商基础的特色花木电商产业集群，同沭阳特色花木产业集群相辅相成，共同促进沭阳县域的经济社会发展。

第四个阶段：2017 年开始，转型期。经过前些年的积淀，沭阳乃至全国农村电商数量出现爆发式增长，这难免带来产品雷同、假冒伪劣、低价倾销等恶性竞争。沭阳电商开始注重品牌、质量及诚信建设，转变经营方式，丰富经营平台。各级党委、政府因势利导，激发电商持续转型发展的内生动力。沭阳县花木行业协会引导企业向外打"沭阳花木"传统品牌，通过"傍"区域名牌提升产品美誉度。2017 年，沭阳提出加强电商诚信生态体系建设，加快制定电子商务领域诚信建设相关政策制度和规范,加强政府部门、社会组织联动,多管齐下,协同监管,建设信用体系和监管平台,净化电商营商环境。2017 年的沭阳国际花木节,主办方引进网红直播带货环节,为电商提供了很好的示范。网络直播销售已经成为沭阳花木电商的一种重要经营方式,各大直播平台都有很多沭阳的"网红"主播。直播最大的特点就是所见即所得,沭阳县花木产品属于非标品,通过直播,可以把最真实的产品展现到消费者面前,对解决花木产品同质化竞争和诚信问题具有积极作用。2019 年,全国首个淘宝官方授权花木直播基地在沭阳正式建立,项目的实施,一方面可以为沭阳电商提供更多的资源,共享互联网发展的经济红利;另一方面对优化沭阳县花木产业发展结构、提升沭阳花木形象具有积极意义。2019 年 10 月,沭阳县共拥有活跃网商 4.5 万余家,位居江苏"农村电商十强县"首位、"全国电商示范百佳县"第六位。

4.2.2　沭阳模式及其意义

一、什么是沭阳模式

基于沭阳县花木产业和电商产业的发展特征与实践经验,本书提出沭阳模式的概念。所谓"模式",本质上是对现象的一种提炼,要求准确把握现象的主要特点和内在规律,从而深化对现象的认识,强化对实践的指导。顾名思义,沭阳模式是对"沭阳现象"的高度总结和概括,透过"沭阳现象"总结出沭阳模式,一方面,有助于全面解读"沭阳速度"的产生原因与意义,加强对沭阳县电子商务发展状况的准确认识,从而为今后的政策制定提供依据和参考;另一方面,有助于总结沭阳县电子商务的实践经验与启示,便于推广和交流,也有益于其他县域的学习与借鉴。

沭阳模式到底是一种什么样的发展模式?概括地说,沭阳模式是一种以特色农业产业为依托,以保持农村原有机理和风貌为前提,由广大农民通过电子商务创业创新实现农业产业升级,并在政府的合理引导下形成农村电商生态体系,促进人与土地和谐发展,实现"农民富、农业强、农村美"的"互联网＋三农"县域电商发展模式(见图 4.30)。

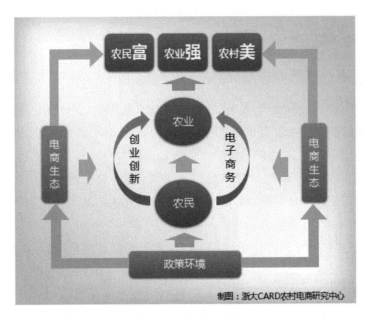

图 4.30　沐阳模式示意

　　其中，"由广大农民通过电子商务创业创新实现农业产业升级，并在政府的合理引导下形成农村电商生态体系，促进人与土地和谐发展"是沐阳模式的核心内容。换句话说，沐阳模式包含五个关键词："农民大规模创业创新""传统农业产业转型升级""政府合理引导与有效作为""农村电商的生态建设""人与土地的和谐发展"。这五个方面的内容，环环相扣、层层递进、有序发展，成为一个有机整体。

　　沐阳模式本质上是一种"互联网＋三农"县域电商发展模式。县域电商是以县域为基础单元发展电子商务，要求县级领导以县域的眼光布局电商发展路线，配置人力和财政资源，紧密结合本地实际情况，探索适合自己县域的电子商务发展模式。经过努力，沐阳县走出了一条既适合自己又值得推广的县域电商发展路子，一条充分体现互联网与农民、农业和农村三者全面融合、同步融合、深度融合的县域电商发展路子。从全国范围来看，实现"互联网＋三农"快速发展的县域为数不多，沐阳模式是"互联网＋三农"县域电商的典范。

二、沭阳模式的关键词

(一)农民大规模创业创新

沭阳模式是一种"自下而上"的县域电商发展模式,其电子商务的发展起源于农民的草根创业活力和创新精神。从 2001 年开始的对黄页、贴吧等形式的积极尝试,再到 2007 年开始的使用淘宝、天猫、1688 等电商平台进行线上营销,沭阳县的花木农户始终展现出敢为人先、勇于探索的创业创新精神。这种宝贵的创业创新精神,使得沭阳在互联网发展的潮流中能够占据先机、引领前沿。

以农民为主体的创新驱动型经济,容易形成创业集聚现象。2021 年,沭阳全县网店数量达到 5 万多个,电商交易额高达 245 亿元,全县快递发货总量达到 4.54 亿件,平均每天超过 124 万件,每 1 秒钟就有 14.4 件沭阳的包裹发往全国各地。此外,在全县 5 万余家电商中,约有 80％的电商从事花卉苗木的销售,花木类目从籽种、树苗、鲜花,到干花、盆景、乔木、家庭绿植;从花盆、肥料、铁锹,到遮阳网、洒水壶、保鲜膜。经营平台逐渐丰富,包括从淘宝、京东到 1688、拼多多等各类电商平台和微信、抖音、快手等各个社交平台。全县电商直接创业和带动间接就业人员总数达 35 万人,全县上下形成了浓厚热烈的创新创业氛围和生动丰富的创新创业局面。

农民的创新精神除了体现在积极拥抱互联网新经济,还表现在品牌创新、包装创新、产品创新等方面。在网商的努力经营下,沭阳县涌现出了"美尔挺""波波猴""翡意""兰可欣"等近百个"淘品牌"。由于花木对包装的要求比较高,农民在实践中不断摸索出较为成熟的包装方法,例如"三角棱"式的纸箱包装法、垂直充气泡沫袋包装法,能够让花木在重压的情况下依然保持完好无损。此外,网商还在产品上不断创新,比如花木品种的更新和开发,多肉植物的组合式营销,文创花卉等。最高峰时,在淘宝平台上沭阳县的花木产品占据了全国 40％的市场份额。

(二)传统农业产业转型升级

产业转型升级的本质在于创新,即通过创新使产业主体获取更多价值,产业的竞争优势得到大幅提升。发轫于农民的创业创新,辅以政府的科学引导和有力扶持，实现经济新常态下整个花木产业集群再上一个台阶，是沭阳模式的重要亮点。新阶段，沭阳县花木产业转型升级体现在产品体系更趋完整、集群吸聚能力增强、产业链延伸、行业协会建设、区域品牌知名度提升等方面。

1.产品体系更趋完整。在电子商务蓬勃发展之前，沭阳县的花木品种主要是大型绿植、工程苗木、园艺盆景，以批发为主，而鲜切花、多肉植物、微型盆栽花卉等家庭园艺类产品并不多见。电子商务的兴起，使得多肉植物等微型花卉涌入沭阳，沭阳花木的产品版图更趋完整，具体品种已超过3000种，如图4.31所示。此外，政府从政策、资金上给予扶持，引导技术创新，开发多肉植物盆栽嫁接桂花、"县花石榴"高接换头金叶榆等特色产品，发展设施化繁殖、容器育苗等新技术。

图4.31　沭阳县花木产业经营品类的演变

2.集群吸聚能力增强。沭阳县通过产业资源聚集了包括苏台花木产业园、花木大世界等大中型招商引资项目，并且进一步完善了沭阳国际花木城市场的盆景绿植区、花木电商区功能，形成了花木大世界、苏台花木产业示范园、耿圩多肉产业园等花卉绿植集聚基地，成为国内南花北木驯化的重要基地，全国各地供应商云集沭阳，供应网络空前强大。沭阳县还建立了苏奥电商产业园、软件产业园等互联网信息产业园区，吸引了很多外来的生产企业、电商企业和服务商。位于县城的百盟电商产业园，是一个定位、配套与服务全面科学的物流产业集聚体,园区规划建设了信息交易中心、司机旅馆、仓储中心、零担快运中心、车源中心及招商楼、总部经济楼等,并于2012年11月份正式营业,有力推动了沭阳县现代物流业快速发展,提档升级。

　　3.产业链延伸。沭阳县培育发展鲜切花、多肉植物、盆栽花卉等家庭园艺类产品,沭阳花木产业链也实现了从传统的绿化苗木产业向家庭园艺类产品转型发展,并带动干花加工、纸板纸箱加工等加工产业发展(见图4.32)。此外,沭阳县依托"中国花木之乡""国家级生态示范区"特色品牌,促进花木产业与旅游业有效融合,正着力打造"一带一区一镇一村"生态农业观光线路,做大做强花乡沭阳旅游文化品牌。以本地区具有产业特色和良好基础条件的部分企业、园区、特色基地为主体,串联成主线,统一规划、重点建设,形成花木特色生态农业观光旅游线,主要规划的"花乡一日游"线路是"县花木博物馆—江苏三叶园林公司大规格观花观果苗木基地—中国沭阳国际花木城—山荡原生态古栗林公园—胡家花园—周圈盆景园—普善寺—周圈休闲古栗林公园—岔流河风光带—苏北花卉—县植物园—县鲜花产业园",为游客提供自然生态、气候宜人、风景优美、空气清新、设施优雅的休闲观光旅游景区,放松精神、陶冶情趣、锻炼身体、调节生活。

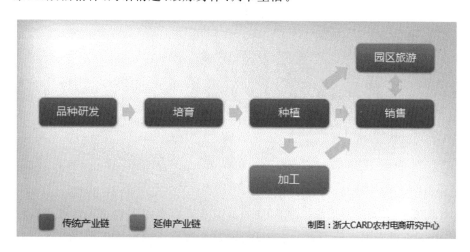

图4.32　沭阳县花木产业链的延伸

　　4.行业协会建设。随着花木产业的进一步发展,沭阳县的花木行业协会建设力度空前。沭阳县已形成由沭阳县花木协会、沭阳县盆景协会、沭阳县电子商务协会、沭阳县网络创业者协会和沭阳县苗木商会所组成的苗木电商行业协会体系。各协会组织本着服务会员、团结协作的精神,按照国家、省、市、县关于花木产业发展的指导思想，积极发挥组织协调和纽带桥梁作用，为推进沭阳县花木产业的持续、快速、健康发展发挥了重要作用。花木协会成立于 2014 年 9 月 12 日，成立了由 57 人组成的理事会，常务理事 30 人，以发挥好组织领导、信息交流和技术服务作用，引导沭阳花木业健康发展。以新河镇为例，新河镇花木、苗木、干花、盆景等协会成立较早，最早的花木协会成立于 2000 年 3 月。2006 年以来，各协会成员都开始从事网上销售，2013 年新河电商协会成立后，原来花木等协会的人员纷纷加入电商协会，从事苗木、干花、盆景、鲜花、花木资材销售的人员都有，新河电商协会已成为综合性协会。

5.区域品牌知名度提升。随着电子商务的兴起，无论是线上还是线下，"花乡沭阳"成为沭阳对外的一张金色名片，区域品牌知名度达到空前的高度。在品牌打造方面，沭阳坚持把"科技兴花"作为花木产业发展的重要内涵，坚持标准化、精品化、特色化理念，围绕产品定位精品化、生产过程精细化、包装推介精美化定位，大力发展精品苗木，发展本土特色花木品种，不断提升产业质态，提高花木产品的科技含量，实现产业效益最大化。沭阳成立县花木研究中心，鼓励苏北花卉等县内大型花木企业与南京农业大学、南京林业大学等省内外科研机构、高等院校建立长期协作关系，组建研发中心，积极开发、推广新品种、新技术；加快建设花木综合网络服务平台，建立健全县花木协会信息档案数据库和花木科技培训中心，加强技术、业务培训，及时发布市场动态和供求信息，进行花木新品种、新技术示范推广；引导花农有针对性地种植，实现规模化、标准化种苗，培育独具特色的垄断产品和主打品种，打造特色花木品牌，其中"沭阳月季""沭阳地柏""桑墟榆叶梅"等品牌获批国家地理标志，成为推动花木特色产业持续发展的重要抓手；每年定期举办"中国沭阳花木节"活动，打造国内花木产业展会知名品牌，进一步扩大对外交流，适时申办"江苏省园艺博览会""中国盆景展览会""中国花卉博览会"等大型活动，持续开展产业招商，吸引更多、更大的花木企业落户沭阳，促进全县产业快速发展。

（三）政府合理引导与有效作为

在全面推进电商发展的过程中，沭阳县政府本着"到位不缺位、补位不越位"的原则，以民众需求为导向、充分尊重市场机制、推行精准的扶持政策，着力优化市场环境，真正发挥服务型政府应有的价值。沭阳县政府在推进电子商务工作中打出了"氛围营造、人才培养、资金扶持、诚信建设"四套有效的"组合拳"。

1.氛围营造。沭阳县政府高度重视网络创业的宣传工作,综合利用电视、广播、网站、电子显示屏、微信等多种渠道,向广大创业者宣传网络创业的优惠政策,积极推介分享电商创业的典型案例,通过营造良好的网络创业氛围,引导和提升大众网络创业意识和热情。2015年,借全市"金种子"网络创业大赛之机组织更多的网店参加"金种子"网络创业比赛,各乡镇、街道通过制作横幅、墙体广告等形式努力营造创业氛围;同时,在网络创业公共服务平台中添加"学校创业"一栏,鼓励沭阳中专、经贸学院在校学生参加比赛。2016年,沭阳县按照"紧贴实际、注重实效、全面铺开"的原则,营造全方位、多层次、广覆盖的宣传氛围,1—8月份,全县共悬挂返乡创业宣传横幅6000条,发放宣传单2万余份;2018年,沭阳县联合浙江大学中国农村发展研究院、阿里研究院共同主办"中国电子商务促进乡村振兴"高峰会议,重点研讨和交流各地电商在乡村振兴中发挥的作用以及取得的成绩和经验,并展望未来发展趋势;开设在线问政"局长解读创业政策"专题,全面介绍新政策,受理群众咨询;在县城繁华路段设立大屏幕滚动信息,在火车站广场以及通往各乡镇的汽车站等人员比较集中的场所设立宣传点,在乡镇主要街道设立专门咨询台,通过发宣传单、挂横幅、现场咨询等形式进行宣传;在县广播电台开设"全民创业书记谈""创业富民大家谈""创业之路"等专栏,深入直观报道创业成功者创业经历、交流创业体会、推介成功经验。

2.人才培养。一是面向社会免费开展电子商务初始培训、提升培训和精英培训。沭阳县结合年轻人性格特点和生活习惯,开展了名为"周日下午四点见"的培训活动,每周日下午四点在城区核心商业区举行免费创业培训,固定时间、固定地点。2015年累计培训1万余人次。2016年,沭阳县政府和淘宝大学签订200万元的人才培训协定,政府直接购买淘宝大学服务,由后者提供全年度人才培养方案,解决电商人才缺口的燃眉之急。2017年,淘宝大学培训学院全国首个培训基地落户沭阳。二是在县内职业院校开设电子商务专业。结合县域电商发展需求,重点围绕美工、策划、运营、摄影等方面,培养专业技能人才,为电子商务发展壮大提供人才支撑。三是将电商培训与乡村振兴相结合。依托电商驿站,采取"一对一帮扶"方式,帮助低收入户开办网店3000余个,组织3个淘宝镇与扶贫片区3个乡镇挂钩帮扶,推动电商产业协调发展。

3.资金扶持。一是金融机构扶持。沭阳县根据电商"重流水、轻资产"的特点,在江苏省率先开发出第一款面向电商的信贷产品"淘贷",普通电商可以享受到年销售额10%的免抵押信用额度。截至2015年,已发放贷款493

笔,金额9921万元,深受广大电商创业者好评。二是社会资本扶持。由县电商协会发起成立沭阳县电商互助基金,同业人员互相融通,基金规模已达4400万元,有效提高了电商企业资金应急能力。三是政府资金扶持。县财政每年设立3000万元全民创业发展基金,80%以上用于对农村电商重点工程、农村电商企业联盟的扶持。

4.诚信建设。一是成立专门机构,从县公安局、市场监管局、农委等部门抽调精干人员,组成专门班子负责长期开展"规范网络交易、净化网络环境"的专项整治活动,始终保持对销售假冒伪劣商品的高压态势。二是加快信用体系建设,打通多个信息网络平台。沭阳县设立诚信"黑白名单"制度,充分利用地方农村信用体系、花乡创业网和诚信沭阳等网络信息平台,借助微信、微博等新媒体,动态发布电商企业诚信状况。沭阳县在花乡创业网上设立优秀网店及产品展示板块,激励电商企业诚信经营,并建立留言板为各类投诉举报提供平台。对失信电商企业在网络交易平台资格复审、银行贷款、荣誉获得等方面进行限制,从而引导电商企业诚实守信,规范经营。三是与淘宝建立协作机制,提高电商监管效率,达成了"交易信息定期通报、交易纠纷协同处理、信用评定互相认可、优质商户政府背书"四项共识。四是县政府设立1000万元的网络交易诚信专项资金,专门用于交易纠纷的先赔付,以提高处理效率,提升买家体验,该项资金的额度将视情增加,上不封顶。五是引导电商规范日常经营行为,采取电商经营户张贴"诚信标签"、制定诚信经营"村规民约"、办理花木种苗经营许可证、举办诚信网店评选等手段引导电商诚信经营,打造"买好花、信沭阳"诚信品牌,激发电商持续转型发展的内生动力。

除了上述引导与扶持,在电商发展的过程中,沭阳县政府全面了解需求,并有效解决各类经营主体所遇到的各种痛点和问题(见表4.2)。

表4.2 沭阳电商发展痛点以及政府的应对策略

电商痛点	具体表现	应对策略
产品供应	➤ 本地在多肉等品类的培植力度上还比较有限 ➤ 产品同质化竞争 ➤ 产品质量需要不断提升 ➤ 产品开发创新仍不足	■ 形成沭阳花木大世界、新河颜集苗木淘宝市场、家庭园艺市场、新河沃彩互联网园艺基地、庙头花卉苗木市场、周圈盆景市场、解桥花木资材专业市场等县镇村三级专业供货市场体系

续表

电商痛点	具体表现	应对策略
创业孵化	➤ 部分新进网商在创业前期需要培育和服务	■ 打造沭阳县网络创业孵化基地 ■ 建立乡镇电子商务公共服务中心
组织协作	➤ 网商组织化程度低,互为竞争,缺乏合作 ➤ 行业自律意识和区域集体荣誉感不足	■ 组织成立沭阳县电子商务协会,与沭阳县花木协会、沭阳县盆景协会和沭阳县苗木商会组成全新的行业协会体系
物流快递	➤ 物流快递网点分布于街道两侧,场地空间有限,且容易造成交通堵塞	■ 建立新河物流快递园区
人才不足	➤ 激烈竞争使得网店经营的难度和压力加大,网商需要提升自我,同时诉求专业化服务 ➤ 开展电商服务的本地专业人才稀缺	■ 苏奥电商产业园和软件产业园吸引电商服务企业入驻 ■ 面向社会免费开展电子商务初始培训、提升培训和精英培训 ■ 在县内职业院校开设电子商务专业
资金需求	➤ 随着电商企业经营规模扩大,网商有资金借贷或周转应急的需求 ➤ 政府扶持电商发展需要有财政资金的配套支持	■ 开发出面向电商的信贷产品"淘贷" ■ 县电商协会发起成立沭阳县电商互助基金 ■ 设立电子商务专项发展资金
诚信建设	➤ 个别网商销售假种苗 ➤ 消费者的各种投诉 ➤ 负面的评论和报道 ➤ 沭阳整体名声受损	■ 成立专门机构,开展专项整治 ■ 全面摸排情况,规范经营主体 ■ 与淘宝建立协作机制 ■ 设立1000万元网络交易诚信专项资金

(四)农村电商的生态体系建设

农村电商的可持续发展需要建基于一个健康的电商生态体系之上。所谓健康的电商生态,是指一个由网商、供应商、服务商、电子商务协会、公共服务体系及社会环境(包括市场、政策、人文等环境要素)共同构成的共生进化系统,具有开放、有序、规范的特点,以及自我强化的能力。沭阳模式的另一重要特点是在政府合理引导下成功构建起一个相对完善的农村电商生态体系，使农村电商的发展具有较强的可持续性（见图 4.33）。除了政府打出的四套组合拳，沭阳县农村电商的生态建设工作主要体现在线上线下载体建设、硬件和软件的整合推进上。

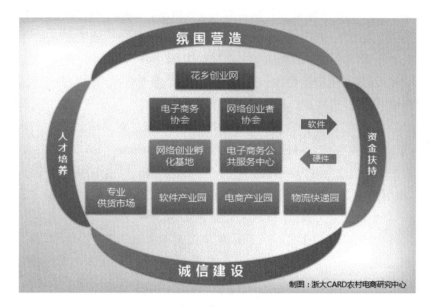

图 4.33　沭阳县农村电商生态体系建设

1.专业的供货市场。沭阳县形成沭阳花木大世界、新河颜集苗木淘宝市场、家庭园艺市场、新河沃彩互联网园艺基地、庙头花卉苗木市场、周圈盆景市场、解桥花木资材专业市场等县镇村三级专业供货市场体系。这些专业供货市场一般处于网商聚集和交通方便的地区，为本镇及周边乡镇网店供货。2016 年问卷调查结果显示，当地网商中只有 7.5% 的电商户属于完全的自产自销，30.0% 的电商户的产品完全来源于外部，62.5% 的电商户的产品部分自产，部分从外部收购，平均收购比例达到 47.5%。

以新河镇为例，新河镇家庭园艺市场位于江苏省首批电子商务示范村——新槐村，是沭阳县家庭园艺产品销售核心区和主要集散地。该市场依托本地 5000 多家网店的优势资源，全面对接网店、提供货源，还拓展了订单采购、送货上门等业务，不仅满足全镇网店的线下供货需求，同时为周边的颜集、庙头、扎下、韩山、龙庙等乡镇的 3000 多家网店提供销售货源。市场占地 240 多亩，建设配套设施齐全的钢结构温室大棚 150 多个，分盆栽绿植、园艺工具、花木资材等区域,主要经营花卉种球、盆栽绿植、景观盆景、果树苗木、园艺工具等花卉苗木及附属产品,年销售额亿元以上,带动从业人员 1200 多人。

周圈盆景市场位于宿迁地区花木发源地——新河镇周圈村,是苏北地区最早的生态花卉苗木盆景市场之一。前身为盆景长廊,始建于 1994 年,2004 年扩建为占地 350 余亩的生态花卉苗木盆景市场,分盆景交易区、苗木交易区和服务功能配套区,2004 年 5 月 2 日,时任中共中央总书记胡锦涛亲临周圈盆景市场视察。周圈盆景市场现有盆景加工、经营户 80 余户,持证盆景园艺师 300 多人,盆景销售经纪人 360 余人,可培育、制作各类苗木盆景 600 余种,年销售额过亿元,其中线上销售额 6000 万元以上,带动从业人员 1500 多人。

新河镇沃彩互联网园艺基地,是 2015 年底沙河村党支部引进浙江国美园艺有限公司所投资建设的园艺基地。项目占地 100 亩,含 32000 平方米高标准现代化温室、12 米宽循环通道、5 个停车场、1 个卸货场、专用大宽带光纤等项目,设园艺综合超市、高档盆花、繁殖材料冷藏、绿植盆栽、果树苗木、配套园艺资材、大宗物资分拨、优质园艺电商孵化、优新园艺产品展示等多个功能分区。沃彩基地坚持"深度运营的园艺电商产业平台"的发展定位,提出"园艺基地—集配中心—园艺供应链—园艺产业平台"四个阶梯式发展目标,该基地的建成有力地拉动了经济的增长,为新河及周边乡镇 2000 多家网店供货,带动就业 3000 人以上,为花木交易提供了更广阔的平台。

2. 物流快递园区。作为沭阳最大的淘宝镇,新河镇于 2015 年 8 月根据规划,对新河镇区街道进行综合改造,原快递公司一条街在改造范围内。为了妥善安置快递公司,方便网店货物流通,决定新建一个快递园。经多方选址,综合考虑交通、地块等问题,最终确定在原新河花木公司处新建快递园。由新河镇花木协会党支部和大营村党支部联合建设,总投资 500 万元,占地 11000 平方米,建筑面积 7500 平方米。快递园区吸引了全镇主要快递公司集中入驻,实行统一管理,解决交通拥堵、环境卫生等问题。顺丰、韵达、中通、圆通、天天等 36 家快递公司已相继入驻设立网点,物流公司 160 余家。2015 年陆续上马了自动化、标准化包裹分装大型设备,大大提高了包裹处理速度和承接量,节省了单位劳工量和成本,不少快递企业为提升运营效率和绩效,进一步让利于当地农民网商,进一步降低了物流快递成本。截至 2022 年底,沭阳县各类物流产业园与物流集聚地吸引 13 家国内知名寄递企业入驻,布局营业网点 280 余个,企业员工 3000 余人,平均每秒有 14.4 件快递从沭阳发往世界各地。

3. 苏奥电商产业园。苏奥电商产业园位于沭阳县松江路,占地面积约

255 亩，总投资 8 亿元，总建筑面积 32 万平方米。苏奥电商产业园是一个集花卉苗木、图书、服装、化妆品、包装、餐饮 O2O 平台及电商融资平台等于一体的综合性的电商产业园区，其中入驻多家年营业额超亿元的大型绿化苗木公司、服装企业、化妆品公司等，并且将吸引更多沭阳当地和外来的大型网商以及电商服务企业入驻，形成集聚效应。2018 年苏奥电商产业园获评年度"省级创业孵化示范基地"称号。

4. 软件产业园。随着国内外软件和服务外包产业发展，沭阳县抓住发展机遇，于 2008 年 8 月挂牌成立沭阳软件产业园，这在当时是全省首个县级软件产业园。截至 2018 年，其建筑规模已从 2008 年底的 1.5 万平方米增加到 9.6 万平方米，共入驻软件信息和电子商务类企业 418 家，全年实现业务总收入 60.45 亿元，其中软件和服务外包主营业务收入 31.76 亿元。企业税收从 450 万元增加到 2018 年的 2.51 亿元，产业发展规模不断扩大。已形成涵盖软件开发、电子商务、动漫设计及软件培训等功能的综合性产业园，拥有各类技术型人才 2670 人。园区配套出台优惠政策及优越的办公环境，吸引了一批知名行业企业和电商服务企业的入驻，产业聚集优势和规模效应不断显现，已成为苏北地区软件产业研发、孵化、出口和人才培育重要园区。

5. 网络创业孵化基地。以"互联网＋"为突破口，携手蓝天国际商贸城、移动公司、电信公司全力打造沭阳县网络创业孵化基地。这个孵化基地将蓝天国际商贸城闲置的 4 万平方米、近 700 个办公用房充分利用起来，让电商企业免费入驻，并采取免费安装宽带、免费政策咨询、免费创业指导、物管费减半收取等优惠政策，为创业者提供组团式、一站式、专业式服务，全力打造条件最好、政策最优、服务最佳、效率最高的网络创业环境，切实帮助创业者解决创业初期的各种难题，为电商发展打开"绿色通道"。孵化基地逐渐形成了集中、集聚、集群发展的良好态势。

6. 电子商务公共服务中心。沭阳县在每个乡镇都建立了电子商务公共服务中心，会议室、培训室、摄影室、体验中心一应俱全，为电商农户提供技术培训、网店优化、信息咨询、金融服务等服务。

7. 电子商务协会。为推动电子商务产业发展，沭阳县于 2013 年 12 月成立沭阳县电子商务协会。该协会充分发挥行业协会与政府之间桥梁纽带作用，将电子商务从业人员的发展需求及时反映到政府相关部门，宣传相关政策法规文件，制定行业规范，加强行业监管，为县政府推动电子商务产业发展提供帮助。电商协会不定期召开电商沙龙,加强电商群体之间信息交流,实现资源共享,提高电商群体应对市场的敏感性;开展电商技能培训,邀请行业大咖分享成功经验和教训,邀请讲师开展技能培训,提高从业人员创业成功率。沭阳县电子商务协会还在重点行业和重点乡镇成立了分会。

8.网络创业者协会。沭阳县以"网络创业"工作为主要抓手,于2014年5月份成立沭阳县网络创业者协会,与电子商务协会合署办公,致力于扶持和推动全县电商产业发展。各乡镇也陆续成立了网络创业协会,以党委、政府为领导,通过多层面组织引导网络创业工作者活动,积极组织创业者培训,同时带领网络创业工作者到其他地方学习,交流创业过程中遇到的难题,借鉴别人的工作经验,使创业者掌握创业知识,提高个人素质,帮助他们登上创业舞台,用梦想开拓未来。

9.花乡创业网。为解决初期创业者"选择商品茫然、压货资金紧缺、议价能力较弱"等困难,沭阳县搭建了网络创业公共服务平台——花乡创业网,为创业者提供35大类、近万款单品,创业者免费注册成为会员后,即可加入平台分销,只需开店接单,压货资金、物流配送、售后服务等工作均由平台完成,极大降低了广大群众的创业门槛和创业风险。同时,花乡创业网还展示创业大赛、创业政策、创业培训等有用信息,引进理论知识扎实的学者和经验丰富的商家为创业导师,利用"互动交流"板块为创业者提供帮助。

(五)人与土地的和谐发展

农民与土地的关系是一个永恒的话题。长期以来,中国农村人多地少的现实,使得土地的承载力十分有限,大量农药化肥的使用也改变不了农户农业收入水平不高的现实,并且造成农村环境污染,与此同时,许多农民不得不选择背井离乡,出外谋生。沭阳模式展示了一种新型的人地关系,即在农村地区实现人与土地的和谐发展。其一,土地和空间被充分利用。在沭阳的淘宝村中,耕地资源被充分利用起来,没有任何土地撂荒的现象,不仅如此,花木农户还普遍向周边乡镇租赁土地,扩大种植面积。电子商务的兴起,使得农村可用于充当仓储的空间、闲置的旧房、对外出租的房屋也都被更加充分地利用起来。其二,有限土地前提下不断增加农民的收入。沭阳县改变了以往紧张的人地关系,在同样的地域空间里,通过电商的发展,更加充分利用土地,实现农民增收。其三,有限土地前提下解决农村人口的本地就业问题。淘宝村的产业链条中,从种植到销售,从客服到采购,从包装到物流,较低的就业门槛极大地消化了农村劳动力,带动农民就业人数约 28 万人。2013—2015 年,沭阳县约有 5.5 万人返乡就业创业;2016—2017 年,全县新增个体工商户 28983 户、私营企业 3.29 万户,沭阳县获评省级"创业型城市",入选国家级支持农民工等人员返乡创业试点地区。其四,实现农村绿色发展,保证良好的宜居环境。沭阳花木产业本身属于绿色环保产业,且给予人们观赏上的美感、心灵上的愉悦和文化上的熏陶,对接互联网经济以后,绿色发展的价值和优势得到进一步强化,加上政府在卫生城市创建、污水整治、生活垃圾处理等方面的努力,沭阳县成功创建省级园林城市,沭阳农村呈现出"环境优美宜人、人民安居乐业"的崭新面貌,农民的满意度不断提高。

三、沭阳模式与其他县域电商模式的比较

为进一步加强对沭阳模式的认识,不妨将沭阳模式与其他典型县域电商模式之间作一个简单的比较(见表 4.3)。

表 4.3　典型县域电商模式之间的比较

特征	沭阳模式	通榆模式	武功模式	遂昌模式	义乌模式
区域经济水平	中等发达地区	欠发达地区	欠发达地区	欠发达地区	发达地区
发展基础	产业集群	自然生态	地理区位	自然生态	商贸体系
主营产品特性	活体	干货	干货为主	干货为主	干货
核心主体	网商＋政府	政府＋运营商	政府＋综合体	政府＋网店协会	网商
发展路径	自下而上	自上而下	自上而下	自上而下	自下而上

从所在区域的经济发展水平来看,通榆、武功和遂昌均属于欠发达地区的县域经济体,沭阳属于中等发达地区的县份,义乌位于较为发达的浙中地区。沭阳县所在的苏北地区在江苏境内是经济相对落后的区域,在全国范围内属于中上等的水平。2021 年,沭阳县的城镇居民人均可支配收入和农村居民人均纯收入分别是 34604 元和 21828 元,对比全国平均水平的 47412 元和 18931 元,沭阳农村居民人均纯收入略微高一些。因此,单从经济发展整体水平的角度讲,相比于其他县域电商模式,沭阳模式对于中西部地区发达县域

和东部地区中等水平县域发展电子商务更具借鉴意义。

从电商得以发展的产业基础来看,沭阳是基于原有的花木产业集群而发展电子商务的;通榆和遂昌得益于其自然生态下所孕育的绿色健康农产品和土特产;武功电商的发展得益于其独特的地理区位优势,即地处关中平原腹地,是西北地区重要的交通枢纽和商品集散中心;义乌是全球最大的小商品市场,发达的商贸体系成就了义乌县域电商的发展。农业产业集群是现代农业发展的一种新趋势,是农业产业化、规模化和现代化发展的一种高级形式,20世纪90年代后期以来,中国农业产业集群发展迅速,出现了一批在国内外有影响力的农业产业集群;然而,经济新常态背景下,中国农业产业集群同样面临转型升级的问题。相比于其他县域电商模式,沭阳模式更能够直接为拥有农业产业集群的地区发展电子商务提供经验参考。

从主营产品的产品特性来看,沭阳的主营产品是花卉苗木类,属于活体农产品;通榆的主营产品为杂粮、杂豆、大米、葵花等品类,属于干货农产品;武功的主营产品为红枣、杂粮、茶叶、干果等品类,多数属于干货农产品;遂昌的主营产品为牛肉、猪肉、土鸡蛋等品类,多数属于干货农产品;义乌的主营产品是各类工业小商品,也属于干货特性的产品。相比于干货类农产品,活体类或生鲜类农产品的电子商务发展难度更大。但是,从整个中国电子商务的发展趋势来看,鲜活农产品电子商务的发展潜力和发展需求巨大。从当前的发展阶段看,沭阳模式走在了中国鲜活农产品县域电商的前列,引领着该领域的发展潮流,能够为更多地区发展鲜活农产品县域电商提供示范。

从电商发展的核心主体来看,沭阳模式属于"网商＋政府",即由网商草根创业创新开启电商发展之路,并始终保持主导的地位,政府积极引导和有效扶持,通过多种措施促进产业集群升级,构建起健康的电商生态体系,促进电商持续发展;通榆模式属于"政府＋运营商",即由政府特地引进一家专业的运营商,由该运营商一方面对接合作社和农户,策划实现生产标准化、产品分拣化、包装精美化以及运营品牌化;另一方面在天猫上经营特产专卖店,将本地农产品销售出去,政府做好背书工作,成立骨干队伍,用行政力量为电商发展建立"绿色通道";武功模式属于"政府＋综合体",即由政府精心策划,通过招商引资的形式把外部的电商企业、服务商、快递公司等主体吸引到武功县,构建起以综合型产业园区为载体的电商生态体系;遂昌模式属于"政府＋网店协会",即由政府采用购买服务的形式建立起完善的公共服务体系,积极支持成立网店协会,成功建立起农产品分销平台,上游对接本地农产品生产企业（包括农户、合作社和企业），下游对接淘宝卖家，让这些卖家帮助销售本地农产品；义乌模式则是以网商为单一核心的发展模式，作为电子商务主体的、主要以家庭为经营单位的网商，经历了在第三方电子商务平台上自发产生、简单复制、快速扩张和以自组织为主形成多物种共生的新产业生态。相比之下，沭阳模式更加体现"政府之手"与"市场之手"的有效结合，为充分调动县域内的各类组织和经营主体，各司其职，高效互动，共建电商生态体系提供了可行性样本。

按照电商发展的初始力量来源，县域电商的发展路径可分为"自上而下"和"自下而上"两种类型。沭阳模式和义乌模式属于"自下而上"的发展路径，通榆模式、武功模式和遂昌模式属于"自上而下"的发展路径。

四、沭阳模式的意义

（一）为农村一、二、三产业融合发展树立标杆

当前，产业融合已经成为农业产业发展的新趋势。所谓产业融合，是基于技术创新或制度创新形成的产业边界模糊化和产业发展一体化现象。它通过产业渗透、产业交叉和产业重组等，激发产业链、价值链的分解、重构和功能升级，引发产业功能、形态、组织方式和商业模式的重大变化。

随着互联网的飞速发展，大家都讲"互联网＋"，"互联网＋金融""互联网＋物流""互联网＋农业"，而实际上，农业发展也需要"农业＋"，如"农业＋旅游""农业＋文化""农业＋休闲""农业＋互联网"等。未来整个农业的发展需要与二、三产业融合。农业与加工业、服务业等产业融合，才能更具竞争力；农业加上互联网，才能更具活力；农业必须跳出传统种植业、养殖业的范畴，向其他关联领域延伸与拓展，才能拥有更为广阔的发展空间。所以，未来农业的发展将是"接二连三"、多功能的，"农业＋"将成为未来农业发展的关键词。

中国农村一、二、三产业融合发展总体上处于初级阶段，覆盖领域小，融合深度不足，惠及面有限，而沭阳模式为中国农村一、二、三产业融合发展提供了一个有效的示范。沭阳县开辟的是一条农业产业集群升级型的农村产业融合发展道路，具体来讲，沭阳模式实现以农业产业集群或产业区为依托，形成花木种植产业、资材配套产业、干花加工产业、现代物流产业、金融服务产业、电子商务产业、软件信息产业、休闲旅游业等多个产业空间叠合、集聚

集群和网络发展的形态,既包括不同产业不同经营主体的集聚,也包括同一产业不同经营主体的集聚,还包括同一经营主体内部不同产业的融合。线下部分从花木的育种组培到栽植管护,从市场批发到物流配送,线上部分从店铺装修到摄影美工,从客服推广到运营策划,实现了线下和线上、虚拟和实体、主体和配套的高度融合。这些相关产业相互融合,高度联动,互相促进,共同发展,成为一个产业群的综合体,对内能够保持可持续发展的活力和功能联动升级,对外可以形成巨大的吸聚能力和竞争优势。

沭阳模式对于促进农村产业融合发展的借鉴价值在于,农村产业融合发展主要还得依托农业,立足农村,惠及农民,重点在县和县以下,关键在营造良好的支撑环境,构建完善的服务体系,激发农民的创业热情和创新精神,让农民广泛参与产业融合的发展,分享产业融合的红利。

(二)为凸显农村电商生态建设的价值树立典范

成功建立起一个相对完善的农村电商生态体系,使农村电商的发展具有较强的可持续性,是沭阳模式的一个重要特点。沭阳模式凸显了互联网经济发展背景下构建健康电商生态体系对于促进农村经济发展的巨大价值。首先,健康电商生态体系的构建使农村就业、创业和创新的基础更加扎实。在沭阳,整个电商生态体系的完善,让各种经历和背景的从业者都能够找到自己的位置。农户们既可以自己经营淘宝店,又可以进入企业负责运营或者仓库发货等工作,也可以成为物流公司的快递员工;返乡的大学生可以成为各类农村电子商务服务站的服务人员,也可以自行经营店铺或成立电商服务企业。与电商生态体系相配套的来自政府各部门、相关合作院校、服务商的各类培训综合提升了农村人口的互联网意识和专业能力,使得创业和创新的民间力量源源不断地涌现。其次,健康电商生态体系的构建使电商产业保持发展活力。在沭阳,随着电商生态体系的完善,农村电子商务的可持续发展能力不断提升,花木产业的竞争实力也达到空前高度。面对全国其他地区的同行业竞争,健康的电商生态体系使沭阳县牢牢把握住主动权,积极保持电商发展的先动优势,不断创新,进一步巩固花木产业电商化发展的领头羊地位。最后,健康电商生态体系的构建使农村经济发展所需的要素健全化和优质化。农村经济的发展无疑需要人才、资本、土地、组织等要素的支撑。电商生态体系的完善,本身就是一个经济要素不断供给和升级的过程,而且,电商生态体系构建以后,既能进一步降低各方面的成本和大众创业门槛,又能形成旋涡效应，吸引大量的优质外部资源，包括金融、科技、人才等，甚至还能使电子商务具备良好的跨产业发展潜力，即线上销售的产品突破本地的花木品类，不断向其他类型的产品链渗透和延长。

(三)为促进城镇化与新农村建设树立样板

城镇化是现代化的必由之路，是保持经济持续健康发展的强大引擎，也是经济转型升级的重要载体和途径。新型城镇化的实质和核心是人的城镇化，是经济、社会、人口、生态发展的综合体。新型城镇化要求城镇化和新农村建设"双轮驱动"，形成城乡一体、良性互动的协同发展趋势。沭阳模式为新阶段更好地促进城镇化与新农村建设树立了样板。沭阳模式所代表的"互联网＋三农"县域电商发展所推动的城镇化发展和新农村建设充分体现以人为本，以农民为主体的包容性发展，这是互联网经济背景下一种"乡村现代化""就地城镇化""在线城乡一体化"的新模式，既实现了农业、农村和农民的现代化发展以及城镇化水平的提高，又维持了农村地区自身的独特性、历史性和人文性。

首先，"互联网＋村庄"使农民自觉学习和运用网络电商、信息科技、物流仓储等技术，在同一阶段同时推进经济现代化与生活现代化的双重转型，从产业层面、生活层面、地域生产力层面，实践乡村现代化的新路径。其次，"互联网＋乡镇"使乡镇产业从单一简单的农业转变成为跨产业综合发展的电子商务集群，使乡镇样态从传统的生产生活方式与文化习俗转变为兼容现代化要求的新市民生活，使乡镇地位从被边缘化的城镇附属转变为集聚人才、资金、信息的区域新核心。最后，"互联网＋县域"在实现城乡供应链整合以及县城电商与农村电商协同发展的过程中，无论是城镇还是乡村，大量居民使用互联网进入市场，构建社交网络，获取信息；城镇和乡村俨然成为一个城乡网络，作为各流动要素的节点及其相互之间的联系一起被纳入区域的产业链条和生活体系之中，实现了"在线城乡一体化"。

(四)为农村人口与土地的和谐发展提供借鉴

长期以来，由于农村人口众多，耕地资源有限，人均耕地少，人地关系紧张，我国绝大部分农村并不具备快速实现农业现代化、工业化、城市化的条件。不管是解决脱贫消贫问题，还是应对"谁来种田"的问题，都必须立足现状解决一个根本性问题，那就是如何让农产品能够直接对接消费者，找到合理价格，提高经济效益，使土地更具吸引力。这就需要找到一把让农民能够熟练使用、让农产品能够与大市场高效对接的钥匙。而沭阳这种"主体是农民、资源是庄稼地、商品是农产品、钥匙是淘宝店"的模式,就较好地解决了这一问题。农民的纯收入从 2013 年到 2021 年增长了 102%,农民普遍富裕起来。有了人,便有了生气、有了活力。在淘宝村里,几乎没有"留守儿童、空巢老人"等中国多数农村普遍存在的问题,不仅很少发生治安案件,就连各种信访问题都很少,几个淘宝镇是多年的文明乡镇。做"淘宝"不仅让大家"有事做、有钱赚、有奔头",同时也让"家庭更和睦、农民更安心、农村更安宁"。沭阳县通过电子商务的发展带动农村人口本地就业,从 2003 年的 5000 人,提升到 2015 年直接创业和带动就业人员总数达 15 万人,2022 年沭阳电商产业带动 35 万人就业。

　　农村人口与土地和谐发展的另外一个重要体现是实现农村绿色发展,即将生态文明理念融入农村经济发展之中,既要金山银山,也要绿水青山。沭阳所大力发展的苗木产业和电商产业均属于绿色经济,既实现了财富增长,又拥有宜居的美丽乡村环境。沭阳的实践启示是,新常态下,"互联网＋特色农业"是实现农村经济绿色增长,生态文明与经济效益双收,形成"农民富、农业强、农村美"的有效发展模式(见图 4.34)。

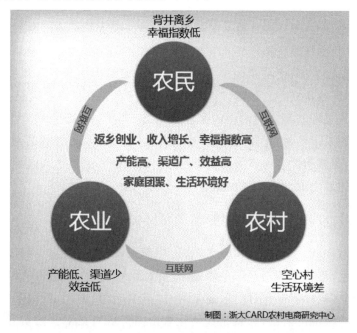

图 4.34　沭阳县电商产业发展缓解三农问题

4.2.3　沭阳模式形成的关键要素

沭阳模式在不同的时期具有不同的关键要素。萌芽时期，沭阳模式的关键在于良好的基础设施建设和扎实的传统产业的支撑；发展时期，沭阳模式的关注点在经营主体和政策环境；而在转型期和飞跃期，沭阳模式形成的关键要素演变为电商生态的构建（见图4.35）。

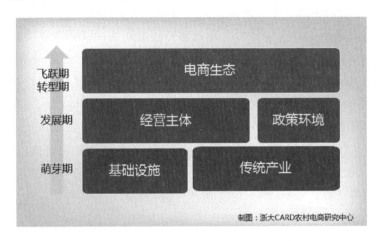

图 4.35　县域电商发展各阶段要素

一、良好的基础设施

沭阳县交通运输、网络通信、快递物流等支撑电商发展的基础设施比较完善。

沭阳地处江苏北部，东部接壤连云港，南部毗邻淮安，西部倚靠宿迁，北接徐州，是四市的接合部。距宿迁高铁站30分钟车程，距淮安涟水机场45分钟车程，距连云港白塔埠机场50分钟车程，距徐州观音国际机场1.5小时，南京禄口国际机场在沭阳设候机楼——江苏全省唯一县级城市候机楼。京沪高速公路穿境而过，设有5个互通出入口（沭阳扎下、沭阳北、沭阳、钱集、胡集），205国道和324、326、245省道穿境而过。新长铁路在沭阳设有客运和货运站，穿越腹地直接连入陇海铁路、胶新铁路、宿淮铁路、宁启铁路。沭阳四通八达的交通布局，为区域物流的发展奠定了基础。

沭阳加快推进4G网络建设工程，截至2015年底，完成80个行政村光纤到户工程,新增 4 万宽带用户,实施无线数字地面传输覆盖工程,新增农村数字电视用户 1 万户以上。建立"一网两库一平台"("诚信沭阳"网站、企业信用基础数据库、个人信用基础数据库和信用信息平台),公共法律服务体系初步建立。全面推进信用体系建设,公共信用信息平台归集数据超过 5700 万条。

沭阳县的快递行业经历了从无到有、从小到大、从赤贫到巨无霸的发展历程。2007 年以前,快递网点只覆盖县城,平均日派件量、日发件量均少于 10件;2007—2010 年,快递网点逐步铺开至各重点乡镇,平均日派件量达到1000—3000 件,平均日发件量达到 500—2000 件,以圆通快递、顺丰速运为代表的快递企业的业务量开始步入稳定增长的发展期;2010—2015 年,各大电商平台异军突起,沭阳快递业飞速发展,以韵达快递、全一快递、速尔快递、天天快递等为代表的企业迅速扩张,快递网点逐步实现全覆盖,平均日派件量达到 1 万—5 万件,平均日发件量 3 万—10 万件;2015—2021 年,沭阳实现快递网点全覆盖,平均日派件量 5 万—10 万件,平均日发件量 25 万—125 万件(见图 4.36)。沭阳的快递发展史,就是浓缩的沭阳电商发展史。据统计,2021 年沭阳快递发货量突破 4.45 亿件,平均每一秒钟就有 14.4 件快递从沭阳发往世界各地。

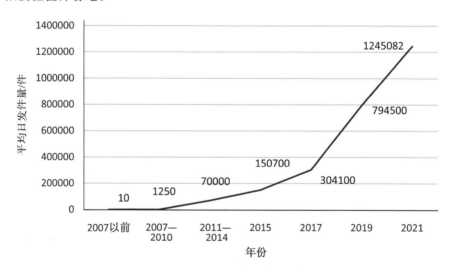

图 4.36　沭阳县快递业发展情况

资料来源:整理自沭阳县宣传部的公开报道。

二、扎实的产业资源

沭阳县主导产业加速聚集，以绿色产业为中心，发展纺织服装业、图书文化产业均取得令人瞩目的成绩。

沭阳花木种植历史悠久，至今已有 500 多年，花木生产有 200 多年的历史。截至 2023 年，花木种植面积 60 万亩，花木品种 3000 多个，30 余万人从事花木种植工作，形成以新河、颜集、耿圩等地为主的名优花木繁育基地。拥有绿化工程类企业 300 余家，其中拥有国家一级资质企业 3 家，当地规模最大的花木企业为苏北花卉股份有限公司。沭阳国际花木城是苏北大型花木市场，于 2013 年 10 月 10 日正式开业，并拥有电子商务平台——"南北花木网"。2016 年，中国沭阳花木节被评为江苏省乡村旅游节庆，2017 年沭阳县政府试行市场化运作花木节，进一步打造沭阳的花木品牌，促进沭阳花木产业更好更快地发展。

除了传统的花卉苗木产业，沭阳还有其他一些支柱性产业。该地的纺织服装业发展始于 20 世纪 50 年代，截至 2012 年全县纺织服装产业基地共有规模户 60 户，有 100 多只产品获省以上新产品称号，其中"宝娜斯"袜业产品为中国驰名商标。2015 年沭阳迈入"百亿级产业俱乐部"，实现工业销售收入 63.11 亿元，成为全省发展最快的纺织服装产业集群，总量稳居苏北县（市）前列。

此外，图书文化产业是沭阳四大支柱产业之一。沭阳图书集散地始于 20 世纪 90 年代初的出版社库存图书推销，1994 年在县城形成以图书贸易为特色的文化一条街，其上端与国内 260 多家出版社建立推销业务关系，下端最兴盛时图书推销员达 10 万人之多，养活了当地约 35 万农业人口。随着传统市场受挫、电商市场兴起，实体书店家家触网"做淘宝"。据不完全统计，沭阳图书电子商务的销售占全国图书网络销售的 20% 以上，占江苏省图书网络销售的 80%。

三、活跃的经营主体

回顾沭阳电商发展的三个阶段，我们发现沭阳的电子商务起源于民间，以全民草根创业为主，在市场需求和形势的推动下，凭借着良好的产业基础和配套设施，各类家庭作坊、个体网商纷纷触网，走出一条"自下而上"的电子

商务发展之路。沭阳电子商务经营主体可分为三大类:

第一类是以新河镇、颜集镇、庙头镇为核心,凭借花木产业自发形成的"家庭式电商小作坊"。早在 2001 年左右,互联网还没有被广泛商业应用之时,沭阳县新河镇的一些农民就开始利用贴吧、论坛在网上推销自家庄稼的花卉苗木。在农村熟人社会的孕育下,在农村电商带头人的影响下,网商的"星星之火",早已形成"燎原之势"。在淘宝网、阿里巴巴、京东等平台,以及抖音、快手等社交平台,不断涌现出沭阳网商开设的花卉苗木类网店。这些网店基本都是以"家庭式作坊"的模式运行,父辈管理田地,保障花木产品的质量、数量,子辈管理网店,负责拍摄、产品上新、顾客管理、营销等一系列工作,两代人各司其职,分工明确。

第二类是凭借图书文化产业发展形成的"夫妻店电商小作坊"。随着市场的扩容、竞争的加剧、图书销售价格的透明化,当地的图书产业在传统道路上发展日渐式微。在电子商务发展的大背景下,沭阳人利用图书批发市场结合仓储配送等方面的优势,在线下开设实体书店的商家纷纷在网上开店售书,带动上百人触网从事电商。以夫妻为单位,妻子负责网上客服,丈夫负责网店经营的技术性问题。目前在沭阳,已形成完整的图书产业链,在原有的图书市场基础上,建设"沭阳国际图书城",形成国内较大的图书市场。

第三类是"企业化电商"。沭阳有一批凭借"美腿袜"风潮发展起来的电商,凭借进入电商平台早的优势,获得一定的资本积累后开始转型,注册企业、商标,开设线下门店,从"线上"做到"线下",把企业做强做大。目前有些企业年销售额已达上亿元。

不同类型不同阶段的网商发展层次鲜明,既有传统企业转型,又有网络原创品牌的中坚力量,也有民间个体网商源源不断进入电子商务市场,每个层级之间随着电子商务运营和资源整合能力的提升,逐步进阶。

四、精准的政策措施

沭阳县政府本着"到位不缺位、补位不越位"的原则,以"需求导向、市场机制、精准扶持、优化环境"为思路,针对"入门之前缺引导、起步阶段缺培训、发展阶段缺资金、升级阶段缺人才"的创业痛点,开展"创业引导、人才培训、资金扶持、载体建设、优化环境"等一系列工作,为沭阳电子商务的发展提供尽可能优越的政策环境(见表 4.4)。

表 4.4　沭阳县出台的电商有关政策文件

时　间	文　件	内　容
2018-03-22	沭阳县电子商务（网络创业）发展"促七条"扶持政策	各个方面
2016-03-17	沭阳县电子商务进农村综合示范资金管理办法	农村电商、资金
2016-01-21	县政府关于支持农民工等人员返乡创业的实施意见	人才、氛围
2015-12-30	县政府办公室关于进一步完善全民创业风险扶持资金管理办法的通知	资金
2015-12-15	县政府办公室关于印发沭阳县青年人才务农创业资助券工作实施方案的通知	人才、资金
2015-12-07	县政府关于印发沭阳县产业发展基金管理暂行办法的通知	产业、资金
2015-11-05	电子商务进农村综合示范资金管理办法	资金、农村电商
2015-08-07	县政府办公室关于印发宿迁市第二届"金种子"网络创业大赛配套奖励政策的通知	氛围、资金
2014-11-15	沭阳县软件产业及电子商务优惠政策	资金

资料来源：据沭阳县政府门户网站的检索结果整理。

主要的行动方案包括以下几个方面：

一是营造电商氛围，加强创业引导。沭阳县通过多媒体渠道进行电商创业相关信息的传播、举行各类鼓励创业的会议和活动；宣传电商创业的优势，塑造典型，厚植电商发展的土壤。

二是创新服务理念，加强人才培训。政府购买服务，针对不同层次的电商人才分别进行初始培训、提升培训、精英培训；定时开展讨论活动"周四下午四点见"，给网商创造一个充分交流、讨论的机会；并且通过政企合作，整合县域内的资源，鼓励当地龙头企业给网商提供服务；在江苏省沭阳中等专业学校、沭阳经贸高等职业技术学校等职业院校开设电子商务专业，培养相关人才。

三是运用市场机制，加大资金扶持。江苏银行开设淘贷，在江苏省首创网商信贷,网商可以凭流水,实现免抵押、低利率贷款;沭阳农商行"淘易贷"累计为电商提供贷款资金;成立电商互助基金,获得社会资本扶持;政府出台红头文件,自 2014 年起,县财政按不低于 1500 万元标准安排网络创业风险扶持资金,扶持网络创业项目、网络创业培训、网络创业园、网络创业孵化中心建设补助、网络创业贷款风险补偿及贴息、网络创业先进典型奖励等。

四是运用互联网思维,加强载体建设。加强建设线下载体方面,沭阳建设了 4 万平方米的沭阳淘创基地、20 万平方米的苏奥电商产业园、2 万平方米的沭阳软件产业园以及乡镇电子商务公共服务中心,实现 24 个乡镇全覆盖;全县免费、低价提供 7 万平方米办公场所、4 万平方米仓储用房。充分建设线上载体方面,沭阳建设了花乡创业网,共 35 个类目,近万件单品,解决选择商品茫然、压货资金紧缺、议价能力较弱等问题,花乡创业网给创业者提供货源、物流配送、售后服务,创业者通过注册会员,选择商品,参与分销。

五是通过规范管理,优化发展环境。实现交易信息定期通报,交易纠纷协同处理,信用评定互相认可,优质商户政府背书。开展打击扰乱花卉苗木市场经营秩序等行动;设置 1000 万元网络交易诚信专项资金,买家购买到假货,可先行获得赔付,政府核实后,处理卖家;加强行业自律,通过沭阳县电子商务协会以及沭阳县网络创业者协会等加强管理和监督,走出一条可持续发展的道路。

五、健全的电商生态

沭阳电商取得了有目共睹的成效,建立了完善的生态体系。政府转变职能,搭建平台,为各类经营主体、服务商、资源平台提供相互学习、互动、共创的空间和机会;电子商务协会,推动企业相互抱团、优势整合,共同发展;当地龙头网商企业、中小型网商企业以及大批家庭式网商、个体网商,组合成金字塔形,共同发力;专业的服务商促成政府政策、项目落地,同时给县域的网商提供服务。整个沭阳县已形成了政府、协会、各类经营主体、服务商多种角色规范有序、彼此协作、共同发力的电商生态体系。这几大要素,在电子商务发展的不同阶段发挥不同的作用,在 2001 年初的电商萌芽期,良好的交通、网络等基础设施,包括依托自然禀赋形成的传统产业使得电子商务的萌芽成为可能。而真正使得电商得以快速发展的是以农民为主力的广大创业群体,包含个体、网商、传统企业的各类经营主体,充分发挥主观能动性，并在政府创造相应宽松而有效的政策环境中得以催化。到2015年，沭阳县已经形成了相对健康的农村电商生态体系，这意味着沭阳县的电子商务具备了支撑可持续发展的良好条件。

4.2.4 沭阳模式的启示

一、善用资源禀赋，鼓励创业创新

沭阳模式实践的成功与良好的资源禀赋条件息息相关。作为花木之乡，花木产品资源与花木人力资源丰厚。沭阳人民有效利用这些资源禀赋，打造了一个立于国内农业产业发展潮头的全新电商产业经济。根据对沭阳淘宝村346户网商调查问卷的统计分析，发现农户经营花木产业生意平均年限达到7.9年，平均工作经历4.2年，开网店前的平均创业次数达到1.63次，平均每个网商雇工人数（吸纳就业）达1.86人，拥有网店1.76个（见图4.37）；沭阳农户网商较充分地利用了沭阳花木产业优势（沭阳花木资源禀赋值为0.6447，即64.47%的农户认为自身的产品有优势），沭阳农户网商的创新能力值达0.635（即63.5%的农户认为自身具有创新能力），沭阳农户网商的收入满意度达0.6474（即64.74%的农户网商对自身的收入感到满意）。事实证明，农户可以通过充分利用当地的资源禀赋优势，积极进行创业创新；沭阳通过发展与人民群众密切相关的产业，充分利用当地的资源禀赋优势，使"大众创业、万众创新"成为激发县域经济活力的新源泉。

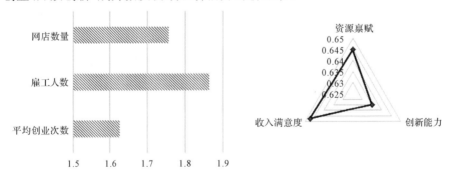

图4.37 沭阳县资源禀赋、农户创新创业与收入满意度
资料来源：调查问卷统计分析。

　　沐阳模式为全国县域提供了一条激发创新力量、驱动新经济发展引擎的路径:县域可以通过积极营造全民创新创业的氛围,着力培育创业孵化的优厚土壤,激发全民主动创业致富的动力。沐阳通过利用深厚的花木产业土壤、悠久的种植历史、庞大的花木经纪人队伍,充分挖掘优质的产业资源,由"政府＋全民",主动融入互联网,激发全民创业创新的热潮,促进传统产业转型升级,把原有资源优势转化为新的产业优势。国内众多县域都有自身的产业资源优势,面对新经济发展潮流,主动挖掘资源禀赋优势,立足于当地人民群众,实事求是,激发当地群众的创业热情,积极提供创新发展的条件,融合信息化发展的新常态新形式,这对于激活县域经济活力和促进社会发展具有重要意义。

二、完善基础设施,夯实产业配套

　　沐阳县域电商的快速发展与完善的基础设施密不可分。沐阳县政府以发展县域内交通干线"三步走"的战略为依托,全面打开花木产业县域新布局,完成了老花区到新花区的蜕变升级。随着电子商务的发展,县域政府及时推出宽带提速和物流配套的发展策略,为广大花农及时提供良好的信息网络基础设施配套,推进物流快递布点向乡镇村的纵向延伸,并在县域中心成立百盟物流产业园进行统一的调拨和管理。本研究通过对沐阳22个淘宝村的调研,发现几乎每个淘宝村发展的背后都有完善的基础设施支撑,包括道路、物流、通信网络等,其中每个行政村的村级年均基础设施投入达到3.54万元,有力推动了电商发展最为关键的"最后一公里"问题的解决,问卷调查统计结果显示,沐阳农户网商对政府公共基础设施建设、物流产业发展扶持和资金贷款扶持的满意度达到65％、67％与73％。

　　沐阳模式为全国县域提供了一条完善政府服务配套、夯实新经济发展基础的路径:通过政府主导基础设施建设,打开产业发展布局的新路径,以完善产业规划,落实产业基础设施建设为依托,着力突破道路、信息与平台对接的瓶颈,为县域产业发展提供坚实的硬件配套。沐阳县政府以建设的国道、省道、县道及花木产业循环道路工程为依托,为整个产业发展提供了坚实的基础保障,并且在电商产业发展的过程中,及时补足原有产业和新电商产业发展相融合需要的信息网络资源、快递物流配套、花卉苗木交易市场、网货资源集散中心等产业配套,从供给侧为新经济注入新活力。

三、重视草根群体,激活市场潜力

沭阳模式锻造历程的基础与活跃的草根群体力量的激发关联密切。沭阳拥有接近160万人的人口基数,活跃在乡村土壤的人民群众,扎根于土地,通过经商为美好生活不断奋斗,沭阳政府正是立足于实践认识的基础上,为县域群众积极提供致富路径,搭建奔小康的资源通道,重视对草根群体的资金、技术、信息资源的投入,努力促成农民群体通过合作组织与新经济平台同市场的对接,打通老百姓的致富路。沭阳电商发展中的一大亮点:重视淘宝村草根群体的需求潜力和创富能力。经对淘宝村346户网商的统计分析,发现农户花木产业年均投入3.5万元、平均网购0.76万元,经营利润户均12.1万元,利润率达到41.9%,网商农户的人均纯收入水平连续多年高于全县农民人均收入(见图4.38)。

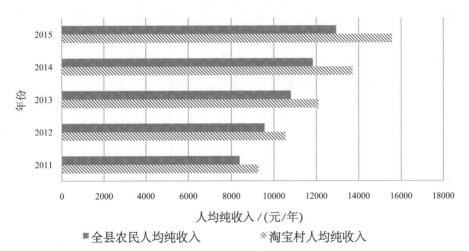

图 4.38　淘宝村网商与全县农民的人均纯收入对比

资料来源:调查问卷统计分析。

沭阳模式为全国县域提供了一条激发草根群体力量壮大新经济发展主体的路径:县域政府可以通过引导草根群体紧跟新经济中的电子商务产业,铺开一条新产业发展道路,充分相信人民群众的力量是巨大的,把群众的力量拧成一股绳,形成强劲合力,共同推动电子商务发展。沭阳相关政府部门通过协同龙头企业、网商群体推动电子商务协会和花木产业协会的建设,齐心协力克服发展路径上的重重困难,打通了一个个电商发展的关键节点,有力地激发了草根群体的微创新能力,充分地挖掘了花木产业凝结的集群社会资本,助推了花木产业与新兴线上市场的对接,用草根群体的创新力、消费力与集体智慧,激发出更强大、更持久的市场活力,使花木产业的市场竞争力不断提升。

四、营造宽松环境,整合优势资源

沭阳模式运营环节的活力与良好的市场环境塑造紧密匹配。沭阳为发展花木产业从 20 世纪末开始进行政策顶层设计和落实,到 21 世纪初,随着形势的发展,推出适应时代要求的恰当政策举措,包括促进农业发展的产业政策"方案束"(共 12 个主要匹配政策和 5 个五年发展规划),推动花木产业发展的"策略包"(包括基础设施、技术、人才、资金等 16 个主要提升工程),打造花木电商新经济的"智囊袋"(包括电商产业联盟、创业孵化联盟、电商平台联盟、高校智力联盟等八大支撑配套资源),营造了良好的产业发展环境,引入优势资源,有效整合,提升新产业经济的综合竞争实力。通过对淘宝村 346 户网商的统计分析,发现沭阳 2015 年单个电商快递包裹的平均成本为 6 元,平均网速达到 15.7兆,达到了较好的网店运营成本水平和基础入网条件,问卷调查结果显示沭阳农民网商对县域的人才引进、技能培训、研发园区建设满意度分别达到 69.1%、65% 与 61.2%,这表明沭阳县政府通过营造宽松的环境,并弥补电商发展需要的资源,促进了电商产业健康发展,获得了较高的农户网商满意度评价。

沭阳模式为全国县域提供了一条营造发展环境、整合优势资源、提升新经济活力的路径:可以通过有效发挥市场无形之手的力量,融合政府调控和引导产业发展的有形之手的力量,推动优势资源的整合,政府和市场两手相得益彰,把握平衡,市场能做的让市场主导,基础公共服务政府补位,做到"不缺位、不越位"。沭阳政府通过把握市场和政策的平衡,为花木产业和电商新经济注入新鲜血液,在电商产业园和创新孵化园的建设上,由大型网商主导发展;在基础设施服务、金融信贷与诚信体系建设上,由政府主导,协同企业和网商的力量,推出"淘贷业务",建立诚信发展基金,大力推动花区电商循环干线建设;通过县域政府的力量,积极与阿里巴巴等电商平台合作,整合各类媒体资源进行沭阳花木品牌的传播推广,营造市场和政府相辅相成的氛围,点燃县域产业经济的新活力。

五、注重生态营造,形成双链互动

沭阳模式生态系统的打造,同电商服务链和产品供应链融为一体。沭阳为发展电商产业，在一、二、三产业融合上下苦功夫，从县域内的花木种植产业的原始积累开始，延伸到集聚全国南北方的优质网货资源，拓展到花木产业园区集聚，甚至全球优质花木网货资源，通过创新将其改造成与当地电商市场匹配的新品种新资源。可以说，沭阳已从传统的花木种植和工程苗木培育，拓展到围绕花木产业和电商经济双核心，包含研发、加工、商贸、创意、服务一体化的"六产联动"的新常态。通过对淘宝村 346 户网商的统计分析发现，50.1% 的农户网商与沭阳花木产业中的供货商和专业市场具有紧密关系，并且 59.4% 参与过电商培训，平均培训次数 1.93 次，平均培训时间 5.9 小时，这表明沭阳电商生态与供应链体系已经实实在在地融入并服务于当地网商，并且对促进沭阳电商的发展发挥了重要的积极作用。

　　沭阳为全国县域提供了一条打通延伸产业链条、引领新经济发展的新路径（见图 4.39）：县域政府可以通过结合原有产业基础，把产品供应环节从县域拓展到全国甚至全球，通过研发、服务、商贸集聚资源，虹吸行业的信息、资金、技术和产品资源，通过电商服务链进行有效整合，转化为电商交易额，最终实现经济效益的转化，完成整个链条的衔接和良性闭环。沭阳政府通过引导和整合花木产业的产品资源，激发网商的研发和创新能力，打通产品供应链环节的关键节点，并以电商服务链的完善配套为依托，在包装、快递、网货配套服务上形成完整的产业链，进一步助推网货多元化、服务精准化、资源配套高效率，提升县域新产业经济的竞争力。

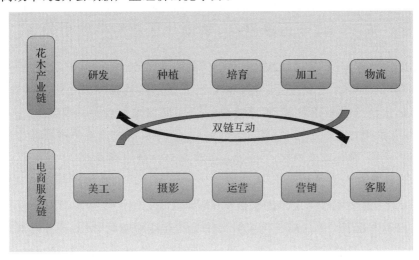

图 4.39　沭阳县双产业链互动

4.2.5　沭阳模式的升级建议

沭阳模式发展成绩喜人,但实际发展过程中还有一些可提升的环节,主要包括四个方面:一是电商发展的城乡一体化衔接和区域平衡发展上还有所欠缺,主要是沭阳花木电商的发展集中在以老花区为主的几个镇域,而县城聚集了大多数的人才、服务、产业园区等资源,同乡镇村电商的衔接有待进一步加强;二是产品的同质化竞争激烈,在新河、庙头及颜集几个电商重镇,农户网商把花卉苗木转化为网货资源,存在较严重的跟风、模仿和网店产品雷同现象,打造区域公用品牌仍旧还有很长的路要走;三是产业体系并不完善,沭阳花木网商主要网货资源以本土花卉苗木为主,只有部分网商经营品类拓展到外来产品和其他网货资源,这与沭阳当地缺乏丰富的适合网货开发的产业有关,板材产业和图书产业,对传统花木网商来说难吸纳为新的网货资源,因此,开辟新的完整的产业链成为迫切的任务,目的是让农民网商有不同的品类可以经营;四是服务型政府可以做得更好,通过对淘宝村网商的问卷数据统计分析发现,技能培训、信贷服务、信息服务、市场监管等方面仍旧是沭阳农户网商同当地政府需要合力突破的瓶颈,加强建设服务型政府,解决人民群众之难,突破发展瓶颈,帮助农民增收致富,使政府成为当地人民群众走向美好生活的引领者和服务者。

一、城乡一体与区域融合,争创片区新经济的引领者

沭阳模式同"打造区域次中心城市"的定位相结合,从完善规划、提升功能配套、挖掘丰富城市内涵、做强城市经济等方面持续加大中心城区建设。逐步加快重点中心镇发展,不断推进社会主义新农村建设。坚持"三化"带"三农",加快建立以城带乡、以工促农的长效机制,形成城乡经济社会一体化发展新格局,争创苏北地区,乃至全国片区新经济的引领者。

实现县域与村镇协同化,大力推动城乡协调发展。在镇村布局科学规划的基础上,遵循城镇化规律以及群众的意愿,制定镇区改造和新农村建设的工作路径和配套政策。依托淘宝村为核心的在线城镇化,聚集资源发展新农村经济,实现城镇的新布局。推进重点乡镇建设作为推进新型城镇化的重要支点和补充,强化重点中心镇服务农民和带动农村经济的能力,实现城镇建

设和新农村建设的协调发展，基本形成以县城为中心，重点乡镇为支撑的特色鲜明、功能互补的城镇体系。实施美丽乡镇建设行动计划，扶持培育重点乡镇，建设美丽乡村和康居村庄，构建"中心城区—重点镇—特色镇—村庄"四级县域城乡空间体系，以城带乡、以点带面，稳步推进城乡协调发展。

二、打造区域与企业品牌，争创农业供给侧改革的新典范

完整的县域品牌体系由区域公用品牌和企业及个体品牌共同组成。根植花木传统产业的资源优势，整合沭阳花木在网络零售平台的影响力，制定"沭阳花木"区域公用品牌规划，以政府为引领，协会为推进，着力扩大和提升"沭阳花木"品牌的影响力，同时以苏北花卉"农友"为样板，培育更多有潜力的龙头企业品牌。以提高企业核心竞争力和市场影响力为目标，引导企业积极创建名牌产品和著名商标，培育一批国内外有较大影响力的知名企业品牌。放大农村电商品牌效应，打造一批具有一定规模的地方特色产业电商集聚区，努力将沭阳创建成为"全国知名、江苏领先"的国家农业现代化示范区、国家农产品电子商务典型示范县和特色农业产业新经济模范区，孵化一批互联网用户喜爱的"网络原创品牌"。形成区域公用品牌＋知名企业品牌＋网络原创品牌的农产品品牌矩阵，以互联网用户的需求为导向，充分挖掘互联网用户的价值，全方位提高沭阳县特色农业产业的附加价值，成为农业供给侧改革的新典范。

三、完善产业体系，争创产业融合发展的新样本

电子商务带动县里农业产业结构调整，带动农民致富，更重要的是电子商务制度激活了全县创业创新的一池春水。现代农业作为沭阳新亮点，做足全国休闲农业与乡村旅游示范县文章，结合"中国沭阳花木节"，进一步提升沭阳花木、沭派盆景的影响力，以花木产业为特色优势，推动现代农业与信息化有效融合；全力打造全国最大的农产品淘宝村集群。

以道口经济为重点，大力发展电子信息、木材加工、纺织服装、花卉苗木、食品医药、物流仓储等产业。沿宿连一级公路产业集聚区重点发展现代农业、新材料、机械电子等特色产业，打造现代农业"黄金带"和新兴产业"示范带"，外引内培，延伸产业链、做大产业集群；坚持创新驱动发展战略，推进两

化深度融合,加大品牌培育,通过自主创新、兼并重组、技术改造、股改上市促进传统产业转型升级,提升产业竞争力。一方面,大力发展智慧农业与立体农业,针对沭阳人多地少的现状,要提升单位土地的价值量,给土地注入智慧要素,提升科技含量投入与文化故事,增加附加值,利用立体农业,充分利用自然要素,提高土地复种指数,提升土地总产出量,为沭阳农户网商提供更加充足优质、有竞争力的花卉苗木类产品资源;另一方面,进一步丰富沭阳电商产品品类,从花木拓展到图书、服装、玩具等,挖掘和打造新的产业集群,为广大网商提供更加丰富的网货产品资源。

四、创新与服务常态化,争创优质的服务型政府

坚持把创新作为经济社会发展的主引擎,盘活资源要素,激活民资社资,促进理念创新、科技创新、制度创新、机制创新和工作创新,注重协同创新,让创业创新真正成为富民强县的根本手段。最大限度地激活全社会创业创新活力,让大众创业万众创新形成燎原之势。

抢抓"互联网+"带来的发展机遇,以农民增收为核心,推进"一村一品一店"建设,加快发展现代高效农业,深入推进全民创业,强力助推"草根经济",把每一个市场主体的潜能释放出来,持续掀起全民创业致富热潮。以农户网商迫切希望政府部门解决的问题为核心,在市场秩序监管、市场信息提供、竞争市场调节、农户网商经营中的客户与货源管理等方面给予针对性的帮扶,帮助农户网商突破发展的瓶颈,更好地促进农村电子商务的发展。与此同时,推动工业企业电子商务普及应用,引导传统商贸业转型,开展网络创业技术培训,提升金融、物流、快递等服务水平,尝试工业品的跨境业务,构建更加完善的电商产业发展体系。

4.3 浙江临安:走向世界的山核桃

4.3.1 县域背景情况

临安区地处长三角地区,位于杭州市西面山区,特殊的地理、气候、土壤

条件造就了该地区最适合山核桃生长的自然环境。据考证,临安具有 500 多年的山核桃栽培历史,素有"中国山核桃之乡"的称号。截至 2018 年,全区山核桃种植面积合计 62 万亩,山核桃年产量近 1.2 万吨,约占全国山核桃总产量的 75%。作为全国最大的山核桃产区,相应地,临安逐渐发展成为我国主要的山核桃等坚果加工集散地。由于山核桃具有保质期长、易储存、不易碎等优点,天然适合开展网络销售,因此,自 2005 年开始,随着互联网技术的兴起与普及,依托传统的山核桃产业,一批嗅觉敏锐的个体商贩最先"触网",并带动周边人群,组成一股草根创业力量。

2009 年,由于传统线下礼品市场的收缩,传统企业纷纷开拓线上销售渠道,考虑电商化转型。2012 年,为提高电商产业的集聚效应,5 月临安科技局打造集电商服务、培训交流、物流配送等于一体的电商产业园,并成立了临安电商协会,对接外部资源,加强企业间的互通。鉴于临安电子商务良好的发展势头和日益扩大的影响力,2013 年起临安正式将其作为战略性新兴产业来重点培育,着手构建以农产品电子商务为重点的农村电子商务发展体系,加快促进电子商务在一、二、三产的全面应用和发展。通过加强政策引导与扶持、加快电商产业基础设施建设、引进第三方电商服务商、夯实电商人才基础等一系列政策与措施全面推动农村电子商务的发展,使得临安逐渐形成了以农产品电子商务为重点、覆盖三次产业的电子商务发展格局,及政府、协会、服务商、各类经营主体联动,可持续健康发展的农村电商生态体系。2021 年,全区实现网络零售额 109 亿元,同比增长 10.6%。2018 年,全区农产品网络零售额约为 21.3 亿元,占全区农业总产值 62.2 亿元的 34.2%(见图 4.40)。在重点监测第三方电子商务平台上共有各类活跃网络零售网点 1730 余家。临安区获得 2018 年度优秀"杭州案例"(农村电商发展的"临安模式")等荣誉,农村电商"临安模式"成功入选中国乡村振兴战略研究院推出的农村电商十一大成功模式。

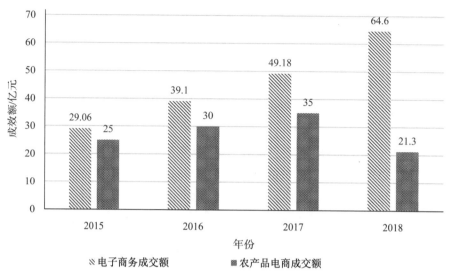

图 4.40   临安农村电商发展情况(2015—2018 年)
资料来源:临安区商务局。

4.3.2   临安区电子商务的发展历程

一、萌芽期(2005—2009 年)

临安电子商务最早出现于 2005 年的一些农村地区。临安历来是中国
山核桃的重要产区,早期,山核桃的经销方式,通过经纪人收购,到工厂加
工,再逐级进入流通市场,大部分合作社和工厂不直接掌握销售渠道,利润
低、缺乏话语权。恰逢淘宝网创建,一些年轻的农村网民开始了新的尝试。
为拓宽山核桃销售渠道,解决山核桃难卖问题,个别山核桃加工商(如山里
福娃)、贩销商(如文文山核桃)及返乡创业大学生(如逸口香)最先"触网"。
经过两三年的发展,网络销售的喜人业绩引起其他村民的关注,并纷纷效
仿。网商位置分布也从原来的白牛村、新溪新村扩展至玉屏村、颊口村等
10 个村。

在萌芽期,政府着力引导山核桃产业往组织化、高产和高质发展,使得区
域特色的农业产业成为电子商务萌芽的基础;淘宝平台提供了免费的技术服

务和消费者集聚的网购新市场，给予了有商业和创新意识的农村人一个低门槛的创业机会。自下而上的大众创业力量成为电子商务诞生和发展的驱动力，临安便利的交通环境、区位优势和健全的网络设施，使得电子商务发展成为可能。2008年末，新农哥、谷的福等网络品牌打开了网络销售市场，并获得了一定的知名度，临安山核桃的产品认知度，从杭州地区扩展到江浙沪。这也是临安农产品上行初期的"以产定销"阶段。

二、发展期（2010—2012 年）

与萌芽期不同的是，在发展期，临安电子商务发展不仅表现为镇村网商数量的增加，还表现为山核桃等坚果炒货网络销售额的急剧增长。在该阶段临安电子商务发展还呈现以下几个特征：

一是传统网商的企业化转型。由于电商带来的初始资金的积累，外加出于提高运作效率、树立产品品牌的考虑，传统的家庭作坊式的个体网商开始企业化转型。例如2011年文文山核桃店主成立临安兴农食品有限公司，并组建公司专业的电子商务团队；2010年林之源进驻天猫旗舰店。二是传统企业的电商化转型。受整个电商业态的影响，部分传统企业开始考虑电商化转型。成立于2009年的临安谷的福农业开发有限公司于同年正式确立网络原创品牌，结合现代电子商务的销售模式，形成集基地种植、农户收购、委托加工、产品开发、品牌销售于一体的新型农业企业。三是网络品牌凸显。以新农哥等为代表的网络品牌开始出现，2010年新农哥全面布局电子商务，并荣获淘宝大学最具成长力奖，坚果炒货类目排名第一，2011年，新农哥入选淘品牌100强。

随着山核桃网络销量的提升，市场的需求逐步增长，在政府创新意识的推动下，山核桃种植技术和加工技术日益革新，从"手剥"到"很好剥"再到"山核桃仁"，以及各种口味的研发和市场测试。市场需求促进了生产加工能力的提升，生产加工能力的提升也使得山核桃的市场从江浙沪向全国范围拓展。2009年，政府联合协会，申请了临安山核桃地理标志证明商标，并进行了一系列的区域公用品牌的线上线下推广，扩大了临安山核桃的品牌影响力，提升了临安山核桃的溢价能力，在和宁国山核桃的竞争中，取得了明显的优势。

随着民间电商创业的蓬勃兴起,各种类型网商数量和规模增长,原有的小区化家庭化经营已经不能满足网商对于场地、物流等运营拓展的需求。2012年临安科技局在调研中发现了网商普遍面临的场地限制问题,率先进行电商创新项目的孵化,按照"两园多点"的空间布局,开始进行农产品电商发展的基础构建,打造集电商服务、培训交流、物流配送等于一体的临安电子商务科技园;随后,龙岗坚果炒货食品城开建,成为山核桃等坚果炒货的收购、加工、仓储和物流集聚区。

市政府曾设立100万元的财政专项资金扶持电商发展,并沿杭徽高速、各省道,布局培育电子商务示范村。由此,以电商科技园、龙岗坚果炒货食品城、电子商务示范村"两园多点"的分工协作、配套发展的格局初步形成。为提高电商行业的组织化程度,更好地服务各经营主体,由临安科技局牵头,联合电商园区管理机构、电商企业和淘宝卖家,成立了临安电子商务网商协会,吸纳会员150余家,定期组织开展电商沙龙分享等一系列培训交流活动,提高网商的综合运营能力。

政府力量的介入,使得临安的电子商务经营主体产生了集聚的效应,实现了从分散经营到集群发展转变,在资源合作、分享交流、相互学习上实现了充分的互动和整合。山核桃产业的全面电商化使得临安的农产品上行进入了"以销促产"的新阶段,也推动了临安的电子商务从发展期进入蓬勃兴旺的扩张期。

三、扩张期(2013—2015 年)

电商科技园的建立取得了初步的成效,也获得了入驻企业的积极反馈,但随着市场需求的逐步扩大和竞争环境的变化,电商企业不同程度地出现了运营能力不足、资源整合效率弱的局面,同时在电子商务示范村越来越多的村民想要加入网商的行列,却苦于无从着手,缺乏学习机会和资源。发现了这一系列瓶颈后,2013 年,临安科技局经过多方的学习和考察,引进了第三方电商服务商——杭州闻远科技有限公司。在服务商的帮助下,临安成功打造阿里巴巴临安坚果炒货产业带和淘宝特色中国·临安馆两大线上平台。同时采用政府购买服务的形式,通过电商服务商加强对政府部门、行业协会和个体网商的业务培训和技术指导。传统企业则通过服务商整体托管,为企业在电子商务平台打开销售渠道，建立网络子品牌。

此外，为弥补电商人才短板，临安市政府还积极与浙江农林大学、杭州电子科技大学等高等院校共建电商人才培养机制和实训基地，为农村电子商务的发展做好人才储备。整合浙江省、杭州市及临安的人才培训资源，充分发挥高校、政府部门、网商协会等社会团体，以及镇村等力量，对大学生村官、返乡大学生、网店经营户、家庭农场主、合作社和龙头企业负责人等实行"菜单式"、分层次培训，不断夯实农产品电子商务发展的人才基础。同时，阶段性地进行电商龙头企业评选、各类电商带头人评选和宣传，吸引各地政府前来参观，整合媒体和院校资源进行调研、报道和专项研究，营造良好的行业氛围。

政府部门的顺势介入、第三方服务商的引进，以及行业协会的相继成立让临安电商步入快速扩张的道路。2013 年，全市农产品网销额突破 10 亿元，促进农民增收 1.2 亿元，以坚果炒货为特色的全国农产品电子商务示范区已初具规模。荣获"中国电子商务发展百佳县"。涌现了新农哥（杭州勤耕科技食品公司）等专业农产品电商企业 26 家；有 35 家临安农业龙头企业成功转型，从传统销售渠道进入电子商务领域。例如，2013 年东升颂越成功实现电商化转型，并委托杭州闻远科技代运营，线上销售占全年销售总额的 40％；秋滋叶全年网销额更是以三倍的速度递增。

基于临安电子商务良好的发展势头和日益扩大的影响力，从 2014 年开始，临安政府将其作为战略性新兴产业来重点培育，着手构建以农产品电子商务为重点的农村电子商务发展体系，并加快推进绿色照明、电线电缆、生态旅游等特色产业与电子商务融合发展，促进电子商务在一、二、三产的全面应用和发展。

在这个阶段，临安已经初步形成了以农产品电子商务为重点、覆盖三次产业领域的电子商务发展体系。2014 年，临安农产品网络销售额突破 18 亿元，促进农民增收 2 亿元，以坚果炒货为特色的全国农产品电子商务示范区已初具规模。清凉峰镇成为全国淘宝镇，2014 年网销额突破 4 亿元，65％的行政村出现电子商务萌芽，其中，白牛、新都、马啸、玉屏为淘宝村，共有杭州市级电子商务示范村 10 个，这些示范村共有网店 325 家，网络销售额 7 亿元。工业领域实现电子商务交易额 60 亿元，销售额占全市规模工业比重高达9％，450 余家工业企业开展电子商务应用，从业人员 1000 余人。以农家乐、旅游景点为代表的服务业电子商务发展初显成效,相继开通了智能移动导游平台和临安旅游电子商务网,20余家景点和300余家农家乐开展网上预订等电子商务活动,2014年临安常规景区接待游客442.46万人次,其中网络订单超过61.46万人次,占比高达13.89%,农家乐接待游客183.47万人次,网络订单人次占2.87%。

四、转型期(2016年开始)

经过扩张期,临安的农村电商已经初步形成了政府、服务商、协会和各类经营主体多种角色互动的生态体系。以山核桃为主的网销产品品类也逐步拓展到国内外的各类坚果,并且通过服务商的产品挖掘、营销推广,临安小香薯这些特色的农产品也异军突起,在网络市场获得了一定的知名度。随着淘宝等主流平台竞争日益激烈,网商开始逐步拓展网络销售渠道,根据产品类别、利润率的不同选择微商、拼多多、京东、社区团购等各种渠道开拓新的市场。

为推动临安农村电商进一步转型,实现其持续健康发展。临安区委、区政府以现有山核桃发展平台建设为基础,集中财力支持推进数字临安建设,打造数字赋能产业示范建设临安样板。首先,以现有山核桃发展平台建设为基础,推动产业集聚,建设"2镇+1园+多区"体系。建设白牛电商小镇主平台,以白牛电商小镇建设为龙头,作为农村电商升级发展的主引擎、主平台,带动全区山核桃产业链发展。为更好推进白牛电商小镇建设与开发引导全区山核桃等农产品市场化运作,在政府推动下,2017年8月杭州白牛电商小镇发展有限公司成立,注册商标"白牛桥"和"白牛小镇",经营杭州白牛电商小镇(白牛村)。

其次,在农产品供应链建设上,临安区实施农村电商供应链提升工程,鼓励快递、冷链、仓储等配套行业发展,建成仓储物流基地1个,发展冷链企业2家,建设分装基地2个,设计研发基地1个,形成源头供货联盟。并与阿里巴巴、网易等电商平台合作,形成平台合作联盟,入驻各类平台的临安企业累计5家以上;引进"天猫小店""盒马鲜生""网易严选"等新零售模式入驻,每年新增店铺10家以上,形成新零售联盟;尝试临安农产品跨境销售,形成跨境联盟。以物流产业园建设为核心,推动快递、冷链、仓储等B2C为主的基础设施建设，集聚电商、分装、仓储、冷库以及设计等互联网服务型企业，形成源头供货联盟、生产工艺联盟和营销创新联盟，通过物流这个供应链核心，将龙头标杆与小微电商企业的力量集聚起来，达到规模化、规范化，打造临安农村电商产业集聚的新标杆。

最后，在物流体系建设上，临安政府积极培育"城乡通"物流新模式，推动共同配送项目建设。"城乡通"项目充分依托"农村四好公路"和"电子商务进农村"的良好基础，将全区298个行政村连接成一张公共配送网络，建成总仓1个、中转仓3个、镇级服务站18个和物流服务点320个，2018年12月投运，实现了农村"一小时达"、偏远山区当天达。

此外，依托临安丰富的旅游资源，与阿里巴巴集团旗下的旅游子平台阿里去哪儿合作，在淘宝天猫店建立临安旅游官方旗舰店。重点建设临安旅游门户网站——临安旅游信息网，并使之成为集预订、在线支付、信息发布、会员交流、售后服务等功能于一体的旅游电子商务平台。

得益于政府一系列的推动措施、服务商的大胆创新尝试、各类经营主体的积极市场拓展，临安的农村电商逐步升级到多品类、多平台、多形态的新阶段，并且取得了不错的成果，2017年临安实现网销额49.18亿元，入围阿里巴巴全国"农产品50强县"，名列第四，获浙江双十一天猫优品村均GSV第一名，闻远科技入选商务部电子商务示范企业；2018年成为阿里巴巴"兴农扶贫工程"全国十个样板县之一。

五、发展阶段回顾总结

从2005年至2019年，临安电子商务历经了近15年的发展，回顾这一段历程，可以发现在互联网技术日益普及、电子商务逐步兴起的背景下，围绕临安山核桃产业，临安电子商务的发展先后历经了个体网商自主创业的萌芽阶段，个体网商企业化转型、传统企业开始触网、政府初步介入的发展阶段，从而进入政府全面引导，服务商引进及行业协会相继成立，电子商务生态体系初步形成的高速扩张阶段。随着电商生态体系的日益完善，在政府、服务商和各类经营主体相互协同、高效互动下，临安的农村电商开始进入跨品类的经营、多平台的营销，一产"接二连三"全面互联网化和数字化的转型期。

整个历程,经历了三个转变:一是"一品",从临安山核桃地标特色产品,到区域公用品牌的建立和影响力打造。围绕临安传统特色农产品山核桃,一方面进行种植和生产技术的创新;另一方面注重知识产权保护,注册地理标志证明商标,规范品牌管理,努力提升区域公用品牌影响力,将临安山核桃打造成中国的山核桃。作为全国最大的山核桃主产区,临安以其创新的加工技术和规模化生产能力,逐步成为我国主要的山核桃等坚果加工集散地,坚果的品类得到快速的扩展,以坚果炒货为主的地域性品牌认知初步形成。除此之外,绿色照明、电线电缆、生态旅游等特色产业与电商不断融合,推进二、三产业的电商化转型。二是以传统的集"种—加—销"于一体的家庭小作坊式的零散和粗放发展模式演变形成山核桃种植、加工、销售、运营、营销、流通等分工明晰的产业带。并且,以岛石镇、清凉峰镇为山核桃主产区,龙岗镇、清凉峰镇为坚果加工区,以沿杭徽高速、各省道布局的电子商务专业村为主销区和以临安城区为运营服务区的地域分工体系初步形成。三是从萌芽期和发展期中个体网商的单打独斗、野蛮生长发展到如今个体网商、传统企业、政府、协会、服务商规范有序、彼此协作、共同发力,市、镇、村布点逐步明确的县域电子商务生态体系,实现了有序对接淘宝、京东、微信、拼多多等各类线上平台,跨品类、跨行业全面电商化。

综上所述,临安电子商务的发展实现了从"围绕山核桃等传统特色农产品,由农村能人发起,并带动其他村民效仿,以网商为主导自下而上的市场自发行为"向以区域公用品牌为基础,以创新型的特色产业为支撑,政府、协会、服务商、网商、传统企业等各类经营主体多种角色共同协力的临安电子商务生态体系的转变。

4.3.3 临安区电子商务发展的关键要素

毗邻电子商务发源地的临安,凭借绿色生态的森林自然条件,形成了以山核桃种植、加工为核心的传统农业支柱产业,基于良好的交通和网络基础设施,在杭州的电子商务氛围的影响下,自下而上草根创业全民触网,运用电子商务平台和技术,找到传统产业新的突破口,使得山核桃这一区域特征的农产品被全国消费者认知和接受;同时快速增长的网络市场需求和政策变化对礼品市场带来的冲击,反向驱动了整个产业链的改造和升级。政府、协会及各类经营主体在发展的过程中充分互动，相互促进，使得临安的电子商务呈现健康有序的发展状态。

通过对临安电子商务发展不同阶段的回溯和在这些阶段中关键节点的分析和研究，我们从自然条件、产业资源、产品特性、基础设施、经营主体和政策环境几个方面，提炼临安电子商务发展的关键要素。

一、良好的自然条件

临安地处太湖和钱塘江两大水系源头，拥有天目山和清凉峰两个国家级自然保护区，大明山等 4 个国家 4A 级风景名胜区和青山湖国家级森林公园，森林覆盖率达 76.55%，是拥有两个国家级自然保护区和国家森林城市殊荣的市辖区。境内地势自西北向东南倾斜，市境北、西、南三面环山，形成一个东南向的马蹄形屏障。西北多崇山峻岭，深沟幽谷；东南为丘陵宽谷，地势平坦。属季风性气候，温暖湿润，光照充足，雨量充沛，四季分明。地理、气候、土质等多种特殊条件结合，造就了最适宜山核桃和竹子生长的自然环境。2018 年，全区山核桃种植面积合计 62 万亩，山核桃年产量近 1.2 万吨，约占全国山核桃总产量的 75%，竹笋年产量超过 18 万吨，使得临安获得了"中国山核桃之乡""中国竹子之乡"的称号。除了山核桃和竹笋，高山蔬菜、水果、茶叶等农产品产量也具备一定的规模。

临安位于杭州市"两小时交通、经济生活圈"的核心层和杭州都市经济圈的核心圈。杭徽高速公路、杭州二绕将浙江省科创基地与华东高速网相连，驱车至杭州绕城高速仅 19 公里路程，距杭州萧山国际机场 1 小时车程。辐射整个长三角地区的巨大的消费市场，且该地区的消费者消费意识比较成熟，消费能力较强，为区域的特色农产品的充分市场化提供先决条件。

特产资源、区位优势、消费潜力等自然条件成为触发临安电子商务进入萌芽期的关键因素。

二、扎实的产业资源

我们以浙江省电商发展较好的几个县市为样本，从整个三产的结构上分析其发展电子商务所具备的产业基础（见图 4.41）。

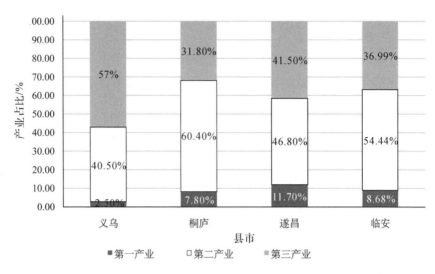

图 4.41　浙江省电商发展主要县市 2013 年三产比重

资料来源:四个县市 2014 年政府工作报告。

其中一产占比最高的是遂昌,在农业上有茶叶、高山蔬菜、竹笋等传统产业,因此遂昌在发展电子商务时核心就是特色农产品品类及生鲜农产品的市场开拓。同时,遂昌的旅游业有一定的规模,全县有 4 个 4A 级景区,农家乐稳步发展,因此旅游业也为电商的发展提供产业基础。二产占比最高的是桐庐,其在文化用品和针织品的生产上具有产业优势,是电商发展最好的支撑体系。三产占比最高的是义乌,义乌是全世界的小商品集散中心,在小商品的流通上已占据不可替代的产业高地,小商品产业带成为电商发展的温床。

考察临安的产业结构时,我们发现临安二产的比重超过一产和三产。其中在二产的规模以上工业销售产值所涉及的行业中,农副食品加工业连续 3 年保持 10% 以上的增长率。这与以临安山核桃为主的坚果产业的发展密不可分,临安是全国山核桃的核心产地,是全国最大的坚果炒货集散地,在加工规模、工艺和技术上都处于领先地位,具有一定的产业集群效应。同时临安拥有 6 个 4A 级景区,农家乐发展成熟,旅游业逐年快速增长(见图 4.42),为临安的电子商务发展打下扎实的产业基础。

图 4.42 临安旅游业发展状况

资料来源:临安年鉴。

三、合适的产品特性

中国的电子商务发展超过 10 年,电子商务的跨区域销售和借助快递物流体系的流通特征以及网购用户的行为习惯,决定了不同品类产品的网购属性,我们从两类指标来对主要消费品类进行评价,一类指标是消费者购买决策指标:卷入度(卷入度是吸引进去的程度。卷入可以理解为对某个活动、某个事物、某个产品与自己的关系或重要性的主观体验状态)和投入度(投入度是指消费者需要为某一商品付出的时间和金钱成本,通常与其经济收入和可支配金额有关),二类指标是网购的物流指标,分别为重量、紧急度、易损性和物流成本。

通过以上对比,不难发现最早兴起的网购品类相对集中在消费者购买决策容易,商品价格不高,易运输易保存的服装、居家、零食、数码等品类(见表 4.5)。我们用上一节提到的浙江省电商发展较好的 4 个县域主打产品来做比较,也能找到这些区域能够走在全省电商发展前面的原因(见表 4.6)。

表 4.5　主要品类网购属性对比

网购商品 属性	服装	家电	数码	零食	生鲜	家具	居家
卷入度	中	高	中	低	中	高	低
投入度	中	高	高	低	中	高	低
重量	轻	重	中	轻	中	重	中
紧急度	低	低	低	中	高	低	低
易损性	低	高	中	低	高	高	低
物流成本	低	高	中	低	中	高	低

表 4.6　浙江省电商发展主要县市电商产品特性

网购商品 特性	义乌 小商品	桐庐 文具/针织	临安 山核桃/坚果	遂昌 农产品/生鲜
卷入度	低	低	中	中
投入度	低	低	中	低
重量	低	低	低	中
紧急度	低	低	低	高
易损性	中	低	低	高
物流成本	低	低	低	中

　　几个县市中,遂昌涉及需要冷链的生鲜农产品,由于地理位置、供应链和用户消费习惯,当地的整体电子商务销售量无法取得快速的增长。其余的三个区域,网络销售所涉及的品类具有明显的网购商品特性,一旦电商发展基础条件具备,其销售量的成长速度就会很快。以临安为例,2013 年以山核桃为主的农产品销售为 10 亿元,到 2014 年增长到 18 亿元,年增长率 80%。山核桃属于零食/坚果/特产,是农业和食品大类里销售排名第一的品类,原因在于方便存储和运输,有显著的地方特色。随着山核桃加工技术的发展,以前难剥开不易食的山核桃,现在不仅有"手剥""真好剥",还有开罐即食的果

仁。山核桃的单价相对一般食品较高，有不小的利润空间，对于网商而言是非常好的网销市场切入品类。同时，凭借坚果炒货的集散中心优势，商品的品类相对丰富，以山核桃为引流商品，带动其他坚果的关联销售，客单价容易提升，网店的生存能力就更强。

产品特性是否符合电商销售特征，即不易损耗易运输，购买决策属于低卷入度和低投入度，决定了该区域的电商是否有产生萌芽的可能性。在电子商务进入发展期之后，是否能够快速地在销售量上有所突破，产品的相对价格和品类关联能力，又决定了该区域的网商的盈利状况和持续发展能力。

四、完备的基础设施

我们从交通运输、邮电通信、金融等行业发展情况来分析临安电子商务发展的基础设施。

临安地处浙江省西北，东邻余杭，南与富阳、桐庐、淳安交界，北与安吉相连，西与安徽省接壤。境内交通以1条国道、5条省道、42条县道、163条乡道及专用公路构成主要公路网。2006年底，G56杭瑞高速浙江段的通车，将临安与长江三角洲经济圈的交通半径缩短到2小时以内，大大降低了临安的电商运营成本，尤其在快递物流方面，也方便了人才的流动和引入，推动临安的电子商务进入高速发展期。"十二五"期间，临安在交通建设上陆续投入82亿元，公路里程达到3000公里，文一西路延伸段、18省道、临金高速、329国道、02省道复线工程、14省道等一批重点交通工程加快完善"两轴两横四纵"交通路网建设，达到全市路网东部密集、中部强化、西部贯通的目的。2015年，临安区境内公路总里程达到2908公里，其中高速公路103.99公里。"十二五"期间，共改造提升干线公路157公里，建成农村联网公路150公里，实施农村公路大中修320公里，临安四通八达的交通布局，为区域物流的发展奠定了基础。临安的货运周转量持续上升，电子商务发展带来的物流运输的增量在其中占比不小（见图4.43）。

图 4.43　临安交通业发展

资料来源:临安年鉴。

此外,从临安的宽带和移动电话用户的增长速度上,我们可以看到宽带用户和移动电话用户呈现持续上涨趋势,基础设施建设对于电子商务产生了一定的推动力,同时电子商务的发展又反作用于宽带及移动用户的增长(见图 4.44)。

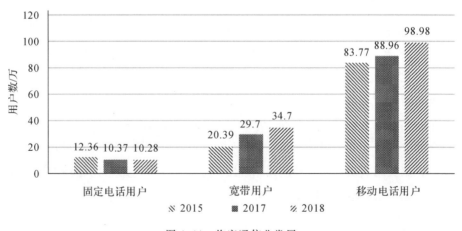

图 4.44　临安通信业发展

资料来源:临安年鉴。

自 2010 年起,邮政业和金融贷款的同步快速增长(见图 4.45)也呈现出电子商务催生的快递及邮政行业的发展以及投资资金的走向。临安 2022 年本地各类货运服务企业 50 家,外来物流企业分支机构 8 家,快递类运营企业 26 家,日均快递量达到 30 万件。电商快递件数占全区快递件数的 85.8%,电商快递件数年均增速为 30% 以上。本地平均物流成本为 3.7 元/单(1 公斤内)。

图 4.45 临安邮政及金融业发展

资料来源:临安年鉴。

基础设施的完备情况成为临安电子商务进入高速发展期的关键因素,自 2010 年起,凭借交通、邮政、宽带、金融等各方面资源,临安的各类网商、传统企业共同发力,使得临安的电子商务在民间力量的推动下进入发展繁荣期。

五、活跃的经营主体

回顾临安电子商务发展的四个阶段,我们发现临安的电子商务起源于民间,以全民草根创业为主,在市场需求和形势的推动下,凭借良好的产业基础和配套设施,各类家庭作坊、传统企业纷纷触网,走出一条属于临安特色的电子商务创业之路,推动了临安传统特色县域经济的转型。

从临安电子商务经营主体来看,主要分成三类。第一类是"纯电子商务企业"，据不完全统计，2013 年 8 月，临安已注册成立的专门从事农产品销售的电子商务企业达 26 家；杭州勤耕科技食品有限公司 2014 年网络销售额达 4 亿元，旗下"新农哥"坚果炒货系列获"全球十佳网购品牌"称号，美享食品自建销售平台"山族 365 美食网"，已有 500 多家分销商，销售食品 200 多种。临安谷的福农业开发有限公司，成立于 2009 年，创立了新生的网络原创品牌——"谷的福"，同年 9 月开设天猫旗舰店。公司结合现代电子商务的销售模式，成为集基地种植、农户收购、委托加工、产品开发、品牌销售于一体的新型农业企业。2013 年，谷的福销售额达到 1142 万元。谷的福农业开发有限公司和杭州勤耕科技食品有限公司在 2012 年被命名为临安农业龙头企业。此外还有新娘子、康之悠品、小果子、十里民丰等均取得了不错的网络销售业绩。

第二类是由传统的农业企业转型而来，有 28 家农业龙头企业和 15 家专业合作社开展了农产品网上销售业务。以杭州临安秋滋叶食品有限公司为代表，该公司成立于 2004 年，是集产品开发、研究、保鲜储藏和市场销售于一体的大型食品企业。创始人旗下临安红叶炒货食品厂是一家拥有多年专业炒货经验以及良好口碑的优质坚果食品企业。2012 年 7 月，秋滋叶电子商务部正式成立运营，当年创收 500 余万元，在天猫平台小山核桃仁类目行业排名第一。经过两年多时间稳扎稳打的经营，达到 5000 万元左右的规模，网络销售渠道也从天猫、淘宝，拓展到亚马逊等其他平台。

第三类是农户（农特产品经营户）自己在淘宝等第三方专业电子商务平台开设网店。几乎每个实体农特产品销售门店都有网店，另外还有很多自产自销的农户也在网店上进行销售，其中经营状况较好的网店，可以达到淘宝网店的高级别皇冠级，年销售额超过 1000 万元。"云深处珍果"店铺在淘宝开店时间两年就达到一皇冠级别，老板娘是马啸村当地土生土长的农民，销售的产品从种植、加工、包装到最后的销售，都是自家完成的。

2013 年浙江农林大学在临安针对岛石镇、龙岗镇、清凉峰镇以及临安市区周边的 6 个发展得比较好的"淘宝村"与"电子商务示范村"进行了为期半年的电子商务发展调研。根据抽样调研统计，69％的经营主体开设的淘宝集市店铺，一皇冠以上的店铺约占 23％，开店时间 3 年及以上的店铺约占 44％。

不同类型不同阶段的网商发展层次鲜明，既有龙头企业的带领者效应，网络原创品牌的中坚力量，也有民间个体网商源源不断地进入电子商务市场，并且网商之间随着电子商务运营和资源整合能力的提升，优胜劣汰，逐步进阶。此外,在个体网商的群体中,不容忽视的是借用 SNS(社交网络服务)平台 QQ 和微信进行销售的新动态,自 2013 年起,尤其是 2014 年,移动端微店兴起,大部分拥有农家乐资源的商家均借用微信平台,提供农家乐的预订服务和进行农产品的销售。其中比较有代表性的是龙岗姑娘"90 后"桂琦,她高中毕业,在镇里的旅游公司上班,顺便打点家中的农家乐生意。看到微信的商机之后,从 2014 年 9 月份开始,她专注在微信端进行农产品销售,其中40％的客户都是在她的农家乐住过的游客,其余客源来自朋友和老客户的推荐。从 2014 年下半年到 2015 年春节前,桂琦的微信端农产品成交额约 120 万元,远远超过了单纯的农家乐收入。

六、合理的政策环境

2012 年之前,临安的电子商务发展的主导力量在于民间,无论是农户、返乡人员创业,还是传统企业转型,通过自我学习、外部合作、资源整合等手段,主动探索电子商务发展之道,并取得了不小的成绩。在此过程中,临安政府在推动和鼓励山核桃生产技术的创新,对于山核桃区域公用品牌的推广,以及对于民间创业行为的支持和宣导,使得临安不但具备较好的特色产品和品牌支撑基础,并且形成了浓厚的创新和创业的氛围。虽然在整个临安境内,没有像其他区域一样有明显的电商带头人,但邻里亲友之间的效仿,以及全国互联网中心杭州的电商氛围渲染,使得临安的民间电商创业蓬勃发展。

2012 年,政府制定了一系列的举措,出台相关政策,落地执行各项方案,为临安电子商务的发展创造了合理的政策环境,主要的行动方案包括以下四个方面:①线上线下的平台搭建,形成双向互动。2012 年创建临安电子商务科技园,开展各类电商运营培训,对接电商平台和服务商,为园区的企业提供配套电商服务,给当时的电商企业解决场地难、运营能力弱的问题。推动建设龙岗坚果炒货食品城,建成兼具原材料贸易、成本交易区、仓储物流、生活配套、文化娱乐等功能的产业园区。与阿里巴巴合作建设农村淘宝服务站。截至 2018 年,全区共有各类电商服务站点 425 个,其中村淘 41 个、邮乐购384 个,1—10 月共交易 25.7 万余笔,实现销售额 4600 多万元。初步形成临安电子商务科技园、中国坚果炒货食品城和电子商务专业村分工协作、配套发展的"两园多点"空间布局。2013 年起推动"一带一馆一微",开设淘宝特色中国馆、阿里巴巴产业带,搭建"微临安"平台,形成线上从 PC 端到移动端的电子商务平台布局。②引入优质服务商,推进项目实施。2013年起,政府引入杭州闻远科技作为临安馆、产业带运营商和电子商务公共服务商;在园区引入全景摄影,为园区及乡镇的商家提供细分化服务;委托杭州易微达网络科技公司负责运营临安首个微信公共服务平台"微临安",该平台整合旅游、农家乐等本地生活及人才招聘业务,开始打造移动端的电子商务信息服务平台。③规划先行、政策落地、资金到位。2014年,政府还委托浙江工商大学完成了《临安市电子商务发展规划(2015—2020)》编制工作;下发《临安市人民政府关于进一步加快电子商务发展的若干政策意见(试行)》(临政函〔2014〕110号),《关于进一步扶持临安坚果炒货食品城发展的若干政策意见》等文件,安排财政专项扶持资金1500万元。重点开展电子商务主体培育、平台建设、公共服务、培训交流等工作。全力实施浙江省财政厅"一事一议"财政奖补政策,坚持专款专用,将浙江省财政厅专项资金全部用于农村电子商务公共服务点建设、三大线上平台建设和行业协会培训工作。④规范行业,建立人才培养体系。加强行业统计的规范性,促成市级和乡级的电商协会成立,进行互动交流和资源共享,引导传统企业转型,提升网商综合能力。与各类院校和机构合作,建立专业人才实训基地,分层次提升从业人员的素质和各项能力。

政府自2012年以来的一系列举措和政策,尤其是电子商务服务商的引入和协会的组建,全面激活了临安电子商务的各类经营主体,加速了临安电子商务从发展期进入扩张期。除了政府的合理引导,与政府形成联动的服务商和行业协会在临安电子商务的发展环境构建过程中也发挥了不容忽视的作用。

作为杭州市现代服务业企业的临安县域电子商务服务商——杭州闻远科技有限公司,成立于2009年,为传统企业和品牌商提供全套的电子商务解决方案。2013年,受临安政府邀请,创始人余斌带领团队来到临安,专注服务于县域电子商务,协助政府搭建电子商务公共服务体系,负责淘宝特色中国·临安馆及阿里巴巴产业带的运营,建立临安村级电子商务公共服务点,以定点定人的方式,在农村实现电子商务代购、农产品售卖代邮、电商知识宣传普及、网络创业指导和生活服务等功能,让电子商务应用在农村迅速普及。

闻远科技还为当地的东升颂越等龙头企业提供代运营服务,提升网商运营能力,扶持新网商开店。同时,整合各平台资源,和政府一起组织和牵头策划了多次具有地方特色的主题活动,包括山核桃开杆节、春雷笋记、小香薯团购等,其中小香薯仅 5 天时间,卖出 10 万斤,活动结束两个月内,小香薯的平均日搜索人数比活动之前增长了 682%。在保持坚果品类销售额稳定增长的前提下,尝试在农产品品类及"旅游＋农产品"销售模式上大胆创新,以杭州闻远科技为代表的服务商在临安县域的电子商务升级过程中起到了引领和带动作用。

临安山核桃产业协会于 2003 年创立,多年来为维护临安"中国山核桃之乡"的荣誉和山核桃产业的健康发展做出了极大努力。行业协会充分发挥了在信息、营销等方面的优势,积极做好信息服务、市场拓展等工作,参与科技服务、标准化生产,致力市场开拓和品牌创建工作。积极推进山核桃中型企业标准化、小型企业专业化,推动山核桃产业由规模扩张的数量型增长向集约发展的质量型增长方式转变,加强了产业体系建设。2009 年,在政府和协会推动下,临安山核桃获得地理标志证明商标,协会制定商标授权规范,主抓区域品牌建设,认真开展"临安山核桃"证明商标的使用推广,大力打造山核桃区域品牌,举办多种形式的产销对接活动,积极拓展了山核桃线上线下销售市场。

依托几百年以山核桃为主的坚果加工历史,临安整体的坚果加工达到全国领先水平,开发出了炒果类、手剥类、仁类、糕点类、油类等五大系列,并成功地将加工工艺应用于碧根果、大核桃、美国杏仁、夏威夷果、香榧、开心果等产品。2012 年临安坚果炒货行业协会成立,由在临安注册并取得食品生产许可证的坚果炒货食品企业和有志于为本地坚果炒货产业做出贡献的学者、专家、事业单位和社团法人等成员自愿组成。该协会为会员企业,当地的坚果炒货原料、生产、加工、经营、科研等相关企业提供信息咨询、培训、交流推广等服务,帮助会员企业提高综合素质、增强创新能力、改善经营管理,共同打造"好坚果,临安造"的产业品牌认知。

山核桃协会和坚果炒货行业协会为临安的电子商务发展在产业的标准化、集约化、规模化和品牌化发展上提供保障。网商协会在整体的电商环境营造,各类经营主体运营能力提升,电商生态体系搭建过程中起到关键作用。政府全面介入后,在规划、政策、财政、服务等方面发力,服务商在电商平台搭建、网商运营能力提升、营销推广的创新突破等实施层面协助政府达到助力的实际效果。政府、服务商、协会之间的有效组合、相互联动,构成了合理的政策环境,使得临安电子商务自 2013 年起快速升级,进入突飞猛进的蓬勃发展期。

　　综上所述,凭借良好的自然条件和优越的产业资源,受周边电子商务氛围的感染,草根网商开始尝试借助电子商务渠道创业;山核桃和其他坚果充分符合网络销售属性的产品特性,成为切入网购市场的首选品类,多年来的品牌认知和具有一定利润空间的价格优势,使得从业者在创业的初期就有较合理的投入产出比,带动了县域内更多的经营主体尝试新的电子商务销售模式。交通、邮电、宽带等基础设施的发展,让临安的电子商务从萌芽期快速过渡到发展期。礼品市场的萎缩和网购市场强烈的消费需求,激活了各类经营主体的主观能动性,从普通农户到家庭作坊,从纯电子商务企业到传统行业龙头企业,全民皆网商,彼此之间形成相互学习和提升的氛围,使得临安的电子商务顺利进入快速扩张期。最后政府适时进行合理规划和布局,服务商在贯彻和实施政府项目的同时踊跃创新,产业协会和电商行业协会规范企业行为,提升运营能力,构成良好的政策环境,促进了临安电子商务的转型升级,使临安电子商务形成健康的生态圈(见图 4.46)。

图 4.46　临安电子商务发展的关键要素

4.3.4　临安电子商务的核心及特点

一、临安电子商务从现象到模式升级

　　简单回顾临安电子商务近 15 年的发展历程,2005 年到 2009 年是临安电子商务的萌芽期,基于传统山核桃产业基础,一批意识敏感的个体经营户开始尝试在淘宝上销售山核桃,并带动和影响了周边的人群,组成一股草根创业的力量。2010 年到 2012 年,经历了传统品牌试水电子商务,不成功,而通

过个人和伙伴联合创业积累了一定电商经验的群体，创建了专注于线上渠道的网络原创品牌，并且异军突起，成为农产品电子商务领域的佼佼者，为县域的电子商务发展树立了榜样。此后，传统企业再次入网，吸取经验教训，借助第三方运营商力量，不断学习总结，提高自身的电商运营能力，取得了不错的成效。政府相关部门觉察到电子商务兴起给民间创业带来的创新力量，推动电子商务园区的建设，为电子商务的零散从业者提供了良好的硬件环境，使得民间的网商聚集在一起，打开了对外互动的窗口，充分与淘宝平台和相关的服务商对接，学习交流，互相提升。我们把这个阶段称为临安电商 V1.0 模式。V1.0 模式是以网商带动的传统特色产业全面电商化转型，其中诞生自民间力量的网商是 V1.0 模式的核心，良好的山核桃区域品牌认知和初具雏形的坚果炒货产业集群是 V1.0 模式的基础，以园区硬软件设施和配套服务相结合的政策环境是临安模式从 V1.0 快速升级到 V2.0 的推动力。

2013 年、2014 年两年，是临安电子商务的蓬勃发展期，具体表现在电商生态系统中的多种角色联动的机制。

其一，驻地专业服务商的引入，给临安电子商务企业吃了一颗定心丸，无论是分类精细化的代运营服务还是层次丰富的专业运营培训以及创新整合的主题推广，大幅缩短了各类电商企业从弱到强的过程。

其二，网商协会的成立，加强了网商群体间的交流与合作，有效对接了阿里巴巴、淘宝等平台资源，为各类网商的成长提供了良好的氛围。

其三，传统行业协会——山核桃协会和坚果炒货协会，积极响应市场需求带来的变化，在保障产品质量、标准化生产、货源及价格管理、流通渠道的分流和信息化上做出了努力，推动传统特色产业在技术、资源、流通等领域的全面升级。

其四，政府牵头服务商落地完成了"一馆一带一微"的 B2B/B2C/C2C 及移动互联网端的综合布局，并开展"两园多点"的电子商务科技园、坚果炒货食品城以及村级电子商务服务站的线下产业及乡镇村网点布局，产生线上线下联动效应。电子商务规划的制定、电子商务领导小组的成立，一系列政策意见的出台，各类电子商务的宣传推广举措，充分调动了各层级电商经营主体的积极性，形成了浓厚的电子商务发展氛围，涌现了众多代表各层级先进网商的企业和个人，为县域的电子商务发展树立榜样效应。政府各部门与协会、服务商合作，送培训下乡，全面提升县域电子商务从业人员的电商意识和能力。

电子商务氛围的营造，线上线下的平台搭建，明确的政策导向，分层级细化的人才培训机制,乡镇村公共服务站全方位布点;政府、协会、传统产业、服务商、网商各种角色多维联动,使得临安电商模式顺利升级到 V2.0。

二、临安模式 V2.0 总结(2013 年起)

临安模式 V1.0 是以网商带动的传统特色产业全面电商化转型,而临安模式 V2.0 是以区域特色产品为基础,政府、服务商、协会、各类经营主体四轮驱动,以传统特色产业带动其他产业全面电商化转型,形成可持续发展的县域电商生态体系,走出一条健康的县域特色经济信息化道路(见图 4.47)。

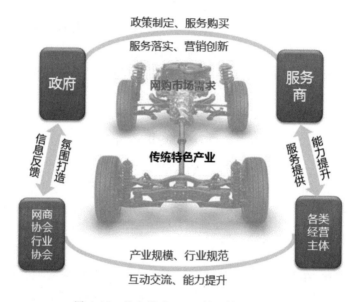

图 4.47 临安模式 V2.0 的四轮驱动模型

在四轮驱动的模型里,服务商是指具有品牌策划、平台/店铺运营、客户服务、专业培训、营销创新能力的县域电子商务公共服务提供商,以及电商配套的仓储物流、微平台运营等专业服务机构。各类经营主体则包括传统龙头企业、网络品牌企业、中小型企业、家庭作坊、个体经营户及微商等。协会分别是服务于特色产业集群的产业协会和服务于网商的电子商务协会。政府承担从政策制定、基础设施建设、人才引入及培养、电商氛围营造等方面综合引导和推动的职责。连接四轮的支架是传统的特色产业,驱动四轮的引擎是网购市场的消费者需求。

三、临安模式 V2.0 与其他县域电商模式的比较研究

为更加全面客观地了解临安电子商务模式,我们选取了几个较知名的县域电商模式进行比较,以方便其他县域学习和复制这些电子商务模式的过程中,更加系统地理解各自模式的特色,根据县域的实际情况和面临的问题,走出具有县域特色的电商化发展道路。

第一类比较:以网商为核心的沙集模式,它是指作为农村电子商务主体的、主要以农户家庭为单位的网商,经历了在第三方电子商务平台上自发产生、简单复制、快速扩张,以及以自组织为主初步形成多物种共生的新产业生态后,农村电子商务由从无到有的 1.0 阶段进入从弱到强的 2.0 阶段。相比之下,沙集模式的 1.0 与临安模式的萌芽期有一定的相似性,都是从草根农民创业开始,邻里之间相互效仿学习,形成了一定的电子商务氛围。不同的是,首先,就产业资源而言,沙集的拼装家具产业属于无中生有,农户自发地使用市场化的电子商务交易平台使自己变身为网商直接对接市场;网销细胞裂变式复制扩张,在电子商务市场的发展和消费需求的驱动下,带动制造及其他配套产业发展,使得各种市场元素不断跟进。而临安的山核桃已经有 500 多年的种植历史,其坚果加工产业也在国内行业中具备一定的影响力,为网商的自由发展提供了较好的产业基础。其次,就经营主体而言,沙集进入 2.0 阶段后,大部分网商仍然是农户家庭演变而来的中小型企业,资金实力和经营能力都比较弱,没有自主品牌,存在较高的知识产权隐患。而临安模式在 1.0 阶段就已经形成了网络品牌企业带动、传统企业和加工企业转型形成中坚力量,各类中小型网商蓬勃发展的局面,并且进入 2.0 阶段后,更多的个体网商在旅游农家乐结合农产品的销售上,运用 SNS 营销方式进行踊跃的创新和尝试,形成了自己的生存和经营之道。整体看来,各类经营主体分布均匀,根据市场规律发展自然优胜劣汰。最后,从政策环境来看,沙集从 1.0 到 2.0 的发展过程中,农村网商从无到有、从少到多,主要依靠农户增收致富的内在需求和简单复制,政府部门基本无为而治。而当沙集的网商简单复制达到"多、小、散、弱"且同质化竞争越来越严重的程度,不突围则无出路,突破困局又严重依赖政策引导和环境创新的时候,政府开始介入,但面临的是政策环境前所未有的挑战。相对而言,当临安进入 1.0 的后期,民间网络创业蔚然成风,政府相关部门适时介入,从电子商务科技园入手,为网商的先头部队提供了

配套的软硬件服务,使得临安顺利从 1.0 升级到 2.0 阶段。同时,产业协会尤其是山核桃协会,在政府的支持下,申请地理标志证明商标,进行临安山核桃区域公用品牌的管理,建立行业规范,使得临安的山核桃产业,既有政府背书的区域公用品牌,又与各类传统企业品牌、网络原创品牌联动,形成母子品牌的格局,为临安山核桃在全国范围内的品牌认知建立创造了良好的环境。从产业基础、经营主体和政策环境三个角度来看,临安模式中可学习和借鉴的策略和方法相对较多。

第二类比较:以本地化电子商务服务商为核心的遂昌模式,它是以本地化电子商务综合服务商作为驱动,带动县域电子商务生态发展,促进地方传统产业,尤其是农业及农产品加工业实现电子商务化,"电子商务综合服务商＋网商＋传统产业"相互作用,在政策环境催化下,形成信息时代县域经济发展道路。首先,从运营模式来看,在整个遂昌的电商生态中,以具有社团性质的遂昌网店协会和具有企业性质的遂昌公司组成的综合服务体系为核心,由"协会＋公司"搭建了整个遂昌的电子商务服务平台,并将供应商、网商、服务商整合到同一个平台上,生成一套独立运作的电商公共服务系统。而临安更多是借势而为,凭借传统特色产业资源,无论是网商、服务商、协会还是政府,均能灵活运用各类电商平台包括阿里巴巴产业带、淘宝特色中国、阿里巴巴村淘项目,京东、1号店、亚马逊甚至微信公众平台,借助有流量保障的第三方电商平台,明确定位,各司其职,协力共创,促成双向互通的县域电商生态体系。其次,从产业资源来看,遂昌和临安均有优越的自然环境和农产品资源,两个区域均有地理标志认证商标:遂昌的竹炭、菊米、烤薯,临安的山核桃、笋干和茶叶。但临安山核桃的区域公用品牌认知面广,政府和协会在区域公用品牌的管理和推广上有所作为,而遂昌尚无明显的品牌认知。在产业资源的充分挖掘上,临安以山核桃为主辐射到整个坚果炒货行业,同时也带动了绿色照明、电线电缆、五金工具等工业产业带的上线。遂昌着力在整个农产品领域开发了多个品类,并且往生鲜农产品领域延伸,对供应链及物流的配套设施要求更高,且特色不"特",消费者关注点很难聚焦。最后,从政策环境来看,遂昌和临安政府均能尊重市场自然发展的规律,适时介入,摆正位置,创造良好的软硬件外部环境,制定发展规划,以规划为指导,以服务为主要内容,推动电子商务有序发展。此外,从网商协会发挥的职责来看,遂昌的网商协会由于由企业主体运营,对整个电子商务的各个运营环节及供应链介入得更深，成为电商平台的运营方，而临安的网商协会则聚焦在电子商务的细分服务领域，以培训和交流为主要手段提升县域整体网商的运营能力。遂昌在智慧供应链管理体系建构上的策略和经验值得临安借鉴；临安在产业资源整合、线上线下的产业带布局、聚焦式的区域公用品牌建设和核心品类突破策略上，可以为遂昌未来电子商务发展提供经验和案例。

第三类比较：以"一县一店一品牌"为特色的通榆模式。它是吉林云飞鹤舞农牧业科技有限公司通过电子商务，将通榆县优势农副产品以统一品牌面向全国销售的原产地直供模式。首先，从电商氛围来看，通榆模式是自上而下在政府强力推动下形成的，由政府成立专门的领导小组，组建强大的协作机构"通榆县电子商务发展中心"，为作为唯一运营商的杭州常春藤实业有限公司背书，并出台一系列扶持政策，用行政力量为电子商务发展开通"绿色通道"。通榆县域的电子商务维系在一家企业上，并没有形成各种角色分工互动的生态体系。而临安模式完全是以传统特色产业为基础，以市场需求为导向，自下而上，由民间力量自发形成并逐步发展升级。政府在电商发展产生一定的效果后适时介入，全方位引导和提供服务，成为推动电子商务发展的动力之一，除政府外，电子商务生态体系中的各种角色、网商、传统企业、服务商、协会产生联动效应，共同推进县域特色经济的转型升级。其次，从健康发展的角度看，单一的企业品牌"三千禾"很容易受到企业发展的局限，无法最大化发挥县域自然资源、产业资源、文化资源带来的综合优势；而临安的区域公用品牌与企业品牌形成母子品牌共同发展的体系，既为区域内各类企业发展提供了平台和上升空间，又能形成企业品牌的差异化特色，且保留了企业发展的灵活度。"三千禾"虽然创建了"价值共享型"商业模式，看似满足了各方的价值需求，但只限于没有任何民间创业基础的西北部不发达地区的电商发展初级阶段，一旦各个经营主体，无论是农户、农民合作社还是供应商，掌握了电商运营技巧和能力，不排除同样会出现独立运营的多家网店竞争的状态。通榆电商的运营模式，将除一家企业之外的其他可能性经营主体定格成为产业链中间的某一环节，可以阶段性解决农产品售卖难问题，但一定程度上抑制了县域电商生态体系的形成和健康发展。此外，单一品牌单店运作，是否能够全面带动县域经济的转型升级，还需要进一步的观察。在与通榆模式的对比中，我们看到临安模式在区域品牌和企业品牌的整体架构上的可复制性，同时也发现健康的县域电商生态体系搭建，对于互联网＋县经济的可持续发展具有的意义。

四、临安模式 V2.0 的核心与特点

(一)四轮驱动模型是临安模式的核心

与其他县域以某一个主体,如网商、协会或传统企业为核心不同,临安模式进入 V2.0 阶段,由政府、服务商、协会、各类经营主体及特色产业组成的四轮驱动模型成为临安模式的核心,以传统特色产业为基础和联结,以消费者需求为动力,政府出台电子商务相关政策,主导传播和树立典型,烘托电子商务的氛围,搭建线上线下平台,聚集经营者和消费者,建立从县到镇到乡的人才培训机制(见图 4.48)。服务商落实政府政策,运营几大线上平台,稳定流量,并为各类从业主体提供店铺装修、拍摄、推广优化、代运营等细分化的服务及培训,分层次提升整体从业者电商运营能力。行业协会推行提升种植、生产和加工技术,规范市场价格,协调各从业者之间的关系,推进区域品牌建设和管理,扩大行业影响力;电商协会整合资源,在外部如物流快递等服务上获得议价权,降低成本,同时促成交流和分享的氛围形成,综合提升各类网商的生存和经营能力。各层级网商发挥主观能动性,龙头企业从产品技术和供应链端进行资源整合,中型企业多平台开拓,扩大影响力,逐步走向品牌化;小型企业间进行联合,优化资源,提升运营能力,个体经营户运用微商和微运营渠道,并尝试农家乐与农产品销售结合的模式创新。

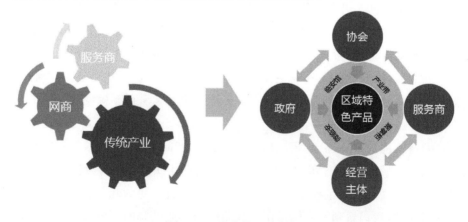

图 4.48　临安模式的演变

政府、协会、服务商、各类经营主体四个轮子，在消费者需求的推动下，依托特色产业优势，既各司其职，又相互联动，形成了县域电子商务发展的核心，整合宏观环境和产业链勾勒了一张基于电商生态体系健康发展的县域经济蓝图（见图4.49）。

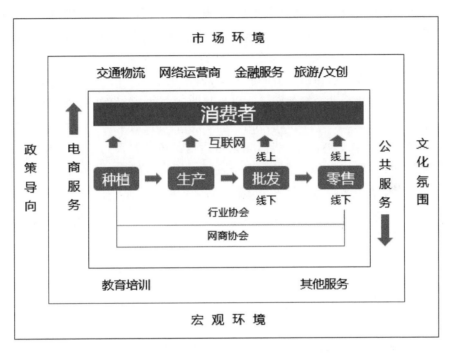

图4.49　围绕电商生态体系发展的县域经济蓝图

（二）区域公用品牌的带动效应

在临安电子商务发展的过程中，基于山核桃特色产业建立的临安山核桃区域公用品牌，不仅加深了消费者对于临安特色产品和产业的认知，同时也提升了山核桃的溢价空间，使之成为有区域特色的名片，为临安地区农产品延伸品类的开发和推广奠定品牌基础。

农产品区域公用品牌是指特定区域内相关机构、企业、农户等所共有的，在生产地域范围、品种品质管理、品牌使用许可、品牌行销与传播方面具有共同诉求与行动，以联合提高区域内外消费者评价，使区域产品与区域形象共同发展的农产品品牌。特定农产品区域公用品牌是特定区域的代表，经常被称为一个区域的"金名片"，对其区域的形象、美誉度、旅游业发展等都起到积极作用(胡晓云,2013)。

临安山核桃 2009 年获得农业部农产品地理标志认证,通过山核桃协会进行品牌授权和管理的系列工作,同时也在政府的推动下做了大量的线上线下传播工作,早在 2009 年临安政府就举办过"2009 中国(临安)山核桃文化节暨山核桃采摘开竿仪式"。相比其他产区,如安徽宁国、浙江淳安等,在消费者对于山核桃类的产品消费意识中,临安山核桃居领先地位。在 2013 年浙江大学 CARD 农业品牌研究中心发布的《全国农产品区域品牌价值排行》中,临安山核桃排名第 83 位,品牌价值评估为 17.27 亿元。

除政府和协会共同推动区域公用品牌的建立外,临安的各级网商也具备较强的品牌意识,从 2009 年起,大中小型的网店都注册了自己的商标,例如文文山核桃、艺果果、乐壳、洪斌等,无论是店铺品牌还是商品品牌均有一定程度的推广和发展。还出现了几家联合注册、共同经营的类集体品牌,由文文山核桃和其他几家共同发起的"奔跑"品牌,为进军天猫开始进行一系列的传播和渠道布局。临安县域内形成的区域公用品牌和企业品牌这一母子品牌的格局,为临安山核桃乃至坚果品类快速开拓网络市场,获得消费者认可起到重要的作用。

品牌的影响力,是促使消费者需求快速聚集,且销售价格相对可以提升的原因之一。临安坚果炒货协会已经提出"好坚果、临安造"的传播口号,以山核桃为核心的坚果产业已经拥有面积全国第一、产量全国第一、加工规模全国第一、市场占有率全国第一、效益全国第一"五个全国第一"和科研水平国内领先、加工水平国内领先、标准化水平国内领先、品牌建设国内领先、社会化服务水平国内领先"五个国内领先"。如何构建和传播"临安坚果"的区域公用品牌,或在此基础上打造临安县域农产品的新名片,为电子商务的品类拓展提供更宽阔的空间,是临安政府在下一步发展中需要重点聚焦和关注的。

(三)传统特色产业的集群化效应

和"沙集模式"从简单模仿,到市场需求引导,再到产业分工的形成不同,临安的山核桃产业有 500 多年的历史,在自然资源、产业分工、销售渠道、科研和教育等方面均较为成熟,互联网打破了传统的销售区域空间限制,集合了来自全国各地的消费能力,为产业链的升级和优化提出了新的需求和挑战,进一步促使产业集群的形成和发展。

在调研过程中,我们了解到市场需求的倒逼带来产业链的四个变化。一是山核桃加工技术的变化,根据跨地域消费者的需求,体现为从手剥到好剥到山核桃仁,从山核桃散仁到山核桃整仁,在临安区域内的浙江农林大学专门设立科研项目进行产品延伸方向研究。二是加工厂的分工,部分加工厂为种植且开淘宝店的用户提供纯代加工服务,部分加工厂则从收购原材料到加工到自建品牌进行网络传播和销售。三是大型企业的供应链整合,采用以销定产的模式,根据销量和用户需求,寻找合适的农民合作社进行合作,通过利润分成的方式推行生产的标准化,并逐步扩大规模化经营。四是围绕山核桃和坚果产业形成的网商集群,在重点产区和加工区密集分布,开拓了新的网络销售市场,与传统销售渠道进行互补。基于此,我们看到临安已经具备了产业集群形成的充分条件:价值链的延长、核心竞争力的差异化、创新的可能性、市场需求的弹性和彼此之间的合作意愿。

产业集群的形成既降低了各方面的成本和大众创业门槛,又能形成漩涡效应,吸引优质的外部资源,包括金融、科技、人才等。

(四)万众创新促进电商生态可持续发展

有了品牌影响和产业集群,民众的创业和创新意识仍不可或缺,我们看到临安的电子商务早在 2005 年就萌芽,基本是通过邻里间的效仿效应而产生,从种植户到农村闲置劳动力到返乡大学生,从家庭作坊到小企业到加工厂到传统企业,电子商务带来的快速市场反馈和经济效益,让原本就有较强经商意识的临安民众大胆尝试勇于创新。除了依靠现有的电子商务平台,很多农家乐的经营户运用社交平台扩展影响力,进行农产品销售,把农家小院经营得有声有色。此外,政府一直在鼓励和引导山核桃种植、生产和加工技术上的革新,特别体现在口味和剥壳技术的研发上,使得临安的山核桃成功地在和广东、安徽等区域的竞争中突围,成为全国消费者最喜爱的产品。

整个电商生态体系的完善,让各种经历和背景的从业者能够找到自己的位置。在全国淘宝村——白牛村,农户们既可以自己经营淘宝店,又可以进入企业负责运营或者仓库发货等工作,也可以成为物流公司的快递员工;返乡的大学生可以成为各类农村电子商务服务站的服务人员,也可以自行经营店铺。

与电商生态体系相配套的来自政府各部门、相关合作院校、服务商的各类培训综合提升了农村人口的意识和专业能力,使得创业和创新的民间力量源源不断地涌现。

(五)政策环境助力临安模式快速升级

我们在梳理临安模式的过程中,曾提出一个问题,如果没有政府的介入,临安的电子商务是否能够像现在这样蓬勃发展？回答是"会发展,但没有那么迅速那么高效"。在2012年以前,政府对于临安特色产业的发展较为关注,无论是推进行业协会的成立,地理标志认证商标的注册,还是生产技术的创新,产销对接的推广,同时对于临安区域内的交通、邮政和宽带建设均有较大的投入,并且在科技创新和人才培养上也有实际落地的项目。这一系列举措,形成了"无心插柳柳成荫"的局面,为电子商务的诞生和发展配备了良好的基础条件。

2012年,临安科技局敏锐观察到民间自发兴起的电子商务星星之火,经过调研,从解决网商企业发展瓶颈的角度,建设了电子商务科技园,集聚了网商的力量,通过资源整合和分享交流,起到了树立典型、营造氛围、鼓励创新的作用。自2013年起,政府正式介入临安电子商务的发展,在以下四个方面均衡发力。一是制定政策,从《电子商务发展规划》到《关于加快农产品电子商务发展的实施意见》,从电子商务领导小组的成立,到电子商务专项资金的制定实施,在组织保障、财政支持和近远期项目上进行落地实施。二是搭建平台,线下建设园区,线上搭建"一馆一带一微",聚集网商群体,整合服务商和各类运营资源。三是营造氛围,进行电商龙头企业评选,各类电商带头人评选和宣传,吸引各地政府前来参观,整合媒体和院校资源进行调研、报道和专项研究。四是培育人才,搭建由县到镇到村的电商培训服务体系,充分发挥协会和服务商的力量,针对企业、个体经营户、潜在从业者进行各种形式的线上、线下培训和交流;并在浙江农林大学、相关培训机构建立多个电子商务人才实训基地,为整个县域电子商务的发展做好人才储备。在2015年之后临安农村电商的转型期,政府更是发挥了巨大的推力,从多电商平台资源整合、农产品供应链升级、农村物流体系改善、新零售模式探索、旅游产业全面电商化等方面推动了农村电商的转型升级。

通过这些工作的推进和执行,自2013年起临安的电子商务实现了飞跃式的发展,促成了临安模式从V1.0到V2.0的升级,临安的电商发展模式也逐渐成为行业内人士关心的话题。政策环境成为临安电子商务升级的加速器。

4.3.5 临安模式对县域经济的影响

一、促进农民增收，增加农村就业机会

临安农产品电商销售额 2013 年为 10 亿元，促进农民增收 1.2 亿元，2014年增长到 18 亿元，带动农民增收 2 亿元。2018 年，临安农村常住居民人均可支配收入达 30795 元，比 2015 年提高近 29.7%。电子商务让众多网商实现了发家致富的梦想。在临安境内，大多数网商并非自己拥有产品资源，而是通过收购山核桃原材料，加工包装成商品直接在自家的网店销售从而获得利润。仅白牛村，2014 年，就有将近 20 家皇冠卖家，网上销售额突破 2 亿元，按照总计 67 户网商计算，平均每家网商销售额达到 360 万元。

除了以运营销售为主的网商，种植户是从电商化过程中获利最多的群体。电子商务压缩了商品流通的中间环节，使得利润走向产生新的可能。和传统渠道相比，山核桃种植户收益稳步增长。2015 年初，山核桃收购价达到历史性的 35 元/斤，相较于 2005 年的 15 元/斤，除去原材料及生产成本上涨因素，仅山核桃原材料售卖一项，就让临安的山核桃种植户实现了收入的翻倍。部分种植户还自行开设网店，找加工厂代加工原材料，通过互联网进行直接销售，按照代加工费 3.5 元/斤，而手剥山核桃销售均价 55 元/斤计算，增收的空间更大。

农户的收入增加不仅体现在单一原材料售卖层面，也表现在农民有了更多的就业选择。比如自己开网店，带动全家人打包、发货、担任客服，进行营运等。或者受雇于同村大的卖家，从事手工筛选、封包、快递打包、发货等工种。这些工作，可以让一个 50 岁左右的劳动力获得每天 70 元左右的收入。据不完全统计，2014 年，临安电子商务的发展带动就业近万人，2016—2017 年直接解决就业岗位 4300 个；间接带动就业岗位 12000 个。2019 年1—7 月，直接解决就业岗位约 7400 个，间接带动就业岗位约 1.9 万个。

根据浙江农林大学针对临安电商的实地调研，临安农产品电子商务带动的就业人口约为 6500 人。该项调研还发现，在活跃网商中，雇员中有29.07% 从事营销推广工作，11.63% 从事仓库管理，17.44% 从事货物配送，9.30% 从事客服，剩下的 15.12% 的雇员则主要从事产品加工等工作

（见图 4.50）。除了营销推广，其他的工种技能要求低，雇员稍加培训，就能上岗。因此对于农村赋闲劳动力来说，增加了很多就业的可能，同时也有机会接受不同层次的专业技能培训，提升个人的创收能力。

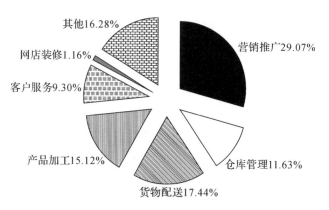

图 4.50　临安网商雇员从事工种分布

资料来源：浙江农林大学调研数据。

除了为农村剩余劳动力提供就业机会，电商的发展也为高素质人才返乡创造了条件，大量外出务工人员以及部分优秀大学生等年轻人返乡创业，农村青壮年劳动力的回流有效解决了"空心村"现象。据相关部门统计，2005—2015 年十年间返乡大学生人数超过 25000 人。这些大学生返乡后，一部分自主创业，带动家庭成员就业，另一部分供职于大型网商企业，从事高技术含量的运营和推广等工作。

2013 年，昌化镇白牛村被评为临安第一个淘宝村，白牛效应开始辐射周边，截至 2013 年底，新都村共有电子商务网店 20 多家，主要经营以山核桃为主的坚果类炒货食品。在政府推动、市场协同的作用下，淘宝村、淘宝镇实现了从无到有、从一到多的裂变。2016 年临安淘宝村达 22 个，淘宝镇6 个，是临安淘宝村淘宝镇数量最多的一年（见图 4.51）。淘宝村、淘宝镇数量的增加是农村经济欣欣向荣的体现，在淘宝村，不仅农民收入大幅度提升，村容村貌干净整洁，而且过往的麻将声变成了现在的键盘声，村民们潜心投入电商经营，积极参与村务的建设和管理，邻里之间相处和谐，祖孙三代其乐融融。

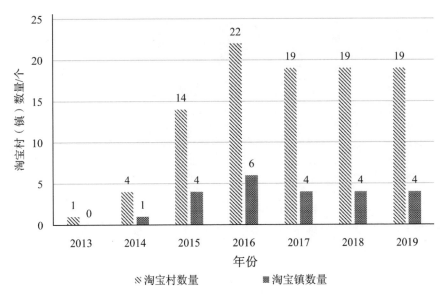

图 4.51　临安淘宝村、淘宝镇数量变化情况（2013—2019 年）

资料来源：阿里研究院。

二、细化产业分工，助力产业链升级

电商的高速发展吸引了大量配套服务供应商，促进了电子商务服务业的发展，以快于传统渠道数十倍的速度建立起了一条从生产者到消费者的产业链条（见图 4.52）。

以快递物流为例，2007 年初，临安只有乡镇一级拥有 5 家左右的快递网点，截至 2014 年底，临安拥有本地各类货运服务企业 50 余家，均为货物配载和信息服务企业；外来物流企业在临安的分支机构 8 家（如佳吉、中通、华宇等）；快递类运营企业 26 家，其中知名快递企业（如四通一达、顺丰等）设置网点较多，已覆盖到各镇街行政村，解决了行政村的"最后一公里"问题。

除了物流环节，专业的服务商和摄影美工服务被引入临安并扎根生长，集聚效应为临安电子商务创建了一条专业的产业链条。从生产到加工到食品包装，再到店铺运营，每一个环节都有专业的服务商提供服务，使得临安的坚果加工业实现了连续十年的高增长。

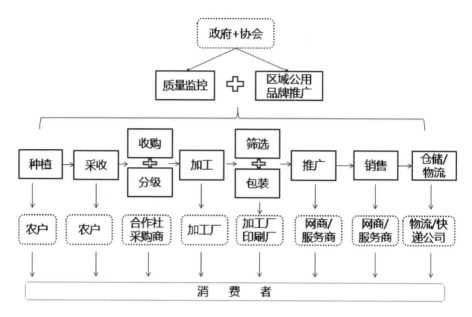

图 4.52   临安山核桃电商产业链示意

在传统企业中,图 4.52 中所示的十多个环节,经常是由公司内部完成,这要求能够囊括所有生产和营销环节的公司具有充分的财力和管理能力,否则企业将面临严重的资源浪费和效率低下。农村电子商务带来的百家争鸣的局面,让网商直接面对跨越地域的不同类型消费者,从而拓展了山核桃及坚果产业的生存发展空间,衍生出了各个环节的专业服务群体。

专业化的分工一方面降低了准入门槛,另一方面也促进了市场竞争,约束和引导每个环节的主体提供符合要求的优质服务。山核桃电商产业链的健康成长将有利于农产品标准化的推行,同时也成为县域其他产业链可效仿的对象。

三、一产带动二、三产,推进县域经济健康发展

县域经济的发展需要立足本地特色资源,但是农业由于自然条件的因素,增长空间非常有限。自 2008 年以来,临安第一产业的增长速度在放缓,一产带来的销售结构变化却非常明显。

在电子商务的带动和示范效应影响下,临安第三产业占比从 2010 年开始逐步上升,并且自 2013 年起,有了大幅的增长。值得一提的是,临安电子商务

科技园于 2012 年 9 月投入运行,集聚了 20 家农产品电子商务企业和服务商,还入驻了"阿里巴巴临安产业带""淘宝特色中国·临安馆"。可以说,2013 年是临安电商爆发式增长的一年。

　　传统的临安经济以二产为主,主要集中在光纤电缆、绿色照明、纺织等领域,其增加值长期占总 GDP 55％以上的份额。然而临安传统的产业格局正在发生变化,一方面,农产品电商的红火发展让当地工业企业看到契机,尝试电商化路径,提高工业产业的附加值,2016 年工业网络销售额 85 亿元,同比增长 18.7％,全市拥有一定网销规模的工业企业 335 家,其中规上 272 家。另一方面,电子商务的爆发性发展,为电商服务业、旅游电商和跨境电商的发展带来了契机。在发展过程中,逐渐形成了体系化的一、二、三产协作方式。光以山核桃产业的电商化来看,就带动了坚果加工业、包装材料生产厂商、摄影及设计服务、仓储、物流、运营、营销服务等。横跨一、二、三产,充分带动了县域经济的转型和发展。

四、优化区域公用品牌,提升县域影响力

　　临安农产品电商的发展提升了临安山核桃区域公用品牌在全国的影响力。发展电子商务以前,临安山核桃的影响范围仅限于浙江、上海一带。但是电子商务将山核桃这个小品类推向了全国,林之源的创始人方强说,他的店铺里,四成以上的都是北方客户。电子商务让临安山核桃走出浙江,走向了全国市场。2019 年,中国临安山核桃指数达 97.91,品牌价值位居浙江省农产品榜首,入选中国特色农产品优势区。

　　电子商务不仅提升了临安山核桃的品牌认知度,扩大了临安山核桃的品牌影响力,也带动了临安当地其他农产品的销售。2014 年,经杭州闻远科技的运营策划,临安馆推出了多场以雷笋、山鸡蛋、茶叶等农副产品为主的营销推广活动,获得了消费者积极的响应。区域公用品牌的价值不仅在于拓展了当地农产品的市场认知和销路,还在于提升了县域本身的影响力。2015 年 1 月份,国务院领导参观白牛村,更进一步扩大了临安作为农产品电子商务发展典范的影响力。据白牛村电商协会的秘书长张青介绍,从 2015 年 2 月中旬到 4 月初,每天平均要接待 4—5 组考察团。

　　区域公用品牌是县域的名片,也是县域经济保持长久竞争力的必备条件之一。临安拥有山核桃的地理标志认证,已经形成了以新农哥、谷的福等为

第一梯队,众多 C 店品牌等为第二梯队的初级品牌矩阵(见图 4.53)。除了扶持大品牌,临安的县域经济生态也容纳了一批小而美的个人品牌,包括一批活跃在微信平台的微商和为消费者讲故事、做粉丝营销的淘宝集市店卖家。区域公用品牌＋龙头品牌＋个体品牌,由此建立起来的品牌矩阵对扩大临安的城市影响力、提高临安经济附加值、优化临安经济生态环境有重要的意义。

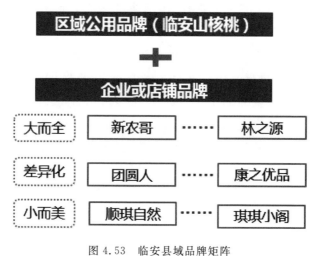

图 4.53　临安县域品牌矩阵

五、农村消费结构调整,农民文化生活改善

电子商务将农产品卖到了城市,也将城市消费品带入了农村。阿里研究院数据显示,2014 年,农村网购消费额 1800 亿元左右,约占乡村消费总额的 5%。临安当地网购指数为 28.15,远超“电子商务百佳县”该指标的平均水平。图 4.54 直观表现了临安农村人口收入与消费的双线高速增长,可见收入的增长同步带动了消费的增长。电子商务的迅猛发展,不仅改变了农民的生产方式,还改变了农村居民的消费水准和习惯。

农村消费习惯的改变来自两个方面,一方面,收入的增加提高了农民的消费能力和水准,另一方面,互联网带来的信息化渠道,拓宽了农村居民的视野,农民通过网络看到了很多新鲜事物并且能够获得更高性价比的生产资料和消费品,互联网使其在足不出村的情况下就能通过网购平台满足消费需求。

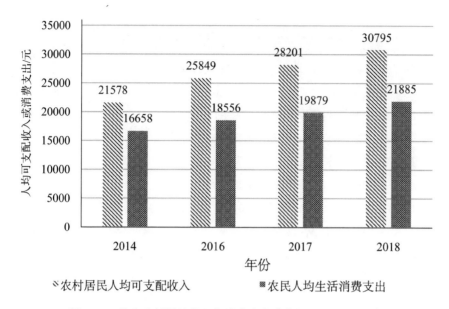

图 4.54　临安农村居民收入与消费支出变化图(2014—2018 年)

资料来源:临安年鉴。

除了改变农民的消费方式,电子商务也改变了农民的生活方式。

传统的临安农民,出路只有两个:在家种地或者外出打工。电子商务的发展给了他们第三个选择:把村里的农副产品通过网络卖出去,一台电脑,一根网线,自己做老板。天玥食品的潘小忠就是鲜明的例子,他原先在外打工,回乡通过电子商务创业后迅速尝到了甜头,并且带动周边的邻居亲戚都加入了电商的行列。从此"家家户户都能听到键盘声"。此外,由政府各部门及服务商举办的各类电商培训班、电商协会组织的各种沙龙,满足了当地农民学习和自我提升的需求。可以说,电子商务的产生和发展不仅让农民的腰包鼓了起来,也充实了他们的精神世界,提高了农村地区人们的文化生活水平。

4.3.6　临安模式的可借鉴价值

临安的电子商务发展,经历了萌芽期、发展期、扩张期,综合各个阶段发展的特点和关键因素,可以从"一品、一带、一生态"点、线、面相结合的角度给予具有相似情况和发展阶段的县域一些借鉴和参考。

一、聚焦"一品"，挖掘区域公用品牌的深层价值

"一品"可以围绕三个层面去理解和吸收。

第一个层面：产品。临安县域的特色农产品中获得地理标志认证的产品有临安的山核桃和天目笋，其中产值高的不是山核桃，而是笋类产品。对于网商而言，易运输、易储存、高单价和稀缺性的产品更加能够快速地铺开市场，获得利润，因此笋类产品由于生鲜的特性、深加工的难度、相对较低的单价，没能成为临安打开电商市场的核心产品。而临安山核桃凭借历史资源和产业集群优势成为临安电子商务的代表产品，也成为临安特色农产品的优质名片。对于其他县域来说，盘点区域优势的特产资源时，既需要考虑产品的产量、加工规模，又需要考虑是否符合网购的产品属性，一方面可以从政府角度重点挖掘、适度引导，另一方面也需要经过市场和消费者需求的检验，初期可以选择多个品种进行尝试，获得市场反馈后再进行聚焦和规模化扩展，切忌盲目投入。

第二个层面：品牌。中国幅员辽阔，各个区域都不乏地域特色的农产品、手工艺品或工业品。获得农产品地理标志认证商标以及地理标志保护产品的品种在全国多达 2000 多个，分布在全国 374 个县级市。但商标不等同于品牌，根据现代营销学之父科特勒在《市场营销学》中的定义，品牌是销售者向购买者长期提供的一组特定的特点、利益和服务，品牌是给拥有者带来溢价、产生增值的一种无形的资产，增值的源泉来自消费者心智中形成的关于其载体的印象。品牌，尤其是针对特色农产品而建立区域公用品牌，需要定位、规划、管理和传播，需要政府、协会和企业进行联动，共同扩大影响力。在临安的区域公用品牌建设中，我们看到了政府和协会的推动和管理，同时有龙头企业带来的领头羊效应，使得整个县域的网商都能够在此基础上获益，形成区域公用品牌和企业品牌母子品牌联动的共荣局面，不仅让临安山核桃成为全国第一的山核桃品牌，同时也让临安县域高森林覆盖、青山绿水的优质生态区域名片深入人心。

第三个层面：品类。临安以山核桃为核心，形成了全国坚果加工集散地的集群效应，并逐步向坚果炒货品类拓展，为临安电子商务品类的拓展和品牌延伸作好铺垫，在网络销售额的比重中，除山核桃外的坚果类产品占比不少，约占 40%。同时，临安在笋类、高山蔬菜等其他农产品的生产和加工上也

有较大的投入和提升,可以作为下一步品类拓展的方向。当然,对于互联网而言,跨界的品类拓展更加具有创新意义,临安已经开始尝试运用移动客户端,进行农家乐和农产品销售的 O2O 新模式探索。

借鉴临安模式在"一品"上的经验,对于县域政府而言,从梳理地方特色产品和特色产业开始,挖掘并聚焦县域具有竞争力的主打产品,并且建设好区域公用品牌,鼓励协会、企业及个体经营者共同建设和传播区域公用品牌,做大做强区域的影响力,同时可以为品类拓展和创新提供空间和机会,运用电子商务平台来进行快速测试和验证,获得反馈后再酌情开展规模化推广。

二、打造"一带",提高县域经济的集群效应

临安的电子商务在农产品领域和工业品领域获得突破性发展,与其打造的产业带分不开。针对以山核桃为主的坚果炒货,临安在靠近杭徽高速龙岗互通 1 千米处建设坚果炒货食品城,梳理了整个产业带所涉及的各个环节,包括原材料采购、生产、加工、销售以及配套的质检、仓储、物流服务体系,并与周边以种植为主的岛石镇、以加工为主的清凉峰镇、以电商运营为主的昌化镇形成联动;通过招商引资,吸引"三只松鼠""良品铺子"等坚果行业的知名企业入驻;建立坚果炒货协会进行行业规范,实现科技创新和企业间的共享共创;整合阿里巴巴产业带线上平台,进行线上线下 B2B/B2C/B2B2C 的多种模式销售。龙岗已经成为全国最大的坚果炒货集散地之一。除了以特色农产品为核心的产业带,临安还建设了电线电缆、绿色照明两条工业产业带,并进行线下以高虹镇为中心的电子商务集群规划,通过电子商务公共服务站进行网商的培育及提升,目标是建成全省绿色照明集散地和绿色照明电子商务示范区。

线下园区规划建设,协会管理职能赋予,线上销售平台搭建,区域空间布局联动,这四个方面的举措值得具有一定基础条件的县域学习和复制。

三、构建"一生态",发挥县域各种组织及群体的能量

生态体系的意义在于可持续发展,各主体间相互促进,蕴含无限的创新可能性,具有更强的生命力和竞争力。临安电子商务构建了一个健康生长、互相提升的生态体系。从各组织的职能和角色来看,政府、协会、服务商、网

商四个重要主体定位明确,职责清晰,充分互动,协同成长。从经营主体来看,其经过了长达 10 年的发展周期,带来网商群体的多元化,有传统企业、网络原创品牌企业、由家庭作坊演变而来的中小企业、个体经营户、微商等,既相互竞争又相互合作,通过市场机制优胜劣汰和转型升级。从线上平台的搭建来看,阿里巴巴 1688、淘宝特色中国、天猫旗舰店、京东、微信公众平台、自营式 B2C 网站,各种类型均有,根据各自的特色和资源均衡借势。从线下空间布局来看,既有西部以农产品为核心的侧重零售的电子商务集群,又有中部以电子商务服务为核心的服务业集群,以及东部以工业品产业带为核心侧重批发电子商务集群和在规划中的跨境电子商务园区。同时,在电子商务公共服务站的建设上,形成了县、镇、村深入的布局。从电子商务的上下行来看,临安的县域以网络销售带动网络购买能力的提升,以电子商务带动的物流快递行业的发展,使得网络购物成为常态。

对于其他县域而言,清晰的电子商务生态体系布局,能够方便县域从全局的角度进行资源的梳理和现状的诊断,统筹规划,合理分工,逐项落实。依照这个体系,根据各地的实际情况,将临安 10 年的电商发展道路缩短到 1—3 年确有可能。

4.3.7　临安模式 V2.0 的升级挑战及建议

一、产业链有待健全

本研究尝试从产业链的原材料采购、加工生产、销售和创新产业延伸 4 个角度来分析临安已经形成的坚果炒货产业发展面临的问题和机会。

从原材料采购环节来看,在山核桃这个品类上,主要是本地种植本地销售,临安的山核桃主要分布在昌化镇、清凉峰镇和岛石镇,但分布相对比较分散,种植户较多,在推行新的种植技术、科学的经营方法上受到一定的阻碍,产量和质量均不稳定。山核桃的采购多数委托有经验的中间人进行,根据个人经验能力的不同进行质量和价格的判断,这些群体多数是自由人角色,不受雇于某个企业或组织,对于企业而言,原材料的质量和价格均具有不确定性。整体规模化和标准化推行的速度较慢,有一些企业如东升颂越已经开始尝试以销量的确定性来推动标准化的执行,与合作社建立固定的合作关系,并剥离部分采购成本进行统一的有机肥料采购。对这样的模式,可以尝试做推广,保障主要企业的产品竞争力。在其他的坚果品类上,原材料主要来源于进口,在龙岗镇的调研中,我们了解到,除了龙头企业有正规的跨境采购通道获得原材料,大部分加工厂从利润的角度考虑,采购了非正规渠道的货源,存在很大的政策隐患。在接下来的跨境产业园的规划和建设过程中,要建立保税仓,引入规范的原材料进口流程,通过数据分析和集单的方式,确保坚果原材料的稳定性,保障广大网商和加工商的利益。

从加工生产环节来看,临安电子商务起源于民间,带着创业和创新的基因,但也体现了在规范和标准上的弱势。临安山核桃网商除了一些大企业采用规范的经由 QS 认证的生产方式,很多淘宝集市店小卖家,还处于手工作业的方式。山核桃直接经由家庭作坊式的采收、加工、包装,然后进入市场。一些卖家在加工包装过程中,并没有严格遵守食品生产必不可少的规范操作。

食品安全问题关系到广大消费者的身体健康和生命安全,关系到以坚果炒货为代表的临安特色农产品的产业安全,甚至地方经济发展。临安各级部门,特别是市场监管部门在食品安全检查、培训等方面做了大量的工作,但由于产业链条较长,各产业环节参与者(或企业)素质良莠不齐,特别是"低、小、散"的分布现实,客观地说还是存在一些食品质量安全隐患。如果不进行有效引导与管控,将使整个产业面临巨大的品牌和信用风险,甚至可能导致全产业崩盘。

在龙岗坚果炒货食品城建设过程中,政府和协会也特别关注这个问题,已经开始进行一系列的改善。引入国际化的专业生产线,在园区入驻工商及质检部门,提供一条龙服务,并打造透明生产参观路线,以真实场景见证生产的每一个环节,确保从坚果城流通的商品的质量安全,增加消费者和行业的信任感。坚果炒货食品城可以为商品质量背书,整合各类中小加工企业,为广大网商提供有质量保障的货源和商品。对临安而言,未来,要让"好坚果、临安造"成为消费者耳熟能详的认知,货源的质量和稳定性是至关重要的。

从销售环节来看,临安的大部分网商分布在中低销售额区间,缺乏中坚力量,中低层的网商在运营能力、货源掌控、人才招聘方面均遇到了较大的瓶颈,亟待突破和整合。同时,品类的单一性和季节性也对销量的增长和销售能力的提升带来困难。如何整合"低小散"的经营主体，积极拓展相关品类，减少季节性因素影响，是下一步电商发展需要解决的问题。

在白牛村，我们已经看到解决这类问题的尝试，天玥食品发起，六家规模较大的网商，整合和发挥各自的优势，扬长补短，抱团作战，在货源整合、渠道合作和品牌推广上，协同发力，其成效值得期待。

从创新产业延伸来看，如何在传统产业的基础上发展文创、旅游相关的第三产业拓展也是值得探讨的方向之一。我们从龙岗坚果炒货食品城的规划中看到了类似的迹象，其在往工业旅游的方面做尝试。参考在台湾非常盛行的农业文创化路径，围绕山核桃和坚果的产业带，可以进行大胆的创新，与文化创意产业相结合，拓展产业链的长度和宽度。

二、区域及企业品牌化

自 2004 年起国家发布的一号文件中，多次提及农业的品牌化建设，把品牌化作为传统农业向现代农业转型的重要手段。尤其是 2019 年农业农村部一号文件《国家质量兴农战略规划（2018—2022 年）》进一步强调了农业要"绿色化、优质化、特色化、品牌化"发展。指出要大力推进农产品区域公用品牌、企业品牌、农产品品牌建设，打造高品质、有口碑的农业"金字招牌"。在临安的电商发展过程中，我们看到了其对于区域公用品牌的重视，政府和协会共同推广，规范管理，为临安山核桃在互联网上迅速打开市场奠定了基础。在与山核桃协会的深入访谈中，我们发现协会在区域公用品牌的管理和授权上，尤其在区域授权上仍然存在不少问题。在坚果领域，尚未有知名的区域公用品牌出现，临安凭借坚果加工集散地的优势，可以抓住这个机会，占领坚果领域的品牌认知。

就企业品牌而言，以淘宝指数为参考，龙头企业的品牌影响力急需提升和优化，无论在供应链端还是运营和营销能力上，需要更多的资源整合和投入。部分知名品牌如新农哥也面临着品牌的年轻化转型。如果不建设或引入更有竞争力的品牌，临安将失去作为产业集散地的先发优势，而沦为原材料供应基地。

临安网商的繁荣大部分靠朋友或邻里间相互学习模仿，而且品类比较单一，多数为小型企业或者个体经营户，普遍存在产品雷同、包装雷同、运营和营销方式雷同的问题,同质化竞争非常激烈,以至于利润空间逐渐被压缩,不乏经营户会抱怨很辛苦但赚不到钱。部分网商开始抱团合作,共同申请品牌联合运营,也有清凉峰镇申请集体品牌,来做出差异化提升影响力。浙江农林大学的调研显示,截至 2013 年底拥有自主品牌的网商占 65.59%,但是有 34.41% 的网商仍然处在缺乏知识产权意识、低水平模仿的阶段,以至于存在不少侵犯商标权和专利权的隐患。如何让中小网商具有品牌意识,开拓出一批"小而美"的网络品牌,增加自身的竞争力,也是下一步在培训和引导上需要融入的内容。

三、专业人才和服务配套

临安有多家电商服务商,闻远科技、诠景摄影和易微达科技等,其中综合运营和服务能力较强的仅闻远一家,虽然能够满足临安馆的日常运营需求,但是对于大区域内运营素质良莠不齐的农村网商来说,临安电商服务的能力依然有所欠缺。并且据闻远公司介绍,临安馆目前的辐射范围仍然在县乡一级,很难下到村里。在村里最多能做到一月一次的讲座培训,并不能从根本上解决村一级的电商服务需求。

此外,与电子商务企业相配套的电子商务公共服务资源有限,临安的电子商务科技园区已经在逐步扩容中,龙岗的坚果炒货食品城的二期规划也引入适合电子商务应用的仓储和物流,在园区的建设上初具规模。然而,电子商务的支撑服务业和衍生服务业如代运营、店铺设计、营销推广、客服外包、图片摄影等还需要引入更多的服务商,并且能够从市区深入各个乡镇乃至村,以避免发展到一定程度的企业出现外迁。尤其是金融配套服务,需要有相关的政策和措施。临安政府各级主管部门,组织了针对农村人口的不同类型不同层次的培训,从服务商层面也有一月一次的下乡培训服务,但只涉及电子商务较为发达的临安西部,如何提升临安东部和中部的农村人口电商意识,逐步发展和提升他们的能力,也是在下一步发展过程中需要考虑的问题。

本研究在访谈多位网商之后,发现大中型网商面临的共性瓶颈是:电商人才供应不足,特别是高端人才严重匮乏,尽管临安毗邻杭州主城区,但多数高端人才更愿意选择"候鸟式"的工作方式,真正愿意扎根临安的不多。专业人才缺乏带来的另一个问题是:产业链的局限。高端人才的缺失限制了产业链向文化创意产业延伸的可能性。

如何提高临安县域对专业人才和配套服务的吸引力,不管是出台相关的人才引入优惠政策,还是通过的招商引资,都需要进行深入的探讨、规划和行动。凭借白牛村和临安电子商务的影响力,以及一直在实施的"电商伙伴计划",可以与专业院校或研究机构合作,成立农村电子商务实训基地,针对不同类型的群体,如政府各职能部门、企业、个体经营户等,针对不同群体对电商知识结构需求的差异,设计和规划一系列集参观、考察、培训、实践于一体的电商实训课程体系,培养和提升本地电商运营人员的能力,同时也能吸引周边区域优秀人才的加入。

四、"互联网＋"的全面应用

临安的电子商务发展充分聚焦在具有竞争优势和符合网购属性的山核桃产品上,在整体县域电商意识的带动和对于农民收入的改善上成果颇丰。而且已经从山核桃往坚果品类作拓展。坚果品类的消费具有一定的季节性,通常秋冬季尤其在春节前后非常受欢迎,夏季是淡季,中国人对于坚果的消费不同于欧美国家,欧美国家把每日一把坚果作为健康饮食的习惯,而在中国更多是休闲零食的概念,并非每日必备。因此国人的消费习惯使得坚果品牌体现出明显的季节特征,同时也给电商的运营带来压力,往往进入春夏季,人力资源处于半闲置状态,到了秋冬销售旺季,人手严重不足。因此,需要凭借良好的客户数据源基础,作更多的品类拓展和延伸。盘点县域内的特色产品,包括但不限于农产品,形成季节性的补充,减缓人力资源的调配困境,最大程度发挥人力资源的潜力。从临安县域已有的物产资源来看,不妨作如下的分布和尝试:

临安的特色农业电商化在全国领域里独树一帜,以一颗山核桃撬动了整个县域经济,孕育了健康的电子商务生态圈。基于这套相对完善的体系和经验,可以山核桃为核心,凭借坚果加工产业的集群效应和优势,打造一张"临安坚果"的城市新名片。同时鉴于山核桃和坚果季节性强的问题,可尝试在其他特色产品上作适当的品类延伸,拓展成更全面的"临安山货"区域公用品牌,形成以山林地貌特征出产优质特色农产品的全国第一品牌(见

图 4.55),并可以尝试向辐射周边江浙沪区域的生鲜 O2O 模式拓展,以优质生态农产品,抢占一、二线城市中高端家庭饮食市场,以"太阳公社"为范例,结合特色的休闲农场,打通线上和线下的体验互动,抢占移动端生鲜电子商务市场,充分发挥临安的自然生态优势和区域优势。

图 4.55　临安电子商务品类拓展

此外,临安的工业品电子商务尚处于起步阶段,阿里巴巴产业带已经上线,但相应的硬件和软件配套依然比较弱。如何凭借具备优势的工业产业带,进行全面电商化升级,并与跨境园区建设和跨境电子商务相结合,也是下个阶段可以拓展的方向。

临安县域电子商务的地域分布明显的特征为临安西部比较发达,临安中部和东部相对落后。如何依托杭徽高速的交通优势,以临安西部带动临安中部和东部,使得不同区域电子商务能够协调发展,进一步调动民间的力量,鼓励各类经营主体在"互联网+"上的创新,将互联网与区域特色品类、品牌和行业相结合,例如互联网+旅游、互联网+金融、互联网+培训、互联网+本地服务、互联网+外贸等,针对这些问题的创新和开拓,必将带来县域经济的又一次飞跃式发展(见图 4.56)。

图 4.56   农村互联网＋消费下行体系

其中,可以聚焦和尝试开拓的领域是"互联网＋农家乐＋农产品"。临安的高森林覆盖的生态环境和得天独厚的地理区位优势,使得临安的旅游业尤其是农家乐日益兴盛。农家乐和农产品有天然的关联,消费者在农家乐休闲度假的过程中,能体验到浓厚的地域风土人情,品尝到原汁原味的农家菜,"带点新鲜好吃的回家"成为离开之前的必备动作。同时,带回农产品与家人和好友分享,既能带动互联网平台二次的传播和购买,又能带动更多的人到农家乐进行体验,实现"以庄促农,以农促庄"的双向繁荣。因此如能构建"体验＋购买"的联合运营机制,并在区域内进行有效复制,形成"互联网＋农业＋旅游"的新电子商务运营模式,将使得临安在"大众创业、万众创新"上成为全国的新亮点,在"互联网＋"领域成为电子商务跨界整合的新模范。

在万众创新的民间力量推动和政府的有力引导下,临安的农村电子商务具备了良好的基础,临安已经实现互联网公共服务在县域所有村镇的全覆盖。根据发展现状,评估农村"互联网＋"的上行下行两大体系,临安可以在图 4.57 所示方面再做深入的探索和全方位的建设,整合各类优势资源,以成为全国数字农村的发展典范。

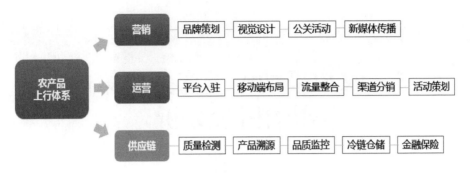

图 4.57 农村"互联网＋"农产品上行体系

5 农户采纳电子商务决策的
影响因素分析

在前面的章节中,本书从宏观视角和中观视角探讨了电子商务对中国农村经济和社会发展的影响。从本章起,本书将主要基于调研数据,分析电子商务在微观层面对农户生产生活的影响。

农户采纳电子商务的决策存在明显的自选择。因此,要客观分析电子商务对农户生活和农业生产的影响,首先需要分析农户采纳电商决策的内在行为动机和决策规律,从微观视角厘清影响农户决策的一系列个人、家庭、社会等方面综合因素。在此基础上,本章聚焦下述问题:什么样的农户愿意采纳电子商务?已有文献目前未得到高度一致的结论,学界还缺少系统性的影响因素分析框架及相对应的实证检验。

有鉴于此,本章以已有文献和前文的实证分析框架为基础,对农户采纳电子商务决策的可能影响因素进行了归纳和汇总,提出相应的研究假说;随后基于农户调研数据,采用 Logit 模型对农户采纳电商决策的影响因素进行了检验分析。本章是对已有文献有关农户采纳电商决策影响因素的相关研究的补充,有助于厘清农户采纳电商决策逻辑,为后文作好铺垫。

5.1 农户采纳电子商务决策的理论机制

电子商务是信息通信技术在商业领域内的具体应用,是联通小农户与大市场的新途径。结合已有理论,本章分别从交易费用和新技术采纳两种视角对农户采纳电子商务的理论机制进行阐述,并基于农户行为相关理论对农户采纳电子商务决策的成本收益机制进行推导分析。

从交易费用的角度看,电子商务是农户与市场中其他交易主体之间的一种新的交易方式,因而电子商务采纳会改变农户参与市场的交易成本。根据交易费用理论,交易成本是市场机制运行的成本,包括事前成本(契约签订、谈判和履约的费用)和事后成本(当契约出现问题时,商讨、改变契约条款到终止契约所花费的成本或兑现承诺而引起的约束成本),还具有资产专用性、不确定性和交易频率三种影响维度(Coase,1937;Dahlman,1979;Williamson,1985)。相较于传统渠道而言,电商采纳可能会降低农户的交易成本,其原因有以下几点:①电商采纳可能降低事前成本。传统渠道需要农户自行寻找(或被收购商自行寻找)交易机会,并进行一对一的契约签订、谈判以达成交易。而电商可以使农户直接线上发布信息,一方面通过直接对接大市场降低了交易机会获取的成本;另一方面可以由电商平台担保,降低每项交易的契约签订、谈判成本。②电商采纳可能降低事后成本。传统渠道出现交易问题时,需要农户与交易对象通过正式或非正式的方式解决争端达成共识,其过程可能是漫长而低效的。而电商可以通过电商平台协议中争端解决方案解决,降低了契约出现问题的相关成本。因此,从交易成本理论视角出发,电商采纳可降低农户交易中面临的不确定性,并通过对接大市场增加农户的交易频率,进而降低农户的交易成本,有助于理性农户实现利润最大化目标,进而激励农户采纳电子商务。

从新技术采纳的角度看,电子商务是互联网在商务领域的深层次应用,是广大小农户得以对接大市场的新的技术手段。因此,农户采纳电子商务本质上也可以看作是农户采纳新技术的行为。不同的技术采纳理论模型各有侧重,但其本质均为个体、组织、社会等因素的理性考量对用户采纳新技术决策的影响。根据 TRA、TPB 和 TAM 模型,农户采纳电商的决策会受到其个人禀赋、对电商有用性的主观感知、对采纳电商可能面临的难易程度影响。例如,农户受教育程度越高、认为电商越有用、对信息通信技术的学习接受能力越强,该农户采纳电商的概率越高;根据 IDT(创新扩散论)和 UTAUT(整合型科技接受模式),农户采纳电商的决策还会受到组织及社会系统的互相影响。例如,农户认识当地电商带头人数量越多、当地电商发展氛围越好、信息通信相关基础设施建设情况越完善,农户采纳电商的概率也越高。这些模型全面阐释了对电商这一新技术的采纳而言,农户的个体禀赋和经验、对电商有用性和易用性的感知、组织和社会的相关互动等方面因素的协同作用和影响,为全面分析农户采纳电子商务的行为逻辑提供了理论依据。

基于农户行为相关理论,假设农户是有限理性的,即农户受外部条件和自身禀赋限制,能够获取到的信息是有限的。农户在日常生活和生产经营中基于获取的有限信息进行决策,实现其利润的最大化。因此,有限理性的农户在进行是否采纳电子商务的决策时,需要考虑的核心问题为投入产出比,即:对比传统销售渠道,采纳电子商务是否能够实现其自身利润的增长。只有预期采纳电子商务的收入变动显著为正时,农户才会考虑采纳电子商务。以下对此进行推导。

构建一个简化的农户模型,其家庭收入来源主要为工资性收入和经营性收入。工资性收入主要来源于家庭劳动力外出或本地打工,经营性收入主要来源于对自产农产品的销售。设该农户家庭含 n 位劳动力,以 π 代表农户总收入,W_i 代表第 i 名劳动力的工资性收入,A 代表该农户的经营性收入。则农户的总收入可以表示为:

$$\pi = \sum_{i=1}^{n} W_i + A \tag{5.1}$$

考虑农户的工资性收入 $\sum_{i=1}^{n} W_i$。在该农户家庭中,每一个劳动力均面临外出打工或就近工作两种选择,期望净收入为工资减去成本。我国城乡经济发展不均衡,农村工作机会少,工资水平低于发达城市,导致外出打工的边际收益大于本地就业。因此农民会使自己的劳动时间配置最优化,选择外出打工。假设所有外地地区的工资水平和各项成本均相等,即所有外地都属于一个"总的"外地,并以 W_O 代表外地工资水平,以 W_L 代表本地工资水平,以 C_O 代表外地工作所付出的成本,以 C_L 代表本地工作所付出的成本,可得到农户的工资性收入:

$$\sum_{i=1}^{n} W_i = \sum_{i=1}^{n} \left[\max(W_O - C_O, W_L - C_L) \right]_i$$
$$= \sum_{i=1}^{n} (W_O - C_O)_i \tag{5.2}$$

考虑农户的经营性收入 A。一般来说,农户销售农产品要经历农户—产地批发商—产地批发市场—运输商—销地批发—经销商—消费者的过程。为计算便捷,将所有待售农产品看作一种"总的"农产品,且假设农户生产的农产品可以销售完毕。使 P 代表农产品的市场价格,Q 代表农产品的生产与销售数量,C_j 代表每一个交易环节产生的各项成本并共经历 m 级交易,C_f 代表农户生产过程中付出的包括化肥、种子等在内的单位成本,则农户的经营性收入可以表示为:

$$A = PQ - \sum_{j=1}^{m} C_j - C_f Q \tag{5.3}$$

综上所述,农户的家庭总收入可以表示为:

$$\pi = \sum_{i=1}^{n} (W_O - C_O)_i + PQ - \sum_{j=1}^{m} C_j - C_f Q \tag{5.4}$$

电子商务作为新兴的农产品流通方式,缩短了传统的供应链。农户采纳电商后,原销售渠道各交易环节的累加成本缩减为单一的电商平台交易成本。用 A 代表农户家庭经营收入, P_e 代表通过电商平台销售的农产品价格, Q 代表农产品交易数量, C_e 代表电商平台各项交易成本, C_f 代表农户生产过程中付出的包括化肥、种子等在内的单位成本,则采纳电商的农户经营性收入可以表示为:

$$A = P_e Q - C_e - C_f Q \tag{5.5}$$

考虑农户的工资性收入 $\sum_{i=1}^{n} W_i$。电商发展会带动本地与电商相关的产业同步发展,如快递、物流、仓储、包装等行业。这些行业的发展为本地带来大量创业就业机会,提高工资水平,最终吸引本地劳动力返乡创业就业(Deller et al. ,2019；Lin,2019；Qi et al. ,2019a)。以 W_L 表示电商发展后的本地工资水平, C_L 表示本地工作成本,则采纳电商的农户工资性收入可以表示为:

$$W = W_L - C_L \tag{5.6}$$

综上所述,农户采纳电商后的收入可以表示为:

$$\pi_e = \sum_{i=1}^{n} (W_L - C_L)_i + P_e Q - C_e - C_f Q \tag{5.7}$$

将农户采纳电商与否的收入相减,即可得到农户采纳电商后的收入变化效应:

$$\Delta \pi_1 = \sum_{i=1}^{n} [(W_L - W_O) - (C_L - C_O)]_i + (P_e - P)Q + \sum_{j=1}^{m} C_j - C_e \tag{5.8}$$

为使方程更便于理解,结合实际情况,提出以下假设:①农村电商促进本地相关产业发展后,本地与外地的工资水平持平;②与外出打工相比,本地就业的各项成本可以忽略不计(Lin,2019；Liu,2020)。方程可进一步简化为:

$$\Delta \pi_1 = \sum_{i=1}^{n} (C_O)_i + \sum_{j=1}^{m} C_j - C_e - (P - P_e)Q \tag{5.9}$$

该方程即为农户采纳电商的收入变动,由三部分组成: $\sum_{i=1}^{n} (C_O)_i$ 衡量因电商蓬勃发展而充分带动当地经济,促使村民回乡就业后降低的就业及生活成本; $\sum_{j=1}^{m} C_j - C_e$ 衡量农户采纳电商销售农产品,使销售渠道缩短后减少的交易成本;负项$(P-P_e)Q$属于农户采纳电商后消费者从中得到的红利。对消费者而言,网络平台销售的农产品往往价格更低,这激励了消费者长期选择网上购买农产品。对农户而言,降低的流通环节交易成本意味着收购价格提高的可能性,进而增加收入,进一步促进农户采纳电商。

简而言之,农户是有限理性的,会基于外部环境条件和自身禀赋限制,就能够获取到的信息进行利润的最大化决策。根据交易成本理论,农户采纳电商的预期收入显著大于传统销售渠道,这是农户采纳电商的根本原因。根据技术采纳理论,农户采纳电商与否的决策会受个人、组织、社会等方面综合性因素的影响。下文将对这些影响因素进行说明。

5.2　农户采纳电子商务决策的影响因素

农户电子商务采纳行为具有其内在逻辑和规律,只有深刻认识农户行为决策的规律,从微观视角厘清影响农户采纳电子商务决策行为的影响因素,政府有关部门才能在全局上切实有效地推动农村电子商务的发展,避免部分地方政府盲目性地跟风投入。与此同时,农村电子商务的起步与发展离不开能人的示范效应。只有把握农户电子商务采纳行为规律,才能在尊重农户意愿的前提下,培育电商带头人,合理引导农户采纳电子商务,相关扶持政策和制度法规的制定与实施才能够促进农村电子商务持续健康快速发展。

然而在已有的对于电子商务采纳行为影响因素分析的相关文献中,多数文献以涉农企业为研究对象(易法敏,2009;Montealegre et al.,2007;Molla et al.,2010),也有部分文献关注了农业新型经营主体的电商采纳情况(吴丹,2020;Lin et al.,2022),但从农户视角进行分析的文献比较少见。在从农户视角进行分析的文献中,多数文献为定性研究,定量研究的文献较少(曾亿武,2018;Couture et al.,2019;Luo et al.,2019),这些文献中,多数文献主要是分析电子商务采纳对农户收入的影响效应,兼顾分析农户采纳电子商务行为的影响因素,因此对影响因素的归纳并不全面;而已有的主要关注农户采纳电子商务行为影响因素的文献,在数据或者是研究方法上都存在一定的局限(Ma et al.,2020;曾亿武,2018)。

基于已有文献,本章对影响农户采纳电子商务行为决策的因素进行了归纳、汇总和分类,并提出相应的研究假说;随后采用 Logit 回归模型,使用三县农户问卷调研数据,对研究假设进行了检验,并得出相应的研究结论。本章的研究是对已有的农户采纳电子商务影响因素相关研究的补充,有助于进一步厘清农户采纳电子商务行为的机理,为后文分析电子商务采纳行为对农户生产生活的影响做好铺垫。

5.2.1　理论分析与研究假说

农户是否采纳电子商务取决于采纳电子商务所付出的成本与获得的收益,而成本收益又受到外部环境条件和市场中主客体特征的影响。为了简化分析,本研究没有对农户采纳电子商务行为进行进一步的分类,而是以"是否采纳"二分变量作为研究的因变量。在影响因素的分析上,在综合已有文献基础上,选取与农户采纳电子商务联系更为紧密的主要因素,并将这些因素分为七个类别:户主与家庭人口统计特征因素、资产情况因素、电商相关基础设施和服务的可及性因素、主观认知因素、先前经验因素、社会资本因素以及社会经济环境因素。接下来,将逐一分析这些影响因素对农户电子商务采纳行为的影响机制,并提出相应的研究假说。

(1)户主与家庭人口统计特征因素

户主与家庭人口统计特征是指户主个体和农户家庭两个层面一些常见的人口学基本特征。一般而言,户主是一个农户家庭中生产经营的主要决策者,他的个人特征往往很大程度上影响甚至决定农户家庭的生产经营决策,因此,已有的大量文献在研究中都将户主作为家庭成员的代表。本书在已有理论和文献基础上,在户主个体层面选取了其性别、年龄、受教育程度、健康程度四个变量。同时,在农户家庭层面,选取了家庭人口数量、孩子占比和老人占比这三个变量,以反映农户的家庭规模和人口结构。

性别是重要的个人特征。受先天生理条件差异和后天如社会分工等外部环境条件的影响,男性和女性在许多方面具有明显的差异。已有研究表明,男性比女性更愿意从事创业活动(Blanchflower et al.,1994;罗明忠,2012;Nwibo et al.,2013)。中国农村社会长久以来践行"男主外、女主内"的家庭分工模式,男性对外联系与进行生产经营和交易的频率更高,接触和了解新信息和新技术的可能性更大,且男性有更强的风险偏好,这使得他们有更好的条件和更强的意愿采纳电子商务;而相较于男性,传统农村家庭中的女性往往需要承担更多的家庭内务,例如家务劳动、赡养老人、照顾小孩等。在家庭内务上投入更多的时间和精力以及在生产经营决策中长期处于弱势地位,阻碍了女性对新技术的学习以及对新的生产经营模式认知的提高。因此,提出假说:户主为男性的农户更有可能采纳电子商务。

年龄变量是另一个人口学基本特征。通常情况下,户主的年龄越大,其拥有的生产经营经验就越丰富,这使得其对自己的生产经营方式有更强的路径依赖;此外,随着年龄的增长,户主对于新事物的学习能力和接受程度都在不断下降。电子商务作为基于新兴电子技术衍生出的新型经营模式,对于采纳主体在计算机和互联网技术的使用、互联网经营思维以及具体的网店经营技术(如拍照、图片处理、文案编辑)等方面具有一定的要求,年轻人对于互联网和电子商务都更为熟悉,接受和学习新事物的能力更强,通过学习往往能很快上手,而年长的人往往难以适应,或者说,相较于年轻人,年长的人往往需要花费更多的时间和精力,投入更高的学习成本。因此,提出假说:户主的年龄越小,农户越有可能采纳电子商务。

受教育程度是反映农户人力资本条件的重要变量。农户的受教育程度对其生产经营能力、创业的机会识别和决策制定等方面都具有重要的影响(曾亿武,2018)。一般而言,受教育程度越高的户主,知识储备更为丰富,学习能力更强,更具备认识和接受新技术或新的经营方式的能力,同时更能够识别创业机会,有更强的创业意愿,取得创业成功的可能性也更大(Morgan et al.,2010;Fafchamps et al.,2003;Kaushik et al.,2006;朱红根等,2010)。因此,提出假说:户主的受教育程度越高,农户采纳电子商务的可能性越大。

户主的健康程度是反映农户人力资本条件的另一重要变量。好的身体状况意味着农户能够为采纳电子商务提供充足的时间和精力;且相较于身体状况较差的农户,健康程度较好的农户在医疗保健方面的开支更少,抗风险能力更强,这使得他们能够有更健康的心理状态和更充足的资金储备来抓住电子商务发展带来的机遇。因此,提出假说:户主的健康程度越高,农户采纳电子商务的可能性越大。

在家庭层面的人口特征方面,家庭规模是影响农户行为决策的重要因素(Nwibo et al.,2013)。中国农村地区农户一般都具有较强的家庭观念,传统农户的行为决策是经由家庭成员讨论后共同作出的决定。一般而言,家庭人口数量越多,农户的开支越大,传统农业经营越难以满足家庭成员生存的需求,因此家庭人口越多的农户,家庭成员兼业化的程度就越高,越具有更强的创业意愿;家庭成员数量较多的农户,与外界联系的机会更多,家庭成员之间的通力合作和信息资源共享,使得农户在采纳电子商务上能够获得更丰富的人力,以及信息和资金上的支持(曾亿武等,2015;朱明芬,2010)。因此,提出假说:农户的家庭人口数量越多,采纳电子商务的可能性越大。

家庭人口年龄构成方面,采取了家庭中年龄在16岁以下的孩子人口比例和年龄在60岁及以上的老龄人口比例两个变量进行衡量。相对于户主的年龄,家庭人口的年龄结构更能够反映家庭成员整体的年龄构成情况。家庭人口的年龄构成更为年轻,家庭成员接受新事物的能力,例如对互联网和电子商务技术的学习和应用就更强。这样,尽管户主年龄较大,但家庭中较为年轻的成员可能会对农户的电子商务采纳产生积极的影响。因此,提出假说:家庭人口年龄构成越年轻,即孩子比例越高、老龄人口比例越低的农户,越有可能采纳电子商务。

(2)资产情况因素

资产是农户进行创业时需要具备的重要条件。尽管相较于其他的创业形式,电子商务在初创期的资本投入较少,但随着电商采纳程度的提高,农户在生产和经营中投入逐渐增多,较高的资产储备能够为农户经营提供较好的资金支持和更强的抗风险能力。本研究采用农户从村集体中分配到的耕地(林地)面积,以及家庭中所拥有非经营性用途的汽车数量来衡量农户的资产情况。因此,提出假说:资产情况越好的农户,越有可能采纳电子商务。

(3)电商相关基础设施和服务的可及性因素

电子商务相关基础设施和服务的可及性是农户采纳电子商务的前置条件,最主要因素包括宽带网络接入和快递业务的可及性。没有稳定高效的互联网服务和便捷的快递服务,农村电子商务就无从发展。因此,提出假说:与快递点距离越近,越早接入宽带网络的农户,越有可能采纳电子商务。

(4)主观认知因素

基于有限理性假说和技术采纳行为理论,个人的主观感受和认知对于行为决策有重要的影响(西蒙,1988)。由于假设农户是有限理性的,是在有限的知识储备和不充分的信息条件下进行行为决策,因此,在分析农户采纳电子商务行为的影响因素时,将"农户对电子商务的了解程度"这一主观认知变量纳入考虑的范围,以衡量农户在采纳电子商务前对电子商务的感知情况(任辉等,2015)。因此,提出假说:在采纳电子商务前,户主对电子商务了解程度越高,农户采纳电子商务的可能性越大。

（5）先前经验因素

在技术采纳行为理论的 TAM 模型中，先前经验是影响技术采纳行为重要的变量之一，即农户以往经历积累的知识、技能和经验会影响农户对新技术的感知有用性和感知易用性，从而对农户的技术采纳行为决策产生影响。根据已有文献，一般而言，先前经验可以被分为先前创业经历和先前培训经历两种类型（郭红东等，2013；周立新，2014）。

先前创业经历为农户积累了创业经验，使得他们拥有更强的创业机会识别能力、围绕创业机会进行信息搜寻的能力以及处理创业起步阶段所面临问题的能力，基于知识储备和以往经验做出正确的决策（Shepherd et al.，2000；Shane，2003；Ardichvili et al.，2003）。创业经历越丰富的农户，越有可能识别出农村电子商务发展带来的创业机会，并更有能力付诸实践。因此，提出假说：户主拥有的创业经历年限越长，农户采纳电子商务的可能性越大。

先前培训经历在本书中特指农户采纳电子商务前参加过的与电子商务相关的培训经历。培训能够增进农户对电子商务的了解，提高农户的相关技能水平，培训中形成的创业氛围也有利于农户提高采纳意愿（蒋剑勇等，2012）。与此同时，农户家庭成员之间的信息是流动的，一旦有家庭成员参与了电子商务培训，其获取到的信息、知识和技能就可能会在家庭成员中扩散。因此，提出假说：在采纳电子商务之前，有家庭成员参加过电子商务相关培训的农户，采纳电子商务的可能性更大。

（6）社会资本因素

社会资本，简要来说是指个体所处的社会网络带来的资源。农户的行为决策，特别是创业行为嵌入于社会网络之中，其创业的机会识别、资源获取、行为和绩效都受到社会资本的影响（Bhagavatula et al.，2010；郭红东等，2013；朱红根等，2013）。此外，在分析农户采纳电子商务影响因素的相关文献中，也有学者分析了社会资本的作用。曾亿武等（2015）认为农户采纳电子商务行为的扩散主要是通过亲缘、友缘和邻里等社会网络。社会资本对农户采纳电子商务具有正向积极的影响效应（曾亿武，2018）。因此，提出假说：社会资本越丰富的农户，采纳电子商务的可能性越大。

（7）社会经济环境因素

本研究主要从基础设施建设和电商经营环境两个方面来衡量外部经济环境对农户采纳电子商务行为的影响。电子商务的发展离不开交通、通信、物流等方面的基础设施建设，基础设施和服务更好的地区，农户采纳电子商务的限制更少,农户采纳电商的可能性更高(Qi et al.,2019b)。而产业集聚可以产生规模效应,区域性电子商务的发展不仅有助于促进当地基础设施建设,而且有利于实现良好的电商经营氛围,带动农户进行电商创业(曾亿武,2018)。因此,提出假说:物流基础设施建设越好,周边电商经营户越多的地区,农户采纳电子商务的可能性越大。

5.2.2 实证方法

基于前文的理论分析和研究假说,本节构建计量分析模型,对农户采纳电子商务行为的影响因素进行实证检验。被解释变量为虚拟二分变量,即"农户是否采纳电子商务",因此采用二值选择模型。在前面的实证分析框架中,已经将农户采纳电子商务的行为视为一个成本收益问题,即,相较于传统渠道,只有当采纳电子商务所获得的额外收益大于农户采纳电商需要付出的额外成本的时候,即农户采纳电子商务所获取的净收益大于 0 时,农户才可能采纳电子商务。设潜变量 Y_i^* 表示农户采纳电子商务所获取的净收益:

$$Y_i^* = \boldsymbol{X}_i\beta + \varepsilon_i \tag{5.10}$$

其中,i 表示个体农户 i,Y_i^* 为农户 i 采纳电子商务所获取的净收益,即潜变量,$\boldsymbol{X}_i$ 为解释变量向量,包括户主与家庭人口统计特征因素、资产情况因素、电商相关基础设施和服务的可及性因素、主观认知因素、先前经验因素、社会资本因素以及社会经济环境因素。个体的选择规则为:

$$Y_i = \begin{cases} 1 & \text{若 } Y_i^* > 0 \\ 0 & \text{若 } Y_i^* \leqslant 0 \end{cases} \tag{5.11}$$

因此,

$$\begin{aligned} P(Y_i = 1 \mid \boldsymbol{X}_i) &= P(Y_i^* > 0 \mid \boldsymbol{X}_i) = P(\boldsymbol{X}_i\beta + \varepsilon_i > 0 \mid \boldsymbol{X}_i) \\ &= P(\varepsilon_i > -\boldsymbol{X}_i\beta \mid \boldsymbol{X}_i) \end{aligned} \tag{5.12}$$

如果 ε_i 服从逻辑分布,则:

$$P(Y_i = 1 \mid \boldsymbol{X}_i) = P(\varepsilon_i > -\boldsymbol{X}_i\beta \mid \boldsymbol{X}_i) = P(\varepsilon_i < \boldsymbol{X}_i\beta) = F_\varepsilon(\boldsymbol{X}_i\beta) \tag{5.13}$$

由于本书所使用的数据为 2013 年和 2017 年两期短面板数据,为避免被解释变量可能产生的对解释变量的影响,本书剔除了 2013 年及以前采纳电子商务的 149 户电商户,使得样本中所有的农户在 2013 年均未采纳电子商务。最终的研究样本数量为 881 户,其中非电商户 624 户,电商户 257 户。接着,采用 Logit 模型,使用 2013 年的数据对"农户是否采纳电子商务"这一因变量进行回归。

5.2.3 变量选择与描述性统计

在进行模型估计前,需要定义所选择的变量并进行描述性统计。农户采纳电子商务行为的影响因素定义及分组描述性统计结果如表 5.1 所示。

表 5.1　农户采纳电子商务行为影响因素定义及分组描述性统计(2013 年)

变量名称	变量定义	电商户	非电商户	均值差异
电商采纳	农户是否在 2014—2017 年通过互联网销售产品:1=是;0=否	1	0	—
户主及家庭人口统计特征				
年龄	户主年龄(周岁)	43.23	50.06	−6.830***
性别	户主性别:1=男性;0=女性	0.96	0.95	0.004
受教育年限	户主的受教育年限(年)	8.66	7.31	1.343***
健康程度	户主对其身体健康状况的自我评估:1=非常糟糕;5=非常健康	4.80	4.44	0.362***
家庭规模	同灶吃饭的家庭人口数量(人)	4.71	4.38	0.324***
小孩比例	年龄在 16 岁以下的孩子比例	0.24	0.18	0.059***
老人比例	年龄在 60 岁及以上的老年人比例	0.10	0.24	−0.136***
电商相关基础设施和服务的可及性				
宽带服务	2013 年是否接入宽带网络:1=是;0=否	0.74	0.38	0.356***
快递服务	2013 年农户住址与最近快递点距离(千米)	3.95	4.37	−0.427**
资产情况				
耕地面积	2013 年农户从村集体分配到耕地面积(亩)	3.75	4.59	−0.837**

续表

变量名称	变量定义	电商户	非电商户	均值差异
林地面积	2013年农户从村集体分配到林地面积(亩)	4.56	4.62	−0.051
汽车数量	2013年非经营性用途汽车数量(辆)	0.34	0.22	0.119***
主观认知				
电商了解程度	电商经营前对电子商务的了解程度:1=非常不了解;5=非常了解	2.47	1.64	0.828***
先前经验				
创业经历	电商采纳前户主创业年限(年)	2.87	2.16	0.711*
电商培训	电商采纳前是否有家庭成员参加过相关培训:1=是;0=否	0.46	0.04	0.421***
社会资本				
村干部情况	家庭成员中是否有人为村干部:1=是;0=否	0.09	0.16	−0.071***
电商人脉	同所认识的人中最早经营电商的人的关系 0=不认识经营电商的;1=同村人;2=朋友;3非直系亲属;4=直系亲属	3.58	1.88	1.701***
社会经济环境				
物流服务	2013年村中入驻快递公司数量(个)	1.27	1.05	0.214
电商经营环境	2013年村中除该农户外其他电商户数量占村总户数的比例(%)	11.23	9.87	1.360

注:*、**和***分别表示在10%、5%和1%水平上显著。

　　户主人口统计特征因素主要包括性别、年龄、受教育程度和健康状况这四个变量,而家庭人口统计特征因素包括家庭规模、家庭中小孩比例和老人比例三个变量。统计结果显示,绝大部分的农户家庭户主为男性,相较于非电商户,电商户户主相对年轻,受教育年限更长,健康状况也更为良好。在家庭人口规模和结构上,电商户家庭的人口规模较大,小孩比例较高且老人比例较低,说明电商户的人口结构更为年轻化。

在电商相关基础设施和服务的可行性因素方面,本书采用 2013 年农户是否接入宽带网络来衡量农户互联网的可及性,采用 2013 年农户住址与最近快递点的距离衡量物流服务的可及性。对比两组数据可以看到,2013 年电商户接入宽带网络的比例远高于非电商户,且相较于非电商户,电商户住址与最近的快递点的距离更短。总体而言,电商户不论是在互联网还是在物流服务的可及性上,均优于非电商户。

主观认知因素的衡量指标为农户在采纳电子商务之前对电子商务的了解程度。该变量为 5 分变量,其中,1 表示"完全不了解",5 表示"非常了解"。从数据中可以看出,即使电商户与非电商户对电子商务的了解程度均不高,但相较于非电商户,电商户对于电子商务的了解程度显著高于非电商户,说明在采纳电子商务之前,电商户对于电子商务多少有一定的了解。

在先前经验因素的衡量方面,采用农户的创业年限衡量农户的创业经历,采用是否有家庭成员参加过电商相关培训来衡量农户参与培训的情况。相较于非电商户,电商户户主的创业年限更长,说明他们拥有更为丰富的创业经历。与此同时,拥有参加过电商培训的家庭成员的电商户比例明显高于非电商户,这说明相较于非电商户,电商户拥有更为丰富的经验。

本书采用农户家庭成员中是否有村干部,以及同所认识的人中最早经营电商的人的关系,来衡量农户社会资本的情况(曾亿武,2018)。描述统计结果显示,电商户家庭成员中有村干部的比例明显低于非电商户,而在电商人脉方面,电商户则明显优于非电商户。

在社会经济环境因素方面,采用 2013 年村中入驻的快递公司数量来衡量农户所在村的快递物流基础设施建设情况,采用 2013 年村中除该农户外其他电商户数量占村总户数的比例,来衡量农户所在村的电商经营环境和氛围。统计结果显示,尽管两组的均值差异并不显著,但电商户所在村的快递物流情况与电商经营环境和氛围均优于非电商户所在村。

5.2.4 实证结果与讨论

采用 2013 年的数据对"农户是否采纳电子商务"这一被解释变量进行 Logit 回归,模型估计结果如表 5.2 所示。模型Ⅰ中只放入了户主及家庭人口的统计特征,模型Ⅱ中放入了所有解释变量,而模型Ⅲ增加了样本所在县的虚拟变量。所有模型报告的结果均为计算后的边际效应。

表 5.2 农户采纳电子商务行为决策影响因素的回归结果

解释变量	模型Ⅰ	模型Ⅱ	模型Ⅲ
户主及家庭人口统计特征			
年龄	−0.0367 (0.0079)***	−0.0202 (0.0053)***	−0.0218 (0.0052)***
年龄的平方	0.0003 (0.0001)***	0.0002 (0.0001)***	0.0002 (0.0001)***
性别	−0.0351 (0.0756)	−0.0251 (0.0711)	−0.0201 (0.0683)
受教育年限	0.0269 (0.0143)*	0.0127 (0.0136)	0.0104 (0.0133)
受教育年限的平方	−0.0010 (0.0009)	−0.0008 (0.0008)	−0.0007 (0.0008)
健康程度	0.0534 (0.0267)**	0.0151 (0.0176)	0.0148 (0.0175)
家庭规模	0.0249 (0.0091)***	0.0141 (0.0071)**	0.0134 (0.0075)*
小孩比例	−0.1404 (0.0885)	−0.0194 (0.0800)	−0.0459 (0.0836)
老人比例	−0.3452 (0.0630)***	−0.1638 (0.0694)**	−0.1963 (0.0770)**

续表

解释变量	模型 I	模型 II	模型 III
电商相关基础设施和服务的可及性			
宽带服务		0.0925 (0.0234)***	0.0848 (0.0237)***
快递服务		−0.0048 (0.0022)**	−0.0048 (0.0022)**
资产情况			
耕地面积		−0.0063 (0.0027)**	−0.0032 (0.0027)
林地面积		0.0000 (0.0005)	−0.0006 (0.0006)
汽车数量		0.0272 (0.0201)	0.0195 (0.0216)
主观认知			
电商了解程度		0.0445 (0.0100)***	0.0454 (0.0100)***
先前经验			
创业经历		−0.0030 (0.0023)	−0.0038 (0.0023)
电商培训		0.3128 (0.0275)***	0.3064 (0.0270)***
社会资本			
村干部情况		−0.1840 (0.0398)***	−0.1953 (0.0418)***
电商人脉		0.0460 (0.0065)***	0.0458 (0.0064)***
社会经济环境			
物流服务		0.0090 (0.0043)**	0.0087 (0.0042)**

解释变量	模型Ⅰ	模型Ⅱ	模型Ⅲ
电商经营环境		0.0003 (0.0004)*	0.0001 (0.0004)*
县哑变量	否	否	是

注：*、**和***分别表示在10%、5%和1%水平上显著；括号中报告的为按照村聚类后校正的标准误。

　　首先来看户主及家庭人口统计特征因素的结果情况。在该类别的变量中，尽管户主性别变量的影响效应并不显著，但其变量系数为负依然是一个值得探讨的结果。系数为负说明在其他条件不变的情况下，户主为女性的家庭采纳电子商务的可能性更大。该结果与提出的假说不符，同以往技术采纳和农户创业的相关文献结果相反（Nwibo et al.，2013），但同以往研究农户采纳电子商务的部分文献结果相近（曾亿武，2018）。

　　户主年龄的变量系数为负，并且在1%水平上显著，与此同时，年龄的平方项的估计结果显著为正，说明年龄对农户采纳电子商务的影响是非线性的。但由于平方项的系数非常小，总体而言，在给定其他条件不变时，户主年龄越小，农户采纳电子商务的可能性越大。这一结果与前文提出的假说一致。模型Ⅰ的估计结果显示，被调查农户户主年龄对其采纳电子商务行为决策的边际效应为3.67%。

　　户主的健康程度和户主的受教育年限，这两个变量在模型Ⅰ中分别在5%和10%的水平上显著，说明有一定证据表明，户主越健康，受教育年限越长，农户采纳电子商务的可能性越大。但是，这两个变量在模型Ⅱ和模型Ⅲ中的估计结果均不显著，尽管系数的符号没有变化，但认为二者对农户采纳电子商务的影响效应有待进一步的分析和检验。

　　在家庭规模方面，农户家庭总人口的估计结果在三个模型中均显著为正，与提出的假说一致：在模型Ⅰ和模型Ⅱ中，农户家庭规模的边际效应均在5%的水平上显著，在模型Ⅲ中，该变量在10%的显著性水平上显著。该结果表明，农户家庭人口数量越多，农户采纳电子商务的可能性越大，这一结论得到了Luo和Niu（2019）的支持。根据模型Ⅲ的估计结果，农户家庭规模对其采纳电子商务的边际效应为1.34%。

　　在家庭人口结构方面，尽管农户家庭中小孩人口占比这一变量的估计结果不显著,但老年人口的比例对农户采纳电子商务有显著的影响:在模型 Ⅰ中该变量在 1％的水平上显著,在模型Ⅱ和模型Ⅲ中均通过了 5％水平的显著性检验。数据显示,在其他条件不变的情况下,农户的家庭人口年龄结构越年轻,农户采纳电子商务的可能性越大,这与假设一致。从边际效应上看,家庭中老年人口占比对农户采纳电子商务的影响效应接近 20％。

在电商相关的基础设施和服务的可及性方面,宽带服务和快递服务均对农户采纳电子商务的行为带来显著的影响。其中,模型Ⅲ中宽带服务对农户采纳电子商务的边际效应为 8.48％,而快递服务对农户采纳电子商务的边际效应较低,仅为 0.48％,即在其他条件不变的情况下,农户住址与最近的快递点距离越近,农户越有可能采纳电子商务,但相较于互联网的可及性,快递服务的影响较小。

在资产情况因素方面,三个变量中只有耕地面积在模型Ⅱ中在 5％的水平上显著,其余变量均不显著。比较而言,在其他条件不变的情况下,耕地面积较少的农户采纳电子商务的可能性更低。尽管结果并不显著,所拥有汽车数量更多的农户采纳电子商务的可能性更大,但本书对该结果持谨慎的态度。

在主观认知因素方面,户主对电子商务的了解程度对农户采纳电子商务行为的影响效应在模型Ⅱ和模型Ⅲ的估计结果中均通过了 1％水平的显著性检验。估计结果说明,户主对电子商务的了解程度越高,农户采纳电子商务的可能性越大,这一结果与研究假设一致。根据模型Ⅲ的估计结果,户主对电子商务的了解程度这一变量的边际效应为 4.54％。

在先前经验因素方面,农户家庭成员的先前培训经历对农户采纳电子商务的行为有显著的正向影响,且通过了 1％水平上的显著性检验,这说明如果有家庭成员在农户采纳电子商务前就参与过电子商务相关的培训,农户采纳电子商务的可能性更大,这与研究假设一致。根据模型Ⅲ的估计结果,先前培训经历的边际效应高达 30.64％,说明家庭成员的先前培训经历对农户采纳电子商务行为决策有非常大的促进作用。

户主先前创业经历这一变量的估计结果并不显著,且回归系数为负,这与理论预期相反。可能的解释是,先前的创业经历对于农户电子商务行为的影响是复杂的,创业年限较长的农户可能已经拥有了较为稳定的工作,对现有工作具有一定的依赖性,对采纳电子商务行为决策产生了阻碍。

社会资本因素中的两个变量回归的结果截然相反。村干部情况显著为负,而电商人脉情况显著为正,表明在其他变量得到控制的情况下,有家庭成员为村干部的农户采纳电子商务的可能性越低。与此同时,在其他条件不变的情况下,农户与其所认识的最早的电商户关系越密切,其采纳电子商务的可能性越大。这可以说明,并不是所有的社会资本因素都会对农户采纳电子商务产生正向的影响。家庭成员中有一位村干部可能使得农户有更多可供选择的工作机会,因此,农户采纳电子商务的动机减弱。而与其所认识的最早的电商户关系密切,可以使得这种社会资本转化为示范效应和学习效应,降低农户的学习成本,从而提高农户采纳电子商务的可能性。研究结果表明,只有与电子商务具有一定关联的社会资本才能促进农户作出采纳电子商务的行为决策。

在社会经济环境因素方面,物流服务和电商经营环境两个变量在模型Ⅱ和模型Ⅲ中分别在5%和10%的水平上显著,但影响效应均非常小,模型Ⅲ中估计的边际效应分别为0.87%和0.01%。系数较小的原因可能是2013年农村电子商务还处于起步阶段,农村地区的快递物流服务体系建设程度较低,因此总体而言,当时的物流服务和电商经营环境对农户采纳电商的决策影响相对较小。

本章实证结果表明,年龄、家庭规模、家庭中老年人口占比、宽带服务的可及性、电商了解程度、先前培训经历、电商人脉情况会对农户采纳电子商务的行为产生显著的影响。农户采纳电子商务的行为是多方面因素共同作用的结果,其行为背后有相应的逻辑和一般规律。政府在出台相关政策、制定相关制度规范时,必须遵循农户采纳电子商务行为的规律,尊重农户采纳意愿,切不可盲目推行,更不可为了政绩强制农户采纳电子商务。政府可以考虑优先引导户主更为年轻、家庭人口较多且人口构成更为年轻化的农户采纳电子商务。与此同时,政府首先应当加强通信和交通等方面的基础设施建设,提高宽带服务的普及率、网络传输速度和稳定性,合理发展快递物流。此外,政府还应当加强电子商务相关知识的宣传,普及电子商务相关培训,并加强培训内容的针对性,增进农户对电子商务的了解,扩大农户的电子商务创业相关的社交网络,促进农户交流与信息分享,营造良好的电子商务创业氛围。

5.3 本章小结

本章基于前文的实证分析框架和已有文献,对农户采纳电子商务行为的影响因素进行了分析和归纳,并提出研究假设。随后,剔除了农户调查问卷数据中 2013 年及以前采纳电子商务的农户样本,使得所有的电商户样本均为 2014—2017 年采纳电子商务的农户,接着,采用 2013 年数据,通过农户是否采纳电子商务这一变量进行 Logit 回归,对研究假说进行实证检验。

研究结果表明,农户户主的年龄、农户家庭规模、家庭中老年人口占比、农户家庭宽带服务的可及性、户主对电子商务的了解程度、农户家庭成员的先前培训经历、户主的电商人脉情况对农户电子商务采纳行为有显著的影响。农户采纳电子商务的行为决策受到多方面因素的综合影响,政府必须遵循农户采纳电子商务行为的一般规律,在尊重农户采纳意愿的前提下,合理引导农户采纳电子商务。

6 电子商务对农业生产的影响

上一章详细分析了农户采纳电子商务决策的影响因素,自本章起,本书将研究的重点放在农户电子商务采纳对其农业生产和农村生活的影响机制分析和对影响效应的估计上。本章将首先探讨电子商务采纳对农户农业生产的影响,主要包括对农户劳动力要素的影响和对农户土地要素的影响两个具体方面。

6.1 电子商务对农户劳动力要素的影响

电子商务能够直接对接生产者和消费者,缩短了传统的产业供应链,降低了交易成本。对农户而言,采纳电商不但能够为家庭经营产品提供对接更广市场的交易机会,还可能获取更高的利润。根据农户行为相关理论,农户为最大化家庭利润,会调整已有的生产经营策略,因而可能重新分配家庭内部的生产要素投入组合。例如,电商经营的全天候性、轻资产性为农户家庭中原本无法参与雇佣的劳动力创造了当地与电商相关产业(如快递、打包、客服等)的就业岗位,或可增加农户家庭劳动力的劳动时长;农户家庭中原本务农、在当地参与非农就业或在外务工的劳动力可能通过电子商务采纳实现自我雇用,或影响农户家庭劳动力的劳动参与率。因此,电子商务采纳可能会对农户家庭的劳动投入产生影响。

有鉴于此,本章基于实证分析框架和已有文献,进一步拓展电子商务采纳对农户劳动投入影响的研究,包括农户的劳动时间、劳动参与率两个主要方面。本章研究采用农户调研的两期面板数据,通过双重差分倾向匹配得分法(PSM-DID)控制由可观测变量和不随时间变化的不可观测变量引起的电商采纳的自选择偏误,在此基础上分别估算电子商务采纳对农户劳动时长及劳动参与率相关指标的平均处理效应,并使用工具变量进行稳健性检验。同时,本章还以电商经营品类及农户特征差异为区分,对农业劳动参与率等细分指标进行异质性检验。

6.1.1　理论分析与研究假说

根据农户行为相关理论,利润最大化是农户家庭生产经营的根本目标。许多学者都发现电商采纳促进了农户收入增长(Li et al. ,2021;Luo et al. ,2019;Qin et al. ,2019;Zhu et al. ,2022;曾亿武等,2018;秦芳等,2022),因此,理性农户会扩大电商经营规模。由于电商经营与其他生产经营活动可能存在一定的冲突,因而农户可能会对家庭内部的劳动力要素进行再分配。

电商可能会促进农村地区的产业发展,进而影响农村劳动力的劳动时长。产业兴旺是乡村振兴的核心,产业空心化是制约广大农村发展的重要桎梏。城乡二元结构的虹吸效应使得大量农村劳动力外流,其背后的根本原因是广大农村地区的产业空心化。大量农村劳动力无法在当地获得与外地务工收入水平相当的就业机会因而纷纷流向城市地区,造成农村地区的凋敝与弱势群体的留守现象。然而,电商的发展为解决农村产业空心化提供了新的可能性。在数量众多的淘宝村里,依托电商而发展兴旺的产业在当地创造了大量就业机会。对农村能人而言,电商为他们提供了在家创业的机会,使他们能够自我雇用(Lin,2019;Liu,2020;Qi et al. ,2019a);对普通农村居民而言,电商发展为本地创造了大量的生产、包装、物流、快递等相关零散岗位,使他们可以灵活地参与当地就业(Li,2017;Luo et al. ,2019;Wang et al. ,2021)。

因此,一个普通的农户在采纳电商后,家中原本在外务工的青壮年劳动力可能选择返乡回流并通过电商实现自我雇用;家中的老人、育龄妇女等原本留守在家、无法进入劳动市场、只能从事零散小规模农业生产的人可能参与当地电商发展相关的零散岗位,进而实现本地灵活受雇用劳动。因此,本章提出假说:

假说1:采纳电子商务的农户的总劳动时长会提升。

电商还可能影响农户家庭的经营决策,进而影响农户家庭的农业劳动参与率。典型农户通常从事多种生产经营活动,而电子商务采纳只是这些经营活动中的一种,其日常经营需要农户投入大量的劳动力等相关生产要素。根据农户行为相关理论,理性的农户会在已有信息的约束下进行家庭利润最大化的决策,因而电商采纳可能对其他经济活动尤其是农业生产活动的生产要素发生挤占和替代。

根据电商经营产品品类的不同,农户的农业生产策略可能发生相应变化。对经营农产品电商的农户而言,电商经营和家庭的农业生产是匹配的。电商采纳为农户家庭的农产品生产提供了利润更大的销售途径,因此理性农户会趋向于扩大农业生产规模,因而增加农业生产的劳动投入,造成农户家庭的农业劳动参与率提高;对经营工业品电商的农户而言,电商经营与家庭的农业生产是不匹配的。传统农业生产往往利润微薄,收入远不及电商经营,因此理性农户会趋向于减小农业生产规模,因而降低农业生产的劳动投入,造成农户家庭的农业劳动参与率降低。因此,本章提出以下假说:

假说2:经营农产品电商的农户的农业劳动参与率会提升。

假说3:经营工业品电商的农户的农业劳动参与率会下降。

6.1.2　实证方法

根据前文分析,农户的电商采纳存在明显的自选择。普通 OLS 方法无法控制同时由可观测因素(如农户的性别、年龄、受教育水平等)和不可观测因素(如农户的风险偏好程度、创业能力等)导致的自选择偏误,在实践中无法直接衡量电商户与非电商户之间的结果变量差异,其估计结果显然有偏误。本章借鉴相关文献,使用双重差分—倾向得分匹配法(PSM-DID)控制上述误差并实证检验电商采纳对农户劳动投入的影响效应(Li et al.,2021)。

双重差分法(difference-in-difference,DID)是一种基于面板数据的、通过处理组与对照组数据的差异效应来模拟实验研究设计的数据处理方法,该方法能够有效控制由不可观测因素导致的样本选择偏差(Abadie,2005;Lechner,2011;Wing et al.,2018);倾向得分匹配法(propensity score matching,PSM)是一种观测截面数据来分析变量间因果关系的数据处理方法,该方法能够有效控制由可观测因素导致的样本选择偏差(Abadie et al.,2016;Becker et al.,2002;Rosenbaum et al.,1983)。两者相结合能够同时控制可观测因素和不可观测因素作用下的农户采纳电商的样本选择偏误问题,因而被广泛应用在政策评估、医药有效性检验等处理效应(treatment effect)的相关研究中(Heckman et al.,1998,1997)。

该方法的基本思路是构建一个反事实框架(counterfactual framework),为电商采纳的样本(即处理组)寻找一个没有电商采纳的样本(即对照组),并保证两个样本除了电商采纳这一关键的处理变量的差异,其他的关键特征均有较高的相似度。这就导致两个样本在劳动投入的结果变量上的差值可以近似看作同一个体在事实上(采纳电商)和反事实上(未采纳电商)的结果的差异,由此估算出电商采纳行为对农户劳动投入的影响效应的大小,即电商采纳的平均处理效应(the average treatment effect on the treated,ATT):

$$ATT = E[Y_i(e=1) \mid E_i=1, p(X_i)] - E[Y_i(e=0) \mid E_i=0, p(X_i)]$$

$$(6.1)$$

其中,E_i 为描述农户 i 是否采纳电子商务的虚拟变量,$Y_i(e=1)$ 表示农户 i 为电商户时的劳动投入,$Y_i(e=0)$ 表示农户 i 为非电商户时的劳动投入,$p(X_i)$ 为农户 i 基于家庭特征(X_i)计算得出的倾向得分。该公式第一项表示电商户的劳动投入,第二项表示基于倾向得分法计算得出的、与电商户匹配的非电商户的劳动投入。

根据文献,式(6.1)的有效性取决于两个假设:无边界假设和重叠假设(Abadie et al.,2016;Caliendo et al.,2008;Leuven et al.,2003)。无边界假设指给定一组可观察的特征 X_i,潜在的结果应该独立于处理变量的给定结果;重叠假设指给定一个样本,其倾向得分的分布附近存在拥有共同支持域的可比较。如果该两种假设得到满足,说明电子商务采纳决策独立于不可观测因素,由式(6.2)所估计的平均处理效应是无偏的。然而上述假设在实践中显然不成立,不可观测因素与电子商务采纳的决策高度相关,由式(6.2)中估算的平均处理效应是有偏的。

因此,本章使用 PSM-DID 进行实证。相较于一般 PSM,PSM-DID 不仅解决了由可观测因素引起的选择偏误,还消除了不随时间变化的不可观测因素引起的选择偏误。PSM-DID 估计的平均处理效应如下所示:

$$ATT_{PSM-DID} = \frac{1}{N} \sum_{i \in T} \{ [Y_{it_2}(e=1) - Y_{it_1}(e=1)] -$$

$$\sum_{j \in C} w(i,j)[Y_{jt_2}(e=0) - Y_{jt_1}(e=0)] \} \quad (6.2)$$

其中,N 表示处理组的样本;T 和 C 分别表示处理组和对照组;t_2 和 t_1 分别指处理效应后和处理效应前两个时期;$Y_{it}(e=1)$ 与 $Y_{it}(e=0)$ 分别指样本农户以是否采纳电商为区分的各项劳动投入结果变量;$w(i,j)$分别表示第 j 个处理组样本在和第 i 个对照组样本进行匹配时被赋予的倾向得分权重。

总的来说,PSM-DID 方法估计了电商户与匹配的非电商户在两个时期内家庭劳动投入结果变量上的变化差异,但也需要考虑具体的匹配方法对结果的影响(Mendola,2007;Tran et al.,2019)。例如,k 近邻匹配(k-nearest matching)指在微观上为每一个处理组样本在对照组中寻找 k 个与之距离最近的样本个体与其匹配;核匹配(kernel matching)指在全局上将处理组的每个样本个体与控制组的所有样本个体以一定的权重进行匹配;半径匹配(radius matching)指通过事先设定半径,找到所有设定半径范围内的单位圆中的处理组样本进行加权平均后的匹配。不同的匹配方法各有优势和不足,其估计结果往往具有一定的差异,但在处理效应客观存在的前提下往往是渐近等价的,这也是倾向得分匹配法结果稳健的根本(Heckman et al.,1998;Heckman et al.,2007)。因此,为确保估计结果的一致性,本章同时使用上述三种匹配方法进行平均处理效应的估计,并同时汇报结果。

6.1.3 变量选择与描述性统计

本章使用前文介绍的农户调研数据进行实证分析。调研过程共收集 1030 户样本,其中包括 406 户电商户和 624 户非电商户。为了满足 PSM-DID 方法的假设条件,尽可能降低基准年(2013 年)已经采纳电商的农户对结果估计可能产生的有偏性,本章剔除了 2013 年及以前就开始通过互联网销售其产品的 149 户电商户。此外,由于集中关注农户农业生产,因此完全不参与任何形式的农业生产的农户不符合本章研究标准。在此基础上,本章进一步剔除了样本农户中在两个年度均不参与任何形式的农业生产的 8 户农户。最终有 874 户农户数据被用于模型估计,其中电商户 254 户,均为 2014 年—2017 年间开始采纳电子商务的农户,余下 620 户农户为非电商户,即从未通过互联网销售产品的农户。

为使分析更加精练,本章以前文影响因素研究中各个变量的显著性水平为基准,并结合已有文献的相关做法,筛选出本章使用的各个结果变量、处理变量和相关控制变量(Jin et al.,2020b;Li et al.,2021;Ma et al.,2020)。为增加实证结果的稳健性,本章的实证分析主要使用三个处理变量。其中,电商采纳变量为虚拟变量,指农户是否在 2014—2017 年间通过互联网销售产品,不对经营产品品类进行区分;经营农产品电商变量和经营工业品电商变量也是虚拟变量,用来对农户电商经营品类进行区分,以对品类因素进行异质性分析。

在对结果变量的选择上,本章参照 CHIP 等公开数据库标准,结合农村电子商务采纳的相关现实,使用的劳动时长变量以该农户家庭劳动力当年人均劳动参与时长为标准进行衡量。这里的劳动参与是指农户为获得一定收入或报酬而从事具有生产性质的劳动活动等,包含了农业生产的相关劳动,但不包括从事义工或邻里帮工所付出的无报酬劳动;本章使用的劳动参与率变量将农户的劳动参与率分解为四个主要类别:农业、本地受雇用、本地自雇用、外地就业,分别反映该农户家庭中参与农业生产、本地参与固定及灵活的受雇用就业、本地参与自营工商业、外地参与劳务的劳动力的比例。表 6.1 展示了各变量的定义和度量方式。

表 6.1　电商采纳对农户劳动投入的影响:变量定义和度量方式

变量名称	变量定义	度量方式
劳动时长的结果变量		
劳动时长	农户家庭劳动力的人均年度劳动时长	月
劳动参与率的结果变量		
农业	农户家庭中参与农业的劳动力数量占总劳动力数量的比重	百分制
本地受雇用	农户家庭中参与本地受雇用经济活动的劳动力数量占总劳动力数量的比重	百分制
本地自雇用	农户家庭中进行本地自雇用经济活动的劳动力数量占总劳动力数量的比重	百分制
外地就业	农户家庭中在外地就业的劳动力数量占总劳动力数量的比重	百分制
处理变量		
电商采纳	农户是否在 2014—2017 年通过互联网销售产品	1＝是;0＝否
经营农产品电商	农户是否在 2014—2017 年通过互联网销售农产品	1＝是;0＝否
经营工业品电商	农户是否在 2014—2017 年通过互联网销售工业品	1＝是;0＝否

变量名称	变量定义	度量方式
控制变量		
年龄	户主年龄	周岁
性别	户主性别	1＝男性;0＝女性
教育水平	户主的受教育年限	年
健康程度	户主对其身体健康状况的自我评估	五分量表:1＝非常不健康;5＝非常健康
电商了解程度	电商经营前户主对电子商务的了解程度	五级量表:1＝非常不了解;5＝非常了解
电商培训	电商经营前户主是否参与过相关培训	1＝是;0＝否
家庭规模	同灶吃饭的家庭人口数量	人
电商农产品	是否种植花卉、苗木、绿植、山核桃、香薯、竹笋等适宜电商销售的农产品	1＝是;0＝否
电商工业品	是否经营演出服饰、日化用品等适宜电商销售的工业品	1＝是;0＝否
村干部情况	家庭成员中是否有人为村干部	1＝是;0＝否
电商人脉	亲戚朋友中经营电商的户数	户
宽带服务	是否接入宽带网络	1＝是;0＝否
物流服务	农户住址与最近物流快递网点距离	千米

其中,农业劳动率由该农户家庭中参与本地农林牧渔生产活动的劳动力占家庭总劳动力的比重衡量;本地受雇用劳动率由该农户家庭中按照本地工资受雇于单位或其他个人的工资性劳动的劳动力占家庭总劳动力的比重衡量;本地自雇用劳动力由该农户家庭中自营非农生产经营活动的劳动力占家庭总劳动力的比重衡量;外地就业劳动率由该农户家庭中外地固定及灵活就业的劳动力占家庭总劳动力的比重衡量。需要注意的是,由于农户家庭中部分成员在该年度会同时从事多种劳动,为简化分析,本章只对年度劳动时长大于等于两个月的类目进行统计。

在该度量标准下,电商采纳属于以户为单位进行的自主经营自负盈亏的经营活动,符合本地自雇用标准。例如一个典型的电商采纳户,其户主为 30 岁男性,日常在外务工,他的妻子留守在村中抚养幼小的孩子。在农村电商发展之前,该留守妇女身负抚养重担,难以进入劳动市场,只能参与家中小规模零散农业劳动。但在农村电商发展的背景下,该妇女可以一边抚养儿童,一边经营微商,通过朋友圈等社交平台经营本地特色农产品,获取一定的收入(Hashim et al.,2011;Yu et al.,2019;Zheng et al.,2021)。电商采纳为类似情况的农村劳动力提供了劳动机会,可能增加了他们的劳动时长。

此外,农户家庭中可能会有劳动力不直接参与电商运营和相关决策,但会为电商衍生的相关体力劳动提供零散并灵活的帮助。例如一个典型的电商采纳户,其户主为 30 岁左右男性,日常全权经营家庭网店,负责从选品到销售的一系列决策。他的父母与他生活在一起,帮忙做一些快递打包的零散工作(Lin et al.,2016;Liu et al.,2015)。虽然这部分劳动力往往不直接获得工资性收入,但会获得农户家庭经营电商的总体收益,也符合本地自雇用标准。因此,一个典型的电商户必然有劳动力参与本地自雇用。

表 6.2 展示了本章使用变量的描述性统计结果。为更好地体现样本特性,本章将农户分为电商户和非电商户两组,分别比较了 2013 年和 2017 年两组数据在结果变量和关键特征变量上的差异,以此进行一些初步分析。

表 6.2 样本电商户与非电商户的分组描述性统计结果

变量名称	2013 年			2017 年		
	电商户	非电商户	均值差异	电商户	非电商户	均值差异
劳动时长的结果变量						
劳动时长	7.86	5.23	2.63***	10.78	6.06	4.72***
劳动参与率的结果变量						
农业	0.66	0.71	−0.05*	0.52	0.70	−0.18***
本地受雇用	0.25	0.24	0.01	0.28	0.29	−0.01
本地自雇用	0.09	0.08	0.01	0.39	0.11	0.28***
外地就业	0.29	0.27	0.02	0.11	0.26	−0.15***
控制变量						
年龄	43.64	50.36	−6.72***	47.64	54.36	−6.72***
性别	0.96	0.95	0.01	0.96	0.95	0.01

变量名称	2013 年			2017 年		
	电商户	非电商户	均值差异	电商户	非电商户	均值差异
教育水平	8.63	7.27	1.36***	8.63	7.27	1.36***
健康程度	4.79	4.44	0.35***	4.79	4.44	0.35***
电商了解程度	2.46	1.63	0.83***	2.46	1.63	0.83***
电商培训	0.36	0.02	0.34***	0.36	0.02	0.34***
家庭规模	4.74	4.36	0.38***	4.79	4.52	0.27***
电商农产品	0.32	0.19	0.12**	0.60	0.18	0.42***
电商工业品	0.14	0.07	0.07**	0.40	0.11	0.03***
村干部情况	0.09	0.16	−0.07***	0.09	0.16	−0.07***
电商人脉	30.78	10.43	20.35***	30.78	10.43	20.35***
宽带服务	0.75	0.38	0.37***	1.00	0.69	0.30***
物流服务	3.96	4.39	−0.43**	2.36	3.23	−1.13**
样本量	254	620		254	620	

注:*,**,***表示分别在10%,5%和1%的水平上显著。

由表6.2可知,电商户与非电商户的各项特征在两个年度均呈现比较明显的差异。从劳动时长的角度来看,2013年电商户的家庭劳动力人均劳动时长约为7.86月,显著高于非电商户的5.23月。到2017年,电商户的劳动时长增长至10.78月,仍显著高于非电商户的6.06月。这说明电商采纳确实可能在一定程度上提高了农户的劳动时长,需要进一步检验证实;具体到劳动参与率的四项指标,电商户的农业劳动率从2013年的0.66小幅下降至2017年的0.52,而非电商户的农业劳动率则基本维持不变,说明电商采纳整体而言对农户农业劳动投入可能有一定的负面影响。然而,这种机制的具体作用方式可能还需要对产品品类进行细分后讨论。

在本地受雇用指标上,电商户和非电商户在2013年至2017年间均有少量提升,非电商户的提升幅度稍大,但两者差异在两个年度都是不显著的;在本地自雇用指标上,电商户和非电商户在2013年均只有0.08至0.09且差异不显著,但到2017年,电商户的该指标大幅提升至0.39,而非电商户的指标只略微增长至0.11,且二者差异通过了1%显著性水平检验;在外地就业指标上,电商户和非电商户在 2013 年均为 0.28 左右且差异不显著,但到 2017 年,电商户的外地就业指标下降至 0.11,而非电商户的指标基本维持不变,二者差异也通过了 1％的显著性水平检验。以上指标的描述性统计变化说明相较于非电商户样本而言,受访电商户样本在采纳电商后整体上稍微降低了对农业生产的劳动投入,大幅增加了自雇用占家庭劳动力的比重,同时本地受雇用比重略有增长,外地就业比重略有下降,因此总劳动参与率有所提高,且增长幅度高于非电商户,说明电商采纳可能与农户的劳动参与率正向相关。

各个控制变量也呈现出一定的异质性。具体而言,电商户的户主更加年轻、受教育水平更高、身体更加健康、对电商的了解程度更多、更可能经历过电商培训。电商户和非电商户的家庭因素和社会因素也呈现出显著差异,比如说,电商户的家庭规模更大、拥有汽车更多、更可能经营适宜电商销售的产品、拥有更多的电商人脉、更好的宽带接入、更近的快递网点接入。以上各因素在 2013 年和 2017 年大都呈现出类似乃至扩大的差异,因而可能与农户的电商采纳相关。

电商户与非电商户在两个年度的各项指标差异为本章的实证分析提供了基础。从数据上看,电子商务采纳与农户的劳动时长增长、劳动参与率各项指标变动均存在一定的相关关系,因此有必要进行实证分析以衡量电商采纳对农户劳动投入的具体影响。由于电商户与非电商户在一些关键特征因素上存在显著差异,匹配的效果是实证中需要特别注意的。只有通过恰当的匹配方法,按照影响农户电商采纳因素进行倾向得分估计,筛选出适宜比较的处理组和对照组,才能估计出稳健的平均处理效应。这也是下一节的重点。

6.1.4　影响因素估计与匹配平衡性检验

为满足 PSM-DID 的估计需要,本章先使用 Logit 模型对农户采纳电商决策的影响因素进行估计,在此基础上分别计算电商户与非电商户的倾向匹配得分,并使用近邻匹配、核匹配、半径匹配等多种匹配方式进行匹配。为确保估计结果的稳健性,本章在估算处理效应前对各个匹配方法的平衡性进行检验。

为估计电商户与非电商户的倾向匹配得分,本章首先对影响农户采纳电商的决策因素进行估计,表 6.3 汇报了 Logit 决策模型的估计结果。由于 Logit 模型的系数不能直接进行解释,表中同时汇报了各变量的系数和边际效应。

整体而言,该模型的估计结果与前文的研究结论相互印证。结果显示,户主越年轻、受教育程度越高、身体健康状况越好、家庭规模越大,其采纳电商的可能性越大,与以往研究结论具有较高的一致性(Jin et al.,2020;Ma et al.,2020)。此外,对电商了解程度越高,经营品类越适宜电商,家庭电商人脉广的农户更可能采纳电商,也与前文分析和回归结果相符。

表 6.3 农户采纳电商决策的 Logit 模型估计结果

变 量	系 数	边际效应
年龄	−0.032(0.009)***	−0.003(0.001)***
年龄平方项	0.001(0.000)*	0.000(0.000)*
性别	−0.197(0.165)	−0.019(0.012)
教育水平	0.068(0.036)*	0.004(0.004)*
教育水平平方项	−0.000(0.000)	−0.000(0.000)
健康程度	0.095(0.019)*	0.009(0.002)*
电商了解程度	0.108(0.018)*	0.011(0.002)*
电商培训	0.083(0.031)	0.08(0.003)
家庭规模	0.085(0.090)**	0.007(0.009)**
电商农产品	0.738(0.040)**	0.076(0.004)**
电商工业品	1.245(0.629)**	0.112(0.078)**
村干部情况	−0.327(0.060)*	−0.033(0.008)*
电商人脉	0.562(0.199)*	0.055(0.019)*
宽带服务	2.080(1.652)***	0.220(0.160)***
物流服务	0.460(0.250)	0.045(0.024)
常数项	8.955(1..557)***	
Pseudo R^2	0.154	
LR statistic	182.42***	

注:*,**,*** 表示分别在 10%,5% 和 1% 的水平上显著;括号内为标准差。

在厘清农户采纳电商的影响因素后,本章依此计算各农户的倾向得分并进行匹配。为增加结果的稳健性,本章同时使用不同匹配方法,以形成不同的控制组,同时对处理组进行匹配,生成不同的结果以进行比对分析。参照相关文献,本章采用了以下三种主流匹配方法:近邻匹配:允许放回的 1 比 5 近邻;核匹配:带宽＝0.06;半径匹配:$r＝0.05$(Caliendo et al.,2008;Li et al.,2021)。判断特定匹配方法是否达到良好匹配质量的一个重要标准是检查共同支持域的范围。共同支持域是电商户(处理组)与非电商户(对照组)倾向匹配得分的重叠区域,更大的共同支持域范围通常与更好的匹配质量相关(Abadie et al.,2016;Heckman et al.,1998;Leuven et al.,2003)。为确保各项匹配变量在处理组和对照组之间的平衡性,本章计算了以电商采纳变量作为处理变量,三种匹配方式下样本农户的倾向得分值,并在图 6.1 中展示了两组样本农户的共同支持域在匹配前后的变化。

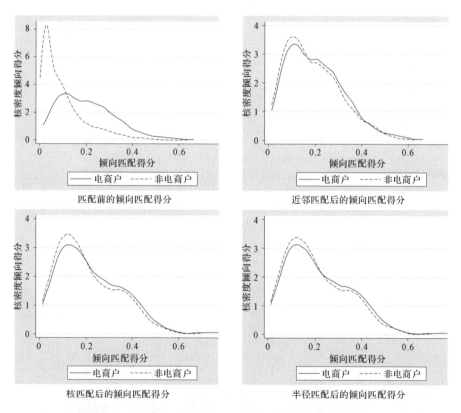

图 6.1　样本农户的倾向得分共同支持域在匹配前后的变化

从图 6.1 可以明显看出,匹配前,电商户和非电商户之间的倾向匹配得分共同支持域范围很小,说明两组样本的组间差异非常大。通过三种匹配方式进行匹配后,两组样本间的共同支持域的范围均比较大,说明无论采用哪种匹配方法都能很好满足共同支持域的条件。以经营农产品电商变量和经营工业品电商变量进行的匹配平衡性检验得出了类似的结果,也表明对经营品类进行区分的各项匹配方法是稳健的。综合而言,本章使用的匹配方式满足了倾向得分匹配法对平衡性的需求,在此基础上进行的结果估计具有一致性。接下来,本章分别对农户劳动时长和劳动参与率等结果变量进行实证分析。

6.1.5 影响效应估计

本章使用 PSM-DID 方法,结合农户调研数据,就电商采纳对农户劳动时长和劳动参与率的影响效应分别进行分析。表 6.4 报告了电子商务采纳对农户家庭劳动时长的影响的估计结果。

表 6.4 电商采纳对农户劳动时长的影响:PSM-DID 估计结果

	平均处理效应	标准误	P 值
电商采纳			
近邻匹配	2.787***	0.784	0.005
核匹配	2.566***	0.591	0.003
半径匹配	2.648***	0.669	0.003
均值	2.667		
经营农产品电商			
近邻匹配	2.465***	0.636	0.008
核匹配	2.407***	0.770	0.007
半径匹配	2.443***	0.489	0.008
均值	2.438		
经营工业品电商			
近邻匹配	2.883***	0.890	0.009
核匹配	2.769***	0.875	0.007

续表

	平均处理效应	标准误	P 值
半径匹配	2.909***	0.881	0.008
均值	2.854		

注：*** 表示在 1% 的水平上显著。

从表 6.4 可以看出，整体而言，电子商务采纳对农户家庭劳动时长产生了显著的正面影响。这种显著正面影响在使用不同匹配方法估计时仍具有高度的一致性，体现了电商采纳对劳动时长影响效应的一致性。具体而言，使用近邻匹配方法估计出电商采纳能够提高农户家庭劳动力约 2.8 个月的劳动时长，使用核匹配的估计结果为约 2.6 个月，与使用半径匹配的估计结果相似。三种匹配方法的估计结果均通过了 1% 水平的显著性检验。结果说明，电商采纳显著提高了农户家庭劳动力的劳动时长，即为农户带来了更充分、更广泛的就业机会。该实证结果与前文假说相符。

考虑经营品类的异质性。由表 6.4 可以看出，电商经营品类的不同对农户家庭劳动时长影响效应的具体大小有差异，但整体来说区别不大。具体而言，经营农产品电商的农户的劳动时长增长略逊于经营工业品电商的农户，且用三种匹配方法进行估计的结果具有较高的一致性。电商采纳能够提高农产品电商经营户人均约两个半月的劳动时长，能够提高工业品电商经营户人均约三个月的劳动时长。一个可能的解释是，经营工业品电商的农户中，微商的占比相对更大。农村微商经营者中有不少是哺乳期的新手母亲，传统意义上不具有参与劳动市场的可行性。微商的发展为这些原本无法参与就业的劳动力创造了灵活的、不受时间和地点限制的就业机会，因而大大提升了这部分劳动力的劳动时长。事实上，不少文献都以案例等定性研究方式探讨了电商发展对农村当地劳动力的就业机会创造和就业质量提高的作用（Leong et al.，2016；Li，2017；Lin et al.，2016），尤其是对农村女性的就业机会和家庭地位的改善（Yu et al.，2019；Zheng et al.，2021）。本章的研究结果为该现象提供了一定的实证证据。

劳动时长是个含义较广的概念，涵盖了各种不同类别的劳动方式。为全面分析电商采纳对农户不同类别的劳动投入的影响，本章对农户的劳动参与率进行细分，并在表 6.5 中汇报了电商采纳对农户劳动参与率的影响。

表 6.5   电商采纳对农户劳动参与率的影响:PSM-DID 估计结果

采纳类别	农业	本地受雇用	本地自雇用	外地就业
电商采纳				
近邻匹配	-0.152 (0.033)*	0.018 (0.009)	0.308 (0.030)***	-0.165 (0.025)***
核匹配	-0.137 (0.038)	0.026 (0.011)	0.334 (0.037)***	-0.127 (0.033)***
半径匹配	-0.144 (0.042)*	0.017 (0.013)	0.342 (0.035)***	-0.139 (0.040)***
均值	-0.144	0.020	0.328	-0.143
经营农产品电商				
近邻匹配	0.083 (0.020)**	0.027 (0.011)	0.295 (0.044)***	-0.163 (0.034)**
核匹配	0.086 (0.024)***	0.038 (0.026)	0.303 (0.051)***	-0.133 (0.037)*
半径匹配	0.078 (0.020)**	0.019 (0.021)*	0.287 (0.055)***	-0.174 (0.056)*
均值	0.082	0.028	0.295	-0.157
经营工业品电商				
近邻匹配	-0.291 (0.167)***	0.024 (0.017)	0.326 (0.056)***	-0.171 (0.042)***
核匹配	-0.332 (0.155)**	0.020 (0.029)	0.308 (0.067)***	-0.137 (0.050)***
半径匹配	-0.303 (0.162)***	0.032 (0.022)	0.315 (0.060)***	-0.156 (0.065)***
均值	-0.309	0.025	0.316	-0.155

注:*,**,***表示分别在 10%,5%和 1%的水平上显著;括号内为标准误。

结果显示,电商采纳对农户的劳动参与率的各个指标的影响存在一定的异质性。不同匹配方法的估计结果和显著性水平有一些差别,但从整体上讲,电商采纳降低了农户家庭在农业上的劳动投入,增加了本地自雇用的比重,并减少了外地就业。例如,电商采纳对农业的劳动投入效应只在近邻匹配和半径匹配中通过了 10％水平的显著性检验,在核匹配中结果不显著。一个可能的解释是,不同电商经营产品品类对农户的农业劳动参与率有着不同的影响。

因此,本章对不同经营品类的电商采纳进行区分,发现农户经营农产品或工业品电商对农业劳动参与率的影响存在较大差异。例如,对经营农产品电商的农户而言,所有匹配方法的估计结果均在 5％的显著性水平上增大了家庭农业劳动参与率,说明农产品电商显著增加了农户的农业劳动投入;相对地,经营工业品电商则在 5％的显著性水平上降低了农户家庭的农业劳动参与率,说明工业品电商显著降低了农户的农业劳动投入。这一实证结果印证了对电商经营品类进行区分的必要性,也与前文假设相符。

此外,无论是农产品电商还是工业品电商,其对农户家庭本地自雇用和外地就业的影响效应都具有一致性。整体来说,电商采纳显著地提升了农户家庭本地自雇用的比重,显著降低了外地就业的比重。这一结果可能反映出电商在农村地区兴起后创造了相关的创业机会和就业岗位,因而吸引了大量原本外出务工的农村劳动力返乡回流进行电商相关的创业就业,与一些研究相互印证(Lin,2019;Qi et al.,2019a)。

6.1.6   异质性分析

前文的实证结果彰显了本章对电商经营品类和劳动参与率指标进行细分的必要性,但尚未考虑农户的各项特征对电商采纳的农业劳动投入效应可能造成的不同影响。因此,本节分别就农户特征对劳动投入和劳动参与率的各项结果变量进行异质性检验。

表 6.6 展示了农户特征对电商采纳影响劳动时长的异质性效应的实证结果。为简化分析,此处的异质性分析只汇报了近邻匹配的结果,且未对经营品类进行细分。这是由于其他匹配方式的结果与近邻匹配相似,且经营品类的区别对农户劳动时长的影响的差别不大,因而在此省略。

从表 6.6 可以看出,农户特征的不同会在一定程度上影响电商采纳的劳动时长效应大小,但整体仍呈现显著的正向效应。在户主特征上,电商采纳的劳动时长效应呈现"倒U形"特征,45岁前随着户主年龄的增大而升高,45岁之后逐渐降低,而60岁以上的户主的劳动投入效应则未通过显著性检验。与之类似的是户主的受教育水平,受教育年限在12年以内,电商采纳的劳动时长效应随着户主的受教育水平增加而不断增加。需要注意的是,受教育年限大于12年的户主,其劳动时长效应和显著性水平反而下降了。一个可能的解释是,接受了12年及以上的教育的农户户主往往可以在更高收入水平的领域内就业,因此电商采纳的劳动时长效应对这部分人群而言并不明显。总的来说,更年轻、受教育程度更高的人对互联网更加熟悉、对新事物的接受能力更强、更有学习的能力和意愿,这都有利于他们通过电子商务获得更多就业机会。

表 6.6　电商采纳对农户劳动时长的影响:异质性分析结果

类别	电商户样本量	平均处理效应	标准误	P 值
户主年龄				
户主年龄＜30	51	2.738***	0.744	0.006
30≤户主年龄＜45	66	2.973***	0.633	0.008
45≤户主年龄＜60	81	2.196**	0.829	0.014
户主年龄≥60	56	1.177	0.343	0.398
户主受教育水平				
受教育水平＜6	63	2.272*	0.719	0.086
6≤受教育水平＜9	52	2.694***	0.726	0.005
9≤受教育水平＜12	85	2.798***	0.898	0.004
受教育水平≥12	54	1.357*	0.536	0.067
家庭规模				
家庭规模＜4	47	2.897***	0.733	0.007
4≤家庭规模＜6	154	2.529***	0.652	0.008
家庭规模≥6	53	2.296*	0.409	0.066
经营土地面积				
经营土地面积＜4	39	2.503***	0.820	0.042
4≤经营土地面积＜8	78	2.626***	0.744	0.007

续表

类别	电商户样本量	平均处理效应	标准误	P 值
8≤经营土地面积＜20	93	2.747**	0.752	0.005
经营土地面积≥20	44	3.127	1.390	0.036

注：*，**，***表示分别在 10%，5%和 1%的水平上显著。

在家庭特征上，家庭规模较小的农户比家庭规模较大的农户从电子商务采纳中获得的劳动时长效应更高。家庭规模大于等于 6 时，该效应最小且显著性也下降。这可能是因为越小规模的家庭，其负担也更小，包括儿童抚养责任和老人赡养责任。需要负担的家庭人口越少，越有精力经营电商。相对地，家庭规模越大，一方面，需要照料的小孩和老人更多，可能挤压了原本就业的劳动力；另一方面，平均分摊到每一位家庭人口上的劳动时长也降低了。

在经营土地面积上，电商采纳的劳动时长效应随着土地规模的增大而呈现单调递增趋势，意味着家庭资产水平越高，通过电商采纳获得的就业机会越大。但是相对地，显著性水平却随着土地经营面积的增加而降低。对经营土地面积超过 20 亩的农户而言，电商采纳的劳动时长效应没有通过显著性检验。一个可能的解释是，经营土地面积越大的农户，家庭资产水平越高，因而可能更有资本雇用其他劳动力来进行日常的生产经营活动，自家劳动力的劳动时长也相应降低了。

前文实证结果表明产品品类因素会显著影响农户的农业劳动参与率，因此本节对农户的农业劳动参与率进行异质性检验，结果如表 6.7 所示。类似地，此处的异质性分析只汇报了近邻匹配的结果。其他匹配方式的结果相似。需要说明的是，表 6.7 中各类目的分类区间间隔相对较小。这是因为在对样本进行电商经营品类区分时，处理组的样本量也相应减少。为增大每组异质性分析的样本代表性和统计显著性，本章对分类区间进行了相应调整。

表 6.7　电商采纳对农户农业劳动参与率的影响：异质性分析结果

类别	电商采纳	经营农产品电商	经营工业品电商
户主年龄			
户主年龄＜45	−0.188(0.039)*	0.076(0.022)**	−0.303(0.202)***
户主年龄≥45	−0.131(0.026)*	0.089(0.024)***	−0.268(0.166)***

续表

类别	电商采纳	经营农产品电商	经营工业品电商
户主受教育水平			
受教育水平<9	−0.169(0.044)*	0.070(0.026)**	−0.279(0.224)***
受教育水平≥9	−0.147(0.024)*	0.096(0.033)**	−0.318(0.197)***
家庭规模			
家庭规模≤4	−0.173(0.025)	0.088(0.024)***	−0.296(0.213)***
家庭规模>4	−0.141(0.046)*	0.075(0.035)**	−0.284(0.188)***
经营土地面积			
经营土地面积<8	−0.143(0.039)*	0.074(0.028)***	−0.289(0.185)***
经营土地面积≥8	−0.162(0.044)	0.087 (0.025)**	−0.294(0.178)***

注:*,**,*** 表示分别在10%,5%和1%的水平上显著;括号内为标准误。

从表6.7可以看出,农户特征的不同与经营品类的不同都会在一定程度上影响电商采纳对农户农业劳动参与率的效应大小。当不区分电商采纳的产品类别时,各项特征的效应均为负数,且显著性水平普遍较低。对经营品类进行区分后,各项效应的显著性明显增强。这一结果表明了对产品品类进行区分的必要性。

对农产品电商经营户而言,电商采纳的农业劳动参与率效应随着户主年龄、受教育程度、家庭经营土地规模的增大而增大,随着家庭规模的增大而减小。一个可能的解释是,农产品电商的成功经营需要对农业生产具有更高水平的投入,因此不同户主与家庭特征会直接影响电商经营的农业劳动参与。举例而言,更年轻的、受教育程度更高的户主会更懂得在互联网上获取先进的种植技术和经验,因此相比于年纪更大、受教育程度更低的户主,他们的农业劳动效率更高,相应的农业劳动参与更低。电商采纳对农业生产效率的影响将在后文详细分析。

对工业品电商经营户而言,电商采纳会带来农户家庭农业劳动参与率的显著降低。该种降低效应随着户主年龄和家庭规模的增大而减小,随着户主受教育年限和经营土地规模的增长而增大。这一结果的出现可能是因为对工业品电商经营户而言,日常的电商运营、产品生产均需要农户家庭大量的劳动投入,会直接对农业生产形成挤占。因此,经营工业品电商对农户家庭农业劳动参与率的影响在各个特征下都是显著为负的。

综合以上分析可以得出以下结论,即农户采纳电子商务对其劳动时长有明显的增长效应。具体到农户各项特征的异质性而言,大致来说,户主越年轻,家庭规模越小,家庭经营土地规模越大,则该农户家庭采纳电商后的劳动时长增长越显著,获取的就业机会更多。具体到农户的劳动参与率而言,电商采纳能够显著提升农户的自雇用比重,且显著降低了外地就业比重,但对农户的本地受雇用比重影响不显著。特别地,经营农产品电商的农户会增大农业劳动参与率,而经营工业品电商的农户会降低农业劳动参与率。该种效应具体到农户的不同特征而表现出一定的异质性。户主越年轻、受教育水平越高、家庭规模越小、经营土地面积越大,则该农户采纳农产品电商后的农业劳动参与率的增长效应越显著,采纳工业品电商后的农业劳动参与率的降低效应也越显著。

6.1.7   稳健性检验

考虑到电商采纳可能的内生性问题,本章使用处理效应模型(treatment effect model)就电子商务采纳对农户劳动时长及农业劳动参与率的影响效应进行估计,以此作为稳定性检验。

处理效应模型能够控制由自选择偏差导致的估计偏误(Heckman et al., 2007;Maddala,1983;Moffitt,1999)。与 PSM-DID 类似,处理效应模型也能够控制由不可观测因素导致的选择偏误。该方法需要进行两步回归:第一步,基于 Probit 模型估计农户的电商采纳选择方程。该选择方程的被解释变量是农户的电商采纳决策这一虚拟变量,解释变量包括可能影响农户电商采纳的所有因素的控制变量集以及工具变量(iv);第二步,将样本农户数据代入选择方程中得到各个样本的拟合值,再基于此计算出能够纠正遗漏变量问题的逆米尔斯比率(inverse Mill's ratio,IMR),最后将其作为额外的控制变量引入原回归方程中,考察电商采纳变量以及 IMR 的估计系数的显著性。如果 IMR 的估计系数显著,说明原方程的自选择偏差是存在的,此时电商采纳变量的系数就是考虑了自选择偏差后的估计结果,并可与 PSM-DID 的结果对比构成稳健性检验。

处理效应模型的估计基于工具变量进行。本章参考相关文献的做法,使用的工具变量为 2013 年被调查农户的住址与相距最近的物流快递服务网点的距离(Li et al.,2021)。这些物流快递网点都是 2013 年及之前建立的,早于样本农户的电子商务采纳决策,满足工具变量的外生性;与物流快递网点的距离直接影响了农户电商运营成本进而影响农户的电商采纳决策,却与农户的劳动时长及劳动参与率无关,满足工具变量的相关性。因此本章认为该工具变量是有效的。

　　基于处理效应模型的估计结果如表 6.8 所示。可以看出,在三个不同的选择方程中,IMR 的估计系数 λ 均通过了 1‰ 水平的显著性检验,说明原方程的自选择偏差客观存在,基于处理效应模型进行的估计是有效的。

表 6.8　电商采纳对农户劳动时长的影响:处理效应模型估计结果

	电商采纳		经营农产品电商		经营工业品电商	
	采纳决策	劳动时长	采纳决策	劳动时长	采纳决策	劳动时长
电商采纳		2.229***		2.124***		2.332***
控制变量	控制	控制	控制	控制	控制	控制
iv	−0.046** (0.017)		−0.049** (0.020)		−0.033** (0.016)	
$ath(\rho_{\varepsilon\mu})$	−0.005 (0.133)		−0.006 (0.0984)		−0.008 (0.122)	
$\rho_{\varepsilon\mu}$	−0.005 (0.134)		−0.006 (0.166)		−0.005 (0.127)	
λ	−0.253*** (0.023)		−0.277*** (0.029)		−0.258*** (0.022)	
Wald test ($\rho_{\varepsilon\mu}=0$)	0.00,Prob> $chi^2=0.9566$		0.00,Prob> $chi^2=0.9608$		0.00,Prob> $chi^2=0.9736$	

注:*,**,*** 表示分别在 10‰,5‰ 和 1‰ 的水平上显著;括号内为标准误。

　　表 6.8 显示,电商采纳对农户劳动时长的影响效应是显著为正的,且该种影响效应在不同经营品类的区分下表现出较高的一致性。处理效应模型的估计结果显示电商采纳会为农户带来约两个月的劳动时长增长,与 PSM-DID 的结果相似。

　　本章同样使用处理效应模型就电商采纳对农户农业劳动参与率的影响效果进行稳定性检验,结果如表 6.9 所示。与表 6.8 类似,三个选择方程中

IMR 的估计系数 λ 均通过了 1‰水平的显著性检验,证明原方程的自选择偏差存在。

表 6.9 显示,当不对电商采纳的产品品类进行区分时,农户农业劳动参与率的影响效应未通过显著性检验。进行产品品类区分后发现,经营农产品电商的农户,其家庭农业劳动参与率显著增长,而经营工业品电商的农户的家庭农业劳动参与率显著降低。

表 6.9　电商采纳对农户农业劳动参与率的影响:处理效应模型估计结果

	电商采纳		经营农产品电商		经营工业品电商	
	采纳决策	农业劳动参与率	采纳决策	农业劳动参与率	采纳决策	农业劳动参与率
电商采纳		-0.134		0.092^{***}		-0.303^{***}
控制变量	控制	控制	控制	控制	控制	控制
iv	-0.143^{*} (0.017)		-0.126^{**} (0.020)		-0.177^{**} (0.016)	
$\text{ath}(\rho_{qu})$	-0.017 (0.199)		0.028 (0.225)		-0.044 (0.096)	
ρ_{qu}	-0.011 (0.077)		-0.009 (0.094)		-0.008 (0.083)	
λ	-0.484^{***} (0.050)		-0.661^{***} (0.034)		-0.374^{***} (0.046)	
Wald test $(\rho_{qu}=0)$	$0.00,\text{Prob}>$ $chi^2=0.9779$		$0.00,\text{Prob}>$ $chi^2=0.9533$		$0.00,\text{Prob}>$ $chi^2=0.9685$	

注:*,**,*** 表示分别在 10‰,5‰和 1‰的水平上显著;括号内为标准误。

总的来说,就电商采纳对农户劳动投入的影响效应而言,处理效应模型的估计结果与 PSM-DID 的结果相似。电商采纳,无论经营品类是农产品或工业品,均显著增加了农户的劳动时长。经营农产品电商会显著增加农户的农业劳动参与率,而经营工业品电商会显著降低农户的农业劳动参与率。两种方法的实证结果高度相似,增加了结论的稳健性,印证了前文的研究假说。

6.2 电子商务对农户土地要素的影响

中国的人均农地所有量低,农户承包经营的农地规模小,土地细碎化经营的现象普遍存在,制约了我国农业现代化的发展和生产效率的提高(Deininger et al.,2005;Yuan et al.,2018;Zhang et al.,2011)。因此,土地规模化经营和土地流转对提高我国土地利用率、优化农业生产结构、促进我国农业现代化建设具有十分重要的意义(黄祖辉等,2008;冒佩华等,2015)。如何促进农户土地流转以实现土地规模化经营是我国农业亟须解决的现实问题。随着信息通信技术的兴起和其在农业领域内的不断深化发展,越来越多学者开始关注互联网及其应用对农户土地经营规模与土地流转决策的影响。已有研究显示互联网和手机的使用和推广可能促进了非农就业,客观上创造了土地流转的需求,同时可能促进了农村地区的信息流通,降低了不对称带来的交易成本。因此,不少学者发现互联网等信息通信技术在农村地区的推广应用与农村土地流转率呈现正相关(李思琦等,2021;刘子涵等,2021;张景娜等,2020)。电子商务作为信息通信技术在商业领域内的具体应用,同样也可能影响农户土地流转决策。例如,经营农产品电商的农户可能会倾向于转入土地以扩大农业生产经营规模,而经营工业品电商的农户则可能会倾向于转出土地。然而,目前很少有学者对此现象进行讨论。

有鉴于此,本章实证检验了电子商务采纳对农户土地投入的影响。基于实证分析框架,本章对电子商务采纳影响农户土地经营规模和土地流转决策的机制进行理论分析,并基于农户调研数据,分别使用双重差分倾向匹配得分法和中介变量法实证检验了电商采纳影响农户土地投入的直接效应和间接效应。

6.2.1 理论分析与研究假说

研究农户土地经营规模及流转决策的文献浩如烟海。通常认为以下因素可能会有影响:一是交易成本。许多学者发现产权结构影响了农户土地流转决策,背后原因是农地确权可以降低交易不确定性,通过交易费用机制对农地流转及经营规模产生影响(Kong et al.,2018;Yuan et al.,2018;Zhou et al.，2020b）。二是非农就业。非农就业促进了农户的兼业化与非农化，一方面促进了农户收入增长；另一方面增加了农户农业生产的机会成本，降低了农户对土地的需求，因而可能促进农地流转和经营规模改变（Fan et al.，2022；Gao et al.，2020；Su et al.，2018；Wang et al.，2020）。三是农户特征。绝大多数研究都发现农户的特征变量会影响其土地经营规模和流转决策。通常认为农户的家庭人口特征、经济特征、认知水平以及社会层面的经济特征、环境因素等可能对农户的经营与流转决策有显著影响（冒佩华等，2015；张景娜等，2020；俞海等，2003；罗必良等，2012）

互联网等信息通信技术在农业领域日趋发展，学界开始关注互联网及其应用对农户土地经营规模与流转决策的影响。例如，有学者发现农户通过从互联网获取农业信息可以弥补信息鸿沟、降低信息不对称性和交易费用，进而显著促进土地流转（刘子涵等，2021）；有学者提出互联网使用能够促进农户非农就业、拓宽信息渠道、积累社会资本进而显著影响了土地流转（张景娜等，2020）；也有学者发现互联网使用通过促进农户土地流转、积累社会资本而促进农户扩大土地经营规模，且这种影响具有农户特征层面和地理区位层面的异质性，对中年、纯务农型农户的促进作用更显著（李思琦等，2021）。总之，越来越多的研究显示互联网等信息通信技术的使用促进了农村地区的信息流通，降低了不对称带来的交易成本；同时影响了农户非农就业，客观上创造了土地流转的需求，因而促进了农户土地经营规模的改变与流转的决策（Deng et al.，2019；秦芳等，2022；杨姣姣等，2021；李万明等，2017）。

电子商务作为信息通信技术在商务领域内的具体应用，也可能对农户的土地投入产生影响。可能的影响机制包括影响农户农业生产偏好及土地流转意愿的直接影响与影响农户劳动力转移进而发生土地流转意愿的间接影响两类。以下对此进行说明：

电商采纳对农户土地投入的直接影响，体现在电商可能影响农户的农业生产偏好，因而影响了农户土地经营规模变动及土地流转意愿。电子商务有效减少了农村地区产业链的中间流通环节，降低了农户的交易成本，增加了农户收入（Luo et al.，2019；Qin et al.，2019）。因此，理性农户会倾向于扩大电商经营产品的经营规模，并以该产品是否土地密集为区分标准，对家庭土地要素进行再分配。对经营农产品电商的农户而言，更高的农产品销售价格导致收入增长，激励农户扩大农业生产面积，产生转入土地的意向，进而扩大土地经营规模。相对地，经营工业品电商的农户可能会降低农业生产在家庭

生产经营活动中的比重,减少农业生产面积,产生转出土地的倾向,缩小土地经营规模。基于以上分析,本章提出以下假说:

假说4:电子商务采纳促进农户土地流转。

假说5:经营农产品电商,会促进农户扩大土地经营规模。

假说6:经营工业品电商,会促使农户降低土地经营规模。

电商采纳对农户土地投入的间接影响,体现在电商可能会影响农户的劳动力转移,进而影响了农户土地经营规模变动及流转的意愿。许多研究发现,劳动力转移会影响农户农地流转决策(王艺洁等,2022;游和远等,2010;林善浪等,2010)。由前文分析可知,电商采纳能够影响农户的劳动投入。已知互联网等信息通信技术能够降低劳动力市场信息不对称,有利于农业人口及时获得非农就业相关信息,增加了农户劳动力从事兼业生产或外出务工的可能(Ma et al.,2018;Zhou et al.,2020)。电商作为互联网技术的具体应用,通过创造网店、微商、物流、快递等伴随互联网而生的新就业形态创造了较多本地新岗位,降低了农户参与就业的地域束缚,促进了农户劳动力转移(Liu,2020;Qi et al.,2019a)。因此,电商采纳可能通过影响农户劳动力转移,间接影响农户土地经营规模变动及土地流转决策。基于以上分析,本章提出以下假说:

假说7:电子商务采纳促使农户劳动力转移,间接促进农户土地流转。

6.2.2　实证方法

本章的主要目的是估计电子商务采纳对农户土地流转的影响。具体而言,包括估计电商采纳对农户土地经营规模及土地流转意愿的直接影响,以及估计电商采纳对农户劳动力转移,进而影响农户土地流转决策的间接影响。与第5章估计电子商务采纳的劳动投入效应类似,是否采纳电子商务,是农户自我选择的结果。农户采纳电子商务的决策既受到可观测因素(如户主年龄、性别、教育水平等)的影响,也受到不可观测因素(如风险偏好、创业精神等)的影响。为了解决自选择偏误的问题,本章同样采用PSM-DID方法来估计电子商务采纳对农户土地投入的直接影响。同时,考虑到劳动力转移对农地土地流转决策可能具有中介效应,本章使用中介效应模型来估计间接影响。

在直接效应的估计上,本章使用方法与前文的劳动投入效应估计方法相似。首先以 2013 年为基准年份,使用 Logit 模型估计农户采纳电子商务决策的影响因素,依此计算倾向得分用以匹配电商户和非电商户。具体的估计量为:

$$ATT_{PSM\text{-}DID} = \frac{1}{N} \sum_{i \in T} \{[Y_{it_2}(e=1) - Y_{it_1}(e=1)] -$$

$$\sum_{j \in C} w(i,j)[Y_{jt_2}(e=0) - Y_{jt_1}(e=0)]\} \quad (6.3)$$

其中,N 表示电商户样本;T 和 C 分别表示电商户与非电商户;t_2 和 t_1 分别指处理效应后(2014—2017 年)和处理效应前(2013 年及之前)两个时期;$Y_{it}(e=1)$ 与 $Y_{it}(e=0)$ 指样本电商户与非电商户农户的各项土地投入结果变量;$w(i,j)$ 表示第 j 个电商户样本在和第 i 个非电商户样本进行匹配时被赋予的倾向得分权重。

在间接效应的估计上,本章参考相关文献(Baron et al.,1986;Zhao et al.,2010;温忠麟等,2004),使用农户劳动力转移决策的虚拟变量(度量方式:农户家庭是否有劳动力返乡回流)作为中介变量,分别构建自变量对因变量、自变量对中介变量、自变量和中介变量对因变量的回归模型,以检验电子商务采纳对农户土地流转的影响路径。具体模型设定如下:

$$L_i = \alpha_{1i} + \beta_{1i}E_i + \gamma_{1i}X_i + \varepsilon_{1i} \quad (6.4)$$

$$M_i = \alpha_{2i} + \beta_{2i}E_i + \gamma_{2i}X_i + \varepsilon_{2i} \quad (6.5)$$

$$L_i = \alpha_{3i} + \beta_{3i}M_i + \beta_{4i}E_i + \gamma_{3i}X_i + \varepsilon_{3i} \quad (6.6)$$

其中,i 表示农户个体,L_i 表示农户家庭土地流转决策的虚拟变量,E_i 是代表农户是否采纳电商的虚拟变量,X_i 为控制变量集,M_i 为中介效应变量,ε_{1i}、ε_{2i} 和 ε_{3i} 均表示随机干扰项。在以上模型的基础上,本章对中介效应进行检验,程序如下:第一步,检验系数 β_1 是否显著,如显著,说明电商采纳对农户土地流转具有显著的影响效应,进行下一步。反之终止检验。第二步,检验系数 β_2 和 β_4 是否显著,如果均显著,说明电商采纳对中介变量及中介变量对土地流转均有显著的影响效应,进行第三步;如果两者都不显著,则证明中介效应不显著,终止检验。第三步,检验系数 β_3 是否显著,如果显著且小于 β_1,则该中介效应存在,且为部分中介效应;如果不显著,则中介效应不存在。

6.2.3 变量选择与描述性统计

表 6.10 展示了本章使用的变量及其定义和度量方式。具体而言,本章选择了农户的土地规模和土地流转两个结果变量衡量农户的土地投入,其中,土地规模指当年农户家庭经营的土地总面积,包括耕地和林地。土地流转指农户是否进行土地流转行为的虚拟变量,包括转入耕地、转入林地和转出耕地、转出林地四种具体行为。本章不对耕地和林地进行区分是受农户调研数据的客观限制。山东曹县和江苏沭阳的调研农户绝大多数只经营耕地,相对地,经营林地的农户几乎只来源于浙江临安。对耕地和林地区分估计会造成样本地区的选择偏差,并大幅减少对照组的样本量,造成结果估计有偏,因此本章不作区分。

表 6.10 电商采纳对农户土地投入的影响:变量定义和度量方式

变量名称	变量定义	度量方式
结果变量		
土地规模	农户经营土地的总面积,包括耕地与林地	亩
土地流转	农户是否发生土地流转	1=是;0=否
处理变量		
电商采纳	农户是否在 2014—2017 年通过互联网销售产品	1=是;0=否
经营农产品电商	农户是否在 2014—2017 年通过互联网销售农产品	1=是;0=否
经营工业品电商	农户是否在 2014—2017 年通过互联网销售工业品	1=是;0=否
控制变量		
年龄	户主年龄	周岁
性别	户主性别	1=男性;0=女性
受教育水平	户主的受教育年限	年
健康程度	户主对其身体健康状况的自我评估	五级量表:1=非常不健康;5=非常健康

续表

变量名称	变量定义	度量方式
电商了解程度	电商经营前户主对电子商务的了解程度	五级量表:1=非常不了解;5=非常了解
电商培训	电商经营前户主是否参与过相关培训	1=是;0=否
家庭规模	同灶吃饭的家庭人口数量	人
汽车数量	家庭非经营性用途汽车数量	辆
电商农产品	是否种植花卉、苗木、绿植、山核桃、香薯、竹笋等适宜电商销售的农产品	1=是;0=否
电商工业品	是否经营演出服饰、日化用品等适宜电商销售的工业品	1=是;0=否
村干部情况	家庭成员中是否有人为村干部	1=是;0=否
电商人脉	亲戚朋友中经营电商的户数	户
宽带服务	是否接入宽带网络	1=是;0=否
物流服务	农户住址与最近物流快递网点距离	千米

本章研究使用农户调研数据,实证样本包含254户电商户和620户非电商户。在进行实证前,有必要对样本农户相关因素的描述性统计进行梳理。两组农户在2013年和2017年两个年度的描述性统计如表6.11所示。

表 6.11　样本电商户与非电商户的分组描述性统计结果

变量名称	2013 年			2017 年		
	电商户	非电商户	均值差异	电商户	非电商户	均值差异
结果变量						
土地规模	8.46	9.56	−0.90**	9.15	9.46	−0.31*
土地流转	0.15	0.09	0.06***			
控制变量						
年龄	43.64	50.36	−6.72***	47.64	54.36	−6.72***
性别	0.96	0.95	0.01	0.96	0.95	0.01
受教育水平	8.63	7.27	1.36***	8.63	7.27	1.36***
健康程度	4.79	4.44	0.35***	4.79	4.44	0.35***

变量名称	2013 年			2017 年		
	电商户	非电商户	均值差异	电商户	非电商户	均值差异
电商了解程度	2.46	1.63	0.83***	2.46	1.63	0.83***
电商培训	0.36	0.02	0.34***	0.36	0.02	0.34***
家庭规模	4.74	4.36	0.38***	4.79	4.52	0.27***
汽车数量	0.33	0.22	0.11***	0.89	0.35	0.54***
电商农产品	0.32	0.19	0.12**	0.60	0.18	0.42***
电商工业品	0.14	0.07	0.07**	0.40	0.11	0.29***
村干部情况	0.09	0.16	−0.07***	0.09	0.16	−0.07***
电商人脉	30.78	10.43	20.35***	30.78	10.43	20.35***
宽带服务	0.75	0.38	0.37***	1.00	0.69	0.30***
物流服务	3.96	4.39	−0.43**	2.36	3.23	−0.87**
样本量	254	620		254	620	

注:*,**,***表示分别在10%,5%和1%的水平上显著。

表 6.11 显示,电商户与非电商户在土地规模和土地流转两个结果变量上均具有显著区别。例如,2013 年电商户样本的平均土地经营规模约为 8.46 亩,而非电商户的规模约为 9.56 亩,两者在 5% 显著性水平上存在差异。而到了 2017 年,电商户的土地经营规模增长到 9.15 亩,而非电商户的土地经营规模则稍下降至 9.46 亩,两者在 10% 显著性水平上存在差异。在土地流转方面,电商户 2017 年的土地流转概率约为 0.15,而非电商户 2017 年土地流转概率约为 0.09,两者在 1% 显著性水平上存在差异。平均而言,电商户经营的土地面积更小,且更可能发生土地流转。这可能是因为有接近一半的电商户经营的是工业品,相对普通农户而言其对土地经营规模的需求偏小。同时,电商采纳影响了农户的土地经营规模,因而促进农户进行土地流转。

考虑到电商经营产品品类的不同可能对农户的土地经营和流转决策产生不一致的影响,本章进一步对产品品类进行区分,并在表 6.12 展示了按照年度区分的农产品电商经营户与工业品电商经营户的各项变量的均值和差异。

表 6.12   以产品品类区分的描述性统计结果

变量名称	2013 年			2017 年		
	经营农产品电商	经营工业品电商	均值差异	经营农产品电商	经营工业品电商	均值差异
结果变量						
土地规模	8.77	8.00	0.77**	10.28	7.47	2.81***
土地流转	0.17	0.13	0.04*			
控制变量						
年龄	44.78	41.83	2.95*	48.78	45.83	2.95*
性别	0.97	0.94	0.03	0.97	0.94	0.03
受教育水平	8.55	8.76	−0.21	8.55	8.76	−0.21
健康程度	4.77	4.82	−0.05	4.77	4.82	−0.05
电商了解程度	2.45	2.48	−0.03	2.45	2.48	−0.03
电商培训	0.35	0.38	−0.03	0.35	0.38	−0.03
家庭规模	4.75	4.72	0.03	4.80	4.77	0.03
汽车数量	0.32	0.34	−0.02	0.32	0.34	−0.02
电商农产品	0.52	0.00	0.51***	1.00	0.00	1.00***
电商工业品	0.03	0.32	−0.29***	0.48	1.00	1.00***
村干部情况	0.09	0.09	0.00	0.09	0.09	0.00
电商人脉	28.86	33.84	−4.98	28.86	33.84	−4.98
宽带服务	0.75	0.75	−0.00	1.00	1.00	0.00
物流服务	3.97	3.94	0.03	2.45	2.23	0.22
样本量	152	102		152	102	

注:*,**,*** 表示分别在 10%,5%和 1%的水平上显著。

由表 6.12 可以看出,经营农产品的电商户和经营工业品的电商户在多数因素上没有显著区别,这体现出农户的电子商务采纳行为具有一定的同质性。然而,经营农产品电商的农户往往拥有更大的土地经营规模。相对地,经营工业品电商的农户则相对经营更小的土地面积。两组农户在土地流转上也存在一定的区别,体现出电商经营的产品品类因素对农户的土地经营规模和土地流转决策都可能有一定的影响。由于未控制样本农户电商采纳自选择造成的偏差,仅凭借描述性统计结果不能得出电子商务采纳会促进农户土地流转。基于此,本章使用实证方法对该问题进行分析。为计算直接效应,本章先汇报 Logit 模型对影响农户采纳电商的影响因素估计结果及匹配的平衡性,再使用 PSM-DID 估计电商采纳对农户土地经营面积和土地流转决策的影响效应,并根据农户特征进行异质性分析。为计算间接效应,本章首先估计电子商务采纳对农户土地流转影响的总效应,随后估计电商对中介变量的影响效应,最后估计电商及中介变量对农户土地流转的影响效应,确定中介效应的显著性及贡献程度。

6.2.4　影响因素估计与匹配平衡性检验

本章首先对影响农户采纳电商的决策因素进行估计。考虑到产品品类因素对农户土地投入的异质性,本章分析了影响农户经营不同产品品类电商的因素,并在 6.13 中汇报了 Logit 模型估计的回归系数。为使结果具有可解释性,本章同时汇报了各系数相应的边际效应。

表 6.13　农户采纳电商决策的多元 Logit 模型估计结果

变量	经营农产品电商		经营工业品电商	
	系数	边际效应	系数	边际效应
年龄	−0.049 (0.009)***	−0.005 (0.001)***	−0.079 (0.018)***	−0.008 (0.003)***
年龄平方项	0.000 (0.000)*	0.000 (0.000)*	0.001 (0.000)*	0.000 (0.000)*
性别	−0.134 (0.085)	−0.012 (0.006)	−0.075 (0.055)	−0.009 (0.008)
受教育水平	0.077 (0.040)*	0.008 (0.004)*	0.065 (0.036)*	0.004 (0.004)*
受教育水平平方项	−0.000 (0.000)	−0.000 (0.000)	−0.000 (0.000)	−0.000 (0.000)

续表

变量	经营农产品电商		经营工业品电商	
	系数	边际效应	系数	边际效应
健康程度	0.098 (0.022)*	0.010 (0.002)*	0.094 (0.017)*	0.009 (0.002)*
电商了解程度	0.057 (0.058)	0.006 (0.004)	0.109 (0.036)*	0.011 (0.004)*
电商培训	0.019 (0.013)	0.002 (0.002)	0.047 (0.028)	0.006 (0.003)
家庭规模	0.026 (0.012)**	0.003 (0.001)**	0.069 (0.080)*	0.007 (0.008)*
汽车数量	0.012 (0.008)	0.001 (0.001)	0.022 (0.003)	0.003 (0.000)
电商农产品	1.036 (0.321)**	0.106 (0.034)**	−0.535 (0.088)	−0.054 (0.007)
电商工业品	−0.472 (0.026)	−0.047 (0.003)	1.067 (0.625)**	0.107 (0.058)**
村干部情况	−0.120 (0.077)	−0.011 (0.008)	−0.176 (0.064)*	−0.017 (0.007)*
电商人脉	0.423 (0.079)*	0.045 (0.008)*	0.583 (0.079)	0.055 (0.009)
宽带服务	2.433 (0.577)***	0.255 (0.062)***	2.206 (1.389)***	0.232 (0.133)***
物流服务	0.660 (0.145)	0.067 (0.015)	0.670 (0.249)	0.076 (0.016)
常数项	7.431 (1.598)***	9.122 (2.087)***		
Pseudo R^2	0.179		0.162	
LR statistic	174.78***		167.76***	

注：*，**，***表示分别在10%，5%和1%的水平上显著；括号内为标准差。

结果显示,户主年龄、年龄平方项、受教育水平、健康程度、家庭人口规模、经营产品品类、宽带服务可及性等都会显著影响农户采纳电商。这一结论与前文分析类似。但影响农产品电商采纳与工业品电商采纳的影响因素也有一定的区别。例如,电商了解程度变量及村干部情况变量对经营工业品电商的农户的影响是显著的,但对经营农产品电商的农户则不显著。电商人脉变量则呈现相反的情况。可能的解释是,对调研样本农户而言,农产品与工业品的产品特性的区别会导致其电商采纳的需求和难度不同,导致各项影响因素的大小和显著性也存在一定的差别。

为确保匹配后的两组样本具有可比性,本章进一步进行了匹配平衡性检验,并在表 6.14 中展示了以采纳农产品电商作为处理变量、使用 1—5 近邻匹配的稳健性检验结果。

表 6.14　倾向得分匹配的稳健性检验结果

变量名称	匹配前后	电商户均值	非电商户均值	匹配后偏差（%）	P 值
年龄	匹配前	44.78	50.36	−3.3	0.854
	匹配后	45.38	45.72		
年龄平方项	匹配前	2005.24	2536.13	−2.0	0.869
	匹配后	2072.6	2106.5		
性别	匹配前	0.97	0.95	11.2	0.132
	匹配后	0.96	0.93		
受教育水平	匹配前	8.55	7.27	0.3	0.905
	匹配后	8.62	8.60		
受教育水平平方项	匹配前	73.11	82.85	0.8	0.863
	匹配后	74.10	73.06		
健康程度	匹配前	4.77	4.44	−0.3	0.943
	匹配后	4.79	4.79		
电商了解程度	匹配前	2.45	1.63	10.9	0.106
	匹配后	2.03	1.87		
电商培训	匹配前	0.35	0.02	6.3	0.735
	匹配后	0.20	0.12		

续表

变量名称	匹配前后	电商户均值	非电商户均值	匹配后偏差（％）	P 值
家庭规模	匹配前	4.75	4.36	−5.7	0.504
	匹配后	4.73	4.76		
电商农产品	匹配前	0.52	0.19	9.6	0.266
	匹配后	0.37	0.28		
电商工业品	匹配前	0.03	0.07	−1.0	0.334
	匹配后	0.06	0.007		
村干部情况	匹配前	0.09	0.16	−2.6	0.386
	匹配后	0.10	0.11		
电商人脉	匹配前	28.86	10.43	−12.5	0.134
	匹配后	13.38	12.69		
宽带服务	匹配前	0.75	0.38	−2.9	0.735
	匹配后	0.36	0.37		
物流服务	匹配前	3.97	4.39	−4.4	0.356
	匹配后	4.06	4.22		

　　从表 6.14 可以看出,匹配很好地改善了两组变量之间的平衡性。在 15 个控制变量中,有 12 个在匹配后偏差小于 10％,且两组样本的全部控制变量均不在 10％ 的显著性水平上存在统计差异。因此,检验结果表明倾向得分匹配的结果是成功的,电商户样本与匹配后的非电商户样本之间具有可比性。其他稳健性检验的结果相似,在此予以省略。

6.2.5　直接效应检验

　　表 6.15 报告了 PSM-DID 模型就电子商务采纳对农户土地投入的影响效应的估计结果。该表中的电商采纳未对经营产品品类进行区分。结果表明,电子商务的采纳对农户家庭土地流转产生了显著影响,影响效应约为 3％,且在不同匹配方法下的估计结果具有高度的一致性。这表明,电子商务采纳促进了农户的土地流转,与前文假说 4 相符。

表 6.15 电商采纳对农户土地投入的影响:PSM-DID 估计结果

	平均处理效应	标准误	P 值
土地规模			
近邻匹配	0.733	0.673	0.275
核匹配	0.706	0.588	0.388
半径匹配	0.774	0.942	0.359
均值	0.738		
土地流转			
近邻匹配	0.039***	0.011	0.006
核匹配	0.033***	0.008	0.008
半径匹配	0.036***	0.010	0.008
均值	0.036		

注:*** 表示在 1% 的水平上显著。

然而,电子商务采纳对农户土地经营规模的影响效应却是不显著的,这可能是不同产品品类的电商经营对土地流转的方向不一致,导致电商采纳的土地经营规模影响效应具有一定的异质性。因此,本章对电商经营产品品类进行区分和估计,并在表 6.16 中报告了估计结果。

表 6.16 以产品品类区分的电商采纳对农户土地投入的影响

匹配方法	经营农产品电商		经营工业品电商	
	土地规模	土地流转	土地规模	土地流转
近邻匹配	1.339 (0.126)**	0.037 (0.022)***	−0.588 (0.360)*	0.030 (0.037)*
核匹配	1.482 (0.156)***	0.042 (0.027)***	−0.605 (0.399)**	0.032 (0.033)**
半径匹配	1.362 (0.202)**	0.039 (0.026)***	−0.727 (0.459)**	0.027 (0.028)**
均值	1.394	0.039	−0.640	0.030

注:*,**,*** 表示分别在 10%,5% 和 1% 的水平上显著;括号内为标准误。

表 6.16 表明,在区分了电子商务的经营品类后,电商采纳对农户家庭土

地投入的各项影响效应都通过了显著性检验。具体而言,经营农产品电商的农户显著扩大了土地经营规模,而经营工业品电商的农户则显著降低了土地经营规模。该结论与假说5及假说6相符。此外,三种匹配方法下经营农产品电商的农户的土地流转影响效应均通过了1%水平的显著性检验,而经营工业品电商的农户的土地流转效应则大都在10%水平上显著,说明相比于工业品电商,农产品电商户可能更倾向于流转土地。这一方面是因为农业生产土地密集程度更高;另一方面可能是因为相比于转入土地,农户对转出土地的意向更低。由于农村地区存在长期的安土重迁传统以及土地要素客观上对农户的重要性较高,即使农户通过经营工业品电商降低了对农业生产的客观依赖,也未必愿意将家中承包的土地完全流转出去。

农户特征也是影响土地流转的重要因素(罗必良等,2012;游和远,吴次芳,2010;刘克春,2006)。因此,本章对农户的关键变量分组,进行电商采纳对土地投入影响效应的异质性检验,结果如表6.17和表6.18所示。

表 6.17　电商采纳对农户土地流转的影响:异质性分析结果

类别	电商户样本量	平均处理效应	标准误	P 值
户主年龄				
户主年龄＜30	51	0.034**	0.015	0.013
30≤户主年龄＜45	66	0.039***	0.017	0.002
45≤户主年龄＜60	81	0.037***	0.023	0.008
户主年龄≥60	56	0.027	0.044	0.147
户主受教育水平				
受教育水平＜6	63	0.027*	0.026	0.088
6≤受教育水平＜9	52	0.030***	0.014	0.009
9≤受教育水平＜12	85	0.038***	0.027	0.007
受教育水平≥12	54	0.034**	0.037	0.043
家庭规模				
家庭规模＜4	47	0.035***	0.025	0.007
4≤家庭规模＜6	154	0.037***	0.012	0.008
家庭规模≥6	53	0.038***	0.029	0.009

续表

类别	电商户样本量	平均处理效应	标准误	P 值
经营土地面积				
经营土地面积<4	39	0.010	0.073	0.175
4≤经营土地面积<8	78	0.037***	0.042	0.009
8≤经营土地面积<20	93	0.039***	0.079	0.007
经营土地面积≥20	44	0.040***	0.088	0.004

注:*,**,*** 表示分别在 10%,5% 和 1% 的水平上显著。

从表 6.17 可以看出,农户特征的不同会在一定程度上改变电商采纳对土地流转的影响效应大小,但整体仍呈现显著的正向效应。在户主特征上,电商采纳的效应随着户主年龄的增大而呈现倒 U 形趋势。30—45 岁的户主,采纳电商后流转土地的概率最大,随后该种影响效应随着户主年龄的增大而减小,显著性也随之降低;与之类似的是户主的受教育水平,在 12 年以内,电商采纳的效应随着户主的受教育水平增加而不断增加,随后稍微降低;在家庭规模上,家庭规模较大的农户,其电商采纳的土地流转效应大于家庭规模较小的农户;土地经营规模更大的农户,其电商采纳的土地流转效应也大于土地经营规模更小的农户。总的来说,户主越年富力强、家庭人口越多、经营土地规模越大的农户,采纳电商后发生土地流转的概率也越大。

表 6.18 电商采纳对农户土地规模的影响:异质性分析结果

类别	电商采纳	经营农产品电商	经营工业品电商
户主年龄			
户主年龄<45	0.703(0.991)	1.256(0.167)***	−0.684(0.373)**
户主年龄≥45	0.752(0.728)	1.315(0.172)***	−0.503(0.309)*
户主受教育水平			
受教育水平<9	0.648(0.768)	1.129(0.107)**	−0.466(0.010)*
受教育水平≥9	0.825(0.808)	1.346(0.148)***	−0.691(0.012)*
家庭规模			
家庭规模≤4	0.722(0.841)	1.152(0.157)***	−0.457(0.008)*
家庭规模>4	0.789(0.497)	1.316(0.172)***	−0.709(0.009)**

续表

类别	电商采纳	经营农产品电商	经营工业品电商
经营土地面积			
经营土地面积<8	0.637(0.529)	1.127(0.137)**	−0.432(0.010)
经营土地面积≥8	0.853(0.909)	1.349(0.185)***	−0.821(0.009)**

注：**，***表示分别在5%和1%的水平上显著；括号内为标准误。

从表6.18可以看出，根据农户特征的不同，电商采纳对农户的土地经营规模的影响存在一定的异质性。对经营农产品电商的农户而言，户主年龄越大、受教育水平越高、家庭规模越大、家庭原本经营土地面积越大的农户，其电商采纳后的土地经营规模增长也越大。而对经营工业品电商的农户而言，户主年龄越小、受教育水平越高、家庭规模越大、家庭原本经营土地面积越大，其电商采纳后的土地经营规模也越小。

综合以上分析可以得出以下结论，即农户采纳电子商务对其土地流转决策有显著的促进作用，且该种效应对农产品和工业品呈现一致性。相对地，电商采纳对农户土地经营规模的影响效应存在产品品类的异质性。经营农产品电商的农户倾向于增大土地经营规模，而经营工业品电商的农户则相反。

6.2.6　中介效应检验

对直接效应进行分析后，本章就电商采纳对农户土地流转的间接效应进行分析，即检验农户劳动力流转的中介效应。中介效应模型的结果如表6.19所示，其中，模型Ⅰ为检验处理变量即电商采纳对农户土地投入的直接影响，模型Ⅱ为检验处理变量对中介变量即农户劳动力转移的直接影响，模型Ⅲ为联合检验处理变量和中介变量对农户土地流转的影响。考虑到农户的土地流转与劳动力转移之间可能存在内生性，本章在模型Ⅲ的基础上增加工具变量，并使用Ⅳ-Probit模型进行检验，结果汇报在模型Ⅳ中。

表6.19　电商采纳对农户土地流转的影响：中介效应模型估计结果

类别	模型Ⅰ	模型Ⅱ	模型Ⅲ	模型Ⅳ
因变量	土地流转	劳动力转移	土地流转	土地流转
模型	Logit	Logit	Logit	Ⅳ-Probit

续表

类别	模型Ⅰ	模型Ⅱ	模型Ⅲ	模型Ⅳ
处理变量：电商采纳	1.097 (0.196)***	0.131 (0.066)***	0.908 (0.166)***	0.596 (0.773)***
中介变量：劳动力转移	—	—	0.097 (0.087)*	0.805 (0.730)**
控制变量	控制	控制	控制	控制
Ⅳ	—	—	—	0.011 (0.008)***
Wald test ($\rho_{\varepsilon\mu}=0$)	—	—	—	0.00,Prob>$chi^2=0.9748$
样本量	874	874	874	874

注：*,*** 分别表示在10％和1％的水平上显著。

模型Ⅰ展示了对式(6.2)的检验结果，处理变量通过了1％的显著性水平检验，回归系数为1.097，说明电商采纳显著促进了农户的土地流转。模型Ⅱ展示了对式(6.5)的检验结果，处理变量系数在1％水平上显著，回归系数为0.131，说明电商采纳同样显著促进了农户劳动力转移。模型Ⅲ展示了对公式(6.6)的检验结果，处理变量与中介变量的系数均显著，其中电商采纳的系数为0.908且通过1％水平的显著性检验，劳动力转移的系数为0.097且在10％的水平上显著。由此可知，农户的电商采纳通过劳动力转移对土地流转发挥了部分中介效应，与研究假说7相符。

考虑到土地流转与劳动力转移之间可能存在的内生性（孙小宇等，2021），本章在模型Ⅲ的基础上增加工具变量：家中小孩数量，使用Ⅳ-Probit模型进行检验。模型Ⅳ展示了检验结果，劳动力转移的显著性水平相较于模型Ⅲ有一定的提升，而电商采纳变量的显著性不变。为增加中介效应检验的稳健性，本章以模型Ⅳ代替模型Ⅲ，并重复了上述检验步骤，发现中介效应及各关键变量的显著性水平依然不变，与研究假说7相符。

根据表6.19可以估计农户劳动力转移在电商采纳与土地流转之间的中介效应大小。根据模型Ⅰ，电商采纳对土地流转的直接效应为1.097；根据模型Ⅳ，劳动力转移对土地流转的直接效应为0.805；根据模型Ⅱ，电商采纳对劳动力转移的直接效应为 0.131。因此,电商采纳通过劳动力转移对土地流转的影响为 0.805×0.131＝0.105。相对地,劳动力转移占电商采纳对土地流转的总效应的比例为 0.105/1.097＝0.096,即电商采纳对农户土地流转的影响效应中,有约 10％是电商采纳促进了农户劳动力转移进而促进土地流转的间接影响,劳动力转移存在部分中介效应,证实了研究假说 7。

6.3　本章小结

　　本章基于已有文献,使用农户调研数据,应用 PSM-DID 模型,实证检验了电子商务采纳影响农户土地投入和劳动投入的理论机制,估计了电子商务采纳对上述两个要素的影响效应,并按照农户特征和电商经营品类进行了相应的异质性分析。

　　电商采纳对农户土地投入影响的研究结果表明,农户采纳电子商务后会以经营产品是否土地密集为基础改变农业生产策略,进而对土地经营规模与土地流转决策产生直接影响。同时,电子商务采纳对农户劳动力转移的影响效应会进一步作用到农户的土地流转决策上,产生间接影响。本章研究表明,电子商务采纳促进了农户的土地流转,经营农产品电商的农户倾向于扩大土地经营规模,而经营工业品电商的农户倾向于缩小土地经营规模。对间接效应的检验结果显示,电子商务采纳通过影响农户劳动力转移进而影响土地流转的中介效应显著存在,其比重大约占总效应的十分之一。

　　电商采纳对农户劳动力投入影响的研究结果表明,电子商务采纳显著增加了农户的劳动时长,且改变了农户家庭的劳动参与率。具体而言,电商采纳显著提升了农户家庭劳动力的本地自雇用比重和返乡回流比重,但在农业劳动参与率上存在经营产品品类不同所导致的差异:经营农产品电商的农户,其农业劳动参与率显著提升;经营工业品电商的农户,其农业劳动参与率显著下降。上述研究结果也通过了处理效应模型的稳健性检验。此外,电商采纳的影响效应会因农户特征的不同而呈现一定的异质性。具体而言,户主越年轻,家庭规模越小,家庭经营土地规模越大,则该农户家庭采纳电商后的劳动时长增长越显著,劳动参与率变化也越显著。

7 电子商务对农户收入的影响

上一章主要探讨了电子商务对农业生产的影响。本章将聚焦电子商务采纳对农户收入影响机制和影响效应的探索。这一章的研究内容分为两个部分,第一个部分主要研究电子商务采纳对农户收入水平的影响机制和效应,第二部分则将目光转移到收入差距上来,分析电子商务采纳对农户之间收入不平等的影响效应。

7.1 电子商务对农户收入水平的影响

本章基于实证分析框架,将在已有文献的基础上,进一步拓展电子商务采纳对农户收入影响的研究,主要的贡献包括三个方面:首先,研究采用两期面板数据,通过使用双重差分倾向匹配得分法(PSM-DID)应对由可观测变量和不随时间变化的不可观测变量引起的自选择偏误问题;其次,本研究不仅估计了电子商务采纳对农户收入的影响,还分别估计了电子商务采纳对不同来源收入的影响;此外,本研究还针对地理区位和农户层面的特征差异作了异质性分析。

7.1.1 理论分析与研究假说

现有文献针对通过互联网销售产品相较于传统市场销售渠道能够获取更高的收益和利润提供了若干可能的解释(Qi et al.,2019;Yu et al.,2019;Zeng et al.,2017)。本研究在现有研究的基础上,梳理了电子商务对农户收入的影响路径,如图 7.1 所示。

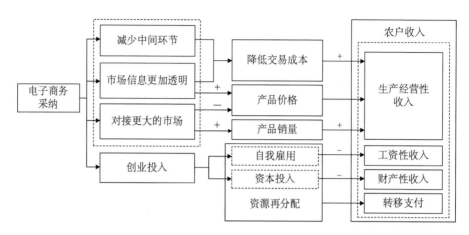

图 7.1　电子商务对农户收入的影响路径

第一条影响路径与交易成本相关。通过采纳电子商务，农户可以通过网店直接与消费者对接，减少了中间交易环节。由于单位交易成本对于小农户而言在几乎所有的交易环节中都比较高（Poulton et al.，2010），通过互联网销售产品，减少部分或全部的中间环节，可以降低农户的交易成本，农户在销售等量的产品时能够获得更高的收益，从而使农户的收入得到提高。

第二条影响路径表明电商采纳可以帮助农户在一定程度上减少价格和技术上的信息不对称。众所周知，透明的市场信息将减少空间套利机会，从而提高市场效率（Aker，2010；Jensen，2007；Mueller，2001）。从农户的角度来看，电子商务对价格的影响效应没有定论。一方面，由于降低了中间环节对价格的挤压和市场信息不对称，电子商务的采纳使得农户能够以比以往更高的价格销售他们的产品（Zeng et al.，2017）；另一方面，由于竞争加剧，市场整合可能会降低产品的价格（Tang et al.，2020）。

第三条，也是最重要的途径是，采纳电子商务使农户能够将其产品销售给更广泛的客户群体。Tang 和 Zhu（2020）认为，电子商务为农户在全国范围内销售其产品提供了机会。同样，Yu 和 Cui（2019）认为，电子商务的采纳增强了需求，并且使得农户能够接触到大量在没有电子商务的情况下无法接触到的客户。因此，通过采纳电商，农户能够抓住机会生产并销售更多适合网上销售的产品。

最后，一个典型的农户通常从事多种经营活动，而从事电子商务只是这些经营活动中的一种可能。尽管开办一家网店需要的资金量相较于实体店而言少了很多,但采纳电子商务确实需要一个农户投入大量的劳动力和现有资源(如办公室和计算机)来管理网店以及其他与电子商务有关的活动(如包装、快递物流和广告)。参与电子商务可能会减少农户用于其他经济活动的劳动力,如在当地就业或外出务工。同样,采纳电子商务可能会导致其他资源(如办公室和计算机)被更为充分地使用。如果从事电子商务涉及电子商务活动与其他经济活动之间劳动力或其他资源的替代,那么采纳电子商务也会影响工资收入和财产收入。由于电子商务的采纳引起了资源的再分配,农户家庭内部的转移支付情况也可能发生变化。然而电子商务的采纳对这些经营活动的影响并没有被已有的文献关注到。

上文讨论的分析框架为分析电子商务采纳与家庭收入以及不同来源收入之间的关系奠定了基础。下一节应用 PSM-DID 模型对电子商务采纳带来的收入效应进行了估计。

7.1.2　实证方法

本章的主要目的是估计电子商务采纳对农户收入的影响。设 $Y_i(1)$ 为农户 i 采纳电商后的收入变量,$Y_i(0)$ 为该农户在没有采纳电商时的收入变量。在理想的情况下,电子商务采纳带来的收入效应为农户 i 的收入变量在采纳电子商务前后的差值,即 $Y_i(1) - Y_i(0)$。但是,在既定的时间点上是不可能观测到某一农户既是电商户又是非电商户的,这一情况通常被称为影响评估中的数据缺失问题。为了解决这一问题,有必要构建反事实,而构建这种未观测到的反事实是任何影响评估研究的核心部分。在实践中,直接衡量电商户和非电商户之间结果变量的差异,得到的估计结果显然是有偏的,因为是否采纳电子商务是农户自我选择的结果(Lestari,2019;Tang et al.,2020)。农户采纳电子商务的决策既受到可被观测到因素(如教育、经验和劳动力禀赋等)的影响,也受到不可观测因素(如赚钱能力、动机和创业精神等)的影响。为了解决自选择偏误问题,采用双重差分倾向匹配得分法(PSM-DID)来估计电子商务采纳对农户收入的影响。

PSM-DID 模型严格遵循已有文献中使用的方法(Bachke,2019;Nakano et al.,2018;Tranchant et al.,2019)。首先以 2013 年为基准年份估计农户采纳电子商务的倾向得分,用以匹配电商户和非电商户。由于电子商务采纳是一个两分法的决策,因此采用 Logit 模型进行估计:

$$\ln\left(\frac{p_i}{1-p_i}\right)=\alpha_0+\alpha_i X_i+\pi_i \tag{7.1}$$

其中,$i=1,2,\cdots,n$ 表示不同的农户,$p_i=P(D_i=1|X_i)$ 表示农户 i 选择采纳电子商务的条件概率。α_0 为常数项,X_i 为解释变量的向量,π_i 是随机扰动项。根据倾向匹配得分法的相关文献(Ma et al.,2016;Mendola,2007;Tran et al.,2019),矢量 X 中包含的变量是预先确定的变量,这些变量可能会影响农户的电子商务采纳决策和/或家庭收入,但不受电子商务采纳与否的影响。因此在选取要包含在模型中的变量时需严格遵守这一原则。在实证分析中所使用的农户数据以 2013 年为基准年,在剔除了 149 户在 2013 年及以前采纳电子商务的农户之后,样本中的农户在 2013 年以前均未采纳电子商务,2013 年以后开始采纳电商的农户为处理组,从未采纳过电子商务的农户为控制组。矢量 X 中的控制变量包括:户主的年龄、性别、受教育年限、健康状况、创业经历,以及家庭规模,家庭成员任村干部的情况,农户家庭的耕地面积、林地面积和资产情况。此外,村级虚拟变量也包含在控制变量中,以便将电商户与同村中的非电商户进行匹配。

估计出的倾向得分($\hat{p}$)可以用于构造电商户的反事实(Mendola,2007;Tran et al.,2019)。更确切地说,通过 PSM 方法可以估计出电商采纳后的平均处理效应(The Average Treatment Effect on the Treated,ATT):

$$ATT=E[Y_i(1)\mid D_i=1,p(X_i)]-E[Y_i(0)\mid D_i=0,p(X_i)] \tag{7.2}$$

其中,$Y_i(1)$ 表示农户 i 为电商户时的家庭收入,$Y_i(0)$ 表示农户 i 为非电商户时的家庭收入,D_i 为表示农户 i 是否采纳电子商务的虚拟变量,$p(X_i)$ 为农户 i 基于家庭特征(X_i)的倾向得分。

式(7.2)的第一项表示电商户的平均家庭收入,第二项表示基于倾向得分与电商户匹配的非电商户的平均家庭收入。式(7.2)的有效性取决于两个假设:无边界假设和重叠假设。无边界假设指出,给定一组可观察的特征 X_i,潜在的结果独立于处理分配,具体表示为:

$$Y_i(1),Y_i(0)\perp D_i|X_i \tag{7.3}$$

重叠假设,如式(7.4)所示,是为了保证一个样本在其倾向得分分布附近有可以比较的样本,以便找到共同支持域。

$$0<P(D_i=1|X_i)<1 \tag{7.4}$$

如果式(7.3)和式(7.4)所表示的条件得到了满足,且电子商务采纳决策独立于不可观测因素的假设是有效的,那么由式(7.2)所估计的平均处理效应是无偏的。然而一些不可观测变量(例如创业精神和营利能力)很可能与电子商务采纳的决策相关,因此从式(7.2)中估算的平均处理效应是有偏的。由于用于实证分析的数据为两期面板数据,因此得以采用 PSM-DID 方法来解决源于不可观测变量带来的选择偏误问题。更为具体地来说,PSM-DID 方法估计了电商户与匹配的非电商户在两个时期内家庭收入变化的差异(Nakano et al.,2018;Tranchant et al.,2019)。相较于一般的 PSM 方法,PSM-DID 方法的优势在于其不仅解决了由可观测变量引起的选择偏误,还消除了不随时间变化的不可观测变量引起的选择偏误。具体的 PSM-DID 估计量如下所示:

$$ATT^{PSM\text{-}DID} = \frac{1}{N}\sum_{i \in T}\{[Y_{it_2}(1) - Y_{it_1}(1)] -$$

$$\sum_{j \in C}w(i,j)[Y_{jt_2}(0) - Y_{jt_1}(0)]\} \qquad (7.5)$$

其中,t_1 和 t_2 分别指采纳电商前(2013 年)和采纳电商后(2017 年)两个时期。T 和 C 分别表示处理组和对照组,N 表示处理组的样本容量。$w(i,j)$ 表示第 j 个处理组样本在与第 i 个处理组样本进行倾向得分匹配时被赋予的权重。

从理论上来说,在进行倾向得分匹配时采用多种不同的匹配方法得到的结果是渐近等价的。然而,由于在具体的实践中往往需要在偏差和效率之间进行权衡,不同方法的匹配结果并不总是相同的(Caliendo et al.,2008)。因此,为了检验结果的一致性,采用了四种匹配方法:近邻匹配,半径内近邻匹配、半径匹配和核匹配。

除了分析电子商务对家庭人均收入的影响,还通过使用 PSM-DID 方法估计电子商务采纳对四种不同来源收入的影响效应。

7.1.3　变量选择与描述性统计

在实证分析部分所使用的数据为前文介绍的调研数据。需要说明的是,在调研获取的总体样本中,有 406 户电商户和 624 户非电商户。在电商户中,有 149 户电商户于 2013 年及以前就开始通过互联网销售其产品。为了满足 PSM-DID 方法的假设条件,这 149 户电商户被剔除,最终有 881 户农户数据被用于模型估计,其中电商户 257 户,均为 2014 年至 2017 年开始采纳电子商务的农户,余下 624 户农户为非电商户,即从未通过互联网销售产品的农户。

在进行描述性统计之前,有必要对一些关键性变量进行定义和解释(见表 7.1)。在实证分析中,电商户指在 2014—2017 年通过互联网销售其产品的农户,而非电商户指截至调查完成时从未通过互联网销售其产品的农户。为了简化分析,本章并未对使用不同电商平台的农户加以区分。

在对被解释变量的衡量上,采用家庭人均可支配收入来衡量家庭收入。具体如表 7.1 的下半部分所示,农户收入被定义为四个不同来源收入的总和:生产经营性收入、工资性收入、财产性收入和转移支付。其中,生产经营性收入指农户的营业总额减去所有的经营成本、税费以及产品的生产成本。对于电商户而言,其总成本包括六个部分:产品的生产成本、雇工成本、物流快递成本、产品包装费用、网店经营费用和宽带网络费用。对于非电商户而言,其经营的总成本包括产品生产、包装、物流和雇工费用四个部分。

表 7.2 将总样本分为电商户和非电商户两组,并分别比较了 2013 年和 2017 年两组数据的均值差异。对比两组样本在结果变量和关键特征变量上的差异,可以进行一些初步的分析。

首先,2013 年电商户家庭人均收入为 3.96 万元,2017 年达到 8.96 万元,二者均明显高于非电商户的家庭人均收入(2013 年和 2017 年分别为 2.63 万元和 3.26 万元)。然而随着时间的推移,电商户之间的家庭人均收入差距有所增加,而非电商户之间的家庭人均收入差距呈现缩小趋势。

表 7.1 变量定义与描述性统计

变量	定义	2013 年		2017 年	
		均值	S. D.	均值	S. D.
结果变量					
农户收入	家庭成员的人均可支配收入(10000 元/人)	2.94	4.42	4.92	6.98
处理变量					
电商采纳	农户在 2014—2017 年是否通过互联网销售产品:1=是;0=否	0.29	0.45	0.29	0.45
控制变量					
年龄	户主年龄	48.07	11.92	53.07	11.92
性别	户主性别:1=男性;0=女性	0.95	0.21	0.95	0.21

续表

变量	定义	2013 年		2017 年	
		均值	S.D.	均值	S.D.
受教育年限	户主的受教育年限	7.71	3.49	7.71	3.49
家庭规模	同灶吃饭的家庭人口数量	4.48	1.61	4.48	1.61
健康程度	户主对其身体健康状况的自我评估:1=非常糟糕;5=非常健康	4.54	0.96	4.54	0.96
村干部情况	家庭成员中是否有人为本村村干部:1=是,0=否	0.14	0.34	0.14	0.34
创业经历	2013 年以前户主的创业年限	2.36	5.02	2.36	5.02
耕地面积	农户从村集体分配到的土地面积(亩)	4.34	4.45	4.31	4.38
林地面积	农户从村集体分配到的林地面积(亩)	4.60	16.74	4.55	16.69
资产情况	家庭拥有非经营性用途汽车的数量	0.25	0.55	0.65	0.76
收入来源变量					
生产经营性收入	家庭人均生产经营性收入(万元/人)	0.85	3.18	2.28	6.14
工资性收入	家庭人均工资性收入(万元/人)	1.94	2.34	2.40	3.82
财产性收入	家庭人均年度财产性收入(万元/人)	0.05	0.42	0.08	0.51
转移支付	家庭人均转移支付收入(万元/人)	0.11	0.30	0.16	0.37

其次,电商户和非电商户在户主的年龄、受教育年限、健康状况和创业经历,以及农户家庭规模和家庭耕地面积方面具有明显的差异,例如,电商户户主普遍更为年轻,平均受教育年限更长,具有更好的身体健康状况和更长时间的创业经历;相较非电商户,电商户拥有更多的家庭成员,但耕地面积相对较少。

　　此外,电商户的家庭收入绝大部分来源于其生产经营性收入:2013 年电商户的生产经营性收入比非电商户高 25%,而至 2017 年,电商户在该类别获取的收入为非电商户的五倍。尽管在工资性收入方面两组农户之间的差距也在扩大,但与生产经营性收入相比,其差距的增长幅度要小得多。在另外两类收入,即财产性收入和转移支付方面,两组农户的差异总体而言较小,且随着时间的推移趋于稳定。

　　上述描述性研究结果具有若干重要意义。第一,两组农户在 2013 年(基准期)的一些关键家庭特征上存在显著差异,这进一步凸显了为了进行比较,需要将电商户与非电商户进行匹配的重要性。第二,描述性证据倾向于表明,采用电子商务与净收入收益相关,其中最大的部分与生产和营销收入收益相关。第三,虽然净收入的显著增长表明采用电子商务可能对家庭收入产生积极影响,但有必要进行因果分析,得出更具决定性的结论,这是下一节的重点。

表 7.2　电商户与非电商户的两期数据在各变量上的均值差异

变量名称	2013 年			2017 年		
	电商户	非电商户	均值差异	电商户	非电商户	均值差异
结果变量						
农户收入(万元/人)	3.69	2.63	1.063***	8.96	3.26	5.703***
控制变量						
年龄(周岁)	43.23	50.06	−6.830***	48.23	55.06	−6.830***
性别	0.96	0.95	0.004	0.96	0.95	0.004
受教育年限(年)	8.66	7.31	1.343***	8.66	7.31	1.343***
家庭规模(人)	4.71	4.38	0.324***	4.71	4.38	0.324***
健康程度	4.80	4.44	0.362***	4.80	4.44	0.362***
村干部情况	0.09	0.16	−0.071***	0.09	0.16	−0.071***
创业经历(年)	2.87	2.16	0.711*	2.87	2.16	0.711*
耕地面积(亩)	3.75	4.59	−0.837**	3.67	4.58	−0.908***

变量名称	2013 年			2017 年		
	电商户	非电商户	均值差异	电商户	非电商户	均值差异
林地面积(亩)	4.56	4.62	−0.051	4.58	4.54	0.044
资产情况(辆)	0.34	0.22	0.119***	0.91	0.54	0.374***
收入来源变量						
生产经营性收入(万元/人)	0.98	0.79	0.194	5.18	1.02	4.094***
工资性收入(万元/人)	2.62	1.66	0.961***	3.60	2.01	1.523***
财产性收入(万元/人)	0.02	0.06	−0.037	0.06	0.08	−0.031
转移支付(万元/人)	0.07	0.13	−0.055**	0.13	0.16	−0.048*
样本容量	257	624		257	624	

注: * , ** , *** 表示分别在 10%,5% 和 1% 的水平上显著。

7.1.4 实证估计结果与稳健性检验

一、农户采纳电子商务的影响因素

表 7.3 汇报了 Logit 决策模型的估计结果。由于 Logit 模型的系数不能直接进行解释,表中将系数换算为了边际效应。对包含村级哑变量和不包含村级哑变量的两个模型分别进行了估计,得到的结果略有不同。由于比较同村的电商户和非电商户具有更高的准确性,因此采用了包含村哑变量模型的估计结果作为主要的讨论部分。尽管 Logit 模型的主要目的是估计电商户与非电商户的倾向匹配得分,但其结果也值得进一步讨论,和前文的研究结论相互印证。

表 7.3　Logit 模型回归结果:农户参与电商的决策模型(2013 年)

变　量	模型 Ⅰ	模型 Ⅱ
年龄	−0.020(0.007)***	−0.022(0.007)***
年龄的平方	0.000(0.000)*	0.000(0.000)*
性别	−0.035(0.074)	−0.021(0.072)
受教育年限	0.024(0.015)	0.016(0.014)
受教育年限的平方	−0.001(0.001)	−0.000(0.001)
家庭规模	0.029(0.010)***	0.022(0.010)**
健康状况	0.051(0.021)**	0.053(0.019)***
村干部情况	−0.132(0.048)***	−0.141(0.046)***
创业经历	0.001(0.003)	−0.000(0.003)
耕地面积	−0.010(0.004)**	−0.003(0.004)
林地面积	0.000(0.001)	−0.001(0.001)
资产情况	0.049(0.026)*	0.029(0.026)
村级固定效应	No	Yes
Pseudo-R^2	0.1036	0.2032
LR statistic	110.19***	216.160***
样本容量	881	881

注:*,**,*** 表示分别在 10%,5% 和 1% 的水平上显著;括号中的数据为通过村级聚类修正后的标准误。Logit 模型系数被转换为边际效应以使得结果能够被直接解释。

　　这里的结果与描述性证据基本一致,只是回归中显著变量的数量小于基于描述性分析的数量。结果显示,家庭成员数量较多的农户更倾向于采纳电子商务。这一结论与上一章节的研究结论一致。此外,户主越年轻且身体健康状况越好的农户越倾向于采纳电子商务。这一结论得到了以往研究的支持(Ma et al.,2020;Qi et al.,2019)。尽管健康状况在上一章节中的结论有所保留,但本章的 Logit 回归结果为其影响效应增添了有力的证据。值得注意的是,农户家庭中有一位村干部时,农户参与电子商务的可能性降低14.1%。可能的解释是,家庭成员中有一位村干部可能使得农户拥有更多可供选择的工作机会,因此,农户采纳电子商务的动机减少,这与上一章节的结论一致。还有证据显示,户主的受教育年限越长,农户从村集体分配到的耕地面积越少,以及农户所拥有的资产越多,农户越倾向于采纳电子商务(尽管这些变量的影响并不显著),这些结论也与我们的期望和描述性统计的证据相一致。与此同时,户主性别和户主创业经历似乎对农户参与电子商务的决策没有显著影响。

二、共同域和平衡性检验

通过采用 Logit 模型估计的倾向匹配得分使得我们能够使用不同的匹配方法,形成若干不同的控制组。如前文所述,采用了以下 4 种匹配方法:最近临近匹配(1—5 匹配),半径内最近临近匹配($r=0.05$,1—5 匹配),半径匹配($r=0.05$)和核匹配(带宽=0.06)。

判断特定匹配方法是否达到良好匹配质量的一个重要标准是检查共同域的范围。共同支持域是电商户(处理组)与非电商户(控制组)倾向匹配得分的重叠区域。广泛的共同域的支持通常与更好的匹配质量相关(Tranchant et al.,2019)。从图 7.2 可以明显地看出,电商户和非电商户之间倾向匹配得分的共同域范围很大,被剔除的观察值数量非常少。无论采用哪种匹配方法都能很好地满足共同域的条件。

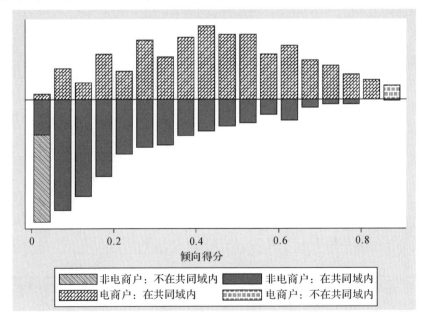

图 7.2 倾向匹配得分的共同域(1—5 临近匹配)

表 7.4   倾向匹配平衡性检验结果：匹配前后解释变量均值的偏差

变量	匹配前 & 匹配后	均 值		偏差（%）	减少偏差（%）	t-test	
		电商户	非电商户			Statistic	P 值
年龄	匹配前	43.23	50.06	−58.2	91.1	−8.00	0.000
	匹配后	43.64	44.24	−5.2	−0.58	0.559	
年龄的平方	匹配前	2022.6	2631.9	−55.4	92.1	−7.39	0.000
	匹配后	2052.1	2100.5	−4.4	−0.52	0.605	
性别	匹配前	0.96	0.95	1.8	−332.2	0.24	0.812
	匹配后	0.96	0.94	7.7	0.80	0.422	
受教育年限	匹配前	8.66	7.31	40.0	96.5	5.26	0.000
	匹配后	8.60	8.56	1.4	0.17	0.867	
受教育年限的平方	匹配前	84.90	66.09	35.5	98.5	4.87	0.000
	匹配后	83.91	83.61	0.5	0.06	0.952	
家庭规模	匹配前	4.71	4.38	20.7	68.8	2.72	0.007
	匹配后	4.71	4.81	−6.5	−0.74	0.461	
健康状况	匹配前	4.80	4.44	41.7	98.2	5.15	0.000
	匹配后	4.80	4.79	0.7	0.11	0.914	
村干部情况	匹配前	0.09	0.16	−22.0	81.1	−2.82	0.005
	匹配后	0.09	0.10	−4.2	−0.52	0.605	
创业经历	匹配前	2.87	2.16	14.5	51.1	1.91	0.056
	匹配后	2.89	3.24	−7.1	−0.72	0.472	
耕地面积	匹配前	3.75	4.59	−19.2	93.4	−2.54	0.011
	匹配后	3.81	3.76	1.3	0.15	0.880	
林地面积	匹配前	4.57	4.62	−0.3	−914.4	−0.04	0.968
	匹配后	4.66	5.17	−3.3	−0.39	0.700	
资产情况	匹配前	0.34	0.22	20.6	82.0	2.95	0.003
	匹配后	0.34	0.36	−3.7	−0.39	0.698	

注：该表为临近匹配（1—5）平衡性检验的结果，由于其他匹配方法的结果与之非常接近，因此在此不再列出。

PSM 有效性的另一个关键假设是匹配后处理组和控制组织之间变量的

平衡性,即给定的匹配方法是否达到了平衡两组的关键变量的目的(Nakano et al.,2018;Qi et al.,2019)。为此,对匹配前后的样本进行了平衡性检验。表7.4中的平衡性检验结果是基于最近临近匹配(1—5匹配)方法得到,但其他匹配方法产生的结果非常相似,因此在此省略。从表7.4可以看出,匹配极大地改善了两组变量之间的平衡性。例如,虽然12个变量中有10个在匹配前存在统计差异,但匹配后所有的变量均不再存在统计差异。

表7.5显示,匹配使得Pseudo-R^2值大幅度减少(根据所采用匹配方法的不同,从0.204下降至0.011—0.022),相应的LR统计值从216.71(匹配前)下降至7.94—15.06(匹配后)。匹配前,两组间所有解释变量差异显著,而匹配后两组间没有显著差异。检验结果表明,倾向得分匹配是成功的,电商户组与匹配后非电商户组之间具有可比性。

表7.5　不同匹配方法平衡性检验的结果比较

匹配方法	Pseudo-R^2	LR statistics (p value)	Bias of mean	Bias of median	N (电商户)	N (非电商户)
未匹配	0.204	216.71 (0.000)	11.9	9.5	257	624
临近匹配($n=5$)	0.022	15.06 (1.000)	3.6	3.4	252	549
临近卡尺匹配($n=5,r=0.05$)	0.022	15.03 (1.000)	3.5	3.3	252	549
半径匹配($r=0.05$)	0.011	8.03 (1.000)	2.7	2.1	252	549
核匹配(带宽=0.06)	0.011	7.94 (1.000)	2.6	2.0	252	549

三、电子商务采纳的收入效应

表7.6报告了PSM-DID模型对采纳电子商务对农户家庭收入的影响的估计结果。在模型中,结果变量为家庭人均收入的自然对数。结果表明,电子商务的采纳对农户家庭收入产生了较大的显著影响,且不同匹配方法估计的结果具有高度的一致性。就影响程度而言,电子商务采纳使农户家庭人均收

入增加 57.46%—62.42%,年增长率为 12.05%—12.89%。电子商务采纳对农户家庭收入产生显著正向影响,这一发现与 Zeng 等(2018)、Luo 等(2019)的研究结果基本一致,即在中国农村电子商务的采纳可以提高农户的家庭收入。

表 7.6　电商采纳对农户收入的影响:PSM-DID 模型估计结果

匹配方法	Diff.	S. E.	$|t|$	R-square
临近匹配($n=5$)	0.485	0.088	5.50***	0.40
临近卡尺匹配($n=5,r=0.05$)	0.455	0.102	4.47***	0.39
半径匹配($r=0.05$)	0.454	0.101	4.52***	0.39
核匹配(带宽$=0.06$)	0.454	0.099	4.57***	0.39
均值	0.462	—	—	—

注:*** 表示在 1% 的水平上显著;所有标准误均通过村级聚类修正后得到。

表 7.7 报告了 PSM-DID 模型关于电子商务采纳对 4 种不同来源收入(生产经营性收入、工资性收入、财产性收入和转移支付)的影响的估计结果。结果表明,电子商务采纳对农户家庭收入的影响主要是通过影响生产经营性收入来实现的,同时,财产性收入也有一定的贡献。具体来说,通过采纳电子商务,农户家庭的生产经营性收入和财产性收入的增长率分别提高了 312%(310%—315%)和 38%(36%—40%)。同时,采纳电子商务对农户工资性收入的增长有显著的负向影响,对转移支付的影响并不显著。这一发现意味着农户采纳电子商务的活动在一定程度上与劳动力从赚取工资性收入的活动中撤出相关。此外,电子商务采纳对财产性收入影响显著为正,与农户开设网店的资本要求较低的结论是一致的。

表 7.7　电商采纳收入效应的分解

匹配方法	生产经营性收入	工资性收入	财产性收入	转移支付
临近匹配($n=5$)	3.151*** (0.468)	−1.519*** (0.437)	0.362* (0.207)	0.283 (0.331)
临近卡尺匹配($n=5,r=0.05$)	3.103*** (0.466)	−1.498*** (0.436)	0.359* (0.205)	0.243 (0.338)

匹配方法	生产经营性收入	工资性收入	财产性收入	转移支付
半径匹配($r=0.05$)	3.122*** (0.480)	−1.534*** (0.422)	0.396* (0.197)	0.035 (0.321)
核匹配（带宽= 0.06）	3.121*** (0.478)	−1.523*** (0.419)	0.400** (0.196)	0.035 (0.322)
均值	3.124	−1.519	0.379	0.149

注:*,**,***表示分别在10%,5%和1%的水平上显著;括号中的数据为通过村级聚类修正后的标准误。

四、稳健性检验

为了检验不同估计量的结果是否稳定,还采用了双重差分法(DID)进行稳健性检验。DID模型估计的结果(见表7.8)与PSM-DID模型的估计结果高度一致。更具体地说,DID模型的估计结果表明,一方面,平均而言,采用电子商务可以使农户家庭收入增加57%—62%,生产经营性收入的增长率增加326%;另一方面,电子商务的采纳降低了农户家庭工资性收入增长率的165%。

表7.8　电商采纳对农户收入的影响:DID模型

结果变量	Diff.	S. E.	$|t|$	R-square
农户人均可支配收入	0.477	0.093	5.11***	0.43
农户人均生产经营性收入	3.263	0.440	7.42***	0.34
农户人均工资性收入	−1.650	0.337	4.89***	0.21
农户人均财产性收入	0.194	0.169	1.15	0.24
农户人均转移支付	0.139	0.254	0.55	0.24

注:***表示在1%的水平上显著;所有标准误均通过村级聚类修正后得到。

采用基于工具变量(Ⅳ)的处理效应模型(treatment effect model)对电子商务采纳的收入效应进行估计,作为另一个稳定性检验。在这个模型的估计中,采用2013年被调查农户住址与最近的快递服务点间的距离作为农户采纳电子商务的工具变量。该工具变量的有效性可以从如下三个方面进行论证。

第一,由于工具变量是指基准年份 2013 年被调查农户住址与最近的快递服务点之间的距离,这意味着所有快递服务点都是在农户采纳电子商务之前建立的;第二,这个距离变量在很大程度上影响了农户的电子商务采纳决策,因为电子商务采纳的成本会随着与最近的快递服务点距离的减少而降低,而物流服务的可及性会影响农户采纳电子商务的决策(Liu et al.,2020;Ma et al.,2020),这一点也在第 4 章中进行了估计和说明;第三,这个距离变量除了通过电子商务采纳变量,难以对农户家庭收入产生直接影响。处理效应模型联合估计了电子商务采纳决策方程和家庭收入方程,依靠工具变量,该模型解决了选择偏误问题(Kabunga et al.,2014;Ma et al.,2017)。

估计结果如表 7.9 所示,电子商务采纳对农户家庭收入有积极的且统计上显著的影响。具体来说,电子商务采纳可以使农户家庭收入增加 58.72%,这一发现进一步证实了电子商务采纳与家庭收入之间的正相关关系,同表 7.6 中 PSM-DID 模型的估计结果一致。

表 7.9　电子商务采纳对农户收入的影响:处理效应模型

解释变量	处理效应模型	
	采纳决策	农户收入
电商采纳		0.466*** (0.159)
年龄	−0.090*** (0.018)	0.019* (0.009)
年龄的平方	0.001*** (0.000)	−0.000** (0.000)
性别	−0.110 (0.203)	−0.130 (0.106)
受教育年限	0.061* (0.034)	0.049*** (0.017)
受教育年限的平方	−0.001 (0.002)	−0.001 (0.001)
家庭规模	0.064** (0.026)	−0.010 (0.013)

续表

解释变量	处理效应模型	
	采纳决策	农户收入
健康状况	0.191***	0.104***
	(0.045)	(0.020)
村干部情况	−0.524***	0.124**
	(0.119)	(0.058)
创业经历	−0.003	0.016***
	(0.008)	(0.004)
耕地面积	−0.017	0.010*
	(0.011)	(0.005)
林地面积	−0.003	0.000
	(0.002)	(0.001)
资产情况	0.269***	0.436***
	(0.057)	(0.032)
工具变量	−0.044**	
	(0.019)	
常数项	−4.809***	8.945***
	(0.516)	(0.305)
村级哑变量	Yes	
ath($\rho_{\varepsilon\mu}$)	−0.006	
	(0.114)	
$\rho_{\varepsilon\mu}$	−0.006	
	(0.114)	
Ln(σ)	−0.250***	
	(0.020)	
Wald test($\rho_{\varepsilon\mu}=0$)	0.00,Prob>chi^2=0.9562	

注:括号中为稳健标准误;*,**,***表示分别在10%,5%和1%的水平上显著;工具变量指农户住址至最近快递点的距离。

由于在调研数据中,没有显示农户采纳电子商务的具体月份,因此在之前的估计中,剔除了2013年当年开始采纳电子商务的55个农户,以确保2013年是分析的有效基准年份。然而,从样本中完全剔除这些农户似乎有些过于严格,因为其中的一部分农户可能是在 2013 年年底采纳的电子商务,而采纳电子商务的收入效应可能尚未显现。作为稳健性检验的额外分析,将 55 个家庭添加回样本,并使用扩展后的样本(312 个电商户和 624 个非电商户)重新进行模型估计。

如表 7.10 所示,电子商务采纳使农户家庭收入(45%)、生产经营性收入(273%)和财产性收入(45%)的增长率显著提高。同样,电商采纳导致工资性收入的增长率显著下降 138%。这些结果在所有 4 种不同的匹配方法中都是一致的。扩展样本估计的收入效应低于限制性样本(不包括 55 个于 2013 年采纳电子商务的农户)的估计结果,低估了采纳电子商务的收入影响效应,这主要是因为 55 个农户家庭仅部分受益于采纳电子商务(由于短期影响)。基于扩展样本的估计结果进一步增强了主结论的稳健性。

表 7.10   电商采纳对农户收入的影响:PSM-DID(扩展样本)

匹配方法	农户收入	生产经营性收入	工资性收入	财产性收入	转移支付
临近匹配($n=5$)	0.468*** (0.085)	2.773*** (0.402)	−1.415*** (0.392)	0.448* (0.233)	0.079 (0.298)
临近卡尺匹配($n=5, r=0.05$)	0.436*** (0.101)	2.708*** (0.404)	−1.395*** (0.390)	0.470** (0.223)	0.028 (0.311)
半径匹配($r=0.05$)	0.445*** (0.101)	2.725*** (0.403)	−1.350*** (0.362)	0.426** (0.210)	0.001 (0.299)
核匹配(带宽=0.06)	0.439*** (0.105)	2.729*** (0.407)	−1.354*** (0.363)	0.434** (0.211)	−0.013 (0.303)
均值	0.447	2.734	−1.379	0.445	0.024

注:*,**,*** 表示分别在 10%,5% 和 1% 的水平上显著;括号中的数据为通过村级聚类修正后的标准误。

7.1.5   异质性分析

本研究的样本来自三个不同的区县(曹县、沭阳和临安),这三个区域在农村电子商务发展模式上有所差异,且都有一些具有代表性的产品。这一情况促使研究这三个县的农户采纳电子商务的收入效应中潜在的异质性。表 7.11 的第一部分报告了三个县电子商务采纳对家庭总收入影响的 PSM-DID 模型估计结果。该结果基于核匹配方法,与其他匹配方法结果基本一致。研究结果表明,电子商务采纳的收入效应在不同的地区有很大的差异。更为具体地来说,采纳电子商务使得曹县农户家庭人均收入增加 131.2%,曹县是三个子样本中收入效应最大的。沭阳县的收入效应比曹县低 82.5%,相当于农户家庭人均总收入增加了 48.7%,且在 5% 的水平上具有显著的统计学意义。临安的收入效应比曹县低 102.2%,比沭阳县低 19.7%,尽管如此,电子商务采纳仍然使临安的农户家庭人均收入增加了 29.0%,且增收效应通过了 10% 水平的显著性检验。临安的收入效应比曹县和沭阳县小得多,部分原因是临安农户家庭收入的起始水平(2013 年为人均 40011 元)远高于其他两个县(2013 年曹县农户家庭人均收入为 17384 元/人,沭阳县为 29267 元/人)。电子商务采纳的收入效应在区域间具有较大的异质性,这表明通过电子商务获得收入增长的程度受到外部环境(区域资源禀赋、基础设施条件和地理区位)和产品特性的影响。

表 7.11　电商采纳对农户收入影响的异质性分析

分组变量	Diff.	S. E.	$|t|$
县级变量			
曹县	0.838	0.159	5.28***
沭阳	0.397	0.162	2.44**
临安	0.255	0.135	1.89*
村级变量:农户所在村成为淘宝村的年限(年)			
非淘宝村	0.385	0.185	2.07**
≤1 年	0.500	0.246	2.04*
=2 年	0.520	0.245	2.13*
≥3 年	0.490	0.133	3.67***
户级变量			
户主年龄(周岁)			
户主年龄<30	0.816	0.268	3.04***
30≤户主年龄≤60	0.391	0.104	3.78***

续表

分组变量	Diff.	S. E.	|t|
户主年龄＞60	0.287	0.252	1.14
户主的受教育年限(年)			
受教育年限≤9	0.410	0.084	4.90***
受教育年限＞9	0.572	0.233	2.45**
家庭规模(人)			
家庭规模≤4.5	0.579	0.119	4.88***
家庭规模＞4.5	0.338	0.142	2.39**
2013 年初始人均收入(万元)			
初始人均收入≤2.94	0.502	0.132	3.80***
初始人均收入＞2.94	0.442	0.095	4.66***
2013 年耕地面积(亩)			
耕地面积≤4.34	0.407	0.128	3.18***
耕地面积＞4.34	0.589	0.142	4.15***

注:非电商户组样本的权重是通过核匹配得出的;*,**,*** 表示分别在 10%,5% 和 1% 的水平上显著;所有标准误均通过村级聚类修正后得到。

表 7.11 第二部分报告的结果显示了村庄之间的异质性。针对电子商务采纳的收入效应是否因为一个村庄成为淘宝村的年限长短而有所不同是本研究感兴趣的一个问题。因此,将样本中的 51 个村分为 4 组:成为淘宝村零年,即非淘宝村;成为淘宝村一年及以下;成为淘宝村两年;成为淘宝村三年及以上。研究结果表明,淘宝村农户采纳电子商务获得的增收效应普遍大于非淘宝村农户,而淘宝村农户之间并没有因为农户所在村成为淘宝村的时间长短而产生差异。具体而言,非淘宝村电子商务采纳可以使农户家庭人均收入增加 47%,而淘宝村的这一收入效应为 63%—68%。

表 7.11 的第三部分报告了电子商务采纳收入效应在农户家庭层面特征上存在的异质性。第一,较为年轻且受教育程度较高的户主所在的农户比户主年长且受教育程度较低的农户从采纳电子商务中受益更多。一个可能的解释是,受教育程度较高的年轻人,对新事物的接受能力和学习能力更强,对互联网也更加熟悉,这有助于他们通过电子商务获得更高的红利。第二,家庭规

模较小和初始收入较低的农户比家庭规模较大和相对富裕的农户从电子商务采纳中获得的收益更高。第三，电子商务采纳的收入效应在土地禀赋规模上也具有异质性。与土地禀赋低于村平均水平的家庭相比，土地禀赋高于村平均水平的农户通过电子商务获得更高的收入红利。这可能是因为电商户通过电子商务销售的产品全部或部分是由自己生产的，因此，一个拥有更多土地经营权的家庭可能有更强的能力种植或生产更多的用于网上销售的产品。

7.2 电子商务对农户收入差距的影响

一直以来，政府高度重视农村地区收入差距问题，帮助农户脱贫致富也成为中国"三农"政策关注的重点。2020年2月25日全国脱贫攻坚总结表彰大会庄严宣告中国已经完全消除了绝对贫困。已有文献对中国农村收入差距及不平等的问题进行了广泛而深入的研究，这些研究普遍认为，自改革开放以来，中国农村收入差距不断扩大，农户收入不平等程度持续提高（程名望，2016；李实，2003；万广华等，2005）。收入差距过大会产生一系列负面的社会效应，不利于社会稳定和经济平稳发展，因此农村内部收入差距的扩大值得警惕（刘晓倩等，2018）。

随着信息技术和互联网的普及，众多学者针对数字鸿沟展开了大量的研究。这些文献为本文的研究提供了研究思路和方法上的参考。但是，相比通过互联网搜集信息，电子商务是互联网更深层次、更综合性的应用，且除了相应的计算机和互联网技术，电子商务采纳对农户在生产经营等方面都具有一定的要求，是信息技术与多方面能力的综合。而在现有的围绕农村电子商务对农户的经济效应研究中，绝大部分的文献的研究重点放在电子商务的增收效应上（Luo et al.，2019；Couture et al.，2019），或者是分析了电子商务发展对城乡收入差距的影响，而在电子商务对农户收入差距的影响方面关注较少。曾亿武（2018）通过对沭阳县农户的调研数据，分析了电子商务差异化经营对电商户收入差距的影响，认为电子商务的差异化经营扩大了电商户内部的收入差距。已有文献缺乏对电子商务采纳对农户收入差距的影响机制和贡献率的系统性分析。

针对现有文献的不足，本节在上一节对于电子商务采纳对农户收入影响效应的研究基础上，进一步探讨电子商务采纳的增收效应以及增收效应的异质性对农户收入差距的影响。首先,本节基于两期调研数据,分析电子商务采纳前后电商户与非电商户收入差距的情况;随后,按照收入来源对农户的收入不平等指数进行分解,分析不同来源收入对农户收入差距的贡献情况;最后,采用基于回归的 Shapley 值分解方法,估计电子商务采纳对农户收入差距的贡献。

7.2.1 收入差距的测度

一、收入差距衡量的指标

在评估电子商务采纳对农户收入差距的影响效应前,首先要明确测量收入不平等的指标。当前,测量收入不平等的指标有很多,本节列举了四种主要的相对指标,并对这四种指标进行了比较说明。

(1)变异系数(coefficient variance)

变异系数(CV)又称离散系数,是统计学中反映数据离散程度的重要指标,可以比较两组纲量不同或测量尺度相差过大的数据的离散程度。变异系数为原始数据标准差与原始数据的均值之比:

$$CV = \frac{\sigma}{\mu} = \frac{\sqrt{\sum_{i=1}^{n}(x_i - \mu)^2 / n}}{\mu} \tag{7.6}$$

其中,σ 表示样本中个体收入的标准差,μ 为样本中个体收入均值。若样本中所有个体的收入都相等,则 $CV = 0$;若样本中某个体获得了全部的收入,其他样本收入为 0,则 $CV = \sqrt{n-1}$。变异系数的缺点在于,该指标不满足收入不平等测度的标准化公理,其最大值为样本数量 n 的函数。

(2)一般熵指数(generalized entropy)

Shorrocks(1980)在前人研究的基础上提出了单一参数一般熵指数,其计算公式如下:

$$GE(\alpha) = \begin{cases} \frac{1}{n} \sum_{i=1}^{n} \frac{\mu}{x_i}, \alpha = 0 \\ \frac{1}{n} \sum_{i=1}^{n} \frac{x_i}{\mu} \ln \frac{x_i}{\mu}, \alpha = 1 \\ \frac{1}{n\alpha(\alpha-1)} \sum_{i=1}^{n} \left[\left(\frac{x_i}{\mu} \right)^{\alpha} - 1 \right], \alpha \neq 0, 1 \end{cases} \tag{7.7}$$

α 的取值不同,该指数对收入分配的不同部分的敏感程度不同:当 α 为正数且值越大时,一般熵指数对收入分布顶部的收入差异越敏感;当 α 为负数且值越小时,一般熵指数则对收入分布底部的收入差异越敏感。当 $\alpha \to 1$ 时,$GE(1)$ 即为泰尔-T 指数(Theil-T);而当 $\alpha \to 0$ 时,$GE(0)$ 为泰尔-L 指数(Theil-L)。

一般而言,在进行收入不平等的测算时,泰尔指数的使用频率更高,其最大的优点在于该指数的可分解性,缺陷在于该指数无法计算个体收入为 0 或负数的情况,因而泰尔指数同变异系数一样,也不符合标准化公理(庞泓,2016)。

(3)阿特金森指数(Atkinson index)

阿特金森指数是 Atkinson 于 1970 年基于社会福利函数提出的。当社会中的个体收入均相等时,个体产生的社会福利与当前实际的社会福利相同,换句话说,总体中所有个体都拥有相同的效用函数。将该效用函数记为 $\mu(\cdot)$,将等值收入记为 ξ,那么

$$n\mu(\xi) = \sum_{i=1}^{n} \mu(x_i) \tag{7.8}$$

基于等值收入,Atkinson 建立了阿特金森指数:

$$I_A = 1 - \frac{\xi}{n} \tag{7.9}$$

其中,$I_A \in [0,1]$。I_A 的值越大,总体收入不平等的程度越高,反之则越低。设不平等厌恶参数 ε 表示低收入者在总体中的权重,ε 的大小表示对不平等的重视程度,ε 越大,表示对不平等越重视。用 $\mu(x)$ 表示个体效用函数:

$$\mu(x) = \begin{cases} a + b \dfrac{x^{1-\varepsilon}}{1-\varepsilon} & ,\varepsilon > 0 \text{ 且 } \varepsilon \neq 1, a \text{ 和 } b \text{ 是常数} \\ \ln x & ,\varepsilon = 1 \end{cases} \tag{7.10}$$

那么,

$$I_A = \begin{cases} 1 - \left[\sum_{i=1}^{n} (x)^{1-\varepsilon} \right]^{\frac{1}{1-\varepsilon}} / \mu, \varepsilon \in (0,1) \cup (1, +\infty) \\ 1 - \prod_{i=1}^{n} x_i^{\frac{1}{n}} / n, \varepsilon = 1 \end{cases} \tag{7.11}$$

当 $\varepsilon \to \infty$ 时,$I_A(\varepsilon) \to 1 - \min \dfrac{x_i}{\mu}$,此时收入不平等水平取决于最低收入者的收入。

（4）基尼系数（Gini coefficient）

基尼系数是国际上测度收入不平等最常用的指标之一。基尼系数的算法有很多，其中一个较为常见的计算公式是：

$$Gini = \frac{1}{2n^2\mu} \sum_{i=1}^{n} \sum_{j=1}^{n} |x_i - x_j|$$

$$= \frac{1}{n^2\mu} \sum_{i=1}^{n} (2i - n - 1)x_i \tag{7.12}$$

其中，i,j 分别表示个体 i 和 j 的收入在总收入分布中所处的位次，μ 表示收入均值。

基尼系数对收入分布的中间部分收入的差异最为敏感。基尼系数越大，意味着总体收入不平等程度越高。国际学界一般而言将"基尼系数等于 0.4"作为不平等的警戒线，即当基尼系数大于 0.4 时，表示区域不平等的程度较高，会对社会经济的发展产生负面效应，甚至威胁到社会的稳定。

由于不同的测量收入不平等的指标对收入分布的不同部分的敏感程度不同以及各指标所强调的社会福利功能也有所差异，不同的指数和测量方法对收入不平等的测量结果有所差异，因此，在收入不平等的相关文献中，对于不平等的测量往往采用多种指数和方法，进行互补和对比，以保证结果的可靠与稳定。

二、被调查农户的收入差距情况

基于相关不平等指数理论的成熟性和这些指数应用的广泛性，本文在进行收入差距的测量时，主要采用基尼系数和泰尔指数，辅以阿特金森指数和变异指数作为补充。采用农户问卷调查数据，本文对调研地区农户收入差距进行了测算。

表 7.12 为使用不同指数测算的被调查农户 2013 年和 2017 年收入差距情况的结果。从被调查农户样本总体收入差距的情况来看，对比 2013 年与 2017 年收入不平等各指数测算结果，除变异系数外，基尼系数、泰尔指数和阿特金森指数均有所上升，总体而言，被调查农户之间收入差距在不断扩大。对比电商户与非电商户收入不平等各指数测算结果，2013 年至 2017 年，电商户收入的基尼系数和阿特金森指数有小幅度的上升，而泰尔指数和变异系数测算的结果有小幅度的下降，总体而言变化并不明显；而非电商户在 2013 年至 2017 年，各项收入不平等指标测算结果均有所下降；2013 年，电商户之间

的收入差距相较于非电商户较低,但至 2017 年,除变异系数外,非电商户收入不平等的三项指数均低于电商户,说明非电商户的收入不平等情况相较电商户得到了更为明显的改善。

表 7.12   被调查农户的收入差距情况

	2013 年				2017 年			
	基尼系数	泰尔指数	阿特金森指数	变异系数	基尼系数	泰尔指数	阿特金森指数	变异系数
样本总体	0.4893	0.4634	0.2008	1.2938	0.5472	0.5739	0.2448	1.4394
电商户	0.4796	0.4573	0.1922	1.2904	0.4978	0.4453	0.1998	1.1537
非电商户	0.5002	0.5199	0.2143	1.6129	0.4823	0.4333	0.1903	1.2035

为了进一步对比电商户与非电商户收入组内与组间差距的情况,本书对样本总体的收入不平等情况按"电商采纳与否"进行分解,由于基尼系数、泰尔指数和阿特金森指数在前文描述统计的结果上具有较高的一致性,因此在分解时采用了这三个指标,结果如表 7.13 所示。对比 2013 年与 2017 年各指标的测算结果可以发现,组内收入差距情况有所缓解,但组间的差距情况有所加剧。总体而言,两组样本在组内的不平等情况有所降低,但两组之间的不平等的加剧导致样本总体的收入不平等上升。

表 7.13   被调查电商户与非电商户收入不平等分解:组内差距与组间差距

	基尼系数		泰尔指数		阿特金森指数	
	组内	组间	组内	组间	组内	组间
2013 年	0.2757	0.0747	0.4970	0.0130	0.2062	0.0074
2017 年	0.2373	0.2395	0.4397	0.1249	0.1954	0.0580

随后,本书将样本总体按照三县地域进行划分,对不同地区的收入差距情况进行测算,结果如表 7.14 所示。从测算结果可以看出,各个地区的收入差距情况与总体情况有一定的差异。临安的样本农户总体而言,收入不平等在加剧,电商户和非电商户两组大部分的指数都有不同程度的上涨;沭阳的样本农户收入不平等情况也在扩大,且情况较临安更为严重,电商户与非电商户的收入不平等情况都有所扩大,而电商户的收入不平等的加剧更为明显;曹县的收入不平等情况也在加剧,但是,电商户和非电商户的收入不平等

测算结果在不同指数之间变化并不稳定,说明曹县农户收入不平等有可能是电商户与非电商户的组间差距带来的。

表 7.14 不同地区被调查农户的收入差距情况

| | 2013 年 | | | | 2017 年 | | | |
	基尼系数	泰尔指数	阿特金森指数	变异系数	基尼系数	泰尔指数	阿特金森指数	变异系数
临安								
样本总体	0.4508	0.4000	0.1731	1.1799	0.4876	0.4638	0.1970	1.2893
电商户	0.4589	0.4190	0.1784	1.2045	0.4791	0.4375	0.1642	1.2029
非电商户	0.4372	0.3690	0.1629	1.1170	0.4440	0.3763	0.1881	1.1155
沭阳								
样本总体	0.4869	0.4486	0.1968	1.2298	0.5776	0.6409	0.2703	1.5184
电商户	0.4542	0.3902	0.1673	1.1363	0.5295	0.4873	0.2115	1.1582
非电商户	0.4925	0.4588	0.2020	1.2521	0.5063	0.5111	0.2267	1.4471
曹县								
样本总体	0.4408	0.3742	0.1642	1.1855	0.5564	0.5894	0.2520	1.4583
电商户	0.4331	0.4320	0.1710	1.4262	0.4666	0.3823	0.1764	1.038
非电商户	0.4342	0.3234	0.1532	0.9151	0.4333	0.3259	0.1521	0.9276

为了进一步分析电子商务采纳对农户收入差距的影响效应,并分析其影响的路径,本研究在章节 7.1 研究结果的基础上,构建了一个模拟情景。在章节 7.1 中,本研究估计出电子商务采纳对农户的增收效应为 57.46% 至 62.42%(见表 7.6、表 7.7 与相关论述),基于 2017 年的实际调查数据,去掉估计出的电子商务采纳带来的增收效应,模拟出电商户未采纳电子商务的反事实(分别用最小估值量、估计量均值和最大估计量进行模拟),并估计其基尼系数,与 2013 年和 2017 年的实际观测值进行对比。此外,针对不同来源的收入,也进行同样的模拟,得出不同来源收入 2013 年的实际基尼系数和 2017 年的实际与模拟基尼系数。测算结果如表 7.15 所示,使用不同的估计量模拟出的样本农户基尼系数的结果非常接近。从农户家庭的人均收入上看,2017 年模拟的样本农户总体收入的基尼系数高于 2013 年实际测算的基尼系数,但

是低于 2017 年实际测算的基尼系数,说明电子商务采纳增加了样本总体的收入差距。

表 7.15　电子商务采纳对农户总体收入差距的影响效应

	2013 年 基尼系数 (实际)	2017 年 基尼系数 (实际)	2017 基尼系数(模拟)		
			最小估计量	估计量均值	最大估计量
农户收入	0.4992	0.5444	0.5051	0.5046	0.5032
生产经营性收入	0.7989	0.7877	0.8214	0.8221	0.8229
工资性收入	0.5167	0.5679	0.7320	0.7305	0.7280
财产性收入	0.9665	0.9456	0.9476	0.9477	0.9478
转移支付	0.8415	0.8132	0.8132	0.8136	0.8143

对不同来源收入,去掉电商带来的影响,进行同样的反事实模拟的结果可以看出,在生产经营性收入和工资性收入方面,模拟的总样本的基尼系数均高于 2013 年和 2017 年的实际测算的基尼系数,说明电子商务的采纳降低了生产经营性收入和工资性收入的不平等,但尽管如此,2013 年至 2017 年,实际测算的工资性收入的基尼系数依然有了较为明显的上升。而在农户家庭人均财产性收入和转移支付方面,模拟的总样本的基尼系数与 2017 年的实际测算的基尼系数差异很小,说明电子商务采纳对农户财产性收入和转移支付的不平等影响并不明显。

结合前文结论,电子商务采纳提高了农户总收入差距,但是降低了农户生产经营性收入和工资性收入的不平等程度,并对财产性收入和转移支付的不平等情况没有明显影响,电子商务采纳对农户收入不平等的主要来源可能是由农户生产经营性收入和工资性收入之间的替代效应造成的组间收入的不平等,因此,在下一节中,对农户收入的基尼系数按照收入来源进行了分解,探讨电子商务对农户收入不平等的影响路径。

三、基尼系数根据收入来源的分解

为了进一步分析电子商务对农户收入差距的影响途径,本书对农户收入的基尼系数按照收入来源进行了分解,结果如表 7.16 和表 7.17 所示。

表 7.16　被调查农户的基尼系数（根据收入来源的分解）

	2013 年			2017 年		
	基尼系数	份额（%）	边际效应（%）	基尼系数	份额（%）	边际效应（%）
样本总体						
生产经营性收入	0.7945	33.85	6.45	0.7786	56.12	11.85
工资性收入	0.5167	62.61	−4.55	0.5679	41.42	−9.49
财产性收入	0.9665	1.94	0.34	0.9456	1.48	−0.12
转移支付	0.8415	1.60	−2.22	0.8132	0.98	−2.24
农户收入	0.4893	100.00	0.5472	100.00		
分区域样本						
临安						
生产经营性收入	0.7457	38.44	9.13	0.7615	53.75	14.34
工资性收入	0.4686	60.53	−4.75	0.4918	43.93	−10.13
财产性收入	0.9565	0.49	−0.15	0.9528	1.58	0.24
转移支付	0.8028	0.54	−4.23	0.7289	0.74	−4.44
农户收入	0.4508	100.00	0.4876	100.00		
沭阳						
生产经营性收入	0.7917	30.98	4.48	0.7877	54.68	9.52
工资性收入	0.5439	63.63	−3.74	0.6275	43.19	−7.71
财产性收入	0.9585	4.65	1.31	0.9333	1.89	−0.33
转移支付	0.8657	0.75	−2.00	0.8404	0.24	−1.49
农户收入	0.4869	100.00	0.5776	100.00		
曹县						
生产经营性收入	0.7647	27.77	3.89	0.7851	67.12	15.23
工资性收入	0.4787	69.36	−2.40	0.5409	32.00	−13.08
财产性收入	0.9715	1.57	0.40	0.9387	0.71	−0.39
转移支付	0.7764	1.30	−1.89	0.7765	0.17	−1.76
农户收入	0.4408	100.00	0.5564	100.00		

　　首先来看被调查农户总体的基尼系数根据收入来源的分解情况(表 7.16)。2013 年,生产经营性收入对农户收入差距的贡献率为 36.43%,至 2017 年上升至接近 60%,与此同时,工资性收入对农户收入差距的贡献率在 2013 年为 60.16%,至 2017 年下降至 37.71%。在边际效应方面,生产经营性收入对总收入差距的边际效应由 2013 年的 7.62% 上升至 2017 年的 13.51%,而工资性收入的负效应则从 5.69% 上升至 2017 年的 9.36%。与此同时,财产性收入和转移支付对农户收入差距的影响很小,占比均不足 2%,且变化较小。表 7.16 的结果说明,尽管电子商务采纳降低了农户生产经营性收入和工资性收入的组内差距,但相较于电子商务采纳带来的生产经营性收入的增收效应,其对工资性收入的替代效应增加了生产经营性收入对农户收入基尼系数的正向边际效应和工资性收入的负向边际效应,扩大了农户收入的差距。

　　进一步地,将样本按照所处区县分为三个子样本,对子样本农户收入的基尼系数进行分解,结果如表 7.16 的下半部分所示。总体上看,各区域子样本的分解结果与总体样本结果接近,即生产经营性收入的份额有了较大幅度的提升,而工资性收入的份额下降明显,而二者的边际效应均有所提升。具体来看,曹县生产经营性收入与工资性收入的份额和边际效应的变化最为明显,其次为临安,最后为沭阳。

　　分别对电商户和非电商户收入的基尼系数按照收入来源进行分解,结果如表 7.17 所示。电商户组的结果中,生产经营性收入的贡献率明显上升,而工资性收入的贡献率明显下降,但是在边际效应上,二者的影响均有所下降;财产性收入和转移支付贡献率在两期的测算结果中均非常小。对比两期测算结果可以发现,电商户的收入差距的上升主要源于电商采纳带来生产经营性收入对工资性收入的替代效应。与此同时,非电商户组中,生产经营性收入的贡献率略有下降,但边际效应有所上升,而工资性收入的贡献率略有上升,但边际效应略有下降;相较于电商户组,非电商户组的财产性收入和转移支付对收入的贡献率有了明显的提高,且财产性收入在 2017 年的贡献率上升到了 3.16%。对比非电商户组的两期数据测算结果可以发现,非电商户组基尼系数的下降是工资性收入、财产性收入和转移支付不平等三者下降的共同结果,其中,工资性收入的贡献率是最大的。

表 7.17　被调查电商户与非电商户基尼系数（根据收入来源的分解）

		2013 年			2017 年		
		基尼系数	份额（%）	边际效应（%）	基尼系数	份额（%）	边际效应（%）
电商户	生产经营性收入	0.8062	36.16	9.54	0.6207	65.17	7.40
	工资性收入	0.4769	63.25	−7.60	0.6044	33.79	−6.39
	财产性收入	0.9580	0.30	−0.23	0.9231	0.49	−0.18
	转移支付	0.8569	0.29	−1.64	0.8501	0.55	−0.85
	农户收入	0.4796	100.00		0.4978	100.00	
非电商户	生产经营性收入	0.7928	37.26	7.20	0.7946	35.82	7.60
	工资性收入	0.5246	57.38	−5.58	0.5228	58.36	−5.41
	财产性收入	0.9661	2.83	0.67	0.9512	3.26	0.58
	转移支付	0.8323	2.53	−2.29	0.7974	2.56	−2.78
	农户收入	0.5002	100.00		0.4823	100.00	

7.2.2　模型构建

上文分析了电子商务采纳对农户收入差距的影响效应及影响途径，但前文的分析仅说明电子商务采纳扩大了农户收入差距，并没有准确地估计电子商务采纳对农户收入差距的贡献程度。因此，本节采用基于回归的 Shapley 值法对样本收入不平等指标进行分解，估计电子商务采纳对农户收入差距的贡献率。

已有文献中对农户收入不平等的要素分解主要有三种研究方法。第一种研究方法是传统的最小二乘法（OLS），这种方法操作较为简单，但缺陷在于，作为均值回归，最小二乘法只能分析解释变量的平均影响效应。第二种方法是分位数回归法，相较 OLS 方法，该方法分析得更为全面，且系数估计更为稳健。但是，在分解收入不平等的情境中，上述两种方法不能测算解释变量对收入不平等的贡献率，因此，Oxaca(1973) 和 Blinder(1973) 提出了回归分解法。最初,二人使用该方法分析两个群体平均收入差距。随后,在二人的研究基础上,众多学者对这一方法进行了拓展。

Morduch 等(2002)采用线性回归估计各解释变量对收入的影响系数,随后将收入不平等指标的形式转换为各解释变量对应收入的加权和,以此计算各解释变量对该收入不平等指标的影响效应。Fields 等(2000)提出的回归方法被称为 FY 法,该方法将某解释变量对收入方程的回归估计系数、其标准差以及该解释变量与收入的相关系数三者相乘,然后使用该乘积与收入标准差的比率表示该解释变量对收入不平等的贡献。但是,上述分解方法存在明显的缺陷,即二者均没有对回归方程中的常数项和残差项在分解时进行处理和解释,且这两种方法都对收入方程的设定和收入不平等指数的选择有严格的限制(Wan,2004)。因此,Wan(2004)基于 Shorrocks(1999)进一步提出和完善了基于回归方程的 Shapley 值分解法,该方法目前被学界所广泛采用(Wan et al.,2017;田士超等,2007;许庆等,2008)。该方法的优势在于其适用于任何收入决定方程和任何收入不平等指数的分解,并较好地处理了常数项和残差项对收入不平等的影响(万广华等,2005)。

基于回归的 Shapley 值分解法包含两个步骤:首先,设定收入决定方程,估计各解释变量对收入的影响系数;随后,在方程两端计算所要分解的收入不平等指标,从而得出解释变量对该收入不平等指标的贡献率。根据上述分解步骤,本书首先设定如下收入决定方程:

$$\ln Y_i = \alpha_0 + \beta_i X_i + \mu_i \tag{7.13}$$

其中,i 表示被调查样本中的个体农户 i,Y_i 表示农户 i 的家庭人均可支配收入,X_i 为解释变量的向量,α_0 和 μ_i 分别表示常数项和随机扰动项。在这个收入决定方程中,本文对农户家庭人均可支配收入取自然对数,建立了一个半对数模型。采用半对数模型的原因,一是残差项更趋近正态分布以满足OLS 回归的要求;二是半对数模型有更好的拟合优度(Wan,2004;Wan et al.,2007);三是半对数模型的常数项在待分解方程中被转化为常数乘积项,其对收入不平等的贡献可以忽略,从而可以回避现存的学界对常数项意义的争议。

该方法中,解释变量对收入不平等的贡献是由该解释变量与收入不平等的相关系数和该解释变量自身分布情况两个方面决定的。分布越不平均,与收入不平等的相关系数越大,该变量对收入不平等的贡献率越高,反之亦然。

基于上述原理,Shorrocks(1999)对收入不平等基于回归的 Shapley 值分解方法的基本思想如下:设收入为 Y,收入不平等指数为 I,对收入决定方程

中某一个解释变量 D 取样本均值,然后将 D 的均值与其他解释变量的实际观测值共同代入收入决定方程,得到收入在 D 取均值时的估计值 Y',并计算 Y' 对应的不平等指数 I',此时的 I' 中已经不包含 D 的影响效应。对比 I' 与 I,二者差值即为解释变量 D 对收入不平等的贡献:若 I' 小于 I,则说明 D 取均值后,收入不平等的程度降低,那么 D 对收入不平等的贡献为正,即解释变量 D 是扩大收入差距的因素,反之亦然。Wan(2004)指出,由于在对 D 取均值时的收入不平等进行估计时,其他解释变量的取值既可以是均值也可以是实际值,因此不同的取值组合会得到不同的收入估计结果,因此在对 D 的贡献率进行估计时,需要考虑所有可能的取值组合,并对所有组合下 D 的贡献率取平均值,作为最终估计结果。

由于在进行分解时使用半对数模型会改变收入变量的分布,因此本书遵循 Wan 等(2005,2006)和赵剑治等(2010)的做法,在对不平等指标进行分解前先对待分解的收入决定方程两边取指数,得到:

$$Y_i = \exp(\hat{a_0}) \times \exp(\beta_i X_i) \times \exp(\hat{u_t}) \tag{7.14}$$

其中,$\exp(a_0)$ 为常数项,$(\hat{u_t})$ 为残差项。由于在计算收入不平等的指标时,常数项 $\exp(a_0)$ 可以直接去掉,因此不会对结果产生影响(Wan,2004)。在估计残差项对收入不平等的贡献时,本书遵循多数文献的常见做法(Wan,2004;赵剑治等,2010),计算实际收入的不平等指标 I,以及假设 $(\hat{u_t}) = 0$ 时的收入不平等指标 I'',两者之差即为残差项 $(\hat{u_t})$ 对 I 的影响。更进一步地,除去残差项对收入不平等指数的贡献率,余下的部分即为收入决定方程中所有解释变量对收入不平等的贡献率之和,反映了全部解释变量对该收入不平等指标的解释程度(Wan,2004)。

上述方法适用于任意收入不平等指数的分解,因此本书采用基尼系数、泰尔指数和阿特金森指数这三个常用的衡量收入不平等的指标,并通过对这三个指数使用基于回归的 Shapley 值法进行分解,估计电子商务采纳对农户收入不平等的贡献率。

7.2.3　变量选择

已有文献对中国农户收入差距的影响因素进行了大量的研究,并取得了丰硕的研究成果。而在微观层面,已有文献指出,造成农户收入差距的原因主要包括:人力资本(Zon et al.,2001;高梦滔等,2006),物质资本(Chakraborty,2004;许庆等,2008),政治资本(Morduch et al.,2000;Walder,2002),金融资产(王弟海,2012),社会资本(程名望等,2014),等等。

基于已有文献,本书以电子商务采纳为关键变量,并选取了一些变量作为控制变量,如表7.18所示。这些控制变量包括户主的年龄、性别、受教育年限、健康程度、创业经历以及农户家庭规模、家庭成员村干部任职情况、农户家庭耕地和林地面积、家庭拥有的非经营性用途的汽车数量。

需要注意的是,由于基于回归的 Shapley 值分解法每增加一个解释变量就会导致总体运算量呈几何级数增长,为了使估计具有可操作性,减少不必要的计算量,本书在对收入不平等指标进行分解计算时,合并了一些含义相近的变量,在不影响分解结果的情况下,估计电子商务采纳对农户收入不平等的贡献率。合并变量为以下三组:一是所有村哑变量合并,二是将户主的受教育年限与该变量的平方项合并为户主的教育因素,三是将户主年龄与其平方项合并为户主的年龄因素。

表 7.18　收入差距部分的变量定义与描述性统计

变量	定义	2013 年		2017 年	
		均值	S. D.	均值	S. D.
结果变量					
农户收入	家庭成员的人均可支配收入(10,000 元/人)	2.94	4.42	4.92	6.98
处理变量					
电商采纳	农户在 2014—2017 年是否通过互联网销售产品:1=是;0=否	0.29	0.45	0.29	0.45
控制变量					
年龄	户主年龄	48.07	11.92	53.07	11.92
性别	户主性别:1=男性;0=女性	0.95	0.21	0.95	0.21
受教育年限	户主的受教育年限	7.71	3.49	7.71	3.49
家庭规模	同灶吃饭的家庭人口数量	4.48	1.61	4.48	1.61

续表

变量	定义	2013 年		2017 年	
		均值	S.D.	均值	S.D.
健康程度	户主对其身体健康状况的自我评估:1＝非常糟糕;5＝非常健康	4.54	0.96	4.54	0.96
村干部情况	是否有家庭成员为本村村干部:1＝是,0＝否	0.14	0.34	0.14	0.34
创业经历	2013 年以前户主的创业年限	2.36	5.02	2.36	5.02
耕地面积	农户从村集体分配到的土地面积(亩)	4.34	4.45	4.31	4.38
林地面积	农户从村集体分配到的林地面积(亩)	4.60	16.74	4.55	16.69
资产情况	家庭拥有非经营性用途汽车的数量	0.25	0.55	0.65	0.76

收入不平等指标

变量	定义	2013 年		2017 年	
基尼系数	被调查农户收入的基尼系数	0.4992	0.5444		
泰尔指数	被调查农户收入的泰尔指数	0.5099	0.5646		
阿特金森指数	被调查农户收入的阿特金森指数	0.2121	0.2420		

7.2.4　实证结果

表 7.19 为收入差距指数的分解结果,即各解释变量对不同收入不平等指数的贡献率,左边为 2013 年数据的回归结果,右边为 2017 年数据的回归结果。由于不同的测量收入不平等的指标对收入分布的不同部分的敏感程度不同,因此各个解释变量对于不同收入不平等指数的贡献度也有所差异。但是综合各个指数的分解结果,总体而言,各解释变量在不同指数下贡献率的

排序基本是一致的。在 2013 年对三个指数的分解结果中,贡献率排在前七位的解释变量相同,且按照贡献率大小的排序也基本一致,说明这七个解释变量对收入差距的贡献率相对较高,且较为稳定;排在末四位的解释变量相对而言贡献率小了很多,排序差异也比较小;而在 2017 年的分解结果中,明显贡献度较大的六个变量在不同指标测算结果上的排序也基本一致,而排名较后的四个变量尽管贡献度较小,但排序差异也非常小。

表 7.19 电子商务采纳对农户收入差距的贡献度　　　　（%）

	2013 年			2017 年		
	基尼系数	泰尔指数	阿特金森指数	基尼系数	泰尔指数	阿特金森指数
电商采纳	4.27	2.17	2.35	16.56	16.15	15.64
年龄	1.44	0.21	0.01	1.02	0.60	0.63
性别	0.62	1.24	0.77	0.06	0.06	0.03
受教育年限	4.28	2.83	2.76	4.12	2.83	2.87
家庭规模	0.59	0.35	0.23	0.19	0.00	0.01
健康状况	3.79	1.90	2.32	3.00	2.05	2.23
村干部情况	2.41	2.01	1.78	0.57	0.02	0.11
创业经历	5.74	5.09	4.61	3.04	1.89	2.05
耕地面积	4.25	2.11	2.34	4.05	2.57	2.56
资产情况	8.84	9.32	8.23	16.93	15.93	15.60
村级固定效应	0.19	0.05	0.05	0.45	0.08	0.06
残差项	63.58	72.72	74.55	49.62	57.82	58.29

本章在对模型构建进行说明时,阐述了基于回归方程对收入差距的分解方法的基本原理,即一个解释变量对收入差距的贡献是由两个方面决定的:该解释变量与收入差距的相关系数和该解释变量自身分布情况。从结果上看,2013 年,电商采纳对农户收入差距的影响为 2.17%—4.27%,但由于样本中所有的农户在 2013 年均没有采纳电子商务,因此这一结果说明电商户的一些不可观测变量对基尼系数的贡献率在 2013 年为 2%—4%。而到 2017 年,电商采纳对农户收入差距的贡献率显著提升至 15.64%—16.56%,相较 2013年提升了 12.29%—13.98%。测算结果略高于刘晓倩、韩青(2018)估计的互

联网使用对扩大农村居民收入差距的贡献率 12.6%,这是因为电子商务采纳是对互联网更深层次的应用,其对农户收入及其差距的影响相较简单的互联网应用更加明显。

7.3　本章小结

本章利用农户调研数据,为电子商务采纳对农户家庭收入影响的因果效应提供了证据。本章不仅分析了电子商务采纳对农户家庭收入的影响,还考察了采用电子商务对 4 种不同来源收入的影响效应。在方法上,两期面板数据使得我们可以采用 PSM-DID 模型来解决来自可观测和不随时间变化的不可观测因素引起的选择偏误问题。

研究结果表明,电子商务采纳显著增加了农户的家庭收入。农村电子商务采纳对不同来源收入的影响分析表明,电子商务的采纳会使得农户生产经营性收入大幅增长,财产性收入小幅增长;工资性收入小幅减少;转移支付没有显著变化。此外,电子商务采纳的收入效应在不同区域和家庭特征等方面存在显著差异,相对贫困的县(相对于较为富裕的区县)和相对贫困的农户(相较于富裕农户),采纳农村电子商务对农户收入的影响更大。这进一步增强了促进农村电子商务发展作为潜在的重要扶贫手段的可能性。大量的现实证据已经指出,农村电子商务有可能成为促进农村发展和减贫的重要手段。然而,由于研究基于更大的样本量和更为严格的计量方法,因此,本研究的结果更具有政策相关性,为政府推动农村电子商务促进农村经济发展提供了有力的支撑。

本章还考察了不同家庭特征下电子商务采纳的收入效应的异质性。结果显示,户主越年轻,受教育程度越高,家庭规模越小,初始收入越少,耕地越多的家庭,通过电子商务获得的收益越高。这表明,政府可能会促进受过良好教育的年轻农户采纳电子商务,因为他们往往能够从电子商务采纳中受益更多。不过,这也可能意味着,政府必须向受教育程度较低和年龄较大的农户提供培训和其他方面的支持和帮助,以提高他们的电子商务运营能力,使更多的农户受益于农村电子商务的发展。

在分析电子商务对农户收入的影响效应研究的基础上,本章进一步探讨了电子商务对农户收入差距的影响。首先,基于两期调研数据,分析电子商务采纳前后电商户与非电商户收入差距的变化情况；随后，本书按照收入来源对基尼系数进行分解，分析不同来源收入对收入差距的贡献情况；最后，采用基于回归的不平等分解和 Shapley 值方法，估计电子商务采纳对农户收入差距的贡献。研究结果显示，电子商务采纳扩大了农户的收入差距，其贡献率约为 12%—14%；电子商务采纳降低了农户生产经营性收入差距和工资性收入差距，电子商务采纳带来的生产经营性收入对工资性收入的替代效应是电子商务采纳扩大收入差距的主要路径。

8 电子商务对农民生活的影响

在上一章,本书探讨了电子商务采纳对农户收入及其收入不平等的影响。本章将聚焦于与收入息息相关的另外两个民生主题:农户消费和农民幸福感。本章的前半部分将综合理论分析与定量实证研究,探寻电子商务采纳对农户消费水平和消费结构的影响;本章的后半部分将探讨电子商务采纳对农民幸福感的影响机制和效应。

8.1 电子商务对农户消费的影响

近年来随着农村电子商务的发展,部分地区农村市场巨大的消费潜力开始展露并逐渐开发出来。电子商务的日益流行,改变了农户的消费观念、消费方式和消费习惯,极大地拓展了农户消费的时间与空间,提高了商品的可及性,刺激了农村新的消费需求的增长,在促进农户消费水平的提高、优化农户消费结构和推动农村经济发展方面发挥着越来越重要的作用(徐印州,2013;钟燕琼,2016)

与此同时,农村电子商务的发展也为农户提供了销售其产品的新途径,改变了传统的流通方式,促进了商品流通。电子商务的采纳一方面扩大了农户可以接触到的市场范围,降低了农户的搜寻成本;另一方面减少了中间交易的环节,降低了农户的交易成本,促进了农户收入的提高(Luo et al.,2019)。电商采纳带来的增收效应,扩展了家庭消费约束,提升了居民消费能力。此外,电子商务的发展也从客观上进一步促进了当地基础设施的建设,通信和物流体系的完善改善了农户的消费和网络购物环境,增加了商品信息的获取途径和部分商品和服务的可及性,满足了农户消费需求,改变了农户的消费观念,促进了农户消费水平的提升和农户消费结构的变化(刘根荣,

2017)。

尽管第7章已经分析了电子商务对农户具有较大的增收效应,但在中国传统农村储蓄率普遍较高的情况下,电子商务采纳带来的增收效应有多少转化为了消费,又对农户的消费结构产生了怎样的影响,是一个值得探讨的问题。

本章在前文的研究基础上,进一步分析电子商务采纳对农户消费的影响。基于已有文献,首先从理论上分析了电子商务采纳对农户消费的影响机制,同样采用电商户与非电商户的两期面板数据来应对选择偏误的问题,即使用双重差分倾向匹配得分法来应对由可观测变量和不随时间变化的不可观测变量引起的自选择偏误,估计电子商务采纳对农户消费水平和消费结构的影响。

8.1.1 理论分析与研究假说

本书在现有研究的基础上,从农户视角梳理了电子商务采纳对农户消费的影响机制,具体影响路径如图8.1所示。电子商务采纳对农户消费的影响路径可以分为直接效应和间接效应两个部分。

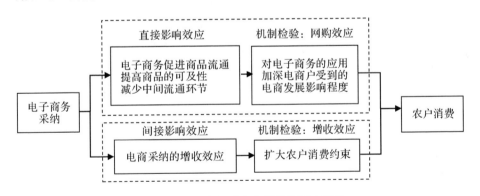

图 8.1 电子商务对农户消费的影响路径

农村电子商务的发展促进了城乡商品的流通,而电商户相较于非电商户对于电子商务的认知和应用程度更高,这加深了电商户受电商发展的影响程度,从而形成电商采纳对农户消费水平和消费结构的直接影响效应。农村电子商务的发展促进了商品(服务)的下行,其对农户消费的直接影响主要体现在两个方面:提高农户商品的可及性和减少商品流通的中间环节。

首先来看农村电子商务发展对农户商品可及性的影响。第一,相较于传统的消费渠道,电子商务更为便捷,能够有效降低农户的信息搜寻成本。农村地区传统的消费渠道一般包括村中的小卖部、供销社、村周边集会或庙会、邻近中心镇或县城的商城以及邻近市区的购物中心。这些传统的消费渠道需要农户在消费的便捷性和商品的丰富性上进行取舍:距离近的小卖部或供销社消费便捷,但可供选择的商品类型和品牌很少;每次集会和庙会之间都有较长的时间间隔,便捷性较低,相对于小卖部和供销社,可以获取的商品种类增加,但总体而言商品的丰富性依然有限;而乡镇和县城的商场或者购物中心尽管商品品种丰富,但农户往往需要花费更高的时间和交通成本,并承担相应的货运费用,从而增加了农户对消费商品和服务的搜寻成本。而农村电子商务的发展和交通物流等基础设施的改善,显著提高了农户获取商品信息的效率,农户足不出户就可以通过互联网购买所需要的商品,突破了在消费上的时间和空间限制,提高了消费的便捷性,降低了农户对消费品和服务的搜寻成本,改善了农村的消费环境。

第二,农村电子商务的发展开阔了农户视野,使农户接触到通过传统消费渠道难以购买的新的商品和服务,刺激农户消费需求的增加,促进农户消费水平的提高和消费结构的升级。以往农户的消费支出绝大部分为生活必要的开支,信息闭塞约束了农户消费需求的增长。随着互联网和农村电子商务的发展,农户可以通过互联网便捷地购买到通过传统渠道难以购买到的产品和服务,以往通过传统渠道可以购买到的产品也更加多样化。新的消费品和服务信息开阔了农户的视野,缩小了城乡在消费上的信息差距,城市居民的消费也会对农户消费产生一定的示范效应,一些农户敢于尝试新鲜事物,农户的消费结构得到升级。新的消费品和服务的可及性一方面满足了农户以往没有被满足的消费需求;另一方面也开发出农户新的消费需求,产生新的消费点。

在商品流通环节的变化方面,农村电子商务有效减少了消费品和服务下行的中间流通环节,从而减少了流通和交易成本,使得网购商品和服务具有较大的价格优势,通过互联网,农户可以比实体店更低的价格购买到性价比更高、款式更丰富的产品,如家用电器、服装等商品。同时农村地区道路交通等基础设施的完善和物流服务体系的建设,降低了快递物流成本,使农户能够更好地享受到网络购物带来的方便快捷和价格优势,从而大大提高农户的购买率,促进农户消费。

相较于传统农户,电商户对互联网技术和应用更加了解,对电子商务各个环节也更为熟悉,这也使得他们受电子商务的影响更加深远。他们深知电子商务的便捷,也对网络支付抱有信任的态度,因此他们进行网络购物的意愿更强,也更具有依赖性。同时,他们对互联网的应用程度较高,通过互联网获取信息的能力和实际操作的能力更强,使得他们能够更好地享受电子商务的便捷,这些都对电商户消费水平的提升以及消费结构的改变产生了积极影响。

在本章中,电子商务采纳对农户消费的直接影响通过网购效应进行衡量。农户的网购情况能够反映出农户受电子商务发展的影响程度,具体衡量变量为农户家庭网购支出占农户家庭消费总支出的比例。农户家庭网购支出占总消费支出的比例越高,说明农户对电子商务的依赖程度越高,电子商务发展对其消费的影响更为明显。因此,提出假说:农户电子商务采纳会增加农户的网购效应,从而促进农户消费水平的提高。

电子商务不仅可以通过增加商品的可及性、改善农户消费环境对农户消费产生直接影响,还能够通过改善基础设施建设、促进农户与市场对接、扩大农村地区非农劳动力就业等方式促进农户收入的提高,从而对农户消费支出产生间接的影响。

在前文中,已经分析了电子商务采纳对农户收入的影响机制。从农户角度上看,通过采纳电子商务,一方面扩大了农户可以接触到的市场范围,降低了农户的搜寻成本;另一方面,减少了中间交易的环节,降低了农户的交易成本,促进了农户收入的提高。电商采纳带来的增收效应,扩展了农户家庭消费约束,提升了农户消费能力,进一步促进农户消费水平的提升和消费结构的改变。

电子商务采纳对农户消费的间接效应通过农户的增收效应衡量。具体的衡量变量为农户 2017 年的收入与 2013 年(基期)收入的差值。基于章节 7.1 的结论,提出研究假说:农户电子商务采纳给农户带来增收效应,并通过增收效应进一步促进农户家庭收入的提高。

8.1.2 实证方法

本章的主要目的是估计电子商务采纳对农户消费的影响。与第 7 章估计电子商务采纳的收入效应类似,是否采纳电子商务,是农户自我选择的结果(Lestari,2019;Tang et al.,2020)。农户采纳电子商务的决策既受到可被观测到因素(如教育、经验和劳动力禀赋等)的影响,也受到不可观测因素(如赚钱能力、动机和创业精神等)的影响。为了解决自选择偏误的问题,本章同样采用倾向得分匹配和双重差分相结合的方法来估计电子商务采纳对农户消费的影响。

首先,以 2013 年为基准,年份采用 Logit 模型估计农户采纳电子商务的倾向得分,用以匹配电商户和非电商户:

$$\ln\left(\frac{p_i}{1-p_i}\right) = \alpha_0 + \alpha_i X_i + \pi_i \tag{8.1}$$

其中,$i=1,2,\cdots,n$ 表示不同的农户,$p_i = P(D_i=1 \mid X_i)$ 表示农户 i 选择采纳电子商务的条件概率。α_0 是一个常数。X_i 为解释变量的向量,π_i 是随机扰动项。矢量 X 中包含的变量应该为可能会影响农户的电子商务采纳决策和(或)家庭消费,但不受电子商务采纳与否的影响的变量。

通过 PSM 方法可以估计出电商采纳后的平均处理效应(the average treatment effect on the treated,ATT):

$$ATT = E[C_i(1) \mid D_i=1, p(X_i)] - E[C_i(0) \mid D_i=0, p(X_i)] \tag{8.2}$$

其中,$C_i(1)$ 表示农户 i 为电商户时的家庭消费支出,$C_i(0)$ 表示农户 i 为非电商户时的家庭消费支出,D_i 为表示农户 i 是否采纳电子商务的虚拟变量,$p(X_i)$ 为农户 i 基于家庭特征(X_i)的倾向得分。式(8.2)的第 1 项表示电商户的平均家庭消费支出,第 2 项表示基于倾向得分与电商户匹配的非电商户的平均家庭消费支出。式(8.2)同样需要满足无边界假设和重叠假设。

具体的 PSM-DID 估计量如下所示:

$$ATT^{PSM\text{-}DID} = \frac{1}{N}\sum_{i \in Treat}\{[C_{it_2}(1) - C_{it_1}(1)] -$$

$$\sum_{j \in Control} w(i,j)C_{jt_2}(0) - C_{jt_1}(0)\} \tag{8.3}$$

其中,t_1 和 t_2 分别指采纳电商前(2013 年)和采纳电商后(2017 年)两个时期。$Treat$ 和 $Control$ 分别表示处理组和对照组,N 表示处理组的样本容量。$w(i,j)$ 表示第 j 个处理组样本在与第 i 个处理组样本进行倾向得分匹配时被赋予的权重。本章同样采用了四种匹配方法检验结果一致性。

除了分析电子商务采纳对农户家庭总消费支出的影响,还分别估计了电子商务采纳对农户不同类别消费支出的影响效应,分析电子商务采纳对农户消费结构的影响。

在电子商务采纳对消费影响机制的检验上,采用中介效应模型,分析电子商务采纳对农户消费支出的影响路径。中介效应分为两个部分:电子商务采纳对消费支出的直接效应,该部分采用网购效应进行衡量,而间接效应则采用收入效应进行衡量。具体的模型设置如下:

$$C_i = \alpha_i D_i + \delta_{1i} X_i + \varepsilon_{1i} \tag{8.4}$$

$$M_i = \beta_{1i} D_i + \delta_{2i} X_i + \varepsilon_{2i} \tag{8.5}$$

$$C_i = \gamma_i M_i + \beta_{2i} D_i + \delta_{3i} X_i + \varepsilon_{3i} \tag{8.6}$$

其中,i 表示个体农户,C_i 表示农户家庭消费总支出,D_i 为农户是否采纳电子商务的决策变量,X_i 为影响农户消费的其他控制变量,M_i 为中介效应变量,ε_{1i}、ε_{2i} 和 ε_{3i} 均表示随机干扰项。遵循温忠麟等(2004)的中介效应模型,结合 PSM-DID 的分析方法,首先估计电子商务采纳对农户消费影响的总效应,随后估计电子商务采纳对中介变量的影响效应及其显著性,最后估计电子商务采纳以及中介变量对农户消费的影响效应,确定中介效应的显著性及贡献程度。

8.1.3 变量选择与描述性统计

在进行描述性统计之前,有必要对一些关键性变量进行定义和解释(见表 8.1)。与前文一致,在实证分析中,电商户指在 2014—2017 年通过互联网销售其产品的农户,而非电商户指截至调查完成时从未通过互联网销售其产品的农户。最终被用于模型估计的样本共计 881 户,其中电商户为 257 户,非电商户为 624 户。

表 8.1 变量定义与描述性统计

变量	定义	2013 年		2017 年	
		均值	S. D.	均值	S. D.
结果变量					
农户消费	家庭消费总支出(万元)	4.44	4.58	6.49	6.56
处理变量					
电商采纳	农户在 2014—2017 年是否通过互联网销售产品:1=是;0=否	0.29	0.45	0.29	0.45

续表

变量	定义	2013 年		2017 年	
		均值	S. D.	均值	S. D.
控制变量					
年龄	户主年龄（周岁）	48.07	11.92	53.07	11.92
性别	户主性别：1＝男性；0＝女性	0.95	0.21	0.95	0.21
受教育年限	户主的受教育年限（年）	7.71	3.49	7.71	3.49
健康程度	户主对其身体健康状况的自我评估：1＝非常糟糕；5＝非常健康	4.54	0.96	4.54	0.96
家庭规模	同灶吃饭的家庭人口数量（人）	4.48	1.61	4.48	1.61
孩子比例	16 岁及以下人口比例（％）	0.19	0.18	0.19	0.18
老年人比例	60 岁及以上人口比例（％）	0.20	0.29	0.20	0.29
耕地面积	农户从村集体分配到的土地面积（亩）	4.34	4.45	4.31	4.38
林地面积	农户从村集体分配到的林地面积（亩）	4.60	16.74	4.55	16.69
可支配收入	家庭成员的人均可支配收入（万元/人）	2.94	4.42	4.92	6.98
资产情况	家庭拥有的非经营性用途的汽车数量（辆）	0.25	0.55	0.65	0.76
消费支出类别					
食物	家庭食物支出（万元）	1.45	1.41	1.85	1.71
衣着	家庭衣着支出（万元）	0.49	0.71	0.67	0.93
居住支出	家庭居住支出（万元）	0.42	0.94	0.58	1.48

变量	定义	2013 年		2017 年	
		均值	S. D.	均值	S. D.
生活用品及服务	家庭生活用品及服务支出(万元)	0.34	0.60	0.67	1.79
交通通信	家庭交通通信支出(万元)	0.72	1.65	1.21	2.60
文教娱乐	家庭文教娱乐支出(万元)	0.65	1.49	0.85	1.11
医疗保健	家庭医疗保健支出(万元)	0.36	0.57	0.62	1.23
其他	家庭其他支出(万元)	0.02	0.21	0.04	0.25
恩格尔系数	家庭食物支出与总消费支出之比	0.37	—	0.32	—

在对被解释变量的衡量上,采用家庭总消费支出来衡量家庭消费。消费支出被分为八个类别,包括食物支出、衣着支出、居住支出、生活用品及服务支出、交通通信支出、文教娱乐支出、医疗保健支出和其他用品及服务支出,如表 8.1 的下半部分所示。此外,为了分析农户消费结构变化,还采用了恩格尔系数衡量农户家庭食物支出占比,样本农户恩格尔系数从 2013 年的 0.37 下降至 2017 年的 0.32。

在控制变量的选择上,基于已有文献,尽量选取可能会影响农户的电子商务采纳决策和(或)家庭消费、但不受电子商务采纳与否的影响的变量。控制变量包括户主的年龄、性别、受教育年限、健康程度、家庭规模、家庭人口结构(孩子占比和老年人占比)、耕地和林地面积,以及家庭资产和家庭可支配收入。其中,为了避免电子商务采纳对控制变量的影响,如电子商务采纳对家庭可支配收入以及家庭资产情况的影响,在基期 2013 年对样本进行匹配,以确保用于匹配的变量不受电子商务采纳与否的影响。

表 8.2 将总样本分为电商户和非电商户两组,并分别比较了 2013 年和 2017 年两组数据的均值差异。对比两组样本在结果变量和关键特征变量上的差异,可以进行一些初步的分析。首先,2013 年电商户平均家庭总消费支

出为 5.43 万元,2017 年达到 8.79 万元,二者均显著高于同期非电商户平均
家庭总消费支出(2013 年和 2017 年分别为 4.03 万元和 5.54 万元)。其次,
电商户和非电商户在户主的年龄、受教育年限、健康状况,以及农户家庭规
模、家庭人口结构和家庭耕地面积方面具有明显的差异,例如,电商户户主普
遍更为年轻,平均受教育年限更长,具有更好的身体健康状况和更长时间的
创业经历;相较非电商户,电商户拥有更多的家庭成员,但耕地面积相对较
少;从家庭人口结构上看,电商户的小孩占比较高,老人的比例较低,家庭人
口结构更加年轻化。此外,在家庭消费结构方面,电商户在食品支出、衣着支
出、生活用品及服务支出和文教娱乐支出方面与非电商户在两期数据上均有
显著差异,但是在居住支出、交通通信支出和医疗保健支出方面,两组样本在
2013 年的差异并不显著,但 2017 年表现出了明显的差异。在恩格尔系数方
面,两组农户的恩格尔系数从 2013 年至 2017 年都有所下降,电商户恩格尔系
数的下降相对较多,两组农户的恩格尔系数在 2013 年没有显著差异,而 2017
年两组农户的恩格尔系数差异在 5% 的水平上显著。

表 8.2　电商户与非电商户的两期数据在各变量上的均值差异

变量	2013 年			2017 年		
	电商户	非电商户	均值差异	电商户	非电商户	均值差异
结果变量						
农户消费支出(万元)	5.43	4.03	1.40***	8.79	5.54	3.25***
控制变量						
年龄(周岁)	43.23	50.06	−6.830***	48.23	55.06	−6.830***
性别	0.96	0.95	0.004	0.96	0.95	0.004
受教育年限(年)	8.66	7.31	1.343***	8.66	7.31	1.343***
健康程度	4.80	4.44	0.362***	4.80	4.44	0.362***
家庭规模(人)	4.71	4.38	0.324***	4.71	4.38	0.324***
孩子比例(%)	0.24	0.18	0.059***	0.24	0.18	0.059***
老年人比例(%)	0.10	0.24	−0.136***	0.10	0.24	−0.136***

续表

变量	2013 年			2017 年		
	电商户	非电商户	均值差异	电商户	非电商户	均值差异
耕地面积(亩)	3.75	4.59	−0.837**	3.67	4.58	−0.908***
林地面积(亩)	4.56	4.62	−0.051	4.58	4.54	0.044
可支配收入(万元/人)	3.69	2.63	1.063***	8.96	3.26	5.703***
资产情况(辆)	0.34	0.22	0.119***	0.91	0.54	0.374***
消费支出类别						
食物(万元)	1.88	1.27	0.606***	2.53	1.57	0.958***
衣着(万元)	0.62	0.42	0.206***	0.99	0.54	0.444***
居住支出(万元)	0.49	0.39	0.098	0.73	0.52	0.203*
生活用品及服务(万元)	0.42	0.31	0.115**	0.91	0.57	0.346***
交通通信(万元)	0.84	0.67	0.172	1.67	1.02	0.651***
文教娱乐(万元)	0.79	0.59	0.199*	1.13	0.74	0.393***
医疗保健(万元)	0.34	0.36	−0.019	0.78	0.56	0.226**
其他(万元)	0.04	0.02	0.022	0.06	0.03	0.032*
恩格尔系数	0.36	0.37	−0.014	0.31	0.33	−0.024**
样本容量	257	624		257	624	

注:*,**,*** 表示分别在 10%,5% 和 1% 的水平上显著。

上述描述性研究结果具有若干重要意义。首先,两组农户在 2013 年(基准期)的一些关键家庭特征上存在显著差异,这进一步凸显了为了比较,需要将电商户与非电商户进行匹配。第二,描述性证据倾向于表明,电子商务采纳与农户消费支出相关,并可能产生了积极的影响,但有必要进行因果分析,得出更具决定性的结论。

8.1.4 实证估计结果与稳健性检验

表 8.3 汇报了两个 Logit 决策模型的估计的边际效应结果,两个模型的区别在于是否包含村的虚拟变量,得到的结果略有不同。由于比较同村的电商户和非电商户具有更高的准确性,因此依旧采用了包含村虚拟变量模型的估计结果作为倾向匹配得分的依据。

表 8.3　Logit 模型回归结果:农户参与电商的决策模型(2013 年)

变量	模型 I	模型 II
年龄	$-0.034(0.002)^{***}$	$-0.035(0.008)^{***}$
年龄的平方	$0.0003(0.0001)^{***}$	$0.0003(0.0001)^{***}$
性别	$0.019(0.074)$	$0.030(0.072)$
受教育年限	$0.018(0.015)$	$0.008(0.014)$
受教育年限的平方	$-0.001(0.001)$	$-0.0001(0.0009)$
健康程度	$0.039(0.021)^{*}$	$0.043(0.019)^{**}$
家庭规模	$0.013(0.012)$	$0.005(0.012)$
孩子比例	$-0.063(0.105)$	$0.035(0.107)$
老年人比例	$-0.301(0.090)^{***}$	$-0.365(0.090)^{***}$
耕地面积	$-0.009(0.004)^{**}$	$-0.002(0.004)$
林地面积	$0.000(0.001)$	$-0.001(0.001)$
可支配收入	$0.076(0.017)^{***}$	$0.059(0.018)^{***}$
资产情况	$0.016(0.026)$	$0.012(0.026)$
村级固定效应	No	Yes
Pseudo-R^2	0.129	0.225
LR statistic	137.07^{***}	238.82^{***}
样本容量	881	881

注:*,**,*** 表示分别在 10%,5% 和 1% 的水平上显著;括号中的数据为通过村级聚类修正后的标准误。Logit 模型系数被转换为边际效应以使得结果能够被直接解释。

　　结果显示,除户主越年轻且身体健康状况越好的农户越倾向于采纳电子商务这一与前文一致的结论,家庭中老龄人口占比较低的农户采纳电商的可能性更大,这一结论与前文结论相互呼应,说明年龄结构更为年轻化的农户更可能采纳电子商务。值得注意的是,农户从村集体分配到的耕地面积越少,以及农户初始收入越高,农户越倾向于采纳电子商务,这些结论也与我们的期望和描述性统计的证据相一致。

　　图 8.2 可以明显地看出,电商户和非电商户之间的倾向匹配得分存在相当大的重叠范围,被剔除的超出共同域范围的观察值数量非常少。无论采用哪种匹配方法都能很好地满足共同域的条件。

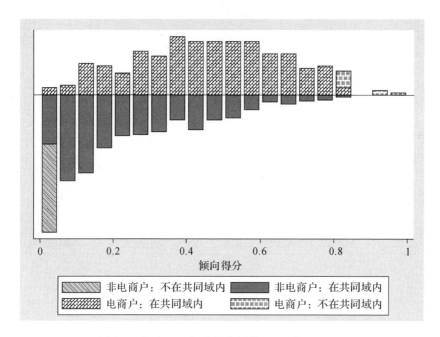

图 8.2　倾向匹配得分的共同域(1—5 临近匹配)

　　表 8.4 和表 8.5 显示了平衡性检验的结果,表 8.4 中的平衡性检验结果是基于最近临近匹配(1—5 匹配)方法得到,但其他匹配方法产生的结果非常相似,因此在此省略。从表 8.4 可以看出,匹配极大地改善了两组变量之间的平衡性。例如,虽然 13 个变量中有 11 个在匹配前存在统计差异,但匹配后所有的变量均不再存在统计差异。表 8.5 显示,匹配使得 Pseudo-R^2 的值大幅度减少(根据所采用的匹配方法的不同,从 0.225 下降至 0.007—0.021),相

应的 LR 统计值从 239.71（匹配前）下降至 4.65－14.45（匹配后）。匹配前，两组间所有解释变量均相等的联合性检验的结果在 1％的水平上高度显著，而匹配后两组间差异不能拒绝原假设。检验结果表明，倾向得分匹配的结果是成功的，电商户组与匹配后的非电商户组之间具有可比性。

表 8.4　倾向匹配平衡性检验结果：匹配前后解释变量均值的偏差

变　量	匹配前 & 匹配后	均值		偏差 （％）	减少偏 差（％）	t-test	
		电商户	非电商户			Statistic	p-值
年龄	匹配前	43.23	50.06	−58.2	95.1	−8.00	0.000
	匹配后	43.98	44.32	−2.9	−0.33	0.744	
年龄的平方	匹配前	2022.6	2631.9	−55.4	96.9	−7.39	0.000
	匹配后	2078.5	2097.4	−1.7	−0.20	0.839	
性别	匹配前	0.96	0.95	1.8	−781.9	0.24	0.812
	匹配后	0.96	0.92	15.7	1.51	0.132	
受教育年限	匹配前	8.66	7.31	40.0	99.2	5.26	0.000
	匹配后	8.60	8.61	−0.3	−0.04	0.968	
受教育年限 的平方	匹配前	84.90	66.09	35.5	99.3	4.87	0.000
	匹配后	83.84	83.72	0.2	0.03	0.980	
健康状况	匹配前	4.80	4.44	41.7	98.4	5.15	0.000
	匹配后	4.79	4.80	−0.7	−0.10	0.922	
家庭规模	匹配前	4.71	4.38	20.7	69.5	2.72	0.007
	匹配后	4.72	4.82	−6.3	−0.72	0.474	
孩子比例	匹配前	0.24	0.18	32.8	94.3	4.45	0.000
	匹配后	0.23	0.23	−1.9	−0.20	0.840	
老年人比例	匹配前	0.10	0.24	−54.4	96.1	−6.60	0.000
	匹配后	0.10	0.10	2.1	0.36	0.716	
耕地面积	匹配前	3.75	4.59	−19.2	91.6	−2.54	0.011
	匹配后	3.75	3.82	−1.6	−0.19	0.848	
林地面积	匹配前	4.57	4.62	−0.3	−1438.9	−0.04	0.968
	匹配后	4.75	5.53	−5.0	−0.64	0.524	

变 量	匹配前 & 匹配后	均值		偏差 (%)	减少偏 差(%)	t-test	
		电商户	非电商户			Statistic	p-值
可支配收入 （对数）	匹配前	11.62	11.10	52.4	78.2	6.73	0.000
	匹配后	11.62	11.73	−11.4	−1.36	0.174	
资产情况	匹配前	0.34	0.22	20.6	80.9	2.95	0.003
	匹配后	0.35	0.37	−3.9	−0.39	0.696	

注:该表为临近匹配(1—5)平衡性检验的结果,由于其他匹配方法的结果与之非常接近,因此在此不再列出。

表 8.5 不同匹配方法平衡性检验的结果比较

匹配方法	Pseudo-R^2	LR statistics （p value）	Bias of mean	Bias of median	N （电商户）	N （非电商户）
未匹配	0.225	239.71 (0.000)	13.3	10.0	257	624
临近匹配(n＝5)	0.021	14.45 (1.000)	3.1	2.2	247	536
临近卡尺匹配(n ＝5,r＝0.05)	0.021	14.45 (1.000)	3.1	2.2	247	536
半径匹配(r＝ 0.05)	0.007	4.65 (1.000)	1.9	1.4	252	549
核匹配(带宽＝ 0.06)	0.007	4.70 (1.000)	1.9	1.3	252	549

8.1.5 电商采纳对农户消费支出的影响分析

表 8.6 报告了 PSM-DID 模型对电商农户家庭收入的影响的估计结果。在模型中,结果变量为家庭总消费支出的自然对数。结果表明,电商采纳对农户家庭收入产生了显著影响,且不同匹配方法估计的结果具有高度的一致性。就影响程度而言,电商采纳使农户家庭人均收入增加 11.34% 至 12.98%。而根据第 7 章的实证结果,电商采纳的增收效应为 57.46%—

62.42％,根据估计量均值计算出的平均增收效应为58.72％,按照2013年被调查农户的人均收入 2.94 万元计算,电商采纳的增收效应为 17263.68 元。按照 2013 年被调查农户的人均收入 10524 元计算,电商采纳使得消费支出增加了 11.85％,相当于 1247 元,相当于增加的收入中仅有 7.22％用于消费。这一方面说明,电商采纳增加的收入,多数被农户储蓄或是用于再生产;另一方面说明,农户消费以及农村市场还具有较大的发展潜力,农户的购买力还有待进一步激活。

表 8.6 电商采纳对农户消费的影响:PSM-DID 模型估计结果

匹配方法	Diff.	S. E.	$|t|$	R-square
临近匹配($n=5$)	0.112	0.048	2.30**	0.49
临近卡尺匹配($n=5,r=0.05$)	0.112	0.048	2.30**	0.49
半径匹配($r=0.05$)	0.112	0.047	2.38**	0.48
核匹配(带宽$=0.06$)	0.112	0.046	2.42**	0.49
均值	0.112	—	—	—

注:** 表示在 5％的水平上显著;所有标准误均通过村级聚类修正后得到。

在对电商采纳对农户消费支出的平均处理效应进行估计后,将农户按照一些关键变量分组,进行异质性检验,并为前文电商采纳对农户消费的影响路径寻找一些实证证据。具体的异质性分析结果如表 8.7 所示。

表 8.7 电商采纳对农户消费影响的异质性分析

分组变量	Diff.	S. E.	$|t|$
县级变量			
曹县	0.168	0.070	2.40**
沭阳	0.137	0.108	1.27
临安	0.079	0.076	1.04
村级变量:农户所在村成为淘宝村的年限(年)			
非淘宝村	−0.011	0.077	0.14

分组变量	Diff.	S. E.	$|t|$
≤1 年	0.201	0.145	1.39
＝2 年	0.197	0.100	1.97*
≥3 年	0.225	0.044	5.17***
户级变量			
户主的受教育年限（年）			
受教育年限≤9	0.099	0.056	1.76*
受教育年限＞9	0.184	0.101	1.82*
通过互联网销售产品的年限（年）			
＜1 年	−0.054	0.069	0.78
1—3 年	0.131	0.036	3.62***
＞3 年	0.143	0.079	1.82*

注：非电商户组样本的权重是通过核匹配得出的；*，**，*** 表示分别在10％，5％和 1％的水平上显著；所有标准误均通过村级聚类修正后得到。

首先，按照样本的区域分布进行分组，可以看到，尽管只有曹县的结果显著，但沭阳和临安两地电商采纳对农户消费支出的影响效应为正，且三个地区的影响效应同第 7 章中电子商务采纳带来的收入效应的区域变化形势一致，即对曹县的影响最大，其次为沭阳县，对临安的影响效应最小。可能的解释是，电商采纳带来的增收效应较小，相应的电商采纳对农户的消费支出的影响也变小。

按农户所在村成为淘宝村的年限进行分组，可以看到，成为淘宝村时间越长的地区，电商采纳对农户消费支出的影响越大。电子商务的健康快速发展离不开通信网络、交通物流等基础设施的建设，成为淘宝村时间的长短一定程度上反映了农户所在村的电商发展情况，而电商发展较好的区域，相比电商采纳带来的收入效应，电商采纳对农户的消费支出的影响更为明显。

按照户主的受教育程度分类，户主的受教育程度越高，电商采纳对农户消费的影响程度越大。结合第 7 章的异质性分析，受教育程度越高的农户，电商采纳带来的增收效应越大,农户的消费约束扩展程度越高,因此消费支出的增加也更为明显。

此外,本书还将电商户按照网络经营的年限进行分类,并将各组分别与非电商户进行匹配,估计电商采纳对各组电商户消费支出的影响效应。从表8.7的最后一个变量分组结果可以看到,电商户通过互联网销售产品的年限越长,其消费支出受电商采纳影响越大。对于经营时间在一年及以下的电商户,一方面,他们对电子商务接触时间较短,电商采纳带来的经济效应并不明显;另一方面,这部分农户也处于创业的初期,电商采纳的增收效应对消费支出的影响也存在滞后性。

8.1.6　电商采纳对农户消费支出的影响机制检验

本书还采用中介效应模型,检验电子商务采纳对农户的影响机制。在对直接效应的衡量上,采用网购效应,即农户家庭网购支出占家庭总消费支出的百分比;在对间接效应的衡量上,采用增收效应,即农户 2017 年的收入减去 2013 年的收入,并对差值取自然对数。结合 PSM-DID 方法,中介效应模型的估计结果如表 8.8 所示。由于聚焦的是网购效应和增收效应,表 8.8 中没有列出控制变量的估计结果,具体放入的控制变量包括表 8.1 中列出的控制变量以及村级哑变量。

表 8.8　电子商务采纳对消费的影响机制:网购效应与增收效应

解释变量	第 1 步 因变量:家庭消费	第 2 步 因变量:增收效应	第 3 步 因变量:家庭消费
电商采纳	0.112(0.048)**	1.071(0.169)***	0.106(0.073)
增收效应	—	—	0.100(0.023)***
控制变量	是	是	是
R-squared	0.488	0.424	0.524
	因变量:家庭消费	因变量:网购效应	因变量:家庭消费
电商采纳	0.112(0.048)**	0.050(0.012)***	0.110(0.051)**
网购效应			0.027(0.115)

解释变量	第1步 因变量:家庭消费	第2步 因变量:增收效应	第3步 因变量:家庭消费
控制变量	是	是	是
R-squared	0.488	0.186	0.488
样本容量	881	881	881

注:**和***分别表示在5%和1%水平上显著,括号中报告的为按照村聚类后校正的标准差。

从表8.8的结果中可以看到,电子商务采纳对农户网购和收入的增加具有显著的正向影响,增收效应的中介效应是显著的,而网购效应的中介效应结果并不显著。增收效应的中介效应为 $1.071 \times 0.100 / 0.112 \times 100\% = 95.63\%$,即电子商务采纳对农户消费支出的影响效应中,绝大部分的影响效应是由收入增加带来的消费约束扩张,从而促进了消费的增加。网购效应在第三步中的回归系数不显著,随后采用 bootstrap 方法 100 次的 Sobel 联合检验,得到统计量 $z = 0.3356$,p 值为 $0.7371 > 0.1$,因此网购效应的中介效应不显著。这说明,尽管电子商务采纳促进了农户网购消费支出的提高,但并没有通过提高农户网购消费支出提高农户的消费水平。

8.1.7 电商采纳对农户消费结构的影响分析

在分析电商采纳对农户总消费支出影响效应的基础上,将农户的消费支出按照国家统计局分类标准,分为八个子类别,并分别采用 PSM-DID 方法估计了电子商务采纳对农户不同类别消费支出的影响效应,进一步分析电子商务采纳对农户消费结构的影响,结果如表8.9所示。

表 8.9　电子商务采纳对不同类型消费支出的影响效应

匹配方法	食物 支出	衣着 支出	居住 支出	生活用品 及服务 支出	交通通信 支出	文教娱乐 支出	医疗保健 支出	其他 支出
临近匹配 ($n = 5$)	0.098** (0.038)	0.146* (0.085)	0.060 (0.103)	0.008 (0.120)	0.149* (0.074)	−0.027 (0.335)	0.202* (0.119)	0.085 (0.092)

续表

匹配方法	食物支出	衣着支出	居住支出	生活用品及服务支出	交通通信支出	文教娱乐支出	医疗保健支出	其他支出
临近卡尺匹配（$n=5,r=0.05$）	0.098** (0.038)	0.146* (0.085)	0.060 (0.103)	0.008 (0.120)	0.149* (0.074)	−0.027 (0.335)	0.202* (0.119)	0.085 (0.092)
半径匹配（$r=0.05$）	0.075* (0.038)	0.145* (0.086)	0.060 (0.122)	0.041 (0.112)	0.164** (0.070)	−0.133 (0.313)	0.209* (0.116)	0.045 (0.107)
核匹配（带宽=0.06）	0.076** (0.038)	0.144* (0.086)	0.062 (0.120)	0.044 (0.108)	0.164** (0.070)	−0.131 (0.312)	0.209* (0.115)	0.046 (0.106)
均值	0.087	0.1453	0.061	0.025	0.157	0.080	0.206	0.065

注：*,**,*** 分别表示在 10%,5% 和 1% 水平上显著。

从表 8.9 的结果中可以看到,电子商务采纳对农户食物支出、衣着支出、交通通信支出和医疗保健支出产生了正向显著的影响效应,而对居住支出、生活用品及服务支出、文教娱乐支出和其他支出的影响效应并不显著。

在八大消费类别中,电子商务采纳对农户医疗保健消费支出的影响最大,平均增长率达到 22.88%(823.68 元)。电子商务采纳使得农户更加重视自身和家人的健康程度,增加了医疗和保健品方面的消费。由于电子商务在经营时具有全天候、高强度的特点,对电商户身体素质有一定的要求,因此电商经营在带来增收效应的同时,也给农户的消费观念和偏好带来了一定的改变,一些农户过去"少看病""不看病"的情况得到改善。

电子商务对农户的交通通信消费的影响效应为 17%,按照 2013 年农户在该类别的平均消费水平来看,增长了 1224 元。电子商务采纳使得农户对通信工具、网络和通信服务有了更高的要求,增加了他们在通信方面的支出。农户增收促进了他们在新的交通工具,如汽车、摩托车等的支出增多,相应地也增加了这些交通工具的使用和维护成本。此外,农户出行的范围和频率也有所增加,外出的交通费用也相应增长。

电子商务采纳对农户在食物消费和衣着消费支出上的影响效应分别为 9.09%(1318 元)和 15.64%(766 元)。尽管电子商务采纳对农户的食物消费支出影响相对较低,但由于食物消费支出的基数相对较大,农户食物消费支出增加值最高。与此同时,电子商务采纳对农户文教娱乐方面支出的影响效应并不显著。综合看来,电子商务采纳对农户基础生存型消费影响较大,但对发展型消费的影响有限。

由于电子商务对农户不同类别消费支出的影响可能是非线性的,因此进一步采用分位数回归并结合 PSM-DID 方法,基于临近匹配(1—5 匹配),对电商采纳对农户消费结构的影响进行分析。表 8.10 和图 8.3 为电子商务采纳对农户消费总支出和不同类型消费支出在不同分位点影响效应的估计结果。表 8.10 的第一列为电子商务采纳对农户消费的平均处理效应,第二列至第四列分别为电子商务采纳对农户消费支出在 25 分位点、50 分位点和 75 分位点的影响效应。图 8.3 为电商采纳对农户消费支出影响效应在各个分位点上系数的变化情况,图中的虚线为电商采纳对农户消费支出的平均影响效应,作为参考线,同分位数回归的结果进行比较。

表 8.10　电子商务采纳对农户消费在不同分位点的影响效应

消费支出类型	平均效应	25 分位点	50 分位点	75 分位点
消费总支出	0.112** (0.048)	0.096** (0.042)	0.111** (0.054)	0.135** (0.058)
食物支出	0.098** (0.038)	0.093 (0.081)	0.190*** (0.072)	0.163** (0.069)
衣着支出	0.146* (0.085)	0.230** (0.092)	0.219*** (0.063)	0.171*** (0.053)
居住支出	0.060 (0.103)	0.056 (0.081)	0.102 (0.079)	0.087 (0.108)
生活用品及服务支出	0.008 (0.120)	0.044 (0.105)	0.159 (0.109)	0.038 (0.094)
交通通信支出	0.149* (0.074)	0.222** (0.102)	0.212* (0.109)	0.186* (0.106)
文教娱乐支出	−0.027 (0.335)	0.056 (0.704)	0.235 (0.175)	0.053 (0.137)
医疗保健支出	0.202* (0.119)	0.038 (0.065)	0.131 (0.113)	0.512*** (0.142)

续表

消费支出类型	平均效应	25分位点	50分位点	75分位点
其他支出	0.085 (0.092)	−0.002 (0.088)	−0.021 (0.072)	0.092 (0.062)

注:*,**,***分别表示在10%,5%和1%水平上显著。

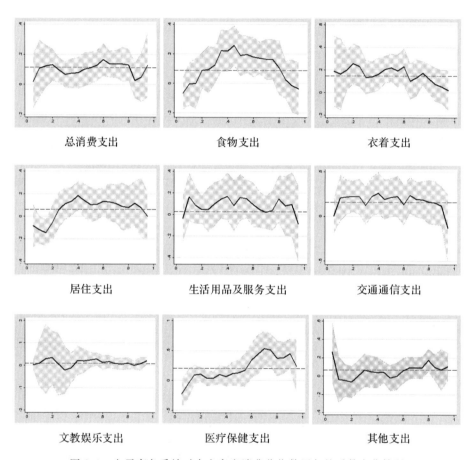

图8.3　电子商务采纳对农户家庭消费分位数回归的系数变化情况

　　分位数回归的结果显示,电子商务采纳对农户消费支出的影响效应在不同的分位点上有所差距。在总消费支出方面,电子商务采纳的影响效应在参考线上下波动,但是在中间25分位点至60分位点有一个较为清晰的上升过程,并在50分位点上超过了平均效应,尽管至80分位点影响效应有所下降,但是也保持在高于平均效应的水平,总体上说明电子商务采纳对消费水平在中等的农户影响效应随着其消费水平的增加而增大，其中消费水平在中等偏上的农户受到的影响效应更大，而电商采纳对消费水平较低和消费水平较高的农户的影响效应较小。

从不同消费支出类型上看，电子商务采纳对农户的食物支出在不同分位点上的影响效应呈现出明显的倒 U 形，呈现出先上升后下降的趋势，与文洪星(2018)的研究结果接近；电子商务采纳对农户衣着支出的影响效应随着农户消费分位点的提高总体呈现出波动下降的趋势；交通通信方面，电子商务采纳的影响效应相对而言比较平稳；而电子商务采纳对农户医疗保健支出的影响效应则呈现出明显的上升趋势，并在 60 分位点处超过平均效应，在 70—75 分位点达到峰值后下降，但也保持超过平均效应的水平。而电子商务采纳对农户的居住支出、生活用品及服务支出、文教娱乐支出以及其他支出的影响在各个分位点上均不显著。

采用 PSM-DID 估计电子商务采纳对农户恩格尔系数的影响效应，结果如表 8.11 所示，估计结果均不显著，说明电子商务采纳对农户食物消费支出在总消费支出中的占比没有显著影响，说明尽管电子商务采纳提高了农户总体消费支出，并提高了生存型消费支出水平，但并没有对消费结构产生显著的影响。

表 8.11　电商采纳对农户恩格尔系数的影响：PSM-DID 模型估计结果

匹配方法	Diff.	S. E.	$|t|$	R-square
临近匹配($n=5$)	0.002	0.012	0.17	0.23
临近卡尺匹配($n=5$, $r=0.05$)	0.002	0.012	0.17	0.23
半径匹配($r=0.05$)	−0.005	0.011	0.41	0.20
核匹配(带宽=0.06)	−0.004	0.011	0.37	0.716

8.2　电子商务对农民主观幸福感的影响

让农村居民生活富裕、幸福美满是乡村振兴战略总要求的落脚点。提高农村居民的幸福感是新时代中国农村发展的主要任务。农村居民生活是否幸福被视为关乎国家和谐稳定和可持续发展的重要问题。电子商务能否成为提升农村居民幸福感的新兴途径,或者说,农村电子商务的蓬勃发展能否在农村居民幸福感层面上为乡村振兴发挥积极作用? 本章试图对此进行实证研究。

本章基于 874 名农村居民的问卷样本数据,采用倾向得分匹配法实证分析电子商务对农村居民主观幸福感的影响程度及其作用机制。本研究有助于丰富农村电子商务领域和农村居民幸福感领域的研究,加深对电子商务"三农"影响效应的理解,从农村居民幸福感层面为推进农村电子商务深化发展提供新的理论和经验依据,并为新阶段谋求提升农村居民幸福感、促进实现乡村振兴提供政策建议。

8.2.1　理论分析与研究假说

电子商务会影响农村居民的收入水平,而绝对收入、相对收入又是居民主观幸福感的重要影响因素,故以收入水平作为重要的中间变量,构建了一个电子商务影响农村居民主观幸福感的理论架构,如图 8.4 所示。

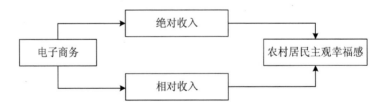

图 8.4　电子商务影响农村居民主观幸福感的实证分析框架

基于以上理论架构与现有文献成果,对电子商务与农村居民主观幸福感之间的影响关系提出研究假设如下:

假设 1:电子商务提高了农村居民的主观幸福感。

即参与电子商务、成为电商户的农村居民,其主观幸福感水平会高于自身未参与电子商务时的主观幸福感水平。

假设 2:电子商务通过绝对收入提高了农村居民的主观幸福感。

为保持统计口径的一致,以农村居民的个人纯收入来衡量绝对收入。即电子商务提高了农村居民的个人纯收入,改善了其生活水平,提高了主观幸福感。

假设 3:电子商务通过相对收入改变了农村居民的主观幸福感。

与假设 2 类似,相对收入采用农村居民的个人相对收入来衡量。依据社会比较理论和隧道效应,电子商务采纳改变了农村居民未来预期与主观幸福感。

8.2.2 实证方法

为了测度电子商务采纳对农村居民主观幸福感的影响,构建计量模型如下:

$$Y_i = C + \alpha D_i + \beta X_i + \varepsilon_i \tag{8.7}$$

其中,i 代表不同的农村居民个体;Y_i 表示农村居民的主观幸福感;D 为农村居民是否采纳电子商务的二值变量,如果农村居民采纳电子商务成为电商户,则 $D=1$,否则,$D=0$;X 为其他的解释变量,包括性别、年龄、受教育程度、健康状况、政治面貌、收入水平等;C 是常数项;ε_i 为随机干扰项。

由于农村居民采纳电子商务是基于自身成本—收益分析做出的决策选择,并非随机变量,且会受到性别、年龄、健康状况等其他解释变量的影响,若直接采用 OLS、Probit/Logit 或者 LPM 等方法估计,估计结果会因模型潜在的内生性问题而失去准确性和有效性。学者们通常运用倾向得分匹配法(PSM)、Heckman 两阶段模型或工具变量法来处理自选择问题,前者的优势在于无须满足参数设定、函数形式、误差项分布及解释变量外生的假定(Heckman et al.,2007),且在分析横截面数据时,其变量选择问题远小于后两者的弱工具变量限制(Jalan et al.,2003)。故采用倾向得分匹配法(PSM)对模型进行估计,核心思想为基于样本总量,尽量替每个电商户个体匹配到一个或几个非电商户个体,匹配原则为样本个体仅存在是否采纳电子商务这一差异,其他变量特征均趋于一致。于是,匹配样本的结果变量的差值便可用于衡量农村居民采纳电子商务的净效应。对于试验组(即电商户组)来说,此效应又名平均处理效应(ATT),计算公式为:

$$ATT = E(Y_1 \mid D=1) - E(Y_0 \mid D=1) = E(Y_1 - Y_0 \mid D=1) \tag{8.8}$$

上式中,分别代表同一农村居民个体在采纳电子商务和不采纳电子商务时的主观幸福感水平,本书借助倾向得分匹配法(PSM)来衡量这一反事实结果,为了验证模型的稳健性,将同时采用多种方法估计 ATT 的值。

另外,除了验证电子商务对农村居民主观幸福感的影响程度,本节还将进一步探究电子商务对农村居民主观幸福感的影响机制,即采纳电子商务后,农村居民的主观幸福感变化是否由收入引起的。本书提出了个人纯收入与个人相对收入这两个因素作为主观幸福感的来源因素,一旦计算出匹配样本的个人纯收入与个人相对收入的 ATT 满足显著性要求,基于大量国内外文献验证个人绝对收入、相对收入显著影响个人的主观幸福感,便足以证实影响机制成立。但为了量化证实电子商务导致的农村居民主观幸福感的变化与这些来源因素间的因果关系,参考陈飞、翟伟娟(2015)的实证思想,又借鉴 Rubin(1997)的回归调整方法,构建采纳电子商务后农村居民的主观幸福感提升效应的分解方程如下:

$$\Delta Y_i = \gamma + \alpha \Delta Z_i + \eta_i \tag{8.9}$$

其中,i 代表不同的农村居民个体;ΔY_i 是电商户个体与匹配到的非电商户个体之间的主观幸福感差值;ΔZ_i 是两组个体在幸福感来源向量之间(即个人纯收入与个人相对收入)的差分;η_i 为随机干扰项。为保证结果的稳健性,将分别采用 Robust OLS 和 WLS 方法对式(8.9)进行估计。

8.2.3 变量选择与描述性统计

根据在倾向得分匹配法(PSM)中所起的作用不同,本节将涉及的所有变量依次分为结果变量、匹配变量、幸福感来源变量三大类。

(1)结果变量。本节的结果变量为农村居民的主观幸福感,是农村居民对其生活状态做出的总体性评价。参考现有的国内外相关文献和 CFPS、CGSS 等调查项目的成熟问卷将调查问题设计为:"总体来看,您对自己目前所过的生活感觉幸福吗?"备选项从 1—5 分别有不同的含义,以 3 为界限,3 表示"一般",小于 3 表示持有消极观点,且数字越小消极程度越强,1 代表"非常不幸福",2 意味着"比较不幸福";大于 3 表示持积极观点,且数字越大态度越积极,4 认同"比较幸福",5 等同于"非常幸福"。该变量的分布情况详见图 8.5。

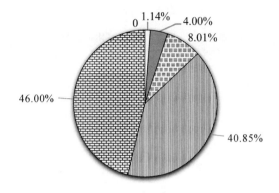

□非常不幸福 ■比较不幸福 ▨一般 ▥比较幸福 ⊞非常幸福

图 8.5 农村居民的主观幸福感分布情况

(2)匹配变量。在选取 PSM 的匹配变量时,本书以现有研究成果为基础,如曾亿武等(2018)提出的农村居民电商采纳决策方程,综合考虑匹配效果,既要相对全面地囊括同时影响农村居民采纳电子商务决策与主观幸福感的相关变量,又要不断调整变量组合以最大化利用匹配样本,且实现较好的均衡性检验结果。经过多轮尝试,最终确定匹配变量为:性别、年龄、是否为党员、是否为村干部、受教育年限、自评健康水平、年龄平方项、家庭人口数、是否地区 1、是否地区 2 共计十个匹配变量。前面七个属于个人特征变量,家庭人口数作为家庭因素变量的代表,此外,由于样本共涉及三个地方,故加入是否地区 1、是否地区 2 与前文所述变量共同构成匹配变量。在匹配的过程中曾尝试加入过婚姻状况、经常联系的电商户个数、家庭—工作冲突等变量,但这些变量未通过平衡性检验,事实证明删除这些变量之后匹配效果更好。

(3)幸福感来源变量。为了与个人主观幸福感统计口径保持一致,本节分别选取了个人纯收入和个人相对收入作为农村居民主观幸福感的来源变量。其中,参照罗楚亮(2009)的研究,个人纯收入由人均纯收入的自然对数来衡量,个人相对收入由人均纯收入与样本中所在村人均收入的自然对数差来表示。人均纯收入为家庭纯收入除以家庭人口数的值,农村居民家庭纯收入由问卷中生产经营性纯收入、非农就业工资收入、转移性收入和财产性收入四项加总得到。个人相对收入为正时,代表其个人纯收入大于村平均收入;个人相对收入为负时,代表其个人纯收入小于村平均收入。

以上所有变量的说明及描述性统计特征见表 8.12。

表 8.12　变量说明及描述性统计

变量类型	变量名称	变量说明及赋值	全部样本	
			均值	标准差
结果变量	主观幸福感	总体生活幸福;非常不幸福=1,比较不幸福=2,一般=3,比较幸福=4,非常幸福=5	4.27	0.86
匹配变量	性别	男=1;女=0	0.62	0.49
	年龄	单位:周岁	44.09	13.39
	是否为党员	是=1;否=0	0.14	0.35
	是否为村干部	是=1;否=0	0.10	0.30
	受教育年限	单位:年	8.75	3.88
	自评健康水平	优=1;良=2;中=3;差=4;无劳动能力=5	1.27	0.76
	年龄平方项	年龄的平方数	2123.36	1254.32
	家庭人口数	单位:人	4.64	1.49
	是否地区1	沭阳县=1;其余=0	0.33	0.47
	是否地区2	曹县=1;其余=0	0.32	0.47
幸福感	个人纯收入	人均纯收入的自然对数,单位:万元	1.12	0.91
来源变量	个人相对收入	人均纯收入与村人均收入的自然对数差	−0.27	0.84

如表 8.12 所示,农村居民的主观幸福感均值为 4.27,即农村居民的生活整体上比较幸福;无论是网络销售还是农业生产经营者,以中年男性(44 周岁)为主;平均而言,样本个体受教育年限为 8.75 年,大概对应初中学历;多数人自评健康程度介于优、良之间,更偏向于优;受访者多数不是党员也不是村干部,家庭人口数以 4—5 口人为主;样本在沭阳、曹县、临安三地分布较均匀;从整体上看,个人纯收入为 3.06($e^{1.12}$)万元,个人相对收入为负,即平均个人纯收入低于村人均收入,这可能是非电商户样本大于电商户样本,且二者收

入差距较大,拉低了平均个人纯收入。

表 8.13 对电商户与非电商户的结果变量、匹配变量、幸福感来源变量相继进行了均值分析和组间差异 T 检验。总体来看,两类人群在主观幸福感、性别、年龄、是否为党员、是否为村干部、受教育年限、自评健康水平、家庭人口数均存在显著差异。具体而言,电商户个体主观幸福感均值为 4.38,显著地比非电商户个体幸福感高出 4.55%;关于匹配变量,电商户的女性决策受访者显著地多于非电商户的女性决策受访者,且通常年龄更小、受教育年限更长、自评健康状况更好;关于幸福感来源变量,电商户的个人纯收入为 4.572($e^{1.52}$)万元,高于村人均收入,且显著地高于非电商户的个人纯收入 2.293($e^{0.83}$)万元,而非电商户的个人纯收入低于村人均收入,也验证了之前的猜想。

表 8.13 电商户与非电商户变量差异的描述性统计

变量类型	变量名称	电商农户		非电商农户		均值差
		均值	标准差	均值	标准差	(T 检验)
结果变量	主观幸福感	4.38	0.75	4.18	0.92	0.19***
匹配变量	性别	0.55	0.50	0.67	0.47	-0.12***
	年龄	35.06	8.60	50.75	12.36	-15.69***
	是否为党员	0.11	0.31	0.16	0.37	-0.05***
	是否为村干部	0.06	0.23	0.14	0.34	-0.08***
	受教育年限	10.53	3.10	7.44	3.88	3.09***
	自评健康水平	1.07	0.34	1.43	0.93	-0.36***
	年龄平方项	1303.04	667.93	2728.40	1242.22	-1425.36***
	家庭人口数	4.86	1.41	4.47	1.53	0.39***
	是否地区 1	0.33	0.47	0.32	0.47	0.01
	是否地区 2	0.30	0.46	0.34	0.47	-0.04
幸福感来源变量	个人纯收入	1.52	0.91	0.83	0.79	0.69***
	个人相对收入	0.05	0.83	-0.50	0.76	0.55***

注:1.电商农户样本有 371 个,非电商农户样本有 503 个;2. *** 表示在 1% 的水平上显著。

8.2.4 实证估计结果

为了更好地实现电商户与非电商户这两类人群的匹配,在实行倾向得分匹配之前,要先估计出倾向得分值。倾向得分值指的是在给定样本特征 X 的情况下某个农村居民采纳电子商务的条件概率,即:

$$P(X) = P_r(D=1 \mid X) = E(D \mid X) \tag{8.10}$$

具体操作是对影响农村居民采纳电子商务的因素进行分析,基于 Logit 模型构建回归方程如下:

$$\ln\left(\frac{P_i}{1-P_i}\right) = C_0 + \beta_0 X_i + \mu_i \tag{8.11}$$

式(8.11)中,i 为不同的农村居民个体,P_i 为其采纳电子商务成为电商户的条件概率;X 为影响农村居民采纳电子商务的解释变量。基于上述方程,我们可计算出农村居民 i 采纳电子商务概率的拟合值,这同时也是农村居民 i 的倾向得分。模型估计结果如表 8.14 所示。

表 8.14 基于 Logit 模型的农村居民电子商务采纳模型估计结果

解释变量	系数	标准误	Z 统计量	P 值
性别	−0.087	0.191	−0.46	0.648
年龄	0.105	0.073	1.44	0.151
是否为党员	0.083	0.329	0.25	0.800
是否为村干部	−1.048***	0.369	−2.84	0.004
受教育年限	0.112***	0.032	3.53	0.000
自评健康状况	−0.225	0.182	−1.24	0.215
年龄平方项	−0.003***	0.001	−3.01	0.003
家庭人口数	0.010	0.070	0.15	0.884
地区变量1	−0.752***	0.249	−3.02	0.003
地区变量2	−0.887***	0.252	−3.52	0.000
常数项	0.181	1.616	0.11	0.911
Pseudo-R^2		0.3456		
LR 统计量		411.85***		

解释变量	系数	标准误	Z 统计量	P 值
样本容量		874		

注：*、**、*** 分别表示在 10%、5%、1% 水平上显著。

从表 8.14 可以得知，是否为村干部、受教育年限、年龄的平方项、地区变量显著影响农村居民采纳电子商务的决策。具体而言，受教育年限越长的农村居民有越大的概率采纳电子商务，说明受教育过程中习得的知识、培养的观念与视野对电子商务的采纳有促进作用，而未采纳电子商务的农村居民一大受限原因是受教育水平低；年龄的平方项系数显著为负，说明年龄与农村居民电子商务采纳的行为之间呈现倒 U 形关系，即在某一范围内，随着年龄的增长，农村居民采纳电子商务的概率会上升，一旦超过年龄的临界值水平，采纳电子商务的概率就会逐渐下降。与是村干部的农村居民相比，不是村干部的农村居民更有可能采纳电子商务，这可能由于村干部忙于村务，无暇顾及个人事业。此外，虽然自评健康状况、性别这两个变量的系数为负，但由于并未通过显著性检验，此处暂不解释。

为了保证匹配结果的可靠性，我们在计算完倾向得分后，需要观察匹配的共同支撑域，以及对匹配变量进行平衡性检验。

共同支撑域指的是电商户个体与非电商个体倾向得分的重叠区间。一般来说，二者的重叠区间越大，代表样本的损失量越小，匹配的效率越高。为了更直观地判断共同支撑域，图 8.6 展示了农村居民采纳电子商务的倾向得分的密度函数图。结合密度函数图与 STATA 的数据表，我们可以发现，电商农户的倾向得分区间为 [0.0224, 0.9429]，非电商户的倾向得分区间为 [0.0000, 0.9346]，故二者之间的共同支撑域为 [0.0224, 0.9346]，共同支撑域的范围较大。由于在匹配的过程中，不同的匹配方法会产生不同的匹配效率，样本损失量也各不相同。经过多番尝试后，选择了卡尺内 3 近邻匹配、卡尺内 4 近邻匹配、窗宽为 0.06 下的核匹配、窗宽为 0.10 下的核匹配这四种方法，前两种方法的卡尺范围均为 0.05，且从本质上仍属于最近邻匹配法。在这四种匹配方法之下，电商户均损失了 3 个样本（详见图 8.7），与使用的电商户的样本总量相比，样本的损失比例较低，故可以说共同支撑域条件较好，满足较高匹配质量的要求。

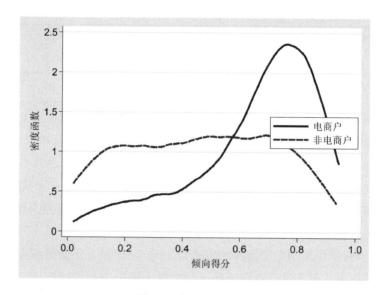

图 8.6 倾向得分密度

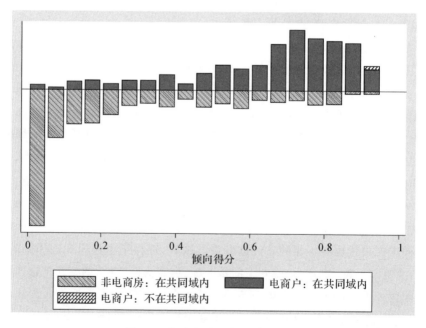

图 8.7 倾向得分的共同取值范围

倾向得分匹配法的平衡性检验,目的是验证诸多匹配变量在试验组和控制组之间的分布是否平衡,即匹配后的电商户个体与非电商户个体除了是否采纳电子商务,在其他可观测变量上是否一致。表 8.15 展示了匹配前后解释变量的均值和标准偏差,可以看出,解释变量的标准偏差均有了大幅度的减少,减少幅度分布在 60.6% 至 98.9% 之间,并且所有的解释变量的标准偏差都远小于 10%,且除了是否公务员的标准偏差绝对值为 6.6%,其他变量的标准偏差都小于 6%;从最后一列 T 检验结果来看,所有的解释变量在匹配后的对照组农村居民个体与试验组农村居民个体间没有显著差异。

表 8.15 匹配前后解释变量均值的标准误差

变量名称	匹配前后	均值		标准偏差(%)	标准偏差减少幅度(%)	T 检验	
		试验组	对照组			统计量	P 值
性别	匹配前	0.553	0.672	−24.7	81.2	−3.62	0.000
	匹配后	0.557	0.535	4.6		0.61	0.542
年龄	匹配前	35.062	50.753	−147.4	96.0	−20.99	0.000
	匹配后	35.128	34.495	5.9		0.99	0.322
是否党员	匹配前	0.105	0.163	−17.0	76.9	−2.46	0.014
	匹配后	0.098	0.084	3.9		0.63	0.530
是否公务员	匹配前	0.057	0.137	−27.5	76.1	−3.90	0.000
	匹配后	0.057	0.076	−6.6		−1.05	0.296
受教育年限	匹配前	10.534	7.442	88.0	94.1	12.65	0.000
	匹配后	10.489	10.308	5.2		0.78	0.434
自评健康状况	匹配前	1.067	1.427	−51.4	98.9	−7.12	0.000
	匹配后	1.068	1.064	0.5		0.14	0.888
年龄平方项	匹配前	1303	2728.4	−142.9	97.1	−20.06	0.000
	匹配后	1307.7	1265.9	4.2		0.86	0.387
家庭人口数	匹配前	4.860	4.471	26.4	97.1	3.84	0.000
	匹配后	4.861	4.873	−0.8		−0.11	0.910
地区1	匹配前	0.332	0.324	1.6	60.6	0.23	0.816
	匹配后	0.334	0.331	0.6		0.08	0.933

续表

变量名称	匹配前后	均值		标准偏差（%）	标准偏差减少幅度（%）	T检验	
		试验组	对照组			统计量	P值
地区2	匹配前	0.302	0.340	−8.2	72.6	−1.19	0.235
	匹配后	0.304	0.315	−2.2		−0.31	0.760

注:本表报告的是卡尺内3近邻匹配的检验结果,其他三种匹配方法的结果均通过平衡性检验,故不再重复列出。

表 8.16 报告了 Pseudo-R^2、LR 统计量、均值偏差、中位数偏差等。从表 8.16 可看出,Pseudo-R^2 的值从匹配前的 0.345 显著下降到匹配后的 0.005—0.006;LR 统计量从匹配前的 411.29 大幅下降到匹配后的 4.73—6.43,且相应的 P 值由 0.000 提高到 0.778—0.908,意味着解释变量由 1% 水平上的显著性变为通不过 10% 水平上的联合显著性检验。解释变量的均值偏差从 53.5% 下降到 2.6%—3.5%,其中位数偏差由 26.9% 下降到 2.0%—4.1%,共同说明了总偏误的大幅降低。

表 8.16 样本匹配方法及其平衡性检验结果

匹配方法	Pseudo-R^2	LR 统计量（P 值）	均值偏差（%）	中位数偏差（%）
匹配前	0.345	411.29(0.000)	53.5	26.9
卡尺内 3 近邻匹配	0.006	6.43(0.778)	3.5	4.1
卡尺内 4 近邻匹配	0.006	6.43(0.778)	3.2	3.5
核匹配(窗宽=0.06)	0.005	5.01(0.890)	2.6	2.8
核匹配(窗宽=0.10)	0.005	4.73(0.908)	2.7	2.0

综合共同支撑域与平衡性检验的结果来看,倾向得分匹配的效率和质量较高,匹配后的电商户个体与非电商户个体之间除了是否采纳电子商务,其他可观测变量基本趋于一致,满足了倾向得分匹配法(PSM)的平衡性假设。

确保匹配质量后,就开始测算农村居民采纳电子商务的主观幸福感提升效应。表 8.17 分别列举了卡尺内 3 近邻匹配、卡尺内 4 近邻匹配、窗宽为 0.06 下的核匹配、窗宽为 0.10 下的核匹配四种方法测算下的主观幸福感的

ATT 值,同时利用 Bootstrap 方法检验其显著性水平。

表 8.17 农村居民电子商务采纳的幸福感提升效应测算结果

匹配方法	主观幸福感		
	试验组	对照组	ATT
卡尺内 3 近邻匹配	4.375	4.158	0.217**
卡尺内 4 近邻匹配	4.375	4.196	0.179**
核匹配(窗宽=0.06)	4.375	4.230	0.145*
核匹配(窗宽=0.10)	4.375	4.210	0.165**
平均值	4.375	4.199	0.177

注:1. *、**、*** 分别表示在 10%、5%、1% 的水平上显著;2. ATT 的显著性利用 Bootstrap 得到,重复抽样次数为 300 次。

从表 8.17 可以看出,以上四种匹配方法的 ATT 估计结果相差不大,农村居民采纳电子商务对主观幸福感的提升效应显著,其中三种方法是在 5% 的水平上显著,另一种方法也通过了 10% 水平上的显著性检验,表明实证结果具有良好的稳健性。最后一行计算了以上四种方法测算结果的平均值,即平均而言,农村居民个体如果并未采纳电子商务,其主观幸福感水平是 4.199,而一旦该个体采纳了电子商务,其主观幸福感将提升到 4.375,提升数值为 0.177,提升幅度达到了 4.19%。值得注意的是,虽然已引用 PSM 方法解决样本选择性偏误问题,且同时采用四种匹配方法保证结果的稳健性,但由于此时尚未估算不可观测因素造成的影响,例如参与电子商务可能与个人能力密切相关,且非电商户可能受到溢出效应影响,故此处结果存在一定的不准确性。不过,该结果足以证实电子商务的确会显著提升农村居民的主观幸福感,假设 1 得到验证。

8.2.5 内在作用机制

基于前文的理论分析发现,电子商务会对农村居民的收入状况产生影响,而收入水平是主观幸福感的重要贡献因素。因此,为了加深电子商务对农村居民主观幸福感影响的理解和认识,进一步考虑收入在其中起到的影响机制,将个人纯收入、个人相对收入作为主观幸福感的两大来源变量,表 8.18 分别报告了卡尺内 3 近邻匹配、卡尺内 4 近邻匹配、窗宽为 0.06 下的核匹配、窗宽为 0.10 下的核匹配四种方法测算下的个人纯收入、个人相对收入的 ATT 估计值。

表 8.18　电子商务采纳对农村居民幸福感来源变量的影响

匹配方法	个人纯收入 ATT 估计值	个人相对收入 ATT 估计值
卡尺内 3 近邻匹配	0.394***	0.308***
卡尺内 4 近邻匹配	0.394***	0.296***
核匹配(窗宽=0.06)	0.430***	0.348***
核匹配(窗宽=0.10)	0.437***	0.342***
平均值	0.414	0.324

注:*** 表示在 1% 的水平上显著。

类似于表 8.16,本表最后一列也计算了四种匹配方法下的 ATT 估计值的平均值。整体来看,农村居民个体如果采纳了电子商务,其个人纯收入将平均上涨 51.29%($e^{0.414}-1$),与此同时,其个人相对收入将平均上升 38.26%($e^{0.324}-1$)。该结果证实了电子商务的确会显著提升农村居民的个人纯收入和个人相对收入。

目前为止已证实了采纳电子商务显著提高了个人纯收入和个人相对收入,且根据前文理论分析和现有大量研究成果足以证实收入水平会通过绝对收入、相对收入两条途径影响主观幸福感,但为了从定量角度分析,本书仍试图识别个人纯收入、个人相对收入与主观幸福感之间的因果关系。表 8.19 报告了主观幸福感两大收入方面的来源差值对农村居民主观幸福感差值的回归结果,模型 1、模型 2 分别采用 Robust OLS、WLS 对式(8.9)进行模型估计。

表 8.19　主观幸福感来源变量与农村居民主观幸福感的因果关系识别

解释变量	因变量:主观幸福感差值	
	模型 1	模型 2
个人纯收入差值	0.325***	0.327***

续表

解释变量	因变量:主观幸福感差值	
	模型 1	模型 2
个人相对收入差值	−0.375***	−0.373***
常数项	0.204***	0.202***
R^2	0.0246	0.0244
F 统计量	5.01***	4.56***
样本容量	368	368

注:1. *** 表示在 1% 水平上显著;2.各变量差值的计算是基于卡尺内 3 近邻匹配所得的结果;3.由于匹配过程中损失了 3 个电商户样本,故参与回归的样本容量仅为 368 个。

从表 8.19 可以看出:从系数的绝对值来看,个人相对收入的差值比个人纯收入的差值对农村居民参与电子商务前后主观幸福感的差值影响更大。具体而言,在 1% 的显著性水平上,个人纯收入的差值正向显著影响农村居民参与电子商务前后主观幸福感的差值,平均来看,个人纯收入的差值每上升 1%,农村居民主观幸福感的差值上升 0.00326 个单位。且由于回归方程分别采用 Robust OLS 和 WLS 两种方法进行估计,表明回归结果是稳健的,综合考虑理论基础和因果关系的分解方程回归结果,我们足以证实收入水平是电子商务影响农村居民主观幸福感的来源机制,具体通过个人纯收入和个人相对收入两条途径,且同时控制个人纯收入与个人相对收入时,个人相对收入对农村居民主观幸福感的影响更大。关于个人纯收入的系数显著为正,这是由于电子商务提高了农村居民的绝对收入,并由此通过提高生活水平来提升农村居民的主观幸福感,扩大了其参与电子商务前后的幸福感差值,至于个人相对收入的系数暂时无法解释,只能猜测是由相对收入较低群体产生了积极收入预期所致,即正面隧道效应,由此假设 2、假设 3 得到验证。

8.2.6 Rosenbaum 边界敏感性分析

由于 PSM 仅能选取一些可观测变量作为匹配变量,对于遗漏了一些潜在的关键性的不可观测变量可能会产生估计偏误,为了测量这些偏误的大小,进而判断倾向得分匹配法的结果的可信程度,Rosenbaum(2002)提出了边界敏感性分析法。对应实例即为,通过测量一定量的不可观测因素对农村居民采纳电子商务的概率造成影响的变化幅度来评估它们对于主观幸福感 ATT 的敏感性。具体而言,如果相关结论在 Gamma 系数趋近 1 时就变得不显著,那么倾向得分匹配的结果就因为对不可观测因素过于敏感而显得不太可信,如果相关结论在 Gamma 系数越来越趋近于 2 时才变得不再显著,那么倾向得分匹配的结果对于不可观测变量的因素就没有那么敏感,是足以让人信服的。参照上述边界敏感性分析方法,依次检验了农村居民主观幸福感、人均纯收入、人均相对收入的 ATT 的敏感性。结果如表 8.20、表 8.21、表 8.22所示。

表 8.20　农村居民主观幸福感 ATT 的敏感性分析

Gamma	Sig$^+$	Sig$^-$	t-hat$^+$	t-hat$^-$	CI$^+$	CI$^-$
1.0	7.5e−07	7.5e−07	0.167	0.167	0.167	0.333
1.1	0.000028	1.1e−08	0.167	0.333	0.167	0.333
1.2	0.000438	1.2e−10	0.167	0.333	4.1e−07	0.333
1.3	0.003623	1.1e−12	0.167	0.333	4.1e−07	0.500
1.4	0.018105	8.9e−15	0.167	0.333	−4.1e−07	0.500
1.5	0.060905	1.1e−16	4.1e−07	0.333	−4.1e−07	0.500
1.6	0.149893	0	4.1e−07	0.333	−4.1e−07	0.500
1.7	0.288249	0	4.1e−07	0.500	−4.1e−07	0.500
1.8	0.457018	0	−4.1e−07	0.500	−0.167	0.500
1.9	0.624817	0	−4.1e−07	0.500	−0.167	0.500
2.0	0.76504	0	−4.1e−07	0.500	−0.167	0.667

注:1. Gamma 表示由不可观测因素引起的不同情况的对数发生比,第二、第三列分别表示显著性水平的上界和下界,第四、第五列分别表示 Hodges-Lehman 点估计的上界和下界,最后两列分别表示 0.05 水平上的置信区间上界和下界;2.参与敏感性分析的配对数为 368。

关于农村居民主观幸福感 ATT 的敏感性分析。第一列为我们的主要关注指标,从上表可以看出,当伽马系数增加到 1.5 时,相关结论在 5% 的水平上不再显著,即当影响农村居民采纳电子商务的不可观测变量增加 50%时,农村居民主观幸福感的 ATT 在 5%的水平上才不再显著。

表 8.21　农村居民人均纯收入 ATT 的敏感性分析

Gamma	Sig$^+$	Sig$^-$	t-hat$^+$	t-hat$^-$	CI$^+$	CI$^-$
1.0	1.6e−14	1.6e−14	0.423333	0.423333	0.320	0.525
1.1	5.1e−12	0	0.381667	0.465	0.278333	0.566667
1.2	5.3e−10	0	0.345	0.501666	0.240	0.605
1.3	2.3e−08	0	0.310	0.536666	0.205	0.640
1.4	5.2e−07	0	0.278333	0.568333	0.171666	0.670
1.5	6.8e−06	0	0.247917	0.598333	0.141667	0.701667
1.6	0.000058	0	0.22125	0.625	0.111667	0.730
1.7	0.000346	0	0.195	0.650	0.085	0.755
1.8	0.001538	0	0.168333	0.673333	0.061667	0.780
1.9	0.005335	0	0.146667	0.696667	0.036667	0.803333
2.0	0.015036	0	0.123334	0.718333	0.013333	0.825

表 8.22　农村居民人均相对收入 ATT 的敏感性分析

Gamma	Sig$^+$	Sig$^-$	t-hat$^+$	t-hat$^-$	CI$^+$	CI$^-$
1.0	3.1e−12	3.1e−12	0.350	0.350	0.256667	0.443333
1.1	5.7e−10	8.3e−15	0.311667	0.386667	0.218333	0.481667
1.2	3.6e−08	0	0.278333	0.421667	0.183333	0.515
1.3	1.0e−06	0	0.246667	0.453333	0.150	0.545
1.4	0.000016	0	0.216667	0.481667	0.120	0.573333
1.5	0.000146	0	0.190	0.508333	0.091667	0.602917
1.6	0.000899	0	0.164167	0.531667	0.065	0.628333
1.7	0.003972	0	0.138334	0.555	0.039583	0.651666

续表

Gamma	Sig$^+$	Sig$^-$	t-hat$^+$	t-hat$^-$	CI$^+$	CI$^-$
1.8	0.013336	0	0.116666	0.576667	0.015	0.675
1.9	0.035657	0	0.095	0.598333	−0.008334	0.695
2.0	0.078819	0	0.075	0.616666	−0.030	0.713334

　　关于农村居民人均纯收入 ATT 的敏感性分析。从表 8.20 可看出,当伽马系数增加到 2.0 时,相关结论在 5% 的水平上依然显著,即当影响农村居民采纳电子商务的不可观测变量增加 100% 时,农村居民人均纯收入的 ATT 在 5% 的水平上也依旧显著。

　　关于农村居民人均相对收入 ATT 的敏感性分析。从表 8.21 可看出,当伽马系数增加到 2.0 时,相关结论在 5% 的水平上不再显著,即当影响农村居民采纳电子商务的不可观测变量增加 100% 时,农村居民人均相对收入的 ATT 在 5% 的水平上才不再显著。

　　综合以上三张结果表,虽然 PSM 只能控制可观测到的变量,但模型结果对不可观测的因素并不是非常敏感,且以上考虑的是"最坏的结果",即倾向得分匹配法的处理效应可能会受到不可观测因素的影响而改变,存在潜在偏误,但值得注意的是,这些潜在偏误其实不一定存在。所以说,实证模型结果有一定的稳健性和可信力,可部分消除对不可观测变量造成的潜在偏误的担忧。

　　我国农村电子商务蓬勃发展,成绩斐然,在此背景下,涌现了一大批电子商务专业村,随着淘宝村数量与规模的快速扩张,农村电子商务也日益获得学界的广泛关注。相关文献以定性研究和案例分析为主,大多关注其形成要素、既有模式、制约因素及发展前景等,现有的国内外定量研究也已印证了电子商务对农村居民的增收作用,而收入已被学界广泛证实为主观幸福感的重要影响因素。基于此,以农村居民对电子商务的采纳为出发点,以江苏沭阳、山东曹县、浙江临安为样本区域,同时结合了理论分析与实证模型,利用倾向得分匹配法(PSM)依次计算了倾向得分值(同时试图挖掘影响农村居民采纳电子商务决策的因素),描述共同支撑域和平衡性检验,测算农村居民采纳电子商务后的主观幸福感提升效应,检验电子商务对农村居民主观幸福感提升效应的内在作用机制,进行 Rosenbaum 边界敏感性检验,试图回答以下问题:

电子商务是否会对农村居民的主观幸福感产生影响？如果会，它将通过哪些途径来施加影响？影响程度如何？最终的主要结论如下：

第一，电子商务会显著提升农村居民的主观幸福感。平均而言，农村居民一旦采纳了电子商务，其主观幸福感提升数值为0.177，提升幅度达到4.19%。

第二，电子商务会显著提高农村居民的个人纯收入、个人相对收入。整体来看，农村居民个体如果采纳了电子商务，其个人纯收入将平均上涨51.29%，与此同时，其个人相对收入将平均上升38.26%。

第三，农村居民的个人纯收入、个人相对收入共同构成了电子商务采纳下，电商户个体主观幸福感提升效应的来源机制。其中，个人相对收入的影响大于个人纯收入的影响，在1%的显著性水平上，个人纯收入的差值正向显著影响电商户个体参与电子商务前后主观幸福感的差值，平均来看，个人纯收入的差值每上升1%，电商户个体主观幸福感的差值上升0.00326。

8.3　本章小结

本章基于已有理论和文献研究成果，从农户消费和农民主观幸福感两个方面，分析和探讨了电子商务采纳对农民生活的影响。在消费支出的影响路径方面，本研究认为农村电子商务的发展能促进商品流通，减少商品流通的中间环节，增加农户商品的可及性，减少农户消费所需要付出的搜寻成本和交易成本，对农户消费产生直接影响，而电商户对电子商务的了解和应用程度更高，因此受直接效应影响更大；与此同时，电子商务采纳带来的增收效应，会进一步扩展农户的消费约束，对农户消费产生间接影响。

随后，本研究采用PSM-DID方法和分位数回归法，对电子商务采纳对农户的消费支出和消费结构的影响效应进行了估计，并采用中介效应模型检验影响机制。研究检验结果显示，电子商务采纳促进了农户家庭总消费支出的增加，但是相较于电子商务采纳带来的增收效应，消费支出的增幅明显较小，说明农户将大部分增加的收入用于储蓄或再生产。同时，电子商务采纳对农户消费支出的影响效应在区域间和不同特征的农户间具有异质性。此外，电子商务采纳显著增加了农户在食物、衣着、交通通信以及医疗保健方面的支出，影响效应随着分位数变化而呈现出不同的趋势。但总体而言，电子商务采纳更多地增加了农户基础生存型消费支出,对农户发展型消费的影响略显不足。

在探讨电商对农民主观幸福感的影响方面,本章利用 874 名农村居民的有效问卷样本数据,采用倾向得分匹配方法对农村居民电子商务采纳的幸福效应进行实证研究。研究结果表明,电子商务采纳能够对农村居民的主观幸福感起到显著的正向作用,收入水平的提升构成农村居民电子商务采纳幸福效应的重要来源机制。部分先行地区的实践证明,电子商务正在成为提升农村居民幸福感的新兴途径,农村电子商务的蓬勃发展能够在农村居民幸福感层面上为乡村振兴发挥积极作用。

9 电子商务对农民社区参与的影响

农村电子商务深刻地影响着农村居民的生产生活,居民参与社区公共事务情况会直接影响社区的建设效果(王思斌,2000)。那么,电子商务是否影响了农村居民社区参与? 是促进还是抑制? 其作用机制是什么? 这是一个非常值得研究的问题。

本章将基于现有研究成果,以江苏沭阳、山东曹县、浙江临安三地 392 户电商户为样本,结合问卷调查获得的一手数据,实证研究电子商务对农村居民社区参与的影响,并深度探究社区认同和利益关联是否在电子商务与农村居民社区参与中起中介作用。

9.1 电子商务对农民社区参与的影响机制

本章将首先从理论上分析电子商务对农民社区参与的影响机制,包括电子商务对农民社区参与的直接影响,以及通过社区认同和利益关联这两个变量对农民社区参与产生的间接影响,并基于理论分析提出相应的研究假说。

9.1.1 理论分析与研究假说

Inkeles 等(1974)在有关现代性的研究中表明,现代性不只适用于社会,也适用于个人,有现代性的个人往往个人效能感明显,表现为见多识广、参与积极,具有一定的自主性,善于接受新观念,学习新经验,电子商务可以加速农村现代化发展进程这一观点得到了学界乃至社会的广泛共识。同时电子商务为农村居民展示了外界更多新奇开放的事物,并逐步嵌入农村居民的日常生活中,久而久之促进了农村社会生活形态和农村居民认知思维空间的变化,使得农村居民摒弃了一些落后的观念,主人翁意识增强,比以往更关心农村社区的发展,开始主动地、更多地参与到社区公共活动或事务中(吴昕晖,2015;罗震东,何鹤鸣,2017)。在农村电商经济快速发展的环境下,农村建设发展的主体非常鲜明,提升了农村居民的参与意愿。电子商务所带来的农村居民素质和发展理念的改变将会是深刻而长久的,这会促使其不断深入地参与到农村社区治理中。基于此,提出假设 H1。

H1:电子商务增强了农村居民的社区参与行为。

研究中的电子商务是指电商参与程度,以农村居民经营网店带来的收入占总收入的比例来衡量其电商参与程度,即参与电子商务、电商参与程度越高的农村居民,其社区参与的积极性越高,反之亦然。

电子商务的出现为农村居民开拓了新的公共活动空间,提高了村庄全体居民的凝聚力和集体行动力(郭娅,2017)。随着电子商务的蓬勃发展,农村地区物流快递、平台建设等新业态相继出现并逐步完善,改善了农村的基础设施,改变了农村产业结构。众多电子商务的相关文献多角度探究了电子商务的增收作用(Georgiou,2009),也有学者证明了农村电子商务对农民的增收效应(曾亿武等,2018;李琪等,2019)。在"平台经济"中,农村居民可以通过电子商务搜集生产需求和产品价格等信息,电商户间主要的交流内容是以电子商务为中心的相关问题,譬如如何进行网上销售、如何提供网销服务等,在这种情况下他们获得的网销信息更具有广泛性和异质性,加强了他们之间的利益关联(Yang et al.,2008;王金杰等,2019)。当某个农村社区的电子商务发展到一定程度时,农村居民会享受到其带来的溢出收益,增强农村居民作为社区一分子的骄傲感和认同感。故本研究提出假设 H2、H3。

H2:电子商务增强了农村居民的社区认同。

即电子商务、电商参与程度越高的农村居民,其对所在社区的认同感越强烈,反之亦然。

H3:电子商务增强了农村居民的利益关联。

与假设 2 类似,即电子商务、电商参与程度越高的农村居民,其与所在社区的利益关联越多,反之亦然。

9.1.2 社区认同、利益关联与农村居民社区参与

学界关于社区认同和利益关联是居民社区参与的两大驱动力的相关研究已经相当成熟。在我国居民社区参与更多表现出的是一种情感认同和利益需求。社区认同和共同利益是社区参与的双重驱动力(陈振华,2004;杜云素,2010)。从社会认同理论角度解释,群体认同是个体参与公共事务的重要动因,即个体若生活在高度肯定和认可的社区,他就会积极主动地参加各种社区事务(陶传进,2002)。Kelly(1988)认为,社区认同感高的居民更倾向于因团结和忠心而参与到维护社区利益的集体行动中,而认同感低的居民在社区参与中考虑更多的是个人利益的得失。而理性选择理论和社会交换理论又为利益关联作为社区参与的另一驱动力提供理论依据。当社区参与的效能感能让居民意识到参与的意义和价值,即可以为他带来精神或物质上的利益时,居民就会频繁地进行社区参与行为。这种源自认同和利益的社区参与行为是可持续的。由此提出 H4、H5 两个假设。

H4:社区认同增强了农村居民的社区参与行为。

即农村居民对其所在社区的认同感越强烈,其社区参与的积极性越高,反之亦然。

H5:利益关联增强了农村居民的社区参与行为。

与假设 4 类似,即农村居民与其所在社区的利益关联越多,其社区参与的积极性越高,反之亦然。

9.1.3 社区认同、利益关联在电子商务与农村居民社区参与关系中的中介效应

农村电子商务的迅猛发展加快了农村集体经济市场化的步伐,刺激了农村居民权利主体意识及利益主体意识的觉醒,在经济利益的驱动下农村居民更加积极主动地参与到农村社区治理中,逐步恢复到社区治理的主导地位(陈芳芳等,2016)。电商经济影响下,传统农村内部利益结构解体,继而基层政府和农村社会之间的利益关联被重新搭建,农村居民对基层政府及社区的信任和认同感

增强,这极大地影响了农村居民的利益表达和参与社区治理行为的变化。故本研究将农村居民社区认同和利益关联作为中介变量,构建了电子商务影响农村居民社区参与的中介效应的理论分析模型,如图9.1所示,进一步依据理论模型,对社区认同、利益关联对电子商务与社区参与正向关系作出中介效应假设。

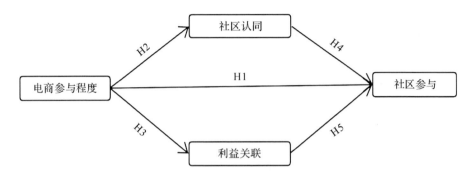

图 9.1 电子商务影响农村居民社区参与的中介效应的理论模型

基于上述分析,本研究提出假设 H6、H7、H8。

H6:社区认同在电子商务与农村居民社区参与的正向关系中起中介作用。

即电子商务提高了农村居民的社区认同,增强了其对社区的认同感和归属感,从而提升了农村居民社区参与的积极性。

H7:利益关联在电子商务与农村居民社区参与的正向关系中起中介作用。

与假设 6 类似,即电子商务使得农村居民间、居民与社区间的利益关联更紧密,从而提升农村居民社区参与的积极性。

H8:社区认同、利益关联在电子商务与农村居民社区参与的正向关系中所起的中介作用程度不同。

即电子商务增强了农村居民对社区的认同和在社区内的利益关联,依据社会认同理论、理性选择理论等在不同程度上影响其社区参与行为,只是谁的中介作用更大暂无法确定。

综上所述,本研究将通过电子商务影响农村居民社区参与的理论模型中的相关关系,结合理论探讨和实证研究,提出八大假设,并对这些假设进行一一检验,特别注重对社区认同、利益关联在电子商务与社区参与正向关系的中介效应假设的验证。书中所指的电子商务仅包括网络销售环节,并不包含网络购买环节,即研究的是经营网店的农村居民的电子商务参与程度(以下简称"电商参与程度")对其社区参与行为的影响。

9.2   电子商务对农民社区参与影响的实证分析

本节将采用中介效应模型和结构方程模型,利用调查研究数据,基于理论分析,对上述假说进行实证检验。

9.2.1   实证研究方法

中介效应模型在探讨自变量对因变量的影响的同时,回答了自变量对因变量作用路径的问题,从而达到理解自变量影响因变量具体过程的目的。简单来说,在考虑自变量 X 是否影响因变量 Y 时,若 X 通过 M 影响 Y,那么 M 就为中介变量(Baron et al.,1986)。中介效应包括单一中介效应和多重中介效应。

(1)单一中介效应

单一中介效应也称简单中介效应,分析单一变量 M 的中介效应,模型如图 9.2 所示。其中,X 为自变量,Y 为因变量,M 为中介变量,字母 a、b、c 分别表示 X 对 M 的路径系数,M 对 Y 的路径系数,以及在控制 M 的情形下 X 对 Y 的路径系数。e1 和 e2 均为残差项,分别代表了 M 未由 X 说明的部分,Y 未由 X 和 M 说明的部分。整个模型的中介效应为 a * b,解释了 X 对 Y 的影响有多少是由 M 传递到 Y。

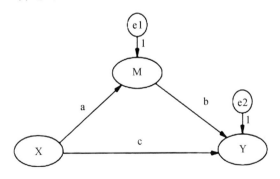

图 9.2   单一中介效应模型

（2）多重中介效应

多重中介效应即存在多个中介变量,在研究情景较为复杂的社科研究领域,为清楚地说明自变量如何影响因变量,通常需要多个中介变量,这样更具有理论和现实意义（Taylor et al.,2008;Preacher et al.,2008）。

图 9.3 展示的是一个典型的多重中介效应模型,该模型图中自变量 X 通过多个中介变量 M1、M2……影响因变量。与单一中介效应不同的是,其包含了四个特定的中介效应值,a1 * b1 表示自变量 X 通过中介变量 M1 的特定中介效应,其余三个特定中介效应类似。因此总中介效应是各个特定中介效应值的加总,即为 a1 * b1＋a2 * b2＋a3 * b3＋a4 * b4。基于文献梳理,本研究决定采用多重中介效应模型来探讨电子商务对农村居民社区参与的具体过程。

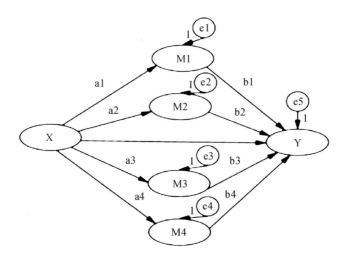

图 9.3　多重中介效应模型

本节将采用的另一种研究方法为结构方程模型（structural equation modeling,SEM）,这是可以检验观察变量和潜变量、潜变量和潜变量间的假设关系的一种常用的多重统计分析方法,即用所搜集的数据来检验根据理论基础建立的假设模型。在研究中介作用的有关文献中,一些学者已经强调了要注意对数据结构中的相关关系做出因果关系解释（James et al.,1982;Holland,1986;McDonald et al.,2002）,探究自变量和因变量间的作用机制,同时整合已有变量之间的关系（Baron et al.,1986;Preacher et al.,2008）。本研究中的社区参与、社区认同和利益关联等变量是不能直接测量的,该类变量称为潜变量,需要通过观察变量来间接度量。传统的利用回归分析来检验中介作用的方法一般是用测量指标的均值作为变量的值,该方法容易忽视变量的测量误差,导致变量测量不准确,从而导致中介作用的偏差估计(Cheung et al.,2008)。而包含了一系列回归方程的结构方程恰好可以同时分析出多个自变量和因变量自身及其相互间的复杂关系,被视为最适合进行中介作用分析的工具。结构方程模型(SEM)在处理中介作用时有以下三个优点:①可以同时分析潜变量与其观察变量之间的复杂关系;②可以同时计算多个因变量之间的关系;③可以剔除随机测量误差。结构方程模型可以同时提供测量模型和结构模型,并将二者完美结合,一般被描述为以下三个部分:

结构模型:$\eta = \Gamma\xi + B\eta + \zeta$

外生变量测量模型:$X = \Lambda_x\xi + \delta$

外生变量测量模型:$Y = \Lambda_Y\eta + \varepsilon$

本研究中包含社区认同和利益关联两个中介变量,基于上述讨论,借鉴 William D. Berry 在《非递归因果模型》一书中关于"有多重测量时用 SEM 来拟合中介作用"的阐述,构建基于结构方程的并行多重中介模型。

结构模型:$\eta = \Gamma\xi + B\eta + \psi$

测量模型:$X = \Lambda_x\xi + \theta_\delta$

$\qquad Y = \Lambda_Y\eta + \theta_\varepsilon$

两个测量模型分别代表了将 ξ 映射于 X 和将 η 映射于 MA、MB 和 Y,其中 X 代表电商参与程度,Y 代表社区参与,MA 和 MB 分别代表社区认同和利益关联。ξ 是指外生变量所表示的概念建构,X 是指测得的外生变量。η 与之类似,是指内生的概念建构,由 M 和 Y 的变量来表示。矩阵 ψ 包含了内生模型的欠拟合性,类似 $1-R^2$,ξ 度量了其外生概念建构。Γ 和 B 为参数结构,与中介分析最为相关。Λ_Y 和 Λ_x 两个矩阵中包含了 X 变量和 Y 变量的因子载荷,此处按照标准的处理方式,将每个因子的第一个载荷设定为 1,从而实现模型的标准化。另外矩阵 θ_ε 和 θ_δ 包含了测量误差,其中,与被设定为 1 的因子载荷相对应的误差项被设定为 0,其他项均会被估计。

9.2.2 变量选择与描述性统计

根据在结构方程模型中(SEM)所起的作用不同,将所涉及的所有变量依次分为因变量、自变量、中介变量和控制变量四类,依据现有文献对各变量设置不同题项测量。

本研究中自变量为电商参与程度,采用电商收入占总收入的比例来衡量,其中电商收入为该电商户 2017 年经营网店所获得的收入,总收入为其 2017 年所有的收入,包括产品销售总利润、非农就业总收入和其他收入。为保证与个人社区参与统计口径一致,本研究选取个人电商收入占总收入的比例来衡量电商参与程度。因为该变量为显变量,故在结构方程模型中不需再进行信度和效度的检验。全部样本电商收入占总收入比例的均值为59.03%,多数电商户网店经营的收入已占其总收入的大部分,电商参与程度较高。

农村居民的社区参与程度为因变量,是农村居民对其社区参与行为的总体性评价。参考现有国内外相关文献,问卷中分别从社区参与广度和社区参与深度来衡量居民的社区参与行为(王小章等,2004;桂勇等,2008)。

衡量社区参与广度和社区参与深度的题项分别为"您会参与村内公共活动或事务""关于村内公共活动或事务,如果您有一些意见和建议,您会向村委会(村干部)反映",两个题项的备选项相同,1—5 表示不同含义,其所代表的社区参与积极性依次递增。以 3 为界限,3 表示"中立",小于 3 代表社区参与积极性低,且数字越小社区参与积极性越低,1 意味着"完全不同意",2 表示"比较不同意";大于 3 代表社区参与积极性高,且数字越大社区参与的积极性越高,4 相当于"比较同意",5 为"完全同意",如表 9.1 所示。农村居民的社区参与广度和社区参与深度的均值分别为 3.22 和 3.23,社区参与行为较高,但是农村居民作为社区建设的主体,应该充分发挥社区参与积极性,加强社区建设,提升社区生活水平。

表 9.1　农村居民社区参与变量设计说明

潜在变量	观测变量/题项	赋值	全部样本	
			均值	标准差
社区参与广度	您会参与村内公共活动或事务(Y1)	完全不同意＝1;比较不同意＝2;中立＝3;比较同意＝4;完全同意＝5	3.22	0.79
社区参与深度	关于村内公共活动或事务,如果您有一些意见和建议,您会向村委会(村干部)反映(Y2)		3.23	0.72

注:样本容量 392 个。

本研究的中介变量包括两个,即社区认同与利益关联。

(1)社区认同

大多数学者从社区认同的定义出发,从不同维度去刻画社区认同。本研究参照 Obst 等(2002)的研究,将从认同感(conscious identification)、参与感(influence)、支持感(support)、归属感(belonging)、情感联系(ties and friendship)五个维度来刻画社区认同。认同感是指农村居民对所处社区有用或有价值的判断和评估。参与感是指农村居民觉得能够对社区公共事务有控制和参与感。支持感是指农村居民彼此之间关心和支持感。归属感是指农村社区居民彼此之间的归属感。情感联系是指农村社区居民能够有一种很强的情感联系。针对以上五个维度分别设置相应题项,详见表 9.2。

表 9.2 社区认同变量设计说明

潜在变量	观测变量/题项	赋 值	全部样本	
			均值	标准差
认同感	您觉得本村的发展对您重要(MA1)	完全不同意＝1;比较不同意＝2;中立＝3;比较同意＝4;完全同意＝5	3.14	0.66
参与感	您的想法和建议能获得村委会的关注(MA2)		3.15	0.71
支持感	当您或邻居遇到困难时,会相互帮助(MA3)		2.93	0.92
归属感	您对自己是本村村民感到骄傲(MA4)		3.20	0.69
情感联系 1	近一个月内,您和邻居相互拜访的频率(MA5)	几乎为零＝1;一年几次＝2;每月几次＝3;每周几次＝4;几乎每天都会＝5	3.19	0.77
情感联系 2	可以经常串门的同村村民人数(MA6)	10 人以下＝1;10—20 人＝2;20—40 人＝3;40—50 人＝4;50 人以上＝5	3.28	0.76

注:样本容量 392 个。

表 9.2 从认同感、参与感、支持感、归属感、情感联系五个维度刻画了农村居民的社区参与行为。农村居民社区认同感的均值为 3.14、参与感为 3.15、支持感为 2.93、归属感为 3.20、情感联系 1 为 3.19、情感联系 2 为 3.28,均值均在 3 左右,这表明农村居民对其所在社区的社区认同较高。

(2)利益关联

利益关联是指农村社区成员觉得他们可以通过集体行动来实现共同利益,共享成果。本研究借鉴已有研究成果,主要从邻里间利益关联和社区利益关联两个方面来衡量利益关联。邻里间利益关联的调查问题设计为:"您会跟村内他人分享经营信息",备选项 1—5 表示从"完全不同意"至"完全同意",代表电商户间分享经营信息的频率依次递增,如表 9.3 所示。

表 9.3 利益关联变量设计说明

潜在变量	观测变量/题项	赋 值	全部样本	
			均值	标准差
邻里间利益关联	您会跟村内他人分享经营信息(MB1)	完全不同意=1;比较不同意=2;中立=3;比较同意=4;完全同意=5	2.99	0.79
与社区利益关联	村集体在做出与村民利益相关的决定时,您是否知情?(MB2)	根本不知道=1;仅通知结果,不解释原因=2;通知结果并解释原因=3;事先征求意见,但很少采纳=4;事先征求意见,多数会采纳=5	2.97	0.75

注:样本容量 392 个。

由表 9.3 可知,农村居民邻里间利益关联均值为 2.99,与社区间的利益关联为 2.97,邻里间的利益关联略高于与社区间的利益关联。由于农村电子商务多为家庭"小作坊式",亲戚朋友之间的带动较明显,而且同村中的电商户所销售的产品类似,他们会乐于分享在网店经营方面的信息。

本研究设置的控制变量主要为电商户的个体特征变量,包括性别、年龄、是否为党员、是否为村干部、教育年限这几个变量,其中性别的备选项1、0分别表示男、女;年龄单位为周岁;是否为党员的备选项1、0分别表示是、否;是否为村干部的备选项1、0分别表示是、否;受教育程度共有 1 至 5

五个备选项,分别代表"小学及以下""初中""高中或中专""大专或本科""本科及以上"。

表 9.4 个体特征变量设计说明

控制变量	变量说明及赋值	全部样本			
		最小值	最大值	均值	标准差
性别	男=1;女=0	0	1	0.59	0.49
年龄	单位:周岁	20	65	35.94	10.20
是否为党员	是=1;否=0	0	1	0.10	0.30
是否为村干部	是=1;否=0	0	1	0.06	0.23
受教育程度	小学及以下=1;初中=2;高中或中专=3;大专或本科=4;本科及以上=5	1	4	3.21	0.72

注:样本容量 392 个。

表 9.4 显示了本研究所涉及调查对象的样本特征。调查样本中的电商经营者以男性为主,年龄为 36 周岁左右,其中最小年龄为 20 周岁,最大年龄为 65 周岁,拥有党员或村干部身份的网店经营者所占比例极小。受教育年限的均值为 3.21,集中在中专和高中,最高为本科,说明农村网店经营者的受教育程度尚可,但仍存在一定的人才缺口。

结合前文的理论框架及变量说明,将各变量代入,设计电子商务影响农村居民社区参与的路径初始概念模型。

9.2.3 实证估计结果

为确认最初的各变量结构是否有效,检验问卷的效度,运用 AMOS 统计软件建立 CFA 模型进行验证性因子分析,得到图 9.4。结构方程模型中的关键拟合指数需要符合一定标准方可证明该结构方程模型拟合较好,本研究参考吴明隆(2011)的模型拟合标准来判断模型整体拟合情况。该 CFA 模型整体适配度的卡方值为 61.78(显著性 $p = 0.001$),自由度为 32,拟合度指数

(GFI)为 0.969,增值适配指数(IFI)、非标准化拟合指数(TLI)、比较拟合指数(CFI)分别为 0.984、0.977、0.984,且 RMSEA 拟合指数为 0.049<0.05(详见表 9.5)。模型图中没有出现负误差项方差,表明没有违反模型辨认规则,由此可见,社区认同、利益关联、社区参与量表的 CFA 假设模型与观察数据适配,该模型图可以得到支持。

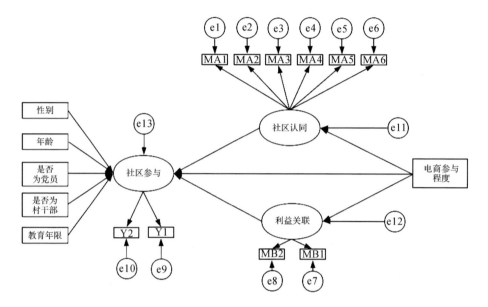

图 9.4 验证性因子分析

注:Y1、Y2 分别表示社区参与广度和社区参与深度,MA1－MA6 分别是认同感、参与感、支持感、归属感、情感联系 1 和情感联系 2,MB1、MB2 分别代表邻里间利益关联和与社区利益关联。

表 9.5 量表 CFA 模型拟合度指标

拟合指标	绝对拟合指标			增值拟合指标				综合拟合度指标		
	GFI	SRMR	RMSEA	NFI	TLI	IFI	CFI	CMIN/df	PGFI	PNFI
拟合标准	>0.90	<0.05	<0.05	>0.90	>0.90	>0.90	>0.90	<3	>0.50	>0.50
拟合指标值	0.969	0.041	0.049	0.967	0.977	0.984	0.984	1.930	0.564	0.688
模型适配判断	是	是	是	是	是	是	是	是	是	是

　　结构方程模型中,需要对各个潜变量的组合信度(也称建构信度)进行分析。在进行组合信度分析时,采用 Kline(1998)的分类观点作为判别依据,即信度系数在 0.90 以上最佳,0.80 附近为非常好,0.70 附近适中,0.50 为临界值,若信度低于 0.50 则表示有一半以上的测量误差来自随机误差,此时信度不足。而平均方差抽取量(AVE 值)是考察测量指标总方差中有多少来自潜变量,一般要求其在 0.50 以上即可。由表 9.6 可知,社区参与、社区认同和利益关联的 CR 值分别为 0.843、0.881、0.700,都等于或超过 0.700;社区参与、社区认同和利益关联的 AVE 值分别为 0.729、0.552、0.532,都大于 0.50,表明量表具有良好的组合信度和效度,测量指标间有高度的内在联系。

表 9.6　结构方程模型中潜变量的组合信度与效度分析

变　量		题项	Estimate	组合信度 (CR 值)	平均方差抽取量 (AVE 值)
社区参与	社区参与广度	Y1	0.885	0.843	0.729
	社区参与深度	Y2	0.820		
社区认同	认同感	MA1	0.753	0.881	0.552
	参与感	MA2	0.756		
	支持感	MA3	0.777		
	归属感	MA4	0.711		
	情感联系 1	MA5	0.736		
	情感联系 2	MA6	0.722		
利益关联	邻里间利益关联	MB1	0.691	0.700	0.532
	与社区利益关联	MB2	0.766		

　　Cronbach α 系数目前仍被认为是最好的信度公式,用来估计每个因子所属变量的系统变异。但其与结构方程中的 CR 值不同,它不一定能测量单一的潜变量。在对整个问卷进行信度检验时,问卷的 Cronbach α 系数为 0.912,社区参与、社区认同、利益关联的 Cronbach α 系数分别为 0.840、0.877、0.700,均大于可接受的信度水平(0.60),如表 9.7 所示。

表 9.7 信度分析

	社区参与	社区认同	利益关联
Cronbach α 系数	0.840	0.877	0.700

简单相关分析是判断变量间有无相关关系,该相关关系是变量数值间一种不确定的相互依存关系,它是进行后续分析的重要前提。运用 SPSS 软件对模型涉及的主要变量进行相关性分析,并比较其相关系数的显著性水平,分析结果如表 9.8 所示。分析结果表明,农村居民的电商参与程度、社区认同、利益关联和社区参与的相关系数分别为 0.67($P<0.01$)、0.50($P<0.01$)、0.64($P<0.01$),它们之间存在正相关关系,且都在 1% 的显著性水平上显著,说明农村居民的电商参与程度越高、社区认同越强烈、利益关联越紧密,其社区参与的积极性越高。电商参与程度和社区认同、利益关联的相关系数分别为 0.60($P<0.01$)、0.51($P<0.01$),表明它们之间存在显著的正相关关系,说明农村居民的电商参与程度越高,其社区认同越强烈,利益关联越紧密。社区认同和利益关联在 10% 的显著性水平上存在正相关关系,相关系数为 0.37($P<0.10$),其相关关系有待进一步探讨。

表 9.8 相关性分析

变量	1	2	3	4	5	6	7	8	9
1.性别	1								
2.年龄	−0.05	1							
3. 是否为党员	0.02	0.09	1						
4.是否为村干部	−0.02	0.01	0.28***	1					
5. 受教育年限	0.02	−0.32***	0.07	0.00	1				
6.社区认同	−0.06	−0.05	0.07	0.02	0.04	1			

变量	1	2	3	4	5	6	7	8	9
7.利益关联	−0.06	0.06	−0.01	−0.03	−0.07	0.37*	1		
8.电商参与程度	−0.10*	−0.01	0.01	−0.02	0.01	0.60***	0.51***	1	
9.社区参与	−0.12*	−0.04	0.01	0.03	−0.01	0.64***	0.50***	0.67***	1

注:** 表示在 0.01 水平(双侧)上显著相关;* 表示在 0.05 水平(双侧)上显著相关。
数据来源:课题组调查数据。

　　简单相关性分析只能证明变量间的相关关系,不能证明变量间是否相互影响,因此将采用结构方程模型进行进一步分析。表 9.9 展示了所构建的结构方程模型拟合度指标,该模型的 CMIN/df 为 1.930 小于 3,TLI、IFI、CFI 分别为 0.945、0.955、0.954,均大于 0.9,GFI 为 0.942>0.90,SRMR 为 0.039<0.05、RMSEA 拟合指数为 0.049<0.05,各指标均符合拟合标准,说明整个模型的拟合效果较好。

表 9.9　结构方程模型拟合度指标

拟合指标	绝对拟合指标			增值拟合指标				综合拟合度指标		
	GFI	SRMR	RMSEA	NFI	TLI	IFI	CFI	CMIN/df	PGFI	PNFI
拟合标准	>0.90	<0.05	<0.05	>0.90	>0.90	>0.90	>0.90	<3	>0.50	>0.50
拟合指标值	0.942	0.039	0.050	0.913	0.945	0.955	0.954	1.998	0.692	0.761
模型适配判断	是	是	是	是	是	是	是	是	是	是

　　为更好地研究电子商务影响农村居民社区参与情况及其中介效应,在结构方程模型中控制了性别、年龄、是否为党员、是否为村干部、受教育年限五个个体特征变量。图 9.5 展示了电子商务影响农村居民社区参与的标准化参数估计结果。结合表 9.10 分析,电子商务影响农村居民社区参与行为的间接效果模型的确存在,研究假设得到验证。

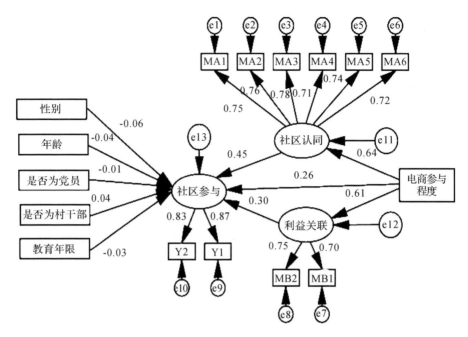

图 9.5　电子商务影响农村居民社区参与的标准化参数估计结果

(1)电商参与程度对农村居民社区参与的直接效应系数为 0.945,且在 1%的显著性水平上显著,这表明当其他条件保持不变时,电商参与程度每上升 1 个单位,农村居民社区参与表现就会提升 0.945 个单位,证明了假设 H1,即电商参与程度对农村居民社区参与表现有显著的正向影响。

(2)电商参与程度对农村居民社区认同的直接效应系数为 1.643,且在 1%的显著性水平上显著,这说明在其他条件保持不变的情况下,电商参与程度每上升 1 个单位,农村居民的社区认同就会提升 1.643 个单位,这证实了假设 H2,即电商参与程度对农村居民社区认同有显著的正向影响。

(3)电商参与程度对农村居民利益关联的直接效应系数为 1.651,且在 1%的显著性水平上显著,这说明在保持其他条件不变的情况下,电商参与程度每上升 1 个单位,农村居民的利益关联就会增加 1.651 个单位,这证实了假设 H3,即电商参与程度对农村居民利益关联有显著的正向影响。

(4)农村居民社区认同对社区参与的直接效应系数为 0.617,且在 1%的显著性水平上显著,这表明在保持其他条件不变的情况下,农村居民社区认同每提升 1 个单位,农村居民社区参与表现就会提升 0.617 个单位,这证明了假设 H4,即农村居民社区认同对社区参与有显著的正向影响。

(5)农村居民的利益关联对社区参与的直接效应系数为 0.396，且在 1%的显著性水平上显著，这表明在保持其他条件不变的情况下，农村居民的利益关联每增加 1 个单位，农村居民社区参与就会提升 0.396 个单位，这证实了假设 H5，即农村居民的利益关联对社区参与有显著的正向影响。

表 9.10　电子商务影响社区参与的系数估计结果

因变量	自变量	Estimate	S. E.	C. R.	P	假设
社区认同	电商参与程度	1.643	0.133	12.345	***	H2
利益关联	电商参与程度	1.651	0.170	9.721	***	H3
社区参与	社区认同	0.617	0.079	7.812	***	H4
社区参与	利益关联	0.396	0.087	4.559	***	H5
社区参与	电商参与程度	0.945	0.228	4.153	***	H1
社区参与	性别	−0.084	0.050	−1.675	0.094	
社区参与	年龄	−0.003	0.002	−1.173	0.241	
社区参与	是否为党员	−0.028	0.082	−0.347	0.729	
社区参与	是否为村干部	0.106	0.107	0.992	0.321	
社区参与	受教育年限	−0.005	0.007	−0.700	0.484	

Bootstrap 抽样方法最早由 Efron 提出，其实质上是一种模拟从总体随机抽取大量样本的重复性抽样程序，通过在整个原始样本中进行有放回的重复性抽样，抽取大量样本以获得统计量结果。Bootstrap 抽样方法可以克服传统逐步检验法及 Sobel 检验法的局限性，其不要求中介效应的分布必须服从正态分布，可以进行更加精确的估计（Cheung，2008；方杰，2014；张涵等，2016）。基于此，采用基于 Bootstrap 方法的结构方程模型进行多重中介效应检验。同样运用 AMOS 统计软件，进行 Bootstrap 5000 次的置信区间估计，置信水平为 95%，分析结果见表 9.11。

表 9.11　电子商务影响社区参与中介效应显著性的 Bootstrap 分析

自变量	中介变量	因变量	Estimate	Lower	Upper
电商参与程度	社区认同	社区参与	2.713	2.042	3.499

续表

自变量	中介变量	因变量	Estimate	Lower	Upper
电商参与程度	利益关联	社区参与	0.654	0.373	1.014
特定中介效应差值			2.059	1.109	4.352
总中介效应			3.367	2.559	4.310
总效应			4.312	3.497	5.218

（1）社区认同中介效应的估计值为 2.713，其在 95% 的置信水平下偏差校正 Bootstrap 的置信区间为（2.042，3.499），该置信区间不包括 0 值，说明在控制利益关联的情况下，社区认同在电商参与程度和社区参与之间有显著的中介效应。由此假设 H6 得到验证。

（2）利益关联中介效应的估计值为 0.654，其在 95% 的置信水平下偏差校正 Bootstrap 的置信区间为（0.373，1.014），同样不含 0 值，说明在控制社区认同的情况下，利益关联在电商参与程度和社区参与之间同样有着显著的中介效应。故假设 H7 得到证实。

（3）比较两个特定中介效应，其差值的估计值是 2.059，在 95% 的置信水平下偏差校正 Bootstrap 的置信区间为（1.109，4.352），不包含 0 值，说明社区认同与利益关联所起的中介效应不同，社区认同的中介效应要高于利益关联。由此假设 H8 被证实。

（4）社区认同、利益关联在电子商务与农村居民社区参与的正向关系中的总中介效应值为 3.367，在 95% 的置信水平下偏差校正 Bootstrap 的置信区间为（2.559，4.310），不包含 0 值，说明社区认同、利益关联在电商参与程度和社区参与之间的总中介效应显著。

（5）电子商务影响农村居民社区参与的总效应值为 4.312，在 95% 的置信水平下偏差校正 Bootstrap 的置信区间为（3.497，5.218），不含 0 值，说明电子商务对农村居民社区参与的正向影响显著，再一次验证了假设 H1。

根据以上检验结果，前文提出的八个研究假设通过调查数据的验证都成立，整体上证明了电子商务促进了农村居民社区参与，同时其是通过社区认同和利益关联两大中介变量实现促进，切合想要对电子商务与农村居民社区参与之间关系的探讨和研究（见表 9.12）。

表 9.12 研究假设检验结果汇总

假设序号	假设描述	检验结果
H1	电子商务增强了农村居民的社区参与行为	支持
H2	电子商务增强了农村居民的社区认同	支持
H3	电子商务增强了农村居民的利益关联	支持
H4	社区认同增强了农村居民的社区参与行为	支持
H5	利益关联增强了农村居民的社区参与行为	支持
H6	社区认同在电子商务与农村居民社区参与的正向关系中起中介作用	支持
H7	利益关联在电子商务与农村居民社区参与的正向关系中起中介作用	支持
H8	社区认同、利益关联在电子商务与农村居民社区参与的正向关系中所起的中介作用程度不同	支持

9.3 本章小结

关于电子商务与农村居民社区参与的研究,主要侧重于分析在农村电子商务井喷式发展的环境下,农村居民社区参与行为是否会发生变化;如果会,其作用机制是什么。本研究选取江苏沭阳、山东曹县、浙江临安三个农村电子商务发展较好的地区的电商户作为调研对象,通过实地问卷调查和访谈获得一手数据,结合现有理论基础和文献研究,构建理论模型,通过结构方程模型实证分析了电子商务影响农村居民社区参与、社区认同、利益关联以及社区认同、利益关联对社区参与的影响,并运用 Bootstrap 抽样方法着重研究了社区认同、利益关联在电子商务与农村居民社区参与关系中的多重中介效应,发现社区认同、利益关联是电子商务影响农村居民社区参与的关键中介变量,并得出以下结论:

第一,电子商务显著提高了农村居民社区参与的主动性。在电商经济环境下,电商参与程度越深的农村居民,相对而言更关心社区的发展,更加积极主动地参与社区公共事务。在农村电商商务深度发展的同时,电商精英开始出现,进入农村社区治理的核心,进一步推动了电商户的社区参与行为。

第二,电子商务对农村居民的社区认同、利益关联均有显著的正向影响。电子商务的出现使得农村的物流快递更方便快捷、基础设施更健全,提高了农村居民对社区的认同。在电商经济的作用下,原本以农业生产为主的利益结构解体,以电子商务产业为核心的社区利益共同体逐步形成,社区内部的利益关联更加密切。

第三,社区认同、利益关联均显著增强了农村居民的社区参与行为。社区认同感高的农村居民会更倾向于参与集体行动以推动社区发展。当社区参与的效能感能让居民意识到参与的意义和价值,即可以为其带来精神或物质上的利益时,居民就会越频繁地进行社区参与行为。

第四,社区认同、利益关联在电子商务与农村居民社区参与的正向关系中起显著中介作用。一方面,发展电子商务,增强了农村居民的凝聚力和集体行动力;另一方面,电子商务促使农村利益重构,电商户与邻里、与社区的利益关联更加紧密,进而促使电商户积极采取社区参与行为。在本研究中,社区认同所起的中介效应要比利益关联高。

10 结论与展望

10.1 研究结论

本研究从农户视角出发,研究电子商务采纳对三农发展的影响。在已有文献的基础上,综合运用农户行为理论、交易成本理论、技术采纳行为理论,并结合农户调研数据,使用计量分析方法实证检验了农户采纳电子商务决策的影响因素,以及电子商务采纳对农村发展、农业生产、农民生活的影响。研究得到的主要结论有:

第一,本研究的三个典型地区有几个相似的特征。这些地区主要的电子商务产品都具有良好的产业基础,且在道路交通和物流方面的基础设施较为完善,地方政府,特别是在产业初期阶段,非常支持电子商务的发展。这些都被认为是这些区县的农村电子商务发展取得成功的必要条件。从更广泛的角度来看,电子商务之所以在中国的某些地区如此迅速地发展,主要原因包括互联网的接入、交通和物流等基础设施条件的改善以及地方政府的支持。

第二,农户采纳电子商务的决策受到多方面因素的综合影响,主要包括:户主年龄、受教育水平、健康程度、对电商的主观认知、电商培训经历、农户家庭人口规模、老年人口数量、经营产品品类、电商人脉数量、农户所在地区的宽带服务和物流快递服务的可及性等因素。同时,家庭承包土地会显著影响农产品电商户的采纳决策,但对工业品电商户的采纳决策影响则不显著。研究结论与假设呈现较大一致性,但在个别变量的显著性上有所差别。整体而言,调研农户户主越年轻、受教育程度越高、身体越健康、对电商主观认识越积极、家庭人口规模越大、结构越年轻、电商人脉越广、所在地区基础设施建设越完备,农户采纳电商的可能性越高。

第三,电子商务采纳显著增加了农户的劳动时长,显著影响了农户家庭的劳动参与率。具体而言,电商采纳显著提升了农户家庭劳动力的本地自雇用比重和返乡回流比重,经营农产品电商的农户的农业劳动参与率显著提升,经营工业品电商的农户的农业劳动参与率显著下降。此外,电商采纳的影响效应会因农户特征的不同而呈现一定的异质性。总的来说,户主越年轻,家庭规模越小,家庭经营土地规模越大,则该农户家庭采纳电商后的劳动时长增长越显著,劳动参与率变化也越显著。

第四,电子商务采纳对农户土地流转的影响分为直接影响效应和以家庭劳动力转移为中介变量的间接影响效应。对直接影响效应的检验结果显示,电子商务采纳促进了农户的土地流转,经营农产品电商的农户倾向于扩大土地经营规模,而经营工业品电商的农户倾向于缩小土地经营规模。对间接影响效应的检验结果显示,电子商务采纳通过影响农户劳动力转移进而影响土地流转的中介效应显著存在,约占总效应的十分之一。

第五,电子商务采纳显著增加了农户的家庭收入。对农村电子商务采纳对不同来源收入的影响分析表明,电子商务的采纳会使得农户生产经营性收入大幅增长,财产性收入小幅增长;工资性收入小幅减少;转移支付没有显著变化。此外,电子商务采纳的收入效应在不同区域和家庭特征等方面存在显著差异。相对贫困的县(相对于较为富裕的区县)和相对贫困的农户(相较于富裕农户),采纳农村电子商务对农户收入的影响更大。此外,户主越年轻,受教育程度越高,家庭规模越小,初始收入越少,耕地越多的家庭,通过电子商务获得的收益越高。

第六,电子商务采纳扩大了农户的收入不平等效应,其贡献率为12%—14%;电子商务采纳降低了农户生产经营性收入不平等和工资性收入不平等,而电子商务采纳带来的生产经营性收入对工资性收入的替代效应是电子商务采纳扩大收入不平等的主要路径。

第七,电子商务采纳促进了农户家庭总消费支出的增加,且影响效应具有异质性。但是,电子商务采纳对农户消费支出的影响远远低于电子商务采纳带来的增收效应,说明农户并没有将电子商务采纳获得的收入用于消费,而是将绝大部分增加的收入用于储蓄或再生产。此外,电子商务采纳对农户的消费结构也产生了一定的影响,显著增加了农户在食物、衣着、交通通信以及医疗保健方面的消费支出。总体而言,电子商务采纳对农户基础生存型消费的增加影响较大,但是对农户发展型消费的影响略显不足。

第八,电子商务会显著提升农村居民的主观幸福感。平均而言,农村居民一旦采纳了电子商务,其主观幸福感提升数值为 0.177,提升幅度达到 4.19%。农村居民的个人纯收入、个人相对收入共同构成了电子商务采纳下电商户个体主观幸福感提升效应的来源机制。其中,个人相对收入的影响大于个人纯收入的影响,在 1% 的显著性水平上,个人纯收入的差值正向显著影响电商户个体参与电子商务前后主观幸福感的差值,平均来看,个人纯收入的差值每上升 1%,电商户个体主观幸福感的差值上升 0.00326。

第九,电子商务显著提高了农村居民社区参与的主动性。在电商经济环境下,电商参与程度越深的农村居民,相对而言更关心社区的发展,更加积极主动地参与社区公共事务。在农村电商商务深度发展的同时,电商精英开始出现,进入农村社区治理的核心,进一步推动了电商户的社区参与行为。电子商务对农村居民的社区认同、利益关联均有显著的正向影响,社区认同、利益关联均显著增强了农村居民的社区参与行为,社区认同、利益关联在电子商务与农村居民社区参与的正向关系中起显著中介作用。

10.2 研究启示

电子商务采纳带来的增收效应进一步增强了促进农村电子商务发展作为潜在的重要扶贫手段的可能性。相对而言,本研究的结果为政府通过推动农村电子商务促进农村经济发展提供了有力的支撑。

本研究的三个样本地区有几个相似的特征。这些地区主要的电子商务产品都具有良好的产业基础,且在道路交通和物流方面的基础设施较为完善,地方政府,特别是在产业初期阶段,非常支持电子商务的发展。这些都被认为是这些区县的农村电子商务发展取得成功的必要条件。从更广泛的角度来看,电子商务之所以在中国的某些地区如此迅速地发展,主要原因包括互联网的接入、交通和物流等基础设施条件的改善以及地方政府的支持。

因此,政府既要对农村电子商务发展的趋势和意义有深刻的认知,也要清醒地意识到农村电子商务健康快速发展的前提条件。地方政府要想充分利用农村电子商务作为经济发展的重要手段,就必须优先努力改善这些关键的基础设施条件,为电子商务发展提供一个良好的外部环境。具体做法包括:加强农村地区通信和互联网基础设施建设,缩小城乡信息化程度的差距,为电子商务的发展奠定良好的设施基础;加快发展农村物流产业,建立和完善农村物流配送体系;提高农村地区的金融服务水平,推广移动支付业务,提高支付渠道的安全性和便捷性,加大电信诈骗的打击力度,增强农户对移动支付的信任感,为农村电子商务的发展扫清障碍。

政府要加强电子商务市场治理体系建设,规范市场秩序,维护电子商务市场公平竞争的环境。可以由地方政府部门牵头,鼓励当地电商大户,带动小规模电商户,一同建立电商协会。电商协会的建立不仅可以促进电商户的往来和交流,还可以辅助地方政府协调农户间矛盾,帮助政府维护当地电商市场的秩序,避免电商户之间恶性竞争,促进农村电子商务健康发展;政府部门应加强市场治理体系建设,制定相关法规政策和规章制度,设立公共服务机构,完善标准化体系建设,包括经营管理标准规范、服务标准、产品质量标准和物流服务规范等,同时加强信用体系建设,维护电子商务市场公平的竞争环境。

此外,在尊重农户意愿的基础上,政府应当遵循农户行为决策的规律,加强电子商务相关知识的宣传,定期举办具有分层级的、具有针对性的电商相关培训,包括基础操作技能、网店运营方式、互联网经营思维等多个方面,切实提高农户对电子商务的了解程度,提高农户的电子商务运营能力。培育电商带头人,合理引导有条件的农户采纳电子商务,鼓励青年人返乡电商创业。培养电子商务相关领域的专业人才,鼓励大学生村官积极学习、掌握和推广电子商务技能,进而带动广大农户加入电子商务创业的队伍中来。此外,地方政府还可以通过制定优惠政策,引进外地电子商务专业人才,促进本地电子商务发展。电商采纳的增收效应的异质性说明促进受过良好教育的年轻农户采纳电子商务,因为他们往往能够从电子商务采纳中受益更多。不过,这也可能意味着,政府必须向受教育程度较低和年龄较大的农户提供培训和其他方面的支持和帮助,以提高他们的电子商务运营能力,使更多的农户受益于农村电子商务的发展。

在发展农村电子商务的同时,也应正视电子商务采纳给农村内部地区带来的数字鸿沟问题。政府要关注和监测农户内部的收入不平等情况,包括电商采纳对农户收入不平等的影响以及电商户内部的电商红利差异,保障公共产品和服务的有效供给,帮助面临资源禀赋和能力约束的农户通过公共政策获得电商发展红利。

在关注电子商务采纳对农户的增收效应的同时,也要注意到增收效应转化为消费支出的比例非常低,农户将增收的绝大部分用于储蓄和再生产。同时,电子商务采纳对农户的消费结构影响有限,消费支出的增加主要集中在生存需求型消费方面。这一方面说明农户消费支出有限,还没有实现消费结构的升级;另一方面也说明,农村市场还有巨大的发展潜力,农户的购买力并没有完全地被激发出来。在当前经济转型和拉动内需的背景下,促进农户采纳电子商务,增加农户收入,有助于提高农户的消费约束,促进农户消费。同时,政府应当加强和完善农村地区文化基础设施建设,兴建农村区域公共文化消费场所,满足农户日益增长的文化消费需求,引导农村居民实现消费升级。此外,政府还需要进一步完善农村教育、医疗、养老保险制度,使得农户通过农村电子商务增收,降低农户在教育、养老和医疗支出方面的不确定性,促进农村地区消费潜力的释放。

本研究对其他发展中国家农村地区电子商务的发展也具有一定启示意义,因为印度、撒哈拉以南非洲和拉丁美洲的政府都渴望促进农村电子商务的发展(Jamaluddin,2013;Okoli et al.,2010)。采纳电子商务有助于贫困地区农户更好地进入更广阔的市场,且年轻农户更可能采纳电子商务,与此同时,女性在采纳电子商务时并没有受到歧视。这些研究结果表明,在一些发展中国家较为贫穷的农村社区发展电子商务可以成为消除贫困、改善市场准入和促进就业的有效途径。

10.3 研究不足与展望

由于相关数据可得性的限制,本研究具有一定的局限性,存在如下几点不足:

第一,本研究没有对农户采纳电子商务的各种模式进行分类。在现实世界中,农户采纳电子商务的模式非常丰富,例如通过不同的电商平台(如淘宝、京东、微商、拼多多等)以不同的参与方式(如直播电商、社区团购等)进行经营,会导致电商采纳对农户农业生产的影响具有一定的异质性。尽管对农户经营电商产品品类是否为农产品这一关键因素进行了区分,并在实证分析时选取变量对此进行控制,但由于样本量的限制,暂时无法就农户采纳电子商务的各种模式进行详细的异质性分析。

第二,受调研成本的限制,本研究主要使用了两期短面板数据进行分析。虽然本研究使用的计量方法能够控制农户采纳电商的自选择偏误,并采用多种方式进行稳健性检验,但基于农户回忆的两期短面板数据仍具有一定的局限性。

第三,在对农户电子商务采纳的收入效应的研究中,本研究并没有估计电子商务的溢出效应:如部分非电商户通过为电商户供货而获取的间接收益,又如电商发展带动当地基础设施建设和品牌效应,从而进一步促进非电商户的线下销售。

基于上述研究不足,未来研究需要不断拓展研究视角,提高理论深度,挖掘案例,搜集长期面板数据,改进研究方法,进一步丰富相关研究。

参考文献

［1］ Abadie, A. , 2005. Semiparametric difference-in-differences estimators. The Review of Economic Studies 72, 1-19.

［2］ Abadie, A. , Imbens, G. W. , 2016. Matching on the estimated propensity score. Econometrica 84, 781-807.

［3］ Abdul-Rahaman, A. , Abdulai, A. , 2018. Do farmer groups impact on farm yield and efficiency of smallholder farmers? Evidence from rice farmers in northern Ghana. Food Policy 81, 95-105.

［4］ Aigner, D. , Lovell, C. K. , Schmidt, P. , 1977. Formulation and estimation of stochastic frontier production function models. Journal of Econometrics 6, 21-37.

［5］ Ajzen, I. , 1991. The theory of planned behavior. Organizational Behavior and Human Decision Processes 50, 179-211.

［6］ Ajzen, I. , Fishbein, M. , 1975. A Bayesian analysis of attribution processes. Psychological Bulletin 82, 261.

［7］ Aker J. C. , 2010. Information from markets near and far: Mobile phones and agricultural markets in Niger. American Economic Journal: Applied Economics 2(3), 46－59.

［8］ Aker, J. C. , Ghosh, I. , Burrell, J. , 2016. The promise (and pitfalls) of ICT for agriculture initiatives. Agricultural Economics 47, 35-48.

［9］ Akter, S. , Rutsaert, P. , Luis, J. , et al. , 2017. Women's empowerment and gender equity in agriculture: A different perspective from Southeast Asia. Food Policy 69, 270-279.

［10］ Anang, B. T. , Bäckman, S. , Rezitis, A. , 2017. Production technology and technical efficiency: Irrigated and rain-fed rice farms in northern

Ghana. Eurasian Economic Review 7,95-113.

[11] Ardichvili A. , Cardozo R. , Ray S. , 2003. A theory of entrepreneurial opportunity identification and development. Journal of Business Venturing 18(1), 105—123.

[12] Arrow,K. J. ,1969. The organization of economic activity: Issues. The Analysis and Evaluation of Public Expenditures: The PPB System: pt. 1. The appropriate functions of government in an enterprise system. pt. 2. Institutional factors affecting efficient public expenditure policy. pt. 3. Some problems of analysis in evaluating public expenditure alternatives 1,47.

[13] Ashokkumar, K. , Bairi, G. R. , Are, S. B. , 2019. Agriculture e-commerce for increasing revenue of farmers using cloud and web technologies. Journal of Computational and Theoretical Nanoscience 16,3187-3191.

[14] Bachke, M. E. 2019. Do farmers' organizations enhance the welfare of smallholders? Findings from the Mozambican national agricultural survey. Food Policy 89(10),101792.

[15] Baron, R. M. , Kenny, D. A. , 1986. The moderator-mediator variable distinction in social psychological research: Conceptual, strategic, and statistical considerations. Journal of Personality and Social Psychology 51,1173—1182.

[16] Barzel, Y. , 1997. Economic Analysis of Property Rights, second ed. Cambridge: Cambridge University Press.

[17] Battese, G. E. , 1997. A note on the estimation of Cobb-Douglas production functions when some explanatory variables have zero values. Journal of Agricultural Economics 48,250-252.

[18] Baumüller, H. , 2018. The little we know: An exploratory literature review on the utility of mobile phone-enabled services for smallholder farmers. Journal of International Development 30,134-154.

[19] Becker,S. O. ,Ichino,A. ,2002. Estimation of average treatment effects based on propensity scores. The Stata Journal 2,358-377.

[20] Bhagavatula,S. ,Elfing,T. ,Tilburg,A. V. , et al,2010. How social and

human capital influence opportunity recognition and resource mobilization in India's handloom industry. Journal of Business Venturing 25(3), 245-260.

[21] Biggeri,M. ,Burchi,F. ,et al. 2018. Linking small-scale farmers to the durum wheat value chain in Ethiopia: Assessing the effects on production and wellbeing. Food Policy 79(8),77-91.

[22] Blanchflower D. G. , Oswald A. J. , 2000. Well—being over time in Britain and the USA. Journal of Public Economics 88(7), 1359—1386.

[23] Blanchflower,D. G. ,Meyer,B. D. 1994. A longitudinal analysis of the young self-employed in Australia and the United States. Small Business Economics 6(1),1-19.

[24] Blau,P. M. ,1964. Justice in social exchange. Sociological Inquiry,34 (2),193-206.

[25] Blinder,A. 1973. Wage discrimination: Reduced form and structural estimates. Journal of Human Resources 8(4),436-455.

[26] Borghesi S. , Vercelli A. , 2012. Happiness and health: Two paradoxes. Journal of Economic Surveys 26(2), 203—233.

[27] Borsellino,V. , Kaliji, S. A. , Schimmenti, E. 2020. COVID-19 drives consumer behavior and agro-food markets towards healthier and more sustainable patterns. Sustainability (Switzerland) 12(20),1-26.

[28] Bourguignon, F. , Fournier, M. , Gurgand, M. , 2007. Selection bias corrections based on the multinomial logit model: Monte Carlo comparisons. Journal of Economic Surveys 21,174-205.

[29] Bravo-Ureta,B. E. , Gonz lez-Flores,M. , Greene,W. , et al. ,2021. Technology and technical efficiency change: Evidence from a difference in differences selectivity corrected stochastic production frontier model. American Journal of Agricultural Economics 103,362-385.

[30] Bravo-Ureta,B. E. , Greene, W. , Solís, D. , 2012. Technical efficiency analysis correcting for biases from observed and unobserved variables: An application to a natural resource management project. Empir Econ 43,55-72.

[31] Bregha F. J. ,1973. Public participation in planning policy and programme.

Ontario Ministry of Community and Social Services.

[32] Burt, S. , Sparks, L. , 2003. E-commerce and the retail process: A review. Journal of Retailing and Consumer Services 10,275-286.

[33] Caliendo, M. , Kopeinig, S. , 2008. Some practical guidance for the implementation of propensity score matching. Journal of Economic Surveys 22,31-72.

[34] Cardona, M. , Kretschmer, T. , Strobel, T. , 2013. ICT and productivity: Conclusions from the empirical literature. Information Economics and Policy 25,109-125.

[35] Carpio, C. E. , Isengildina-Massa, O. , Lamie, R. D. , et al, 2013. Does e-commerce help agricultural markets? The Case of Market Maker Choices 28, 1-7.

[36] Chakraborty S. , 2004. School participation and child labour: A recent survey of rural households in North Bengal. Journal of Social and Economic Development 6(1), 113.

[37] Chayanov, A. V. , Shanin, Teodor. , Thorner, D. , 1986. The Theory of Peasant Economy. Manchester: Manchester University Press.

[38] Chen, D. , Guo, H. , Zhang, Q. , et al. , 2022. E-commerce adoption and technical efficiency of wheat production in China. Sustainability 14, 1197.

[39] Cheung G. W. , Lau R. S. , 2008. Testing mediation and suppression effects of latent variables: Bootstrapping with structural equation models. Organizational Research Methods 11, 296—325.

[40] Cheung, S. N. , 1978. Transaction costs, risk aversion, and the choice of contractual arrangements//Uncertainty in Economics. Academic Press, 377—399.

[41] Cho, K. M. , Tobias, D. J. 2010. Impact assessment of direct marketing of small-and mid-sized producers through food industry electronic infrastructure Market Maker. International Conference on World Food System.

[42] Claire W. , Kathryn V. , Cristian L. , et al. , 2017. Information technology and social cohesion: A tale of two villages. Journal of Rural Studies 54,

426-434.

[43] Clark A. E. , Oswald A. J. , 1996. Satisfaction and comparison income. Journal of Public Economics 61(3), 359—381.

[44] Coase,R. H. ,1937. The nature of the firm. Economica 4,386-405.

[45] Coase,R. H. 1960. The problem of social cost. Journal of Law and Economics 3(4),1-44.

[46] Coleman,J. S. ,1988. Social capital in the creation of human capital. American Journal of Sociology 94,S95-S120.

[47] Coleman, J. S. , 1990. Foundations of Social Theory. Cambridge, MA: Harvard University Press.

[48] Couture,V. ,Faber,B. ,Gu,Y. ,et al,2021. Connecting the countryside via e-commerce: Evidence from China. American Economic Review: Insights 3,35-50.

[49] Cui,M. ,Pan,S. L. ,Newell,S. ,et al,2017. Strategy,resource orchestration and e-commerce enabled social innovation in rural China. The Journal of Strategic Information Systems 26,3-21.

[50] Cui, Z. , Zhang, H. , Chen, X. , et al. , 2018. Pursuing sustainable productivity with millions of smallholder farmers. Nature 555, 363-366.

[51] Dahlman,C. J. ,1979. The problem of externality. The Journal of Law and Economics 22,141-162.

[52] Davis,F. D. ,1989. Perceived usefulness,perceived ease of use,and user acceptance of information technology MIS Quarterly 13,319-340.

[53] Deininger,K. ,Jin,S. ,2005. The potential of land rental markets in the process of economic development: Evidence from China. Journal of Development Economics 78,241-270.

[54] Deller, S. , Kures, M. , Conroy, T. , 2019. Rural entrepreneurship and migration. Journal of Rural Studies 66,30-42.

[55] Deng,X. ,Xu,D. ,Zeng,M. ,et al. ,2019. Does Internet use help reduce rural cropland abandonment? Evidence from China. Land Use Policy 89,104243.

[56] Diener E. , Tov W. , 2007. Subjective well—being and peace. Journal of

Social Issues, 63(2), 421—440.

[57] Dolan P. , Peasgood T. , White M. , 2008. Do we really know what makes us happy? A review of the economic literature on the factors associated with subjective well — being. Journal of Economic Psychology 29(1), 94—122.

[58] Draper A. K. Hewitt G. , Rifkin S. , 2010. Chasing the dragon: Developing indicators for the assessment of community participation in health programmers. Social Science & Medicine 71(6),1102-1109.

[59] Dubé, L. , McRae, C. , Wu, Y. H. , et al. , 2020. Impact of the eKutir ICT-enabled social enterprise and its distributed micro-entrepreneur strategy on fruit and vegetable consumption: A quasi-experimental study in rural and urban communities in Odisha, India. Food Policy 90, 101787.

[60] Duesenberry, J. S. , 1949. Income, Saving and the Theory of Consumer Behavior. Cambridge, MA: Harvard University Press, 113—145.

[61] Easterlin R. A. ,1974. Does economic growth improve the human lot? Some empirical evidence. Nations & Households in Economic Growth, 89-125.

[62] Easterlin, R. A. , McVey, L. A. , Switek, M. , et al. , 2010. The happiness-income paradox revisited. Proceedings of the National Academy of Sciences, 107(52),22463-22468.

[63] Eggertsson, T. 1990. The role of transaction costs and property rights in economic analysis. European Economic Review 34(2),450-457.

[64] Fafchamps, M. , Quisumbing, A. R. ,2003. Social roles, human capital, and the intrahousehold division of labor: Evidence from Pakistan. Oxford Economic Papers 55,36-80.

[65] Fan, D. , Wang, C. , Wu, J. , et al, 2022. Nonfarm employment, large-scale farm enterprises and farmland transfer in China: A spatial econometric analysis. Journal of the Asia Pacific Economy 27,84-100.

[66] Ferrer—i—Carbonell A. , 2005. Income and well—being: An empirical analysis of the comparison income effect. Journal of Public Economics 89(5), 997—1019.

［67］Festinger，L.，1954. A theory of social comparison processes. Human Relations，7（2）：117-140.

［68］Fields，G.，Yoo，G. 2000. Falling labor income inequality in Korea's economic growth：Patterns and underlying causes. Review of Income and Wealth 46（2），139-159.

［69］Fishbein，M.，Ajzen，I. 1975. Belief，Attitude，Intention and Behavior：An Introduction to Theory and Research. MA：Addison-Wesley.

［70］Fountain，J. E.，2004. Building the Virtual State：Information Technology and Institutional Change. Lanham，Md.：Rowman & Littlefield.

［71］Frey B. S.，Stutzer A.，1999. Measuring preferences by subjective well−being. Journal of Institutional & Theoretical Economics 155（4），755−778.

［72］Gao，J.，Song，G.，Sun，X.，2020. Does labor migration affect rural land transfer? Evidence from China. Land Use Policy 99，105096.

［73］Georgiou M. N. 2009. E-commerce has a positive impact on economic growth：A panel data analysis for western Europe. SSRN Electronic Journal.

［74］Gibson，R. K.，Lusoli，W.，Ward，S.，2005. Online participation in UK：Testing a 'contextualised' model of internet effects. The British Journal of Politics and International Relations 4，561-583.

［75］González-Flores，M.，Bravo-Ureta，B. E.，Solís，D.，et al，2014. The impact of high value markets on smallholder productivity in the Ecuadorean Sierra：A Stochastic Production Frontier approach correcting for selectivity bias. Food Policy 44，237-247.

［76］Gossen，H. H.，1854. The Development of The Laws of Exchange Among Men and of the Consequent Rules of Human Action. Cambridge，Mass.：MIT Press.

［77］Graham C.，Pettinato S.，2001. Happiness，markets，and democracy：Latin America in comparative perspective. Journal of Happiness Studies 2（3），237−268.

［78］Greene，W.，2010. A stochastic frontier model with correction for sample selection. Journal of Productivity Analysis 34,15-24.

[79] Guihang, G., Qian, L., Guangfan, L., 2014. Effects of clusters on China's e-commerce:Evidence from the Junpu Taobao village. International Journal of Business and Management 9,180.

[80] Guo, G., Liang, Q., Luo, G., 2014. Effects of clusters on China's e—commerce: Evidence from the Junpu Taobao Village. International Journal of Business and Management 9(6), 180—186.

[81] Guo, H., Liu, Y., Shi, X., et al, 2020. The role of e-commerce in the urban food system under COVID-19: Lessons from China. China Agricultural Economic Review 46,58-66.

[82] Guo, Y., Chen, M., Pan, J., et al., 2021. Increasing soil organic carbon sequestration while closing the yield gap in Chinese wheat production. Land Degradation & Development 32,1274-1286.

[83] Gustafssona, B., Li, S. 2002. Income inequality within and across counties in rural China 1988 and 1995. Journal of Development Economics 69(1),179-204.

[84] Guy G., Melina R. P., Jonathan R., 2018. Crowdsourcing accountability: ICT for service delivery. World Development 112,74-87.

[85] Hagerty M. R., Veenhoven R., 2003. Wealth and happiness revisited – Growing national income does go with greater happiness. Social Indicators Research 64(1), 1—27.

[86] Haley, G. T., 2002. E-commerce in China:Changing business as we know it. Industrial Marketing Management 31,119-124.

[87] Hamad, H., Elbeltagi, I., El—Gohary, H., 2018. An empirical investigation of business—to—business e—commerce adoption and its impact on SMEs competitive advantage: The case of Egyptian manufacturing SMEs. Strategy Change 27(3), 209-229.

[88] Han, F., Li, B., 2020. A new driver of farmers' entrepreneurial intention:Findings from e-commerce poverty alleviation. World Review of Entrepreneurship,Management and Sustainable Development 16,22-49.

[89] Hashim, F., Razak, N. A., Amir, Z., 2011. Empowering rural women

entrepreneurs with ict skills: An impact study of 1nita project in Malaysia. Procedia-Social and Behavioral Sciences 15,3779-3783.

[90] Hausman, J. , McFadden, D. ,1984. Specification tests for the multinomial logit model. Econometrica: Journal of the Econometric Society 52(5), 1219-1240.

[91] Heckman, J. J. , & Vytlacil, E. J. ,2007. Econometric evaluation of social programs, part Ⅱ: Using the marginal treatment effect to organize alternative econometric estimators to evaluate social programs, and to forecast their effects in new environments. Handbook of Econometrics 6,4875-5143.

[92] Heckman, J. J. , Ichimura, H. , Todd, P. E. , 1997. Matching as an econometric evaluation estimator: Evidence from evaluating a job training programme. The Review of Economic Studies 64,605-654.

[93] Hirschman, A. O. ,1972. Exit, Voice, and Loyalty: Responses to Decline in Firms, Organizations, and States. Cambridge, MA: Harvard University Press.

[94] Hofstede G. , 2001. Culture's consequences: Comparing values, behaviors, institutions and organizations across nations. Administrative Science Quarterly 27(3), 127－131.

[95] Hogg, M. A. , Abrams. , D. , 1988. Social Identifications: A Social Psychology of Intergroup Relations and Group Processes. London: Routledge.

[96] Holland P. W. , 1986. Statistics and causal inference. Journal of the American statistical Association 81(396), 945－960.

[97] Homans, G. C. ,1958. Social behavior as exchange. American Journal of Sociology 63(6),597-606.

[98] Huang, C. C. , Jin, H. , Zhang, J. , et al. , 2020. The effects of an innovative e-commerce poverty alleviation platform on Chinese rural laborer skills development and family well-being. Children and Youth Services Review 116,105189.

[99] Inkeles, A. , Smith, D. H. ,1974. Becoming Morden: Individual Change in Six Developing Countries. Cambridge, MA: Harvard University Press.

[100] Jalan J. , Ravallion M. , 2003. Does piped water reduce diarrhea for children in rural India? Journal of Econometrics 112(1), 153—173.

[101] Jamaluddin, N. , 2013. Adoption of e-commerce practices among the Indian farmers, a survey of Trichy District in the State of Tamilnadu, India. Procedia Economics and Finance, International Conference on Economics and Business Research 2013 (ICEBR 2013) 7, 140-149.

[102] James L. R. , Mulaik S. A. , Brett J. M. , 1982. Conditions for confirmatory analysis and causal inference. Beverly Hills: Sage.

[103] Jensen, R. , 2007. The digital provide: Information (technology), market performance, and welfare in the South Indian Fisheries Sector. Quarterly Journal of Economics 122(3), 879-924.

[104] Jensen, R. , 2010. Information, efficiency, and welfare in agricultural markets. Agricultural Economics 41(S1), 203-216.

[105] Jha, S. K. , Pinsonneault, A. , Dubé, L. , 2016. The evolution of an ICT platform-enabled ecosystem for poverty alleviation: The case of eKutir. MIS Quarterly 40, 431-446.

[106] Jin, H. , Li, L. , Qian, X. , et al, 2020. Can rural e-commerce service centers improve farmers' subject well-being? A new practice of internet plus rural public services' from China. International Food and Agribusiness Management Review 23 (5), 681-695.

[107] Junhong C. , 2001. Prenatal sex determination and sex — selective abortion in rural central China. Population & Development Review 27 (2), 259—281.

[108] Kabunga N. S. , Dubois T. , Qaim M. , 2014. Impact of tissue culture banana technology on farm household income and food security in Kenya. Food Policy 45, 25—34.

[109] Karahanna, E. , Straub, D. W. , Chervany, N. L. , 1999. Information technology adoption across time: a cross-sectional comparison of pre-adoption and post-adoption beliefs. MIS Quarterly 23(2), 183-213.

[110] Karine, H. , 2021. E-commerce development in rural and remote areas of BRICS countries. Journal of Integrative Agriculture 20, 979-997.

[111] Kaushik S. K. , 2006. How higher education in rural India helps

human rights and entrepreneurship. Journal of Asian Economics 17 (1), 29-34.

[112] Kelemu, K., 2016. Impact of mobile telephone on technical efficiency of wheat growing farmers in Ethiopia. International Journal of Research Studies in Agricultural Sciences 2, 1-9.

[113] Kelly C. , 1988. Intergroup differentiation in a political context. British Journal of Social Psychology 27, 319-329.

[114] Keynes, J. M. , 1937. The general theory of employment. The Quarterly Journal of Economics 51(2), 209−223.

[115] Kim Y. , Hsu S. H. , Zuniga H. G. , 2013. Influence of social media use on discussion network heterogeneity and civic engagement: The moderating role of personality traits. Journal of Communication 3, 498-516.

[116] Kingdon G. G. , Knight J. , 2005. Community, comparisons and subjective well − being in a divided society. Journal of Economic Behavior & Organization 64(1), 69−90.

[117] Kong, X. , Liu, Y. , Jiang, P. , et al. , 2018. A novel framework for rural homestead land transfer under collective ownership in China. Land Use Policy 78, 138-146.

[118] Konow J. , Earley J. , 2008. The hedonistic paradox: Is homo economicus happier? Journal of Public Economics 92(1 - 2), 1−33.

[119] Kuang, B. , Lu, X. , Zhou, M. , et al, 2020. Provincial cultivated land use efficiency in China: Empirical analysis based on the SBM-DEA model with carbon emissions considered. Technological Forecasting and Social Change 151, 119874.

[120] Kuznets, S. , 1952. Proportion of capital formation to national product. The American Economic Review 42(2), 507−526.

[121] Laudon, K. C. , Traver, C. G. , 2013. E-commerce. MA: Pearson Boston.

[122] Lechner, M. , 2011. The Estimation of Causal Effects by Difference-in-Difference Methods. Foundations and Trends® in Econometrics 4(3), 165-224.

[123] Leng, C. , Ma, W. , Tang, J. , et al, 2020. ICT adoption and income

diversification among rural households in China. Applied Economics 52,3614-3628.

[124] Leong,C. ,Pan,S. L. ,Newell,S. ,et al,2016. The emergence of self-organizing e-commerce ecosystems in remote villages of China: A tale of digital empowerment for rural development. MIS Quarterly: Management Information Systems 40,475-484.

[125] Lestari D. , 2019. Measuring e－commerce adoption behavior among gen－Z in Jakarta, Indonesia. Economic Analysis and Policy 64, 103 － 115.

[126] Leuven,E. ,Sianesi,B. ,2003. PSMATCH2:Stata module to perform full Mahalanobis and propensity score matching, common support graphing,and covariate imbalance testing. https://ideas. repec. org/c/boc/bocode/s432001. html.

[127] Li, X. , Guo, H. , Jin, S. , et al. , 2021. Do farmers gain internet dividends from E-commerce adoption? Evidence from China. Food Policy 101,102024.

[128] Li,A. H. ,2017. E-commerce and Taobao villages. A promise for China's rural development? China Perspectives 3,57-62.

[129] Lin, B. , Wang, X. , Jin, S. , et al. , 2022. Impacts of cooperative membership on rice productivity: Evidence from China. World Development 150, 105669.

[130] Lin, Y. ,2019. E-urbanism:E-commerce,migration,and the transformation of Taobao villages in urban China. Cities 91,202-212.

[131] Lin, B. , Wang, X. , Jin, S. , et al. , 2022. Impacts of cooperative membership on rice productivity:Evidence from China. World Development 150,105669.

[132] Lin,G. , Xie,X. , Lv,Z. , 2016. Taobao practices, everyday life and emerging hybrid rurality in contemporary China. Journal of Rural Studies,Rural Restructuring in China 47,514-523.

[133] Liou，K. T. , 2017. Government reform, public governance, and Chinese economic development. Journal of Chinese Governance 2(3), 255 － 270.

［134］Liu,M.,Zhang,Q.,Gao,S.,et al,2020. The spatial aggregation of rural e-commerce in China: An empirical investigation into Taobao Villages. Journal of Rural Studies 80,403-417.

［135］Liu,B.,Wu,L.,Chen,X.,et al,2016. Quantifying the potential yield and yield gap of Chinese wheat production. Agronomy Journal 108, 1890-1896.

［136］Liu,M.,Min,S.,Ma,W.,et al,2021. The adoption and impact of e-commerce in rural China: Application of an endogenous switching regression model. Journal of Rural Studies 83,106-116.

［137］Liu,C.,Li,J.,Liu,J.,2015. Rural e-commerce and new rural business model: A case study of "Taobao Village" in Jiangsu Province. Asian Agricultural Research 7,35-46.

［138］Liu, C. W., 2020. Return migration, online entrepreneurship and gender performance in the Chinese "Taobao families". Asia Pacific Viewpoint 61,478-493.

［139］Luo X., Niu C., 2019. E-commerce participation and household income growth in Taobao villages. World Bank Policy Research Working Papers. https://doi.org/doi:10.1596/1813−9450−8811.

［140］Luo, X., Niu, C., 2019. E-commerce participation and household income growth in Taobao villages. World Bank Policy Research Working Paper,Policy Research Working Papers.

［141］Lyu, D., Zhou, L., Ma, X., 2022. Income-increasing effect of e-commerce of agricultural products based on IT absorptive theory. Wireless Networks 1-8.

［142］Ma W., Abdulai A., 2016. Linking apple farmers to markets: Determinants and impacts of marketing contracts in China. China Agricultural Economic Review 8(1), 2−21.

［143］Ma W., Abdulai A., 2017. The economic impacts of agricultural cooperatives on smallholder farmers in rural China. Agribusiness 33 (4), 537−551.

［144］Ma,W.,Renwick,A.,Yuan,P.,et al,2018b. Agricultural cooperative membership and technical efficiency of apple farmers in China: An analysis accounting for selectivity bias. Food Policy 81,122-132.

[145] Ma,W. ,Zhou,X. ,Liu,M. ,2020. What drives farmers' willingness to adopt e-commerce in rural China? The Role of Internet Use. Agribusiness 36,159-163.

[146] Ma,W. ,Renwick,A. ,Nie,P. ,et al. ,2018a. Off-farm work,smartphone use and household income:Evidence from rural China. China Economic Review 52,80-94.

[147] Maddala,G. S. ,1983. Methods of estimation for models of markets with bounded price variation. International Economic Review 24(2), 361-378.

[148] Mapeshoane,T. J. ,Pather,S. ,2016. The adoption of e-commerce in the Lesotho Tourism Industry. The Electronic Journal of Information Systems in Developing Countries 75,1-24.

[149] Markelova,H. ,Meinzen-Dick,R. ,Hellin,J. ,et al,S. 2009. Collective action for smallholder market access. Food Policy 34(1),1-7.

[150] Martey,E. ,Wiredu,A. N. ,Etwire,P. M. ,et al,2019. The impact of credit on the technical efficiency of maize-producing households in Northern Ghana. Agricultural Finance Review 79(3),304-322.

[151] Maslow,A. H. ,1970. Motivation and Personality. New York:Harper and Row.

[152] McDonald R. P. , Ho M. H. R. , 2002. Principles and practice in reporting structural equation analyses. Psychological methods 7 (1), 64.

[153] McPherson,M. ,Smithlovin,L. ,Cook,J. M. 2001. Birds of a feather: Homophily in social networks. Annual Review of Sociology 27(1), 415-444.

[154] Mekenna,C. J. ,1986. The Economics of Uncertainty. Brighton,UK: Wheatsheaf Books.

[155] Mendola, M. , 2007. Agricultural technology adoption and poverty reduction:A propensity-score matching analysis for rural Bangladesh. Food Policy 32,372-393.

[156] Modigliani, F. , 1986. Life cycle, individual thrift, and the wealth of

nations. Science 234(4777), 704—712.

[157] Moffitt, R. A. , 1999. Chapter 24-New Developments in Econometric Methods for Labor Market Analysis, in: Ashenfelter, O. C. , Card, D. (Eds.), Handbook of Labor Economics. Elsevier, 1367-1397.

[158] Molla A. , Peszynki K. , Pittayachawan S. , 2010. The use of e—business in agribusiness: investigating the influence of e—readiness and OTE factors. Journal of Global Information Technology Management 13(1), 56—78.

[159] Montealegre F. , Thompson S. , Eales J. S. , 2007. An empirical analysis of the determinants of success of food and agribusiness e—commerce firms. International Food and Agribusiness Management Review 10(1), 61—81.

[160] Mor, R. , Singh, S. , Bhardwaj, A. , et al, 2015. Technological implications of supply chain practices in agri-food sector: A review. International Journal of Supply and Operations Management 2, 720-747.

[161] Morduch, J. , Sicular, T. , 2000. Politics, growth, and inequality in rural China: Does it pay to join the Party? Journal of Public Economics 77, 331-356.

[162] Morduch, J. , Sicular, T. , 2002. Rethinking inequality decomposition, with evidence from rural China. The Economic Journal, 112 (476): 93-106.

[163] Morgan S. L. , Marsden T. , Miele M. , Morley A. , 2010. Agricultural multifunctionality and farmers' entrepreneurial skills: A study of Tuscan and Welsh farmers. Journal of Rural Studies 26(2), 116—129.

[164] Mueller, R. A. E. , 2001. E-commerce and entrepreneurship in agricultural markets. American Journal of Agricultural Economics 83, 1243-1249.

[165] Munyegera, G. K. , Matsumoto, T. , 2018. ICT for financial access: Mobile money and the financial behavior of rural households in Uganda. Review of Development Economics 22, 45-66.

[166] Mwalupaso, G. E. , Wang, S. , Rahman, S. , et al, 2019. Agricultural

Informatization and Technical Efficiency in Maize Production in Zambia. Sustainability 11,2451.

[167] Nakano,Y. , Tsusaka, T. W. , Aida, T. , et al. , 2018. Is farmer-to-farmer extension effective? The impact of training on technology adoption and rice farming productivity in Tanzania. World Development 105, 336-351.

[168] Ng,E. ,2005. An empirical framework developed for selecting B2B e-business models: The case of Australian agribusiness firms. Journal of Business and Industrial Marketing 20(4),218-225.

[169] Ng Y. K. , 2003. From preference to happiness: Towards a more complete welfare economics. Social Choice & Welfare 20 (2), 307 −350.

[170] Niebel, T. , 2018. ICT and economic growth-Comparing developing, emerging and developed countries. World Development 104,197-211.

[171] North, D. C. , 1984. Transaction costs, institutions and economic history. Journal of Institutional and Theoretical Economics 140,7-17.

[172] North, D. C. , 1986. The new institutional economics. Journal of Institutional and Theoretical Economics 142(1),230-237.

[173] Nwibo, U. , Okorie, A. , 2013. Determinants of entrepreneurship among agribusiness investors in South-East,Nigeria. European Journal of Business and Management 5(10),115-123.

[174] Oaxaca R. , 1973. Male and female wage differentials in urban labor market. International Economic Review 14(3), 693-709.

[175] Obst,P. ,Smith,S. G. ,Zinkiewicz,L. ,2002. An exploration of sense of community,Part 3:Dimensions and predictors of psychological sense of community in geographical communities. Journal of Community Psychology 30(1):119-133.

[176] Okoli, C. , Mbarika, V. W. , &McCoy, S. , 2010. The effects of infrastructure and policy on e-business in Latin America and Sub-Saharan Africa. European Journal of Information Systems 19,5-20.

[177] Oreglia, E. , Srinivasan, J. , 2016. ICT, intermediaries, and the transformation of gendered power structures. MIS Quarterly 40(2),

501-510.

[178] Oshio T. , Kobayashi M. , 2011. Area－level income inequality and individual happiness: Evidence from Japan. Journal of Happiness Studies 12(4), 633－649.

[179] Oswald A. J. , 1997. Happiness and economic performance. Economic Journal 107(445), 1815－1831.

[180] Patel, V. B. , Asthana, A. , Patel, K. J. , et al, 2016. A study on adoption of e-commerce practices among the Indian farmers with specific reference to north Gujarat region. International Journal of Commerce & Business Management 9,1-7.

[181] Popkin, S. L. , 1979. The Rational Peasant: The Political Economy of Rural Society in Vietnam. CA: University of California Press.

[182] Poulton, C. , Dorward, A. , Kydd, J. , 2010. The future of small farms: New directions for services, institutions, and intermediation. World Development 38(10),1413-1428.

[183] Preacher K. J. , Hayes A. F. , 2008. Asymptotic and resampling strategies for assessing and comparing indirect effects in multiple mediator models. Behavior Research Methods 40(2), 879－891.

[184] Pressman S. D. , Sheldon C. , 2005. Does positive affect influence health? Psychological Bulletin 131(6), 925－971.

[185] Qi, J. , Zheng, X. , Cao, P. , et al. , 2019. The effect of e－commerce agribusiness clusters on farmers' migration decisions in China. Agribusiness 35(1), 20－35.

[186] Qi, J. , Zheng, X. , Guo, H. , 2019b. The formation of Taobao villages in China. China Economic Review 53,106-127.

[187] Qi, J. , Zheng, X. , Cao, P. , et al, 2019a. The effect of e-commerce agribusiness clusters on farmers' migration decisions in China. Agribusiness 35,20-35.

[188] Qin, Z. , Ni, Y. , Zhu, F. , et al, 2019. Empirical analysis on the impact of poverty alleviation by rural e-commerce on farmers' income. Asian Journal of Agricultural Extension, Economics & Sociology 32,1-12.

[189] Qu, R. , Wu, Y. , Chen, J. , et al. , 2020. Effects of agricultural

cooperative society on farmers' technical efficiency: Evidence from stochastic frontier analysis. Sustainability 12,8194.

[190] Rahayu,R. ,Day,J. ,2017 E-commerce adoption by SMEs in developing countries:evidence from Indonesia. Eurasian Business Review 7(1),25-41.

[191] Read,B. L. , 2003. State, Social Networks and Citizens in China's Urban Neighborhoods,Harvard University,Ph. D.

[192] Rogers, E. M. ,1963. What are innovators like? Theory into Practice 2,252-256.

[193] Rosenbaum P. , 2002, Observational Studies (2nd ed.), New York: Springer.

[194] Rosenbaum,P. R. ,Rubin,D. B. ,1985. Constructing a control group using multivariate matched sampling methods that incorporate the propensity score. American Statistician 39(1),33-38.

[195] Rosenbaum, P. R. , Rubin, D. B. , 1983. The central role of the propensity score in observational studies for causal effects. Biometrika 70,41-55.

[196] Rubin,D. B. , 1997. Estimating causal effects from large data sets using propensity scores. Annals of Internal Medicine 127(8),757-763.

[197] Ryan, R. M. , Deci, E. L. , 2000. Self-determination theory and the facilitation of intrinsic motivation,social development,and well-being. American Psychologist 55(1),68-78.

[198] Ryff,C. D. ,Keyes,C. L. ,1995. The structure of psychological well-being revisited. Journal of Personality and Social Psychology 69(4), 719-727.

[199] Ryff, C. D. , Singer, B. , 2000. Interpersonal flourishing: A positive health agenda for the new millennium. Personality & Social Psychology Review 4(1),30-44.

[200] Salemink,K. ,Strijker,D. ,Bosworth,G. ,2017. Rural development in the digital age:A systematic literature review on unequal ICT availability, adoption,and use in rural areas. Journal of Rural Studies 54,360-371.

[201] Samuelson, P. A. ,1983. Foundations of Economic Analysis (Vol.

197, No. 1). Cambridge, MA: Harvard University Press.

[202] Schultz, T. W., 1964. Transforming Traditional Agriculture. MA: Harvard Press.

[203] Segrin, C., Taylor, M., 2007. Positive interpersonal relationships mediate the association between social skills and psychological well-being. Personality & Individual Differences 43(4),637-646.

[204] Seidlitz, L., Wyer, R. S., Diener, E., 1997. Cognitive correlates of subjective well-being: The processing of valenced life events by happy and unhappy persons. Journal of Research in Personality 31 (2), 240-256.

[205] Sekabira, H., Qaim, M., 2017. Can mobile phones improve gender equality and nutrition? Panel data evidence from farm households in Uganda. Food Policy 73,95-103.

[206] Senik, C., 2002. When information dominates comparison: Learning from Russian subjective panel data. Social Science Electronic Publishing 88 (03),2099-2123.

[207] Shane, S., 2003. A General Theory of Entrepreneurship. Northampton, MA:Edward Elgar.

[208] Shepherd, D. A., Douglas, E. J., Shanley, M., 2000. New venture survival: Ignorance, external shocks, and risk reduction strategies. Journal of Business Venturing 15(4),393-410.

[209] Shorrocks, A. F., 1999. Decomposition procedures for distributional analysis:A unified framework based on the Shapley value. University of Essex.

[210] Smith,A., 1776. An Inquiry into the Nature and Causes of the Wealth of Nations. Methuen.

[211] Smith,K., 1984. A theoretical analysis of the green lobby. American Political Science Review 79(1),137-147.

[212] Song, Y., Wu, W., Miocevic, D., 2021. Farmers' choice between endogenous vs. exogenous e-commerce:Alignment with resources and performance goals. British Food Journal 17,55-67.

[213] Su,B., Li, Y., Li, L., et al, 2018. How does nonfarm employment

stability influence farmers' farmland transfer decisions? Implications for China's land use policy. Land Use Policy, Land use and rural sustainability in China 74,66-72.

[214] Subedi, S. , Ghimire, Y. N. , Kharel, M. , et al. , 2020. Technical efficiency of rice production in terai district of Nepal. Journal of Agriculture and Natural Resources 3,32-44.

[215] Tajfel, H. , Billig, M. G. , Bundy, R. P. and Flament, C. , 1971. Social categorization and intergroup behaviour. European Journal of Social Psychology 1(2), 149－178.

[216] Tang, W. , Zhu, J. , 2020. Informality and rural industry: Rethinking the impacts of e-commerce on rural development in China. Journal of Rural Studies 75,20-29.

[217] Tang, K. , Xiong, Q. , Zhang, F. , 2022. Can the e-commercialization improve residents' income? Evidence from "Taobao Counties" in China. International Review of Economics & Finance 13,12-44.

[218] Taylor A. B. , MacKinnon D. P. , Tein J. Y. , 2008. Tests of the three －path mediated effect. Organizational research methods 11(2), 241－ 269.

[219] Tim, Y. , Cui, L. , Sheng, Z. , 2021. Digital resilience: How rural communities leapfrogged into sustainable development. Information Systems Journal 31,323-345.

[220] Tiwaria, S. , Lanea, M. , Alamb, K. , 2019. Do social networking sites build and maintain social capital online in rural communities? Journal of Rural Studies 66,1-10.

[221] Tornatzky, L. G. , Flescher, M. , 1990. The Process of Technological Innovation. Virginia: Lexington Books.

[222] Tran, D. , Goto, D. , 2019. Impacts of sustainability certification on farm income: Evidence from small-scale specialty green tea farmers in Vietnam. Food Policy 83,70-82.

[223] Tranchant, J. P. , Gelli, A. , Bliznashka, L. , et al. , 2019. The impact of food assistance on food insecure populations during conflict: Evidence from a quasi-experiment in Mali. World Development 119,185-202.

[224] Tumibay,G. M. ,Layug,F. T. ,Yap,D. S. ,et al. ,2016. Increasing the value of farm products:Connecting farmers and consumers through an E-commerce system. International Conference on Electronic Commerce: E-commerce in Smart Connected World.

[225] Turner,J. C. ,1985. Social categorization and the self-concept:A social cognitive theory of group behavior//Lawler,E. J. ,Advances in group processes:Theory and research (Vol. 2),Greenwich,CT:JAI Press: 77-122.

[226] Veenhoven,R. , Hagerty, M. , 2006. Rising happiness in nations 1946—2004:A reply to Easterlin. Social Indicators Research 79(3),421-436.

[227] Venkatesh,V. ,Morris,M. G. ,Davis,G. B. ,et al,2003. User acceptance of information technology:Toward a unified view. MIS Quarterly 27(3), 425-478.

[228] Verba, S. , Nie, N. H. , 1975. Participation in America: Political democracy and social equality. American Journal of Sociology 81 (1),24.

[229] Vidal X. M. , 2018. Latino immigrant home—country media use and participation in US politics. Hispanic Journal of Behavioral Sciences 40 (1), 37—56.

[230] Villano, R. , Bravo-Ureta, B. , Solís, D. , et al, 2015. Modern rice technologies and productivity in the Philippines:Disentangling technology from managerial gaps. Journal of Agricultural Economics 66,129-154.

[231] Walder A. G. , 2002. Markets and income inequality in rural China: Political advantage in an expanding economy. American Sociological Review 67(2), 231—253.

[232] Wan,G. ,2004. Accounting for income inequality in rural China:A regression-based approach. Journal of Comparative Economics 32:348-363.

[233] Wan, G. H. , Cheng, E. , 2001. Effects of land fragmentation and returns to scale in the Chinese farming sector. Applied Economics 33, 183-194.

[234] Wan G. H. , Lu M. , Chen Z. , 2006. The inequality—growth Nexus

in the short and long run: Empirical evidence from rural China. Journal of Comparative Economics 34(4), 654—667.

[235] Wan G. H., Lu M., Chen Z., 2007. Globalization and regional income inequality: Empirical evidence from within China. Review of Income and Wealth 53(1), 35—59.

[236] Wan G. H., Zhang Y., 2006. The impact of growth and inequality on rural poverty in China. Journal of Comparative Economics 34(4), 694 —712.

[237] Wan G. H., Zhou Z., 2005. Income inequality in rural China: Regression — based decomposition using household data. Review of Development Economics 9(1), 107—120.

[238] Wang, J., Xin, L., Wang, Y., 2020. How farmers' non-agricultural employment affects rural land circulation in China? Journal of Geographical Sciences 30, 378-400.

[239] Wang, C. C., Miao, J. T., Phelps, N. A., et al, 2021. E-commerce and the transformation of the rural: The Taobao village phenomenon in Zhejiang Province, China. Journal of Rural Studies 81, 159-169.

[240] Wang X., 2006. Income inequality in China and its influencing factors. WIDER Research Paper.

[241] Waterman, A. S., 1993. Two conceptions of happiness: Contrasts of personal expressiveness (eudaimonia) and hedonic enjoyment. Journal of Personality & Social Psychology 64(4), 678-691.

[242] Wei, Y. D., Lin, J., Zhang, L., 2019. E-commerce, Taobao villages and regional development in China. Geographical Review 110(3), 380-405.

[243] Williamson, O. E., 1985. The Economic Institutions of Capitalism. Springer.

[244] Williamson, O. E., 1973. Market and hierarchies: Some elementary consideration. American Economic Review 163(2), 316-325.

[245] Wing, C., Simon, K., Bello-Gomez, R. A., 2018. Designing difference in difference studies: best practices for public health policy research. Annual Review of Public Health 39, 453-469.

[246] Wooldridge, J. M., 2010. Econometric Analysis of Cross Section and

Panel Data. MA：MIT Press.

[247] World Bank Group, 2017. ICT in Agriculture (Updated Edition)：Connecting Smallholders to Knowledge, Networks, and Institutions. World Bank.

[248] Xu, Y., 2016. From E—Commerce to She—Commerce： The Rise of She—Era?：A Small—Scale Case Study on Female Entrepreneurs on Taobao in China. Dissertation, Uppsala University.

[249] Yang Q., Feng B., Song P., 2008. Research on agricultural e—commerce public trade platform system. Computer And Computing Technologies In Agriculture 2, 934—942.

[250] Yang, S., Wang, H., Wang, Z., et al., 2021. The nexus between formal credit and e-commerce utilization of entrepreneurial farmers in rural China：A mediation analysis. Journal of Theoretical and Applied Electronic Commerce Research 16, 900-921.

[251] Yu, H., &Cui, L., 2019. China's e-commerce：Empowering rural women? China Quarterly 238, 418-437.

[252] Yuan, X., Du, W., Wei, X., et al., 2018. Quantitative analysis of research on China's land transfer system. Land Use Policy, Land use and rural sustainability in China 74, 301-308.

[253] Zapata, S. D., Isengildina-Massa, O., Carpio, C., et al., 2016. Does e-commerce help farmers' markets? Measuring the impact of MarketMaker. Journal of Food Distribution Research 47(2), 1-18.

[254] Zeng Y., Guo H., Yao Y., Huang L., 2019. The formation of agricultural e—commerce clusters：A case from China. Growth Change 50(4), 1356—1374.

[255] Zeng, Y., Jia, F., Wan, L., et al, 2017. E-commerce in agri-food sector：A systematic literature review. International Food and Agribusiness Management Review 20, 439-460.

[256] Zhang, J., Giles, J., Rozelle, S., 2012. Does it pay to be a cadre? Estimating the returns to being a local official in rural China. Journal of Comparative Economics 40, 337-356.

[257] Zhang, Y., Long, H., Ma, L., Tu, S., Li, Y., Ge, D., 2022.

Analysis of rural economic restructuring driven by e—commerce based on the space of flows: The case of Xiaying village in central China. Journal of Rural Studies 93, 196—209.

[258] Zhang, Y., Wang, X., Glauben, T., & Brümmer, B., 2011. The impact of land reallocation on technical efficiency: Evidence from China. Agricultural Economics 42, 495-507.

[259] Zhang, Q., Chu, Y., Xue, Y., et al., 2020. Outlook of China's agriculture transforming from smallholder operation to sustainable production. Global Food Security 26, 100444.

[260] Zhao, X., Lynch Jr, J. G., Chen, Q., 2010. Reconsidering Baron and Kenny: Myths and truths about mediation analysis. Journal of Consumer Research 37, 197-206.

[261] Zhao, J., Barry, P. J., 2014. Effects of credit constraints on rural household technical efficiency: Evidence from a city in northern China. China Agricultural Economic Review 13, 27-33

[262] Zheng, H., Ma, W., Wang, F., et al, 2021. Does internet use improve technical efficiency of banana production in China? Evidence from a selectivity-corrected analysis. Food Policy 102044.

[263] Zheng, X., Lu, H., 2021. Does ICT change household decision-making power of the left-behind women? A case from China. Technological Forecasting and Social Change 166, 120604.

[264] Zhou, J., Yu, L., Choguill, C. L., 2021. Co-evolution of technology and rural society: The blossoming of taobao villages in the information era, China. Journal of Rural Studies 83, 81-87.

[265] Zhou, X., Ma, W., Renwick, A., et al, 2020a. Off-farm work decisions of farm couples and land transfer choices in rural China. Applied Economics 52, 6229-6247.

[266] Zhou, Y., Li, X., Liu, Y., 2020b. Rural land system reforms in China: History, issues, measures and prospects. Land Use Policy 91, 104330.

[267] Zhu, K., Kenneth, L. K., 2002. E—commerce metrics for net—enhanced organizations: Assessing the value of e—commerce to firm performance in the manufacturing sector. Information Systems

Research 13(3)，275－295.

[268] Zhu, X. , Hu, R. , Zhang, C. , et al, 2021. Does Internet use improve technical efficiency? Evidence from apple production in China. Technological Forecasting and Social Change 166,120662.

[269] Zhu,Z. ,Ma,W. ,Leng,C. ,2022. ICT Adoption,Individual Income and Psychological Health of Rural Farmers in China. Applied Research Quality Life 17,71-91.

[270] Zon A. V. , Muysken J. , 2001. Skill biases in employment opportunities and income perspectives：Should we try to shake the invisible hand? Coordination and Growth：Essays in Honour of Simon K. Kuipers，233－247.

[271] Zou,L. ,Liang,Q. ,2015. Mass entrepreneurship,government support and entrepreneurial cluster：Case study of Junpu Taobao Village in China. Scholars Journal of Economics，Business and Management 2 (12),1185-1193.

[272] 阿里研究院.1％的改变——2020 中国淘宝村研究报告,2020.

[273] 阿里研究院,阿里新乡村研究中心.淘宝村新突破,中国淘宝村研究报告(2016).

[274] 阿里研究院.淘宝村十年:数字经济促进乡村振兴之路 中国淘宝村研究报告（2009～2019）(2019－08－17)［2022－11－20]]. https://www. sgpjbg. com/baogao/42897. html.

[275] 阿里研究中心.农产品电子商务白皮书(2013).(2017－06－27)［2022－11－20]. https://max. book118. com/html/2017/0627/118427580. shtm.

[276] 白懿玮,季婷,汪俊.小农户的电商渠道选择及影响因素分析——基于烟台大樱桃产区的实证调查.农村经济与科技,2016(11):71-75.

[277] 陈道平,涂柳,陈乃嘉.农村居民网购行为影响因素研究——基于重庆数据的实证.重庆师范大学学报(社会科学版),2019(6):82-94.

[278] 陈芳芳,罗震东,何鹤鸣.电子商务驱动下的乡村治理多元化重构研究——基于山东省曹县大集镇的实证.现代城市研究,2016(10):22-29.

[279] 陈飞,翟伟娟.农户行为视角下农地流转诱因及其福利效应研究.经济

研究,2015(10):163-177.

[280] 陈桂香,杨进军.成都市社区参与的现状与制约因素分析.西南民族大学学报(人文社科版),2004(9):138-141.

[281] 陈佳丹,余艳艳.社区居民参与公共事务的影响因素分析.东方企业文化,2012(2):267-270.

[282] 陈亮.从阿里平台看农产品电子商务发展趋势.中国流通经济,2015(6):58-64.

[283] 陈强.高级计量经济学及 Stata 应用.北京:高等教育出版社,2014.

[284] 陈晴旖.基于 TOE 模型的中小企业电子商务绩效关联度分析.生态经济,2015(5):29-33.

[285] 陈然.地方自觉与乡土重构:"淘宝村"现象的社会学分析.华中农业大学学报(社会科学版),2016(3):74-81.

[286] 陈万灵.社区研究的经济学模型——基于农村社区机制的研究.经济研究,2002(9):57-94.

[287] 陈锡文.实施乡村振兴战略,推进农业农村现代化.中国农业大学学报(社会科学版),2018(1):5-12.

[288] 陈旭堂,余国新,朱磊.基于钻石模型的县域农村电子商务发展要素分析——以浙江遂昌为例.农村经济,2018(5):93-98.

[289] 陈永富,方湖柳,曾亿武,等.电子商务促进农业产业集群升级的机理分析——以江苏省沭阳县花木产业集群为例.浙江社会科学,2018(10):65-70.

[290] 陈瑷,李晓静,陈哲,等.农产品电商对农户有机肥施用行为影响研究——基于农户绿色认知的中介效应.数学的实践与认识,2020(12):283-292.

[291] 陈云松.农民工收入与村庄网络:基于多重模型识别策略的因果效应分析.社会,2012(4):68-92.

[292] 陈振华.利益、认同与制度供给:居民社区参与的影响因素研究.清华大学学位论文,2004.

[293] 程名望,Jin Yanhong,盖庆恩等.中国农户收入不平等及其决定因素——基于微观农户数据的回归分解.经济学(季刊),2016(3):1253－1274.

[294] 程名望,史清华,Jin Yanhong,等.市场化、政治身份及其收入效应——

来自中国农户的证据.管理世界,2016(3):46-59.

[295] 程欣炜,林乐芬.农产品电商对小农户有机衔接现代农业发展效率的影响研究.华中农业大学学报(社会科学版),2020(6):37-47.

[296] 方杰,温忠麟,张敏强等.基于结构方程模型的多重中介效应分析.心理科学,2014(3):735-741.

[297] 崔凯,冯献.演化视角下农村电商"上下并行"的逻辑与趋势.中国农村经济,2018(3):29-44.

[298] 崔丽丽,王骊静,王井泉.社会创新因素促进"淘宝村"电子商务发展的实证分析——以浙江丽水为例.中国农村经济,2014(12):50-60.

[299] 刁贝娣,陈昆仑,丁镭,等.中国淘宝村的空间分布格局及其影响因素.热带地理,2017,37(1):56-65.

[300] 丁冬,傅晋华,郑风田.社会网络、先前经验与新生代农民工创业——基于河南省新生代农民工创业调查数据的分析.西部论坛,2014(3):26-31.

[301] 丁文云.县域电子商务生态系统模型构建·电子商务,2015(6):17-18.

[302] 董坤祥,侯文华,丁慧平,等.创新导向的农村电商集群发展研究——基于遂昌模式和沙集模式的分析.农业经济问题,2016,37(10):60-69.

[303] 董晓波.农民创业者获取创业资源中社会网络的利用.中国农学通报,2007(1):425-428.

[304] 豆志杰,钟明艳,王燕.农村居民网络消费行为研究.经营与管理,2020(8):44-47.

[305] 杜鹰.小农生产与农业现代化.中国农村经济,2018(10):2-6.

[306] 杜云素.城乡结合部农民社区参与行为研究——基于湖北省宜昌市点军街办的调查.湖北:华中农业大学学位论文,2010.

[307] 樊西峰.鲜活农产品流通电子商务模式构想.中国流通经济,2013(4):85-90.

[308] 房冠辛.中国"淘宝村":走出乡村城镇化困境的可能性尝试与思考一种城市社会学的研究视角.中国农村观察,2016(3):71-80.

[309] 冯睿,龚丽媛.电子商务对农村居民消费与生活的影响.现代商业,2017(8):63-64.

[310] 高梦滔,姚洋.农户收入差距的微观基础:物质资本还是人力资本.经济研究,2006(12):71-80.

[311] 顾焕章.我国生鲜农产品流通渠道的优化研究.农业经济问题,2021(1):144.

[312] 关海玲,陈建成,钱一武.电子商务环境下农产品交易模式及发展研究.中国流通经济,2010,24(1):45-47.

[313] 桂学文,张珂珺,王煊.创新网络营销模式,助推合作经营发展——土老憨生态农业集团电子商务案例.农业网络信息,2013(6):88-91,113.

[314] 桂勇,黄荣贵.社区社会资本测量:一项基于经验数据的研究.社会学研究,2008(3):122-142,244-245.

[315] 郭承龙.农村电子商务模式探析——基于淘宝村的调研.经济体制改革,2015(5):110-115.

[316] 郭海霞.农产品电子商务发展的法律保障.学术交流,2010(5):46-48.

[317] 郭红东,曲江,曾亿武,等.中国"互联网＋三农"模式与案例.杭州:浙江大学出版社,2016.

[318] 郭红东,周惠珺.先前经验、创业警觉与农民创业机会识别——一个中介效应模型及其启示.浙江大学学报(人文社会科学版),2013(4):17-27.

[319] 郭庆海.小农户:属性、类型、经营状态及其与现代农业衔接.农业经济问题,2018(6):25-37.

[320] 郭娅.电子商务对陇南乡村日常生活的影响——以胡寨村为例.兰州:兰州大学学位论文,2017.

[321] 昊昕晖,袁振杰,朱竑.全球信息化网络于乡村性的社会文化建构——以广州里仁洞"淘宝村"为例.华南师范大学学报(自然科学版),2015(2):115-123.

[322] 何宇鹏,武舜臣.连接就是赋能:小农户与现代农业衔接的实践与思考.中国农村经济,2019(6):28-37.

[323] 贺佐成.增进与超越——一个关于互联网对社会资本影响的研究综述.未来与发展,2010(2):27-30,13.

[324] 洪勇.我国农村电商发展的制约因素与促进政策.商业经济研究,2016(4):169-171.

[325] 侯建昀,霍学喜.信息化能促进农户的市场参与吗?——来自中国苹果主产区的微观证据.财经研究,2017(1):134-144.

[326] 侯振兴.区域农户农企采纳农产品电子商务的影响因素.西北农林科技

大学学报(社会科学版),2018(1):66-74.

[327] 胡晓云.中国农产品区域公用品牌发展报告(2009—2012).北京:中国农业出版社,2013.

[328] 黄季焜,齐亮,陈瑞剑.技术信息知识、风险偏好与农民施用农药.管理世界,2008(5):71-76.

[329] 黄家亮.信息化与社区治理模式创新——以杭州上城社区信息化模式为例.武汉科技大学学报(社会科学版),2014(3):292-297.

[330] 黄洁,买忆媛.农民创业者初始社会资本对机会识别类型的预测能力研究.农业技术经济,2011(4):50-57.

[331] 黄仁同.我国农村电商发展的制约因素与促进政策.农村经济与科技,2021(10):104-106.

[332] 黄秀女,郭圣莉.城乡差异视角下医疗保险的隐性福利估值及机制研究——基于CGSS主观幸福感数据的实证分析.华中农业大学学报(社会科学版),2018(6):93-103,156.

[333] 黄雨婷,潘建伟.电商下乡促进了县域经济增长吗?.北京工商大学学报(社会科学版),2022(3):48-59.

[334] 黄宗智.华北的小农经济与社会变迁.北京:中华书局,1986.

[335] 黄宗智.略论华北近数百年的小农经济与社会变迁——兼及社会经济史研究方法.中国社会经济史研究,1986(2):9-15.

[336] 黄祖辉,王朋.农村土地流转:现状、问题及对策——兼论土地流转对现代农业发展的影响.浙江大学学报(人文社会科学版),2008(2):38-47.

[337] 蒋剑勇,郭红东.创业氛围、社会网络和农民创业意向.中国农村观察,2012(2):20-27.

[338] 蒋剑勇,钱文荣,郭红东.农民创业机会识别的影响因素研究——基于968份问卷的调查.南京农业大学学报(社会科学版),2014a(1):51-58.

[339] 蒋剑勇,钱文荣,郭红东.社会网络、社会技能与农民创业资源获取.浙江大学学报(人文社会科学版),2013(1):85-100.

[340] 蒋剑勇,钱文荣,郭红东.社会网络、先前经验与农民创业决策.农业技术经济,2014b(2):17-25.

[341] 京东数字科技研究院.2019基于京东大数据的中国消费市场研究报告(2019-12-17)[2022-11-20].https://research.jd.com/content/contentDetail/toDetail?contentCode=130.

[342] 肯尼思·劳顿,卡罗尔·特拉弗.电子商务:商业、技术和社会(第五版).北京:清华大学出版社,2010.

[343] 冷崇总.农业信息化与增加农民收入.中国经济问题,2002(4):32-37.

[344] 李剑.电子商务经济下农产品网络营销问题研究.农业经济,2018(11):120-122.

[345] 李骏阳.我国农村消费品流通业创新研究.中国流通经济,2015(4):1-6.

[346] 李连梦,吴青,聂秀华.电子商务能缩小城乡居民消费差距吗?.技术经济,2020(2):125-133.

[347] 李霖.蔬菜产业组织模式选择及其对农户收入和效率的影响研究.杭州:浙江大学学位论文,2018.

[348] 李琪,唐跃桓,任小静.电子商务发展、空间溢出与农民收入增长.农业技术经济,2019(4):119-131.

[349] 李青,胡发刚.我国农村电子商务对消费的拉动作用、存在问题及对策.商业经济研究,2018(4):37—39.

[350] 李实.中国个人收入分配研究回顾与展望.经济学(季刊),2003,2(2):29.

[351] 李树,陈刚."关系"能否带来幸福?——来自中国农村的经验证据.中国农村经济,2012(8):66-78.

[352] 李思琦,张振,陈子怡,等.互联网使用对农户土地经营规模的影响研究.世界农业,2021(12):17-27.

[353] 李婷玉.社区发展与居民参与.湖北社会科学,2001(12):69-70.

[354] 李万明,陈桃桃."互联网＋"土地流转:新型土地流转模式运行机制研究——基于土流网的经验考察.价格月刊,2017(10):81-85.

[355] 李想.农业电商发展对农产品流通的促进作用分析.商业经济研究,2017(17):118-120.

[356] 李晓静,陈哲,刘斐,等.参与电商会促进猕猴桃种植户绿色生产技术采纳吗?——基于倾向得分匹配的反事实估计.中国农村经济,2020(3):118-135.

[357] 李晓静,刘斐,夏显力.信息获取渠道对农户电商销售行为的影响研究——基于四川、陕西两省猕猴桃主产区的微观调研数据.农村经济,2019(8):119-126.

[358] 李晓康.电子商务采纳对农户收入和消费的影响研究.杭州:浙江大学学位论文,2021.

[359] 梁强,邹立凯,王博,等.关系嵌入与创业集群发展:基于揭阳市军埔淘宝村的案例研究.管理学报,2016(8):1125-1134.

[360] 梁文卓,侯云先,葛冉.我国网购农产品特征分析.农业经济问题,2012(4):40-43.

[361] 林海英,侯淑霞,赵元凤,等.农村电子商务能够促进贫困户稳定脱贫吗——来自内蒙古的调查.农业技术经济,2020(12):81-93.

[362] 林海英,赵元凤,葛颖,等.贫困地区农牧户参与电子商务意愿的实证分析——来自594份农牧户的微观调研数据.干旱区资源与环境,2019(6):70-77.

[363] 林善浪,王健,张锋.劳动力转移行为对土地流转意愿影响的实证研究.中国土地科学,2010(2):19-23.

[364] 刘根荣.电子商务对农村居民消费影响机理分析.中国流通经济,2017(5):96-104.

[365] 刘建鑫,王可山,张春林.生鲜农产品电子商务发展面临的主要问题及对策.中国流通经济,2016(12):57-64.

[366] 刘克春.农户农地流转决策行为研究.杭州:浙江大学学位论文,2006.

[367] 刘少杰.新形势下中国城市社区建设的边缘化问题.甘肃社会科学,2009(1):11-14.

[368] 刘伟.新时代背景下农业电商发展模式探讨.农业经济,2018(9):130-132.

[369] 刘晓倩,韩青.农村居民互联网使用对收入的影响及其机理——基于中国家庭追踪调查(CFPS)数据.农业技术经济,2018(9):123-134.

[370] 刘新智,刘雨松.外出务工经历对农户创业行为决策的影响——基于518份农户创业调查的实证分析.农业技术经济,2015(6):4-14.

[371] 刘亚军,储新民.中国"淘宝村"的产业演化研究.中国软科学,2017(2),29-36.

[372] 刘阳,修长百.基于技术效率视角下农产品电子商务发展研究.科学管理研究,2019(3):135-139.

[373] 刘子涵,辛贤,吕之望.互联网农业信息获取促进了农户土地流转吗.农

业技术经济,2021(2):100-111.

[374] 卢现祥.西方新制度经济学.北京:中国发展出版社,2003.

[375] 陆文聪,谢昌财.社会关系、信息网络对新农民工收入的影响——基于熵均衡法的实证分析.中国人口科学,2017(4):54-65.

[376] 路慧玲,赵雪雁,侯彩霞,等.社会资本对农户收入的影响机理研究——以甘肃省张掖市、甘南藏族自治州与临夏回族自治州为例.干旱区资源与环境,2014(10):14-19.

[377] 吕丹.基于农村电商发展视角的农村剩余劳动力安置路径探析.农业经济问题,2015(3):62-68.

[378] 罗必良,何应龙,汪沙,等.土地承包经营权:农户退出意愿及其影响因素分析——基于广东省的农户问卷.中国农村经济,2012(6):4-19.

[379] 罗必良.小农经营、功能转换与策略选择——兼论小农户与现代农业融合发展的"第三条道路".农业经济问题,2020(1):29-47.

[380] 罗楚亮.城乡分割、就业状况与主观幸福感差异.经济学(季刊),2006(2):817-840.

[381] 罗楚亮.绝对收入、相对收入与主观幸福感——来自中国城乡住户调查数据的经验分析.财经研究,2009(11):79-91.

[382] 罗健萍,刘佳.电子商务对农村居民消费影响研究——基于省际面板数据的中介效应分析.价格理论与实践,2018(5):131-134.

[383] 罗明忠.个体特征、资源获取与农民创业——基于广东部分地区问卷调查数据的实证分析.中国农村观察,2012(2):11-19.

[384] 罗震东,何鹤鸣.新自下而上进程——电子商务作用下的乡村城镇化.城市规划,2017(3):31-40.

[385] 雒翠萍,李广,聂志刚,等.涉农企业自建农产品电商平台运营模式分析——以甘肃巨龙公司"聚农网"和"沙地绿产"为例.生产力研究,2019(9):65-70.

[386] 马斯洛.马斯洛人本哲学.北京:九州出版社.2003.

[387] 冒佩华,徐骥.农地制度、土地经营权流转与农民收入增长.管理世界,2015(5):63-74.

[388] 梅燕,蒋雨清.乡村振兴背景下农村电商产业集聚与区域经济协同发展机制——基于产业集群生命周期理论的多案例研究.中国农村经济,

2020(6):56-74.

[389] 孟晓明.我国农业电子商务平台的构建方案研究.科技进步与对策，2009(4),55－58.

[390] 聂召英,王伊欢.链接与断裂:小农户与互联网市场衔接机制研究——以农村电商的生产经营实践为例.农业经济问题,2021(1):132-143.

[391] 农业农村部信息中心,中国国际电子商务中心.2022全国县域数字农业农村电子商务发展报告,2023－01－29.

[392] 庞泓.收入分配差距研究——基于基尼系数分解的居民收入差距研究.武汉:武汉大学学位论文,2016.

[393] 彭小珈,周发明.农村电商经营效率研究——基于消费品下行的模型分析.农业技术经济,2018(12):111-118.

[394] 裴志军.家庭社会资本、相对收入与主观幸福感:一个浙西农村的实证研究.农业经济问题，2010(7):22－29.

[395] 秦芳,王剑程,胥芹.数字经济如何促进农户增收?——来自农村电商发展的证据.经济学(季刊),2022(2):591-612.

[396] 邱淑英,纪晓萃.基于农村经济发展新思路中电子商务的应用研究.企业导报,2012(4):155-156.

[397] 邱泽奇,黄诗曼.熟人社会、外部市场和乡村电商创业的模仿与创新.社会学研究,2021(4):133-158.

[398] 邱泽奇,乔天宇.电商技术变革与农户共同发展.中国社会科学,2021(10):145-166.

[399] 邱子迅,周亚虹.电子商务对农村家庭增收作用的机制分析——基于需求与供给有效对接的微观检验.中国农村经济,2021(4):36-52.

[400] 任辉,曾亿武.农民工养老保险的需求强度及其影响因素分析——基于广州市农民工的调查数据.统计与信息论坛,2015(9):95－99.

[401] 商务部电子商务和信息化司.中国电子商务报告(2013).(2014－09－23)[2018－07－04].http://images.mofcom.gov.cn/dzsws/201807/20180704150628480.pdf.

[402] 商务部电子商务和信息化司.中国电子商务报告(2014)(2015－08－17)[2018－07－04].http://dzsws.mofcom.gov.cn/article/ztxx/ndbg/201508/20150801082449.shtml.

[403] 商务部电子商务和信息化司.中国电子商务报告(2015)(2016−09−01)[2022−11−20].http://images.mofcom.gov.cn/dzsws/201807/20180704151052153.pdf.

[404] 商务部电子商务和信息化司.中国电子商务报告(2016)(2017−06−14)[2022−11−20].http://images.mofcom.gov.cn/dzsws/201706/20170621110205702.pdf.

[405] 商务部电子商务和信息化司.中国电子商务报告(2017)(2018−05−31)[2022−11−20].http://images.mofcom.gov.cn/dzsws/201807/20180704151703283.pdf.

[406] 商务部电子商务和信息化司.中国电子商务报告(2018)(2019−05−30)[2022−11−20].http://images.mofcom.gov.cn/dzsws/201905/20190530100539785.pdf.

[407] 商务部电子商务和信息化司.中国电子商务报告(2019)(2020−07−02)[2022−11−20].https://dzswgf.mofcom.gov.cn/news_attachments/a1298d1a90432b904b4790b25190fc3b13371c70.pdf.

[408] 商务部电子商务和信息化司.中国电子商务报告(2020)(2021−09−15)[2022−11−20].http://images.mofcom.gov.cn/dzsws/202110/20211022182630164.pdf.

[409] 商务部电子商务和信息化司.中国电子商务报告(2021)(2022−11−16)[2022−11−20].http://images.mofcom.gov.cn/dzsws/202211/20221118180137127.pdf.

[410] 孙健.网络化治理:公共事务管理的新模式.学术界,2011(2):55-60.

[411] 孙小宇,郑逸芳,许佳贤.外出从业经历、农地流转行为与农村劳动力转移——基于 CHIP2013 数据的实证分析.农业技术经济,2021(3):20-35.

[412] 谭英俊.网络治理:21 世纪公共管理发展的新战略.理论探讨,2009(6):139-142.

[413] 唐红涛,郭凯歌.农产品电商模式能实现最优生产效率吗?.商业经济与管理,2020(2):5-16.

[414] 唐立强,周静.社会资本、信息获取与农户电商行为.华南农业大学学报(社会科学版),2018(3):73-82.

[415] 唐立强.农户社会资本与电商交易平台的选择.华南农业大学学报(社会科学版),2017(4):75-86.

[416] 唐跃桓,杨其静,李秋芸,等.电子商务发展与农民增收——基于电子商务进农村综合示范政策的考察.中国农村经济,2020(6):75-94.

[417] 陶传进.集体个体行动难题与中国社会转型.北京:中国人民大学学位论文,2002.

[418] 田士超,陆铭.教育对地区内收入差距的贡献:来自上海微观数据的考察.南方经济,2007(5):12—21.

[419] 万宝瑞.我国农村又将面临一次重大变革——"互联网＋三农"调研与思考.农业经济问题,2015(8):4-7.

[420] 万广华,范蓓蕾,陆铭.解析中国创新能力的不平等:基于回归的分解方法.世界经济,2010(2):3-14.

[421] 万广华,张茵.中国沿海与内地贫困差异之解析:基于回归的分解方法.经济研究,2008(12):75-84.

[422] 万广华,周章跃,陆迁.中国农村收入不平等:运用农户数据的回归分解.中国农村经济,2005(5):4-11.

[423] 万广华.经济发展与收入不均等:方法和证据.上海:上海人民出版社,2006.

[424] 汪向东,王昕天.电子商务与信息扶贫:互联网时代扶贫工作的新特点.西北农林科技大学学报(社会科学版),2015(4):98-104.

[425] 汪向东.衡量我国农村电子商务成败的根本标准.中国信息界,2011(3):5-7.

[426] 汪旭晖,张其林.电子商务破解生鲜农产品流通困局的内在机理——基于天猫生鲜与沱沱工社的双案例比较研究.中国软科学,2016(2):39-55.

[427] 王弟海.我国收入分配格局的变迁和现状:原因、影响及其对策.社会科学刊,2012(3):121—129.

[428] 王方妍,蔡青文,温亚利.电商扶贫对贫困农户家庭收入的影响分析——基于倾向得分匹配法的实证研究.林业经济,2018(11):61-66.

[429] 王金杰,牟韶红,盛玉雪.电子商务有益于农村居民创业吗?——基于社会资本的视角.经济与管理研究,2019(2):95-110.

［430］王珂,李震,周建.电子商务参与下的农产品供应链渠道分析——以"菜管家"为例.华东经济管理,2014(12):157－161.

［431］王瑞峰.涉农电商平台对我国农业经济发展的影响效应评估——以农村淘宝为例.中国流通经济,2020(11):68-77.

［432］王邵军,范鹏飞.我国涉农企业应用互联网的分布、结构与效应.数量经济技术经济研究,2021(8):22-40.

［433］王胜,丁忠兵.农产品电商生态系统——一个理论分析框架.中国农村观察,2015(4):39-48.

［434］王胜,屈阳,王琳,等.集中连片贫困山区电商扶贫的探索及启示——以重庆秦巴山区、武陵山区国家级贫困区县为例.管理世界,2021(2):95-106.

［435］王思斌.体制改革中的城市社区建设的理论分析.北京大学学报(哲社版),2000(5):5-14.

［436］王小章,冯婷.城市居民的社区参与意愿——对 H 市的一项问卷调查分析.浙江社会科学,2004(4):99-105.

［437］王晓红.以电子商务建构新型农村流通网络.农村经济,2016(9),125－129.

［438］王星.利益分化与居民参与——转型期中国城市基层社会管理的困境及其理论转向.社会学研究,2012(2):20-34,242.

［439］王艺洁,刘国勇,刘晓虎,等.三权分置背景下农地流转与劳动力转移耦合协调分析——基于新疆的农户调查.干旱区资源与环境,2022(7):62-69.

［440］王瑜.电商参与提升农户经济获得感了吗?——贫困户与非贫困户的差异.中国农村经济,2019(7):37-50.

［441］魏延安.农村电商:互联网＋三农案例与模式.北京:电子工业出版社,2017.

［442］温雪,吴定伟,潘明清.互联网、社会资本与农村居民消费.消费经济,2019(4):47-54.

［443］温忠麟,张雷,侯杰泰,等.中介效应检验程序及其应用.心理学报,2004(5):614-620.

［444］文洪星,韩青.非农就业如何影响农村居民家庭消费——基于总量与结

构视角.中国农村观察,2018(3):91-109.

[445] 武晓钊.农村电子商务与物流配送运营服务体系建设.中国流通经济,
2016(8):99-104.

[446] 西蒙.管理行为.杨砾,韩春立,徐立,译.北京:北京经济学院出版社,
1988.

[447] 夏守慧,潘杨福.农产品网络营销渠道的发展模式研究.电子商务,2012
(4),36-37,40.

[448] 夏显力,陈哲,张慧利,等.农业高质量发展:数字赋能与实现路径.中国
农村经济,2019(12):2-15.

[449] 谢康.市场经济条件下信息搜寻行为与效益分析.数量经济技术经济研
究,1994(10):6-13.

[450] 谢乔,谢航,康远志.广东揭阳军埔淘宝村的崛起——基于淘宝村创业
者创业学习角度.中国集体经济,2019(1):23-24.

[451] 谢乔昕,宋良荣.商贸流通业发展影响城乡居民消费二元性的实证分
析.消费经济,2016(2):12-16.

[452] 谢天成,施祖麟.农村电子商务发展现状、存在问题与对策.现代经济探
讨,2016(11):40-44.

[453] 徐旭初,吴彬.合作社是小农户和现代农业发展有机衔接的理想载体
吗?.中国农村经济,2018(11):80-95.

[454] 徐印州.谈网络消费及其对商业的影响.商业时代,2013(30):61-64.

[455] 徐智邦,王中辉,周亮,等.中国"淘宝村"的空间分布特征及驱动因素分
析.经济地理,2017(1):107-114.

[456] 徐仲安,靳共元,张晓林,等.农村居民幸福感影响因素的实证分析——
基于四川省震后灾区与非灾区的对比.中国农村观察,2013(4):72-
85,96.

[457] 许庆,田士超,徐志刚,等.农地制度、土地细碎化与农民收入不平等.经
济研究,2008(2):83-92.

[458] 许竹青,郑风田,陈洁."数字鸿沟"还是"信息红利"? 信息的有效供给
与农民的销售价格——一个微观角度的实证研究.经济学(季刊),2013
(4):1513-1536.

[459] 许竹青.信息沟通技术与农民的信息化问题研究:从"数字鸿沟"到"信

息红利".北京:科学技术文献出版社,2015.

[460] 薛新东,宫舒文.居民主观幸福感的评价体系及影响因素分析.统计与决策,2015(7):95-98.

[461] 亚当·斯密.国民财富的性质和原因的研究(上、下卷).郭大力,王亚南,译.北京:商务印书馆,1994.

[462] 闫丁.社会认同理论及研究现状.心理技术与应用,2016(9):549-560.

[463] 颜玉凡,叶南客.认同与参与——城市居民的社区公共文化生活逻辑研究.社会学研究,2019(6):147-170,245.

[464] 杨姣姣,周乐欣."互联网+"农地流转模式探析.生产力研究,2021(2):80-83.

[465] 杨静,刘培刚,王志成.新农村建设中农业电子商务模式创新研究.中国科技论坛,2008(8):117-121.

[466] 杨瑞,高启杰,王彦杰.农村电商发展对非农就业的影响.商业经济研究,2021(20):90-93.

[467] 叶静怡,张睿,王琼.农民进城务工与子女教育期望——基于2010年中国家庭追踪调查数据的实证分析.经济科学,2017(1):90-105.

[468] 叶敬忠,张明皓.小农户为主体的现代农业发展:理论转向、实践探索与路径构建.农业经济问题,2020(1):48-58.

[469] 易法敏.农业企业电子商务应用的影响因素研究.科研管理,2009(3):180-186.

[470] 尤亮,霍学喜,杜文超.绝对收入、社会比较与农民主观幸福感——基于陕西两个整村农户的实证考察.农业技术经济,2018(4):111-125.

[471] 尤亮,杨金阳,霍学喜.绝对收入、收入渴望与农民主观幸福感——基于陕西两个整村农户的实证考察.山西财经大学学报,2019(3):16-30.

[472] 游和远,吴次芳.农地流转、禀赋依赖与农村劳动力转移.管理世界,2010(3):65-75.

[473] 余世英.电子商务经济学.武汉:武汉大学出版社,2015.

[474] 俞海,黄季焜,Scott Rozelle,Loren Brandt 等.地权稳定性、土地流转与农地资源持续利用.经济研究,2003(9):82-91.

[475] 郁晓,赵文伟.生鲜电子商务县域农业综合服务体系探究——基于遂昌2.0模式的剖析.中国流通经济,2016(4):47-54.

[476] 袁浩,谢可心,王体基.城市居民的互联网行为对城市居民社区参与的影响.城市问题,2019(4),81-87.

[477] 苑金凤,刘琦,王倩等.我国农产品电子商务发展特征——以淘宝网为例.电子商务,2014(2):7—8.

[478] 约翰·梅纳德·凯恩斯.就业、利息和货币通论.陆梦龙,译.北京:中国社会科学出版社,2009.

[479] 曾慧超,袁岳,高萍.2004年中国居民生活质量报告.创造,2005(4):64.

[480] 曾亿武,邱东茂,沈逸婷等.淘宝村形成过程研究:以东风村和军埔村为例.经济地理,2015(12):90—97.

[481] 曾亿武,蔡谨静,郭红东.中国"淘宝村"研究:一个文献综述.农业经济问题,2020(3):102-111.

[482] 曾亿武,陈永富,郭红东.先前经验、社会资本与农户电商采纳行为.农业技术经济,2019(3):38-48.

[483] 曾亿武,郭红东,金松青.电子商务有益于农民增收吗?——来自江苏沭阳的证据.中国农村经济,2018(2):49-64.

[484] 曾亿武,郭红东.农产品淘宝村形成机理:一个多案例研究.农业经济问题,2016(4):39-48.

[485] 曾亿武,邱东茂,沈逸婷,等.淘宝村形成过程研究:以东风村和军埔村为例.经济地理,2015(12):90-97.

[486] 曾亿武.农产品淘宝村集群的形成及对农户收入的影响.杭州:浙江大学,2018.

[487] 查金祥,黎东升.当前农产品网络营销的系统架构研究.农业经济问题,2006(3):72-74.

[488] 张涵,康飞.基于bootstrap的多重中介效应分析方法.统计与决策,2016(5):75—78.

[489] 张京京,刘同山,钟真.网络营销提升了乡村旅游经营效益吗?——来自第三次全国农业普查北京市调查的证据.中国农村经济,2022(3):67-83.

[490] 张景娜,张雪凯.互联网使用对农地转出决策的影响及机制研究——来自CFPS的微观证据.中国农村经济,2020(3):57-77.

[491] 张磊,韩雷.电商经济发展扩大了城乡居民收入差距吗?.经济与管理研究,2017(5):3-13.

[492] 张磊,刘伟,朱宝颖.中国农业产业化与电子商务.世界农业,2001(7):18-19.

[493] 张鸣峰,林初有,谢科成.县级城市集约式农产品电子商务模式探讨——以句容为例.电子商务,2015(10):19-20.

[494] 张樹沁,邱泽奇.乡村电商何以成功?——技术红利兑现机制的社会学分析.社会学研究,2022(2):114-136.

[495] 张硕,乔晗,张迎晨,等.农村电商助力扶贫与乡村振兴的研究现状及展望.管理学报,2022(4):624-632.

[496] 张五常.交易费用的范式.社会科学战线,1999(1):1-9.

[497] 张益丰.生鲜果品电商销售、农户参与意愿及合作社嵌入——来自烟台大樱桃产区农户的调研数据.南京农业大学学报(社会科学版),2016(1):49-58.

[498] 张正荣,杨金东.乡村振兴视角下农村电商如何优化"工业品下行"路径——基于"双链"耦合机制的扎根研究.农业经济问题,2019a(4):118-129.

[499] 赵大伟,景爱萍,陈建梅.中国农产品流通渠道变革动力机制与政策导向.农业经济问题,2019(1):104-113.

[500] 赵剑治,陆铭.关系对农村收入差距的贡献及其地区差异——一项基于回归的分解分析.经济学(季刊),2010(1):363-390.

[501] 赵俊杰.对我国农业电子商务发展的几点思考.经济问题探索,2005(1):98-99.

[502] 赵亮,张世伟.农村内部收入不平等变动的成因——基于回归分解的研究途径.人口学刊,2011(5):50-57.

[503] 赵苹,骆毅.发展农产品电子商务的案例分析与启示——以"菜管家"和Freshdirect为例.商业经济与管理,2011(7):19-23.

[504] 赵晓飞,李崇光.农产品流通渠道变革:演进规律、动力机制与发展趋势.管理世界,2012(3):81-95.

[505] 郑亚琴,郑文生.信息化下农业电子商务的发展及政府作用.情报杂志,2007(2):96-98.

[506] 郑奕,董晓丽.农村专业合作社电商效率评价及其驱动力分析——基于上海市郊 83 家合作社的调查数据.商业经济研究,2017(18):118-120.

[507] 中国互联网络信息中心.2011 年中国农村互联网发展调查报告.(2012－08－03)[2018－08－11]. https://www.cnnic.net.cn/hlwfzyj/hlwxzbg/ncbg/201208/t20120803_32962.htm.

[508] 中国互联网络信息中心.2012 年中国农村互联网发展调查报告.(2013－11－27)[2018－08－11]. https://www.cnnic.net.cn/hlwfzyj/hlwxzbg/ncbg/201311/t20131127_43154.htm.

[509] 中国互联网络信息中心.2013 年中国农村互联网发展调查报告(2014－06－11)[2018－08－11]. https://www.cnnic.net.cn/hlwfzyj/hlwxzbg/ncbg/201406/t20140611_47216.htm.

[510] 中国互联网络信息中心.第 51 次中国互联网络发展状况统计报告,2023. https://cnnic.cn/NMediaFile/2023/0322/MAIN16794576367190GBA2HA1KQ.pdf.

[511] 中国商务部.商务部电子商务司负责人介绍 2022 年网络零售市场发展情况,2023. http://www.mofcom.gov.cn/article/xwfb/xwsjfzr/202301/20230103380919.shtml.

[512] 中国商务部.商务部通报 2021 年我国网络零售市场、服务外包有关情况并就 2021 年中俄贸易实现历史性突破等答问,2022. http://www-gov-cn.vpn.sdnu.edu.cn/xinwen/2022-01/27/content_5670877.htm.

[513] 钟燕琼.农村电商发展现状及对农村居民消费的影响.商业经济研究,2016(11):173-175.

[514] 周冬,叶睿.农村电子商务发展的影响因素与政府的支持——基于模糊集定性比较分析的实证研究.农村经济,2019(2):110-116.

[515] 周静,马丽霞,唐立强.农户参与农产品电商的意愿及影响因素——基于 TPB 和 SEM 的实证分析.江苏农业科学,2018(4):312-315.

[516] 周立新.家族社会资本、先前经验与创业机会识别:来自微型企业的实证.科技进步与对策,2014,31(19):87-91.

[517] 周正平,丁家云,江六一.基于网络营销视角的农产品国际竞争力研究.经济问题探索,2013(3):148-152.

[518] 朱邦耀,宋玉祥,李国柱,等.C2C 电子商务模式下中国"淘宝村"的空间

聚集格局与影响因素.经济地理,2016(4):92-98.

[519] 朱红根,康兰媛,翁贞林,等.劳动力输出大省农民工返乡创业意愿影响因素的实证分析——基于江西省 1145 个返乡农民工的调查数据.中国农村观察,2010(5):38-47.

[520] 朱红根,康兰媛.农民工创业动机及对创业绩效影响的实证分析——基于江西省 15 个县市的 438 个返乡创业农民工样本.南京农业大学学报(社会科学版),2013(5):59-66.

[521] 朱明芬.农民创业行为影响因素分析——以浙江杭州为例.中国农村经济,2010(3):25-34.

[522] 朱品文.农村电商发展困境及对策分析.商业经济研究,2016(10):68-69.

[523] 朱镇,赵晶.管理者如何识别企业电子商务能力——基于中国传统行业的实证研究.研究与发展管理,2009(5):20-28.

附录 1　调研样本村名单

调研样本村名单

村类别	县(区)	镇(乡)	村	县(区)	镇(乡)	村	县(区)	镇(乡)	村
淘宝村	沭阳县	新河镇	周圈村	曹县	安蔡楼镇	火神台村	临安区	清凉峰镇	玉屏村
			新槐村			榆林集村			马啸村
			解桥村		大集镇	丁楼村		岛石镇	岛石村
		颜集镇	沙湾村			张庄村			仁里村
			司程圩村		倪集街道	余楼村		昌化镇	白牛村
			张愚村		普连集镇	徐集村			后营村
		庙头镇	聚贤村		庄寨镇	冯寨村		天目山镇	对石村
			庙头社区		阎店楼	杨双庙村			周云村
		扎下镇	沙巷村					於潜镇	杨洪村
非淘宝村	沭阳县	耿圩镇	淮西村	曹县	韩集镇	孙庄	临安区	清凉峰镇	九都村
		北丁集乡	周王村		普连集镇	东王村			白果村
		刘集镇	桥南村		仵楼镇	菜园李村		岛石镇	太平里村
		陇集镇	谢桥村		梁堤头镇	邬庄村			江川村
		潼阳镇	朝阳村		青岗集镇	郭花园村		昌化镇	双塔村
			大宅村		阎店楼	周楼村			上营村
		茆圩乡	青坊村		青堌集镇	班庄村		天目山镇	九里村
			张湾村		苏集	白集			桂芳桥村
								於潜镇	千茂村

附录 2 "电子商务与三农发展" 农户调查问卷

"电子商务与三农发展"调查问卷

01. 问卷编号 _____

02. 受访者是否电商户①(0＝否;1＝是) _____

03. 省份 _____

04. 地级市 _____

05. 县(市、区) _____

06. 镇(乡) _____

07. 村 _____

08. 受访者姓名 _____

09. 受访者联系电话 _____

10. 调查日期 _____

11. 天气状况:①晴　②多云　③阴　④小雨　⑤中雨　⑥大到暴雨

12. 调查员姓名 _____

13. 调查员联系电话 _____

14. 农户配合情况(调研结束填写。5级,1＝很不配合;5＝很配合)_____

---

① 电商户:指自己经营网店或做微商的农户。为其他网商供货的农户不属于电商户。

调查员:

请告诉受访者:"为了全面而深入了解电商农户的实际情况,依托国家自然科学基金项目,浙江大学中国农村电商研究中心组织开展一次大规模问卷调查活动。本次调查所获信息将对政府今后制订电子商务发展政策提供重要参考,请您认真如实回答。感谢您接受我们的访谈,所有内容将严格保密并仅用于学术研究,不涉及任何商业用途。您的个人资料不会以任何形式在任何地方出现,仅用于补充必要的信息时便于我们联系您。非常感谢您的支持和帮助! 祝您身体健康,生意兴隆,财源滚滚,阖家幸福!"

A 电商经营情况

A1 开店前历史—电商户填写

01	02	03	04	05	06	07	08	09	10	11
总共有多少次创业经历	创业经历合计多少年	您从事过以下哪些工作(可多选)	您从事与电子商务相关的工作合计多久	参加过多少次电商培训	对电商的了解程度	认为电商的作用	认为网店成功经营的难度	认为网络市场的竞争程度	是否为合作组织带头人	合作组织成立时间
年	年	代码1	年	次	5级,1=极小,5=极大				0/1	年

【代码1】1.管理;2.销售;3.技术;4.生产

A2 开店过程—电商户填写

01	02	03	04	05	06	07	08	09	10
开始开网店时间	受谁影响开网店的	开网店动机是什么	当时使用什么平台	开店知识如何获取	如何解决资金问题	受过哪些政策扶持	扶持折价	平均每年参加培训次数	在多大程度上采用了培训内容
年	代码1	代码2	代码3	代码4	代码5	代码6	万元	次/年	5级，1=极小

【代码1】1=受亲戚影响;2=受朋友影响;3=受同事影响;4=其他

【代码2】1=养家糊口;2=认为网店是好的商机;3=打发空闲时间;4=其他

【代码3】1=淘宝;2=天猫;3=微信;4=京东;5=拼多多;6=地方网商平台;7=其他____

【代码4】1=向朋友学习;2=向亲戚学习;3=通过培训;4=自学;5=其他____

【代码5】1=靠家庭积蓄;2=向亲朋好友借;3=向民间组织借贷;4=向信用社或银行借贷;5=其他____

【代码6】1=场地;2=信贷;3=培训;4=物流补贴;5=其他____

A3 开店现状—电商户填写

01	02	03	04	05	06	07	08	09	10	11	12	13	14	15	16	17
主营产品	最主要单品编码	占销售额的百分比	一年中销售最低价格	一年中销售最高价格	货源如何获取	是否和他人合作	是否代销	家庭经营网店数量	注册商标情况	工商登记情况	是否参与电商协会	电商协会规模	加入电商协会时间	如何获取市场信息一排序	对电商成功经营的关键要素一排序	在大数据分析上花费多少
	代码 1	%	元/	元/	代码 2	0/1	0/1	个	0/1	代码 3	0/1	人	年	代码 4	代码 5	元

【代码 1】1=坚果炒货零食;2=花木绿植;3=木制品;4=表演服饰;5 其他

【代码 2】1=全部自己生产;2=部分自己生产,部分收购;3=全部收购

【代码 3】0=未注册;1=一个体工商户;2=公司

【代码 4】1=亲戚朋友交流;2=同村人交流;3=村干部传达;4=村委会宣传达;5=自己看电视;6=手机新闻;7=微信朋友圈;8=其他＿＿＿

【代码 5】1=品牌;2=产品质量;3=创新;4=诚信;5=客户体验

A4 开店前后变化和未来规划—电商户填写

01	02	03	04	05	06	07	08	09	10	11	12
您家的社会地位比创业前有大的提高	您实现了创业前的设想目标	生活水平比创业前有大的提高	家庭收入比创业前有很大提高	您的创业项目盈利状况很好	您的电商创业成功	今后几年您对网店的投入有何打算?	增加投入最主要原因是?	减少投入最主要原因是?	放弃经营最主要原因是?	目前经营网店面临的困难有?（最多选3个）	您认为应该政府应该在哪些方面重点发挥作用（最多选3个）
		5级,1=完全不同意,5=完全同意				代码1	代码2	代码3	代码4	代码5	代码6

【代码1】1＝增加投入；2＝不变；3＝减少投入；4＝放弃经营

【代码2】1＝扩大规模赚更多的钱；2＝市场前景看好；3＝扩大规模能得到政府的支持；4＝其他

【代码3】1＝管理能力不行；2＝资金不够；3＝劳动力紧张；4＝场地不足；5＝其他

【代码4】1＝不赚钱；2＝风险太大；3＝有更好的赚钱途径；4＝其他

【代码5】1＝货源质量不好；2＝货源质量不足；3＝备货资金不足；4＝仓储不足；5＝市场竞争激烈；6＝物流成本高；7＝推广费用高；8＝技术不足；9＝其他

【代码6】1＝创业孵化；2＝园区建设；3＝信贷担保；4＝技能培训；5＝营造氛围；6＝诚信建设；7＝产品质量监督；8＝人才引进；9＝基础设施；10＝区域品牌建设；11＝其他

A5 经营成本及收益—电商户填写

网店编号	所处平台	注册时间
01 网店1		02
03 网店2		04
05 网店3		06

注：1=淘宝；2=天猫；3=微信；4=京东；5=拼多多；6=地方网商平台；7=___

固定资产投入		
办公用品投资总额	23	
网络设备投资总额	24	
运输用车总额	25	2017折价 26
仓库总额	27	建设年份 28
加工机器总额	29	预计年限 30 开店首年

年份	2017	2016	2013	开店首年
07 营业总额（元）				
08 网店1占比				
09 网店2占比				
10 网店3占比				
11 总销售量（ ）				
12 网店1占比				
13 网店2占比				
14 网店3占比				
15 总利润（元）				
16 网店1占比				
17 网店2占比				
18 网店3占比				
19 总成本（元）				
20 网店1占比				
21 网店2占比				
22 网店3占比				

年份	2017	2016	2013	开店首年
31 产品收购总额（元）				
32 网店经营总费用（元）				
33 雇工总费用（元）				
34 长期雇工人数				
35 一年雇佣月数				
36 平均工资（元/月）				
37 短期雇工人数				
38 一年雇佣天数				
39 平均工资（元/天）				
40 总物流快递（元）				
41 产品加工及包装（元）				
42 仓储（元）				
43 广告、流量（元）				
44 网络费用（元）				
45 办公地租金（元）				
46 其他费用（元）				

A6 家庭社会网络—电商户、非电商户共同填写

	01	02	03	04	05	06	07	08	09	10
	是否知道有来往的亲戚朋友通过网络销售产品	户数　其中同姓户数　经常联系户数	最早那一户是哪年开始经营	他家网络销售主要售什么产品	他家和你家的关系	你是否知道有来往的亲戚朋友通过网络销售农产品	其中同姓户数　经常联系户数	最早那一户是哪年开始网络销售农产品	他家网络销售主要销售什么农产品	他家和你家的关系
	1=是；0=否	户　　户　　户	年	代码 1	代码 2	1=是；0=否	户　　户	年	代码 1	代码 2

【代码 1】1=坚果炒货零食；2=花木绿植；3=木制品；4=表演服饰；5=其他

【代码 2】1=邻居；2=直系亲属；3=非直系亲属；4=经常往来住的朋友；5=同村人；6=其他

A7 非电商农户模块—非电商农户填写

农户类型	是否为合作组织带头人	合作组织成立时间	加入合作组织时间	您对电子商务的了解程度？	您认为电子商务的作用大吗？	您是否在网上买过东西？	您从事过与电子商务相关的工作吗？	您总共有过多少次的创业经历？	所有创业经历合计多少年？	今后几年您是否打算经营网店？	如果愿意，原因是？	如果愿意，您希望得到哪些政策扶持？	您认为应该在哪些方面重点发挥作用？（可多选）	如果不愿意，原因是？
代码 1	0/1	年	年	5 级	0/1	年	年	次	年	0/1	代码 4	代码 5	代码 6	代码 7

【代码 1】1＝完全不参与电商；2＝供货给其他网商；3＝委托代理给其他网商

【代码 4】1＝有助于销售；2＝利润更高；3＝时间更自由；4＝其他，请说明_____

【代码 5】1＝场地；2＝信贷；3＝信贷；4＝培训；5＝其他_____

【代码 6】1＝创业孵化；2＝园区建设；3＝信贷担保；4＝技能培训；5＝营造氛围；6＝诚信建设；7＝产品质量监督；8＝人才引进；9＝基础设施；10＝区域品牌建设；11＝其他_____

【代码 7】1＝不懂网络销售的技术；2＝网络销售太耗时间和精力；3＝不喜欢小批量销售；4＝怕受骗；5＝网络销售门槛太高；6＝其他，请说明_____

B 产品销售总体情况

	01	02	03	04	销售量占比						销售额占比						销售利润占比					
	总销量	自己生产产品占比（%）	总收入	总净收入	05 自营网店	06 其他网商	07 商贩收购	08 批发市场	09 农贸市场	10 合作社、公司收购	11 自营网店	12 其他网商	13 商贩收购	14 批发市场	15 农贸市场	16 合作社、公司收购	17 自营网店	18 其他网商	19 商贩收购	20 批发市场	21 农贸市场	22 合作社、公司收购
2017																						
2016																						
2013																						
开店前一年																						

C 家庭基本信息

C1 家庭成员 2017 年基本信息

个人编码	01 与户主(户本)的关系	02 性别	03 年龄	04 是否为党员	05 是否为村干部	06 受教育年限	07 自我认定健康状况	08 是否为农业生产活动主要决策者	09 是否为网络销售主要决策者	10 是否参加过网络销售的培训	11 是否专职从事网络销售	12 之前职业	网络销售				
													专职		15 主要工作	非专职	
													13 开始从事网络销售年份	14 每天花费在网络销售上时长		16 开始从事网络销售年份	17 每天花费在网络销售上时长
	代码 1	0=女 1=男	周岁	0/1	0/1	年	代码 2	0=否 1=是	0=否 1=是	0=否 1=是	0=否 1=是	代码 1	年	小时	代码 4	年	小时
A	1 户主																
B	2 配偶																
C	3 子女 1																
D	3 子女 2																
E	3 子女 3																
F	5 父																
G	5 母																

续表

	01	02	03	04	05	06	07	08	09	10	11	12	13	14	15	16	17
H	9 岳父																
I	9 岳母																
J																	

【代码1】1＝户主;2＝配偶;3＝孩子;4＝孙子辈;5＝父母;6＝兄弟姐妹;7＝女婿、儿媳;8＝姐夫、嫂子;9＝公婆、岳父母;10＝无亲戚关系;11＝祖父母;12＝其他_____

【代码2】1＝优;2＝良;3＝中;4＝差;5＝丧失劳动能力

【代码3】1＝外省;2＝本省外县;3＝本县外乡;4＝本乡外村;5＝本村;6＝其他_____

【代码4】1＝工厂的工人;2＝建筑业的工人;3＝工匠(木匠、水泥匠);4＝矿业工人;5＝其他工人;6＝商业员工;7＝服务业员工(美容、理发、司机、厨师、餐厅、勤杂人员(秘书、保安等);8＝办事人员(秘书、保安等);9＝各类专业技术人员(教师、医生);10＝党政企事业单位负责人;11＝个体商贩;12＝企业的管理人员;13＝自营工业;14＝自营商业;15＝自营服务业(自家跑运输、开理发店等);16＝其他_____【需要区分该行业是否与电商相关】

C2 非农就业情况(2017 年 16 岁以上)

个人编码	年份	01 从事农业生产程度	02 从事网络销售程度	03 是否住在家里	04 年打工时长	05 打工地点	06 打工从事的最主要行业	07 打工收入
	年	代码 1	代码 2	0=否 1=是	月	代码 3	代码 4	元/年
	2017							
	2016							
	2013							
	开店前一年							
	2017							
	2016							
	2013							
	开店前一年							
	2017							
	2016							
	2013							
	开店前一年							

个人编码	年份	01 从事农业生产程度	02 从事网络销售程度	03 是否住在家里	04 年打工时长	05 打工地点	06 打工从事的最主要行业	07 打工收入
	年	代码 1	代码 2	0=否 1=是	月	代码 3	代码 4	元/年
	2017							
	2016							
	2013							
	开店前一年							
	2017							
	2016							
	2013							
	开店前一年							
	2017							
	2016							
	2013							
	开店前一年							

续表

	01	02	03	04	05	06	07
2017							
2016							
2013							
开店前一年							

	01	02	03	04	05	06	07
2017							
2016							
2013							
开店前一年							

【代码1】1＝不务农；2＝只在农忙时务农；3＝边工作边务农；4＝只务农；5＝其他

【代码3】1＝外省；2＝本省外县；3＝本县外乡；4＝本乡外村；5＝本村；6＝其他

【代码2】1＝不从事网络销售；2＝只偶尔帮助包装分拣和运送；3＝只负责包装分拣和运送；4＝只负责在网上销售；5＝负责网络销售的所有程序；6＝其他_____

【代码4】1＝工厂的工人；2＝建筑业的工人；3＝工匠（木匠、水泥匠）；4＝矿业工人；5＝其他工人；6＝商业员工（美容、理发、餐厅、司机、厨师、勤杂人员、保安等）；8＝办事人员（秘书、勤杂人员、保安等）；8＝办事人员；9＝各类专业技术人员（教师、医生）；10＝党政企事业单位负责人；11＝个体商贩；12＝企业的管理人员；13＝自营工业；14＝自营商业；15＝自营服务业（自家跑运输、开理发店等）；16＝其他_____【需要区分该行业是否与电商相关】

C3 家庭基本信息

基本信息

编号	项目	单位
01	您家是从哪年开始接入宽带网络的	年
02	你家至最近移动或联通营业厅的距离	米
03	您家至最近电商服务站的距离	米
04	您家至最近快递网点的距离	米
05	是否有快递员/邮递员上你家取送包裹	1/0
06	如果有，哪年开始的	年
07	您家至最近的便利店（小卖部）的距离	米
08	您家至最近的集市庙会的距离	米
09	您家至最近的大型商场（超市）的距离	米

住宅

编号	项目	单位
10	近五年来，您家是否新建（购入）住房	1/0
11	哪一年新建（购入）该房产	年
12	最近新增的住宅的面积	平方米
13	该住宅楼层有几层	层
14	建造或购买这所房子花了多少钱	万元
15	近五年来，您家是否出售住房	1/0
16	出售时间	年
17	出售房屋价格为	万元

土地—信息

编号	项目	单位
36	是否了解"三权分置"	5级
37	通过什么渠道了解了"三权分置"	代码1

土地—农地

编号	年份		2017	2016	2013	开店前一年
18	年末经营土地面积	亩				
19	转入土地亩数	亩				
20	转入土地租金	元/亩				
21	转入时间	年				
22	转入土地承包年限	年				
23	转出土地亩数	亩				
24	转出土地租金	元/亩				
25	转出时间	年				
26	转出土地年限	年				

土地—林地

编号	项目		2017	2016	2013	开店前一年
27	年末经营土地面积	亩				
28	转入土地亩数	亩				
29	转入土地租金	元/亩				
30	转入时间	年				
31	转入土地承包年限	年				
32	转出土地亩数	亩				
33	转出土地租金	元/亩				
34	转出时间	年				
35	转出土地年限	年				

【代码1】1=亲戚朋友交流；2=同村人交流；3=村干部传达；4=村委会宣传栏；5=电视广播；6=手机新闻；7=微信朋友圈；8=其他

C3 家庭基本信息—固定资产

编号	家庭耐用品	38 拥有数量	39 购买时间	40 购买价格	41 预计使用年限	42 估计现值	43 无法区分用于网络销售或生产
A	汽车（非生产经营用途）						
B	手机						
C	笔记本电脑（非经营用途）						
D	台式电脑（非经营用途）						
	农业生产资料						
E	大中型铁木农具（不含小农具）						
F	生产性用房						
G	农林牧渔业、工业机械						
H	仓储性用房						
I	生产用车（拖拉机等）						

D 其他收入（元）

编号	项目	2017	2016	2013	开网店前
01	租金收入（房屋、生产资料）				
02	礼品、礼金收入				
03	政策补贴				
04	投资收益（利息、红利、股票基金债券等）				
05	离退休金、养老金				

E 家庭消费支出(元)

	支出类别	2017	2016	2013	开网店前
01	月均食品支出				
02	月均日用品支出				
03	月均居住支出 租金				
04	水电燃料费				
05	月均日常交通费用				
06	月均通信费用 手机				
07	网络				
08	年衣着支出				
09	年教育支出				
10	年文化娱乐与服务支出				
11	年旅游支出				
12	年医疗保健支出 医疗保险				
13	除保险外医疗支出				
14	年家庭耐用品支出				
15	年家庭耐用品维修费用				
16	其他商品及服务				

家庭网购情况

		2017	2016	2013	开网店前
17	人情往来				
18	网购支出(元)				
19	网络购买第一主要产品(代码1)				
20	网络购买该产品的比例(%)				
21	网络购买第二主要产品(代码1)				
22	网购占购买该产品的比例(%)				
23	网络购买第三主要产品(代码1)				
24	网购占购买该产品的比例(%)				
25	被访者(编号____)网购情况				
26	个人网购支出(元)				
27	网购频率(代码2)				
28	在如下产品类目中占网购支出比重最多的三项(代码1)				
29	开始网购时间(年)				
30	常用的三种网购平台排序(代码3)				
31	常用的三种支付方式排序(代码4)				
32	不参与网购原因(代码5)				

【代码1】1＝食品；2＝服饰；3＝家电及电子产品；4＝农资；5＝日用品及化妆品；6＝水电燃料费；7＝医疗保健；8＝手机通信及网络通信；9＝旅游；10＝文教娱乐及服务；11＝其他_____

【代码2】1＝从不；2＝几月一次；3＝一月一次；4＝一月2－3次；5＝一周1－2次；6＝一周3－4次；7＝几乎每天

【代码3】1＝支付宝；2＝微信；3＝翼支付；4＝网上银行；5＝财付通；6＝信用卡；7＝货到付款；8＝农村淘宝；9＝邮乐购；10＝供销E家；11＝本地网上购物平台；12＝其他_____

【代码4】1＝淘宝；2＝天猫；3＝微信；4＝京东；5＝唯品会；6＝苏宁易购；7＝亚马逊；8＝小红书；9＝其他_____

【代码5】1＝没听说；2＝没有上网条件；3＝不懂上网条件；4＝商品不可靠（假货）；5＝不需要（实体店更好）；6＝网络支付不安全；7＝家人代买；8＝不方便（物流慢）

F 农业生产（单位：万元）

编号	作物名称	2017					2016					2013					开网店前一年				
		A	B	C	D	E	A	B	C	D	E	A	B	C	D	E	A	B	C	D	E
01	播种面积（亩）																				
02	产量（吨）																				
03	收入																				
04	种子种苗费																				
05	农家肥折价																				
06	化肥费用																				

续表

编号	作物名称	2017 A	B	C	D	E	2016 A	B	C	D	E	2013 A	B	C	D	E	开网店前一年 A	B	C	D	E
07	农膜费用																				
08	农药费用																				
09	水电及灌溉费用																				
10	畜力费																				
11	机械租赁费用																				
12	自有机械作业费用																				
13	小农具购置费																				
14	土地租赁费																				
15	家工人数（人*天）																				
16	雇工人数（人*天）																				
17	雇工费用																				

G 家庭—工作关系情况（在相应的选项下打"√"）

编号	题项	完全不同意	比较不同意	中立	比较同意	完全同意
01	您的工作阻碍您尽好家庭义务，履行家庭责任吗	1	2	3	4	5
02	您的工作降低了您对家庭的付出吗	1	2	3	4	5
03	您的工作占用了原本您打算与家人共度的时间了吗	1	2	3	4	5
04	您的工作帮助您更好地尽好家庭义务，履行家庭责任吗	1	2	3	4	5
05	您的工作给您带来更好地为家庭付出吗	1	2	3	4	5
06	您的工作让您感到幸福并使您更好地与家人相处吗	1	2	3	4	5
07	家里承担的责任会减少您在工作上的付出吗	1	2	3	4	5
08	家庭的问题和烦恼会影响您工作吗	1	2	3	4	5
09	家庭的压力会让您在工作的时候感到急躁吗	1	2	3	4	5
10	您的家庭重视您的工作，从而使您更好地工作吗	1	2	3	4	5
11	您的配偶重视您的工作，从而使您更好地工作吗	1	2	3	4	5
12	您的家庭幸福，从而使您更安心地工作吗	1	2	3	4	5

H 社区交往和社区参与情况

编号	题项	完全不同意	比较不同意	中立	比较同意	完全同意
01	您会参与村内公共活动或事务	1	2	3	4	5
02	关于村内公共活动或事务，如果您有一些意见和建议，您会向村委会（村干部）反映	1	2	3	4	5
03	您的想法和建议能获得村委会的关注	1	2	3	4	5
04	您觉得本村的发展对您重要	1	2	3	4	5
05	您对自己是本村村民感到骄傲	1	2	3	4	5
06	您信任本村村民	1	2	3	4	5
07	您会跟村内他人分享经营信息	1	2	3	4	5
08	您所从事的工作，会与村内其他人构成竞争	1	2	3	4	5
09	当您或邻居遇到困难时，会相互帮助	1	2	3	4	5
10	题项	选项				
11	村集体在作出与村民利益相关的决定时，您是否知情？	1＝根本不知道；2＝仅通知结果，不解释原因；3＝通知结果并解释原因；4＝事先征求意见，但很少采纳；5＝事先征求意见，多数会采纳				
12	您是否愿意向本村村民提供借款？（多选）	1＝不愿意；2＝愿意借给村内亲戚；3＝愿意借给村内与自己关系较好的居民；4＝愿意借给村内与自己关系一般的村民				
13	可以登门拜访的同村村人数？	＿＿＿人				
14	最近一个月内，您和同村村民相互拜访的次数？	＿＿＿次				

I 幸福感与家庭关系情况

编号	题项	完全不同意	比较不同意	中立	比较同意	完全同意
01	总体而言，您认为您目前的生活是幸福的	1	2	3	4	5
02	总体而言，您对您的收入是满意的	1	2	3	4	5
03	总体而言，您对您的家庭关系是满意的	1	2	3	4	5
04	总体而言，您认为您现在生活中开心的部分占到生活的几成？					
05	您经常感到焦虑、抑郁或者易怒	1	2	3	4	5
06	您认为其他人能够取得成功的最主要原因是什么？	1=运气；2=勤奋、刻苦、努力；3=狡猾、无耻、卑躬屈膝；4=父母、亲戚有本事；5=体制和制度的原因				
07	您结婚多久了？	_____年				
08	您对您的婚姻是满意的	1	2	3	4	5
09	您的夫妻感情是稳定的	1	2	3	4	5
10	家里的财务由谁管？	1=男方，0=女方				
11	您对家里的婆媳关系是满意的	1	2	3	4	5
12	您对家里的亲子关系是满意的	1	2	3	4	5
13	您经常与孩子互动	1	2	3	4	5

附录3 "电子商务与三农发展"村干部调查问卷

问卷编号 _____ 受访者姓名及职位 _____

省份 _____ 受访者联系电话 _____

地级市 _____ 调查日期时间 _____

县(市、区) _____

天气状况 1.晴 2.多云 3.阴 4.小雨 5.中雨 6.大到暴雨

镇(乡) _____ 调查员姓名 _____

村 _____ 调查员联系电话 _____

调查员:

请告诉受访者:"为了全面而深入了解电商农户的实际情况,依托国家自然科学基金项目,浙江大学中国农村电商研究中心组织开展一次大规模问卷调查活动。本次调查所获信息将对政府今后制订电子商务发展政策提供重要参考,请您认真如实回答。感谢您接受我们的访谈,所有内容将严格保密并仅用于学术研究,不涉及任何商业用途。您的个人资料不会以任何形式在任何地方出现,仅用于补充必要的信息时便于我们联系您。非常感谢您的支持和帮助! 祝您身体健康,生意兴隆,财源滚滚,阖家幸福!

A. 人口基本情况

编号	1	2	3	4	5	6	7	8	9	10	11	12
题项	总户数	占总户数10%或以上的大姓数量	大姓氏所占比例	总人口	常住人口占总人口的比例	劳动力总数	返乡劳动力人数	以从事农业为主劳动力占劳动力总数的比例	65岁以上老人所占农业劳动力比例	女性劳动力所占农业劳动力的比例	农业生产雇工的平均工资	非农生产的平均工资
选项	户	个		人	%	人	人	%	%	%	标明单位	%
2017												
2016												
2013												

注："常住人口"指在本村居住时间满6个月或以上的人口；"劳动力总数"指年龄在16岁及以上、有劳动能力的所有人数；"实际从事农业的劳动力"指参加农业劳动时间占劳动时间一半以上的劳动力人数，若农业劳动时间不足一半，但以农业为主的也算。

B. 土地和住房情况

编号	1	2	3	4	5			6	7	8	9
题项	耕地面积	农业用地	林业用地	农业用地是否完成确权颁证	是否发生过征地	是否宣传"三权分置"相关政策	宣传方式	土地流转率	空房率	房屋拥挤程度	住房格局
选项	亩	亩	亩	0＝否，1＝是	0＝否，1＝是	0＝否，1＝是	代码 1	%	%	代码 2	代码 3
2017											
2016											
2013											

注："空房率"指平时无人居住的住房占全部住房数量的比例。

【代码 1】1＝口头宣传；2＝村委会宣传；3＝广播；4＝小册子；5＝相关会议活动；6＝手机短信或微信；7＝其他_____

【代码 2】1＝非常宽松；2＝较为宽松；3＝一般；4＝较为拥挤；5＝非常拥挤

【代码 3】1＝非常整洁；2＝较为整洁；3＝一般；4＝较为混乱；5＝非常混乱

C. 村经济发展情况

编号	1	2	3	4	5	6	7
题项	代表性产业 填写	年总产值	农业总产值	村集体经济收入	年人均纯收入	村民内部收入贫富差距大吗? 一直以来本村经商的人多吗? 1=几乎没有;2=很少;3=有一定贫富差距;4=较大;5=极大	村民内部收入贫富差距大吗? 1=几乎没有;2=很少;3=有一些;4=比较多;5=非常多
选项	0=否 1=是 年份	万元	万元	万元	元		
2017							
2016							
2013							

D. 通信设施与电子商务情况

编号	1	2	3	4	5	6	7	8	9	10	11	12	13
题项	最早的通信基站建立年份	手机普及情况	4G信号覆盖年份	光纤入户普及情况	开网店的户数所占比例	第一家网店出现时间	最早的电商服务站设立年份	电商服务站数量	入驻快递公司数量	快递点数量	电商协会成立年份	当地开始开展电商培训年份	当地每年开展电商培训次数
选项	0=否 1=是 年份	%	年份	%	%	年份	0=否 1=是 年份	个	个	个	0=否 1=是 年份	0=否 1=是 年份	次/年
2017													
2016													
2013													

E. 村基础设施和社会服务情况

编号	1	2	3	4	5	6	7	8	9	10	11	12	13
问项	地貌特征	是否属于自然灾害频发区	是否为旅游观光村	是否通公交	是否开通公路	开通公路的路面状况	村内主要道路的路面状况	托儿所和幼儿园	敬老院	体育健身场所	图书文化站	宗族祠堂	附近教堂
选项	代码 1	0=否 1=是	0=否 1=是	0=否 1=是	0=否 1=是	代码 2	代码 2	个	个	处	个	0=否 1=是	0=否 1=是
2017													
2016													
2013													

注:如果村委会会所在地就在集镇或县城中,则填 0。

【代码 1】1=平原村;2=丘陵村;3=山区村

【代码 2】1=水泥;2=柏油;3=沙石;4=砖、石板;5=未硬化

E. 村基础设施和社会服务情况（续）

编号	题项	选项	2017	2016	2013
1	村干部人数	人			
2	村支部书记文化程度	代码 1			
3	村委会主任文化程度	代码 1			
4	村委会至最近的物流快递网点的距离	米			
5	村委会到最近集镇的距离	米			
6	村委会至县城的距离	米			
7	卫生室（院、所）数量	个			
8	医疗卫生人员数量	人			
9	参加新型农村合作医疗人数	人			
10	合作社数量	个			
11	农民业余文化组织数量	个			
12	村民精神面貌	代码 2			
13	村民纠纷多吗？	代码 3			
14	是否获得过县级及以上部门颁发的荣誉称号？	0＝否 1＝是			

注：【代码 1】1＝小学及以下；2＝初中；3＝高中及中专；4＝大专；5＝大学及以上

【代码 2】1＝精神抖擞；2＝良好；3＝一般；4＝较差；5＝萎靡

【代码 3】1＝非常少；2＝较少；3＝有时有；4＝比较多；5＝非常多

后 记

　　近年来农村电子商务快速发展,为了适应时代发展的需要,我们研究院(CARD)在 2015 年成立了"浙江大学 CARD 农村电商研究中心",我出任该研究中心主任,从此有了更好的平台和团队来大规模地开展研究和推进实践。中心成立后先后与阿里研究院、浙江省杭州市临安区政府、江苏省沭阳县政府、山东省曹县政府等单位建立起项目合作关系;团队成员前往十多个省份开展实地调研;在科学研究方面,先后主持了国家自然科学基金项目、山东曹县、江苏沭阳和浙江杭州临安区政府委托等课题,我带领团队在大量调研和实践参与的基础上,出版了专著,发表了一系列学术论文。本书是依托我承担的国家自然科学基金项目"中国淘宝村形成机理及其'三农'影响效应研究"(项目编号 71673244),开展案例研究和问卷调查所取得的成果。根据课题研究设计,我指导研究生围绕电子商务对农业、农村和农民影响开展深入的理论与实证研究,其中博士研究生李晓康和陈东石,分别以电子商务对农户收入、消费和农业影响为博士论文选题进行了研究。本书是我和学生的集体成果。非常感谢金松青教授和马旺琳博士对研究的指导与支持,感谢电商中心副主任曲江为本书做出的贡献,感谢已毕业博士生曾亿武,硕士研究生翟李琴、黄璐、古丽、姚燕飞、龚瑶莹、张雨薇和目前在读博士研究生张倩倩和刘晔虹对本书做出的贡献,感谢国务院参事、中国农业大学何秀荣教授在百忙之中为本书撰写序言,感谢国家自然科学基金委、山东曹县、江苏沭阳县、浙江杭州临安区等地政府相关部门和广大农户的支持,感谢阿里等社会各界提供的支持,最后要感谢浙江大学中国农村发展研究院提供的好舞台。由于农村电子商务发展历史还比较短,再加上团队研究实力有限,本研究还有很多不当之处,请各位读者批评指正。

郭红东

2023 年 3 月 23 日于浙大紫金港校区